Ulrich Hienzsch

Journalismus als Restgröße

Redaktionelle Rationalisierung und publizistischer Leistungsverlust

Ulrich Hienzsch

Journalismus als Restgröße

Redaktionelle Rationalisierung und publizistischer Leistungsverlust

DUV DeutscherUniversitätsVerlag
GABLER · VIEWEG · WESTDEUTSCHER VERLAG

CIP-Titelaufnahme der Deutschen Bibliothek

Hienzsch, Ulrich:
Journalismus als Restgröße : redaktionelle
Rationalisierung und publizistischer Leistungsverlust /
Ulrich Hienzsch. — Wiesbaden : Dt. Univ.-Verl., 1990
(DUV : Sozialwissenschaft)
Zugl.: Dortmund, Univ., Diss., 1988
ISBN-13: 978-3-8244-4037-5 e-ISBN-13: 978-3-322-85774-3
DOI: 10.1007/978-3-322-85774-3

Der Deutsche Universitäts-Verlag ist ein Unternehmen der
Verlagsgruppe Bertelsmann International.

ISBN-13: 978-3-8244-4037-5

Vorwort

Der dänische Philosoph Sören Kierkegaard wollte einst - so notierte er es jedenfalls in seinem Tagebuch - auf Journalisten schießen lassen. Das war Mitte des 19. Jahrhunderts, zu einer Zeit, als im Journalismus und im Mediensystem noch geradezu idyllische Zustände herrschten. Mit der Massenpresse kamen dann die guten Gründe für Aggressionen gegenüber den Produzenten von Medienbotschaften. Und bis heute brauchen sich die Journalisten - in Deutschland und anderswo - über Mangel an Sottisen gegenüber ihrer Berufsausübung nicht zu beklagen.

Gustav Freytag schuf mit dem Schmock den Prototyp des gewissenlosen Zeitungsschmierers, der nichts weiß und nichts kann. Bismarck nannte Journalisten "Leute, die ihren Beruf verfehlt haben". Der amerikanische Politiker Adlai Stevenson schließlich brachte die journalistische Kompetenz auf die Formel: "Ein Redakteur ist jemand, der die Spreu vom Weizen sondert und die Spreu druckt."

Zu den wenigen, die den Journalismus gegen seinen schlechten Ruf öffentlich verteidigten, gehörte der Soziologe Max Weber. In seinem berühmten Vortrag "Politik als Beruf" hob er vor allem die Bedingungen hervor, unter denen journalistische Arbeit zustande kommt: den Zeitdruck, die redaktionellen Zwänge und die Versuchungen, denen Journalisten durch Interessengruppen ausgesetzt sind. Ein Jahrzehnt zuvor schon hatte Weber ein Programm zur empirischen Journalistenforschung vorgestellt, das aber nicht realisiert wurde.

Die Kommunikationswissenschaft - Ausnahmen bestätigen die Regel - schoß nicht auf Journalisten, sondern ignorierte sie einfach. Erst nach dem Zweiten Weltkrieg konnte sich die sogenannte Kommunikatorforschung etablieren, die sich mit den Bedingungen der Aussagenentstehung und den Rollen der Journalisten beschäftigt. Sie startete aber, ähnlich wie die Wirkungsforschung, auf einem unnötig niedrigen Niveau. Denn das, was als "Gatekeeperforschung" Karriere machte, fiel hinter das zurück, was die Sozialwissenschaft im Zusammenhang mit diesem Ansatz zutage gefördert hatte.

Diese Individuen-zentrierte Perspektive der frühen Gatekeeperforschung in den USA korrespondierte in gewisser Weise mit dem Praktizismus der deutschen Publizistikwissenschaft, der - normativ-idealistisch - allein das Wunschgebilde der "publizistischen Persönlichkeit" im Visier hatte. Die Institution

"Redaktion" war für Vertreter dieser Richtung eine Art Geisterbahn, auf der "geistige Gestalter" im Rahmen eines "geistigen Arbeitsvorgangs" eine "geistige Unternehmung" verrichteten. Einseitig fielen dann später auch die ersten empirischen Versuche der Kommunikatorforschung in der Bundesrepublik Deutschland aus. Nicht um Kommunikationsprozesse bei der Aussagenentstehung ging es dabei zunächst, sondern um berufliche und persönliche Vorstellungen und Einstellungen der Journalisten. Erst die systemtheoretisch orientierte Redaktionsforschung sorgte hier für eine wissenschaftlich ernstzunehmende Neuorientierung.

Zu diesem Zeitpunkt hatte sich die nordamerikanische Gatekeeperforschung längst auf zentrale Fragen der Aussagenentstehung zubewegt, die nun in zahllosen (meist kleineren) Fallstudien untersucht wurden. Die Methoden des "Newsmaking" und ihre organisatorischen Grundlagen gehörten dazu, aber auch die Sozialisationsprozesse in der Redaktion. Später wurden solche institutionellen Annäherungen zu einem "kybernetischen Ansatz" weiterentwickelt, ohne daß aber dessen theoretischen Postulate methodisch eingeholt werden konnten.

Bei diesen von der Systemtheorie und der Kybernetik inspirierten neuen Perspektiven der Kommunikatorforschung setzt die Studie von Ulrich Hienzsch an, die der Universität Dortmund als Dissertation vorgelegen hat. Sie wurde nicht nur von den Einseitigkeiten und Unzulänglichkeiten dieser wichtigen Beiträge zu einer empirischen Gatekeeper-Forschung herausgefordert, sondern auch durch sichtbar gewordene und in zahlreichen Veröffentlichungen thematisierte Veränderungen der redaktionellen Produktion durch die sogenannte Neue Technik.

Mit dieser Verknüpfung von neueren theoretischen Entwürfen und praktischen Entwicklungen betritt der Autor Neuland. Er legt aber auch insofern eine Pionierleistung vor, als - wohl erstmals in der Kommunikatorforschung der Bundesrepublik Deutschland überhaupt - methodische Fortschritte bei computergestützter Datenanalyse für eine Auswertung der Befunde auf höherem Niveau gentzt werden. Das ist hier nicht - wie so oft - Selbstzweck, sondern Voraussetzung für den Nachweis der behaupteten Kybernetisierung redaktioneller Produktion. Kybernetisierung erweist sich als Funktion des Technisierungsgrades redaktioneller Tätigkeit, wobei offenbar schon relativ geringe Rationalisierungs- bzw. Technisierungsschübe in der Redaktion größere Auswirkungen haben können.

Als publizistische Effekte redaktioneller Kybernetisierung kann Hienzsch nachweisen, daß die Kybernetisierung die Recherchetätigkeiten reduziert, die Redaktionsarbeit "entsprachlicht" und die "Sockelreserven" minimiert. Bei diesen "Sockelreserven" handelt es sich um nicht zielgerichtete Tätigkeiten, die aber als Arbeitsvoraussetzungen Bedeutung für den redaktionellen Output haben können.

Die abschließenden Schlußfolgerungen des Verfassers sind spannend. Dies gilt insbesondere für seine originelle These, daß sich die früher beklagte Bewußtseins-Schieflage im Journalismus nun als - vielleicht letztes - Bollwerk gegen eine dramatische berufliche Deprofessionalisierung im Sinne eines Abbaus inhaltlich-journalistischer Tätigkeit erweisen könne: Denn die elektronischen Systeme können sich - das hatte Kierkegaard natürlich nicht im Sinn - als Selbstschußanlagen für einen qualifizierten Journalismus erweisen.

Siegfried Weischenberg

Inhalt

Teil C: Analyse und Systematik

Einleitung

"Die Zeitungen sind der Grund, die Anweisung und Richtschnur aller Klugheit," so sympathisierte vor knapp 300 Jahren Kaspar von Stieler[1] in aufklärerischer Absicht mit dem damals neuen Medium. Trotz einiger Kritik an Erscheinungsform und Marktgängigkeit der "Zeitungen" (Nachrichten) empfahl der frühe Sprachforscher und Schriftsteller seinen Zeitgenossen die allgemeine Lektüre: "Wer die Zeitungen nicht achtet, der bleibet immer und ewig ein elender Prülker und Stümper in der Wissenschaft der Welt und ihrem Spielwerk."[2]

Ob es tatsächlich die Zeitungen waren, die "Prülker und Stümper" zu Wissenden machten, ist nicht gewiß. Ebenso fraglich ist, ob von Stieler heutzutage noch so engagiert für die bedruckten Tagesblätter einstehen würde. Denn die "Richtschnur aller Klugheit" wird in unseren Tagen unter Bedingungen gefertigt, die weniger von aufklärerischer Rationalität als vielmehr von ökonomischer, technischer und produktiver Pragmatik bestimmt sind. Zeitungmachen muß sich rechnen.

Verleger und Verlagsmanager wußten das schon immer. Noch bevor die Journalisten während der zweiten Hälfte des vorigen Jahrhunderts ihre neue Rolle üben[3], sie ihre sprichwörtliche "nose for news" entdecken konnten, hatten die Unternehmer der Branche schon die Nase vorn: Sie etablierten nach der Beseitigung rechtlicher, politischer und wirtschaftlicher Schranken die Gene-

---

1) Kaspar von Stieler (1632-1707) gehörte (wie Christian Weise) zu den ersten, die die im Anschluß an den 30jährigen Krieg aufgekommene "Zeitungssucht" nicht mehr so vehement verdammten, wie noch vor ihnen vor allem Staats- und Kirchenmänner. Im ausgehenden 17. Jahrhundert wurden erstmals "Zeitungskollegien" angeboten und im Jahr 1690 wurde die erste zeitungskundliche Dissertation von Tobias Peucer in Leipzig vorgelegt.

2) Zitiert nach Groth 1948:19.

3) Vgl. Carey 1969.

ralanzeiger- ("Massen") Presse als florierenden Wirtschaftszweig[4]. Eine ordentliche Rendite, über die man nur verhalten spricht, um so lieber aber verfügt, gehörte gemäß der Logik unseres Wirtschaftssystems von Anfang an zum guten Ton. Entsprechend knapp sind seit jeher die Zweck-Mittel-Relationen kalkuliert. Personal- und kostenintensive Arbeitsschritte, wie beispielsweise das Erfassen und Setzen[5] von Texten, wurden bei entsprechend leistungsfähiger und verfügbarer Technik umgehend verbilligt oder ganz eingespart.[6]

Die derzeitige Rationalisierungswelle, die Rechnersteuerung und damit zunehmend Aufgaben der Zeitungsfertigung in die Redaktionen spült[7], orientiert sich konsequent an dieser Pragmatik. Neu daran ist, daß nun offensichtlich auch Journalisten für das neue Denken durchaus aufgeschlossen sind.

"Die Emder Zeitung stellt heute täglich mehr redaktionelle Seiten her, als die Redaktion Personal hat,"[8] rechnete nicht etwa ein Verlagsmanager, sondern der Chefredakteur der Emder Zeitung (EZ) während eines IFRA-Symposiums[9] vor: "Für die Erstellung einer Zeitungsseite benötigt in unserem Hause ein Nachrichtenredakteur gut gerechnet eineinhalb Stunden. In dieser Zeit enthalten ist die Sichtung des Agenturmaterials, das Gespräch mit den Kollegen und verantwortlichen Redakteuren, das Aussuchen von Bildern, das Redigieren des einzelnen Artikels und das Spiegeln, das auch in dem sofortigen elektronischen Positionieren der betreffenden Elemente besteht."[10] Die neue Technik "gestatte" (!) es dem Redakteur, fertige Seiten zu "kreieren", als ein "selbstverständliches Beiprodukt" seiner täglichen Arbeit. Das so komponierte Beiprodukt hält der Leser kurze Zeit später in Händen - Richtschnur aller Klugheit?

"Der von der Redaktion gesteuerte Ganzseitenumbruch führt wieder auf das ursprüngliche Berufsbild zurück", resumiert der EZ-Chefredakteur geradezu schwärmerisch und vermerkt positive Auswirkungen sowie einen "außerordentlich hohen Identifikationsgrad der Redaktion mit dem Produkt". Schließlich

---

4) Vgl. Koszyk 1966:267-295.

5) Zu den Formen und dem Wandel der personalintensiven Herstellung von Texten vgl. Weischenberg (1978). Grob lassen sich das Abschreiben, Gutenbergs Letterndruck, Mergenthalers Setz- und Gießmaschine, sowie der Übergang zur EDV mit Hilfe von TTS-Maschinen als historische Entwicklungsstufen kennzeichnen.

6) Vgl. Weischenberg 1978:11-19;54f.

7) Vgl. Weischenberg 1982.

8) Kolbe 1983:21.

9) Inca-Fiej Research Association: Zusammenschluß europäischer Anwender und Hersteller von Zeitungstechnik.

10) Kolbe 1983:22.

mache diese Arbeitsweise einen "uralten Redaktionstraum"[11] wahr: "Alles in eigener Regie!"

In der Tat nehmen die Redaktionen der Medienbetriebe eine zentrale Position ein, wenn das betriebswirtschaftliche Kalkül die Produktfertigung auf der Basis von Mikroelektronik und Telekommunikation rationalisiert. Wo oberflächlich nur der "Redakteur am Bildschirm"[12] zu sehen ist, erfahren die journalistischen Instanzen einen Funktionswandel zu Produktionsinstanzen. Das Terminal ist nicht die neue, elektronische Schreibmaschine im Dienste traditionell beibehaltener journalistischer Arbeitsweisen, sondern Ausdruck der rundum rationalisierten Herstellungsweise des Produkts Zeitung.

Die neue Technik in den Zeitungshäusern hat als Grundlage journalistischer Arbeit redaktionelle Arbeitsrollen in unterschiedlicher Weise neu definiert.[13] Der sogenannte "technische Redakteur"[14] oder Producer ist da nur eine besonders augenfällige Neuentdeckung. Die Zeitungsredaktionen gleichen "elektronischen Keimzellen" (Weischenberg), mit denen sich vermutlich gut wuchern lassen wird: "Die Eroberung neuer Märkte, ohne neue Inhalte produzieren zu müssen, steht im Vordergrund (...) die Arbeitsproduktivität der Textproduzenten (Journalisten) kann durch die technischen Investitionen erhöht werden."[15] Einmal im Rechner erfaßte Texte (künftig zunehmend auch Bilder und grafische Elemente) werden dann über Zeitungen, Anzeigenblätter, Bildschirm- und Kabeltext sowie über verlagseigene/kooperierende Hörfunk- und Fernsehstationen mehrfach verwertet und im elektronischen Archiv für wiederholte Vermarktung bereitgehalten.[16] Eine für die Journalisten folgenlose Entwicklung?

Der "Redakteur am Bildschirm" muß sich in einer Zeit an sein neues Arbeitsumfeld gewöhnen, in der die Massenmedien mehr denn je qualitativ gefordert sind.[17] Die organisierte Kommunikation der modernen Gesellschaften verläuft partiell asynchron zu den tatsächlichen Problemlagen. Das zeigen vor allem die großen Konflikte der vergangenen zwei Jahrzehnte, wie sie in technikkritischen, ökologischen und basispolitischen Bewegungen zum Ausdruck gekommen sind (wobei sich bisweilen eine Zwei-Welten-Gesellschaft, ein "sozialer Dualismus"[18] gebildet hat). Das etablierte Großsystem einerseits setzt unvermindert auf die Kraft des "industriellen Durchbruchs"[19] und geht

11) Ebd.
12) Mast 1984.
13) Vgl. Prott 1983.
14) Schütt 1981.
15) Weischenberg 1984:111.
16) Einige Anwendungsfälle werden beschrieben in IFRA 1983:11-23.
17) Vgl. u.a. Langenbucher 1979:11-19.
18) Huber 1980.
19) Vgl. Pestalozzi 1982:129-132.

Krisenerscheinungen mit den Rezepten von gestern an. Die lebensweltlich orientierten Gesellschaftsteile hingegen setzen auf überschaubare Techniken und kleinräumliche Sozialbeziehungen. Das Protestpotential hat sich bereits mehrfach eruptiv entladen.

Eine sachgerechte Berichterstattung über die jeweiligen Konflikte hat die Zeitungen nicht immer ausgezeichnet. Die emanzipativen Vorstellungen der Studentenbewegung gingen allzu oft in den Berichten über "Straßenschlachten" unter, die Neue Wohnungsnot wurde eher als Eigentumsdelikt denn als asoziale Bodenspekulation abgehandelt, frühzeitig vorgebrachte Warnungen vor hemmungsloser Umweltverschandelung wurden erst mit dem Einzug der Grünen in den Bundestag hoffähig und berichtenswert. Den öffentlich bereitgestellten Themen[20] mangelte es in diesen Fällen an Synchronisation mit den gesellschaftlichen Problemlagen.[21] Eine zeitgleiche Vermittlung zwischen den kommunikativen Erfordernissen der Gesellschaft und der verfügbaren thematischen Bandbreite kam nur unvollkommen zustande. Von handfesten Zensurvorgängen in den Tageszeitungen beim Thema Friedensdemonstrationen ganz zu schweigen.[22]

Der Ruf nach neuen Zeitungen und neuen Journalisten ist angesichts dieser Defizite nur allzu verständlich. In unterschiedlicher Intensität werden dabei Hoffnungen auf ein komplementäres Mediensystem "von unten" gesetzt,[23] das mit Hilfe von Laienjournalisten endlich eine sozialadäquate Berichterstattung betreiben und die Demokratisierung der Gesellschaft vorantreiben sollte.[24] So sympathisch solche Vorstellungen auch sind - sie tragen nicht zur wirksamen Erneuerung des Kommunikationssystems bei. Einerseits entlasten sie die Großmedien von einer bürgernahen Berichterstattung, wie sie noch die Bürgerinitiativenbewegung Mitte der 70er Jahre[25] gefordert hatte. Andererseits sind die Großmedien flexibel genug, um sich innerhalb gewisser Grenzen anzupassen; damit verhindern sie ein wirtschaftliches Erstarken der kleinen Konkurrenz.

Im Mediennutzungsverhalten der Bundesbürger spielt die Tageszeitung eine eigenständige Rolle.[26] Als Komplementärmedium zu Hörfunk und Fernsehen erreicht sie täglich im Durchschnitt fast drei Viertel der Gesamtbevölkerung und wird eine gute halbe Stunde genutzt. Gut zwei von drei Lesern werden dabei

---

20) Vgl. Luhmann 1979:29-61.

21) Empirische Belege zur defizitären "Umweltberichterstattung" finden sich in den Analysen von Krämer (1986) und Thorbrietz (1986).

22) Vgl. Journalist 11/1983:14 und die von Eckart Spoo zusammengetragenen Fälle (Spoo 1983:3-6).

23) Vgl. Fabris 1981:200-210.

24) Vgl. Fabris 1979.

25) Vgl. Jarren 1980.

26) Vgl. zum folgenden Berg/Kiefer 1987; Kiefer 1987.

von den politischen Informationsangeboten der Tageszeitung erreicht. Vor die Alternative gestellt, sich für eines der drei Medien entscheiden zu müssen, würden zwar 47 Prozent der Rezipienten das Fernsehen und nur 20 Prozent die Tageszeitung "am liebsten behalten", doch immerhin würden die meisten Personen die Tageszeitung "stark" oder "sehr stark" vermissen. Allerdings: in der Altersgruppe der unter 30jährigen, der ledigen, allein lebenden Personen gehen die Werte für Haushaltsversorgung, Reichweite und Nutzung seit einigen Jahren teilweise drastisch zurück, worin sich eine Veränderung der Lebensstile, aber auch medienspezifische Angebotsdefizite spiegeln könnten. Ungeachtet der aktuellen Marktanteilsverschiebungen im Mediensystem gibt es aufschlußreiche Hinweise auf die besonderen politischen Wirkungsqualitäten der Tageszeitungen: Bei denjenigen, die sie nutzen, können sie u.a. wissensvermittelnde und evtl. sogar wahlbeeinflussende Effekte entfalten.[27]

Angesichts solch medialer Potenz konzentrieren sich realistische Ansätze auf Veränderungen innerhalb des bestehenden Mediensystems. Die Implementierung reformierter journalistischer Handlungsprogramme stand dabei lange Zeit - gleichlaufend mit einer verbesserten, hochschulgebundenen Journalistenausbildung - im Vordergrund. Ein "neuer Journalismus"[28] (vorwiegend im Lokaljournalismus) wurde in Fortbildungsveranstaltungen und Handbüchern propagiert. Die Journalisten sollten bürgernäher berichten und sich als Anwälte des Publikums verstehen.[29] Ein Blick in die Tageszeitungen zeigt, daß diese Vorstellungen nicht tägliche Praxis geworden sind. Eine vergleichbar "weiche" Strategie der Verbesserung journalistischer Leistung wurde zwischenzeitlich auch unter dem Etikett einer neuen journalistischen Ethik[30] verfolgt. "Verantwortung" heißt das neue alte Schlüsselwort. Wieder setzen die Strategen bei der Subjektivität der Journalisten an, um die gesellschaftliche Kommunikation zu novellieren. Wollen es viele Journalisten nicht selbst längst anders und besser?

Die bisherigen Erfahrung haben deutlich gemacht, daß isoliert intrinsische Innovationsstrategien im Bereich der aktuell berichtenden Medien nur geringe Erfolgsaussichten haben. In den Redaktionen entfalten sich Anpassungsmechanismen, die den Reformeifer der Newcomer schnell dämpfen. Unter den Bedingungen elektronisch rationalisierter Aussagenproduktion erreichen diese Phänomene eine neue Qualität: "Die Elektronik entzaubert den Journalismus"[31], wobei noch offen ist, welche Selbstdeutungsmuster an die Stelle der so

---

27) Vgl. Schönbach 1984; Schönbach/Weischenberg 1987.
28) Vgl. Langenbucher 1980.
29) Vgl. Hienzsch 1982:25-58.
30) Vgl. Boventer 1984; Rühl/Saxer 1981.
31) Prott 1984:114.

geliebten alten Mythen (von der großen Freiheit, Wichtigkeit, Einmaligkeit des Berufs[32]) treten werden.

Journalismus von morgen wird pessimistisch als routinisierte Bürotätigkeit ("Taylorisierung") beschrieben, wobei der Redakteur als Hersteller vielfältiger "Beiprodukte" seiner journalistischen Aufgabe kaum noch nachkommen kann. Die optimistische Perspektive hingegen hofft auf eine neue, durch berufsstrukturelle Faktoren geförderte, journalistische Identität der Medienarbeiter, die sich notwendige Freiräume im Sinne umfassender Information des Publikums verschaffen. Technik an sich könnte die "Strukturierung von Debatten"[33] zumindest fördern.

Der Blick in die Redaktion einer großen Regionalzeitung soll quasi im Vorgriff Anhaltspunkte zur Beurteilung der publizistischen Leistungsfähigkeit - hier verstanden als Orientierung vermittelndes Thematisierungsvermögen - rationalisierter Medienbetriebe liefern. Zugrunde lagen dabei folgende Überlegungen:

1. Die Implementierung rechnergesteuerter Fertigung in einen Tageszeitungsbetrieb zwingt die Redakteure zu einer Reihe von Anpassungsmaßnahmen. Dies um so mehr, als durch die neue Arbeitsweise Verlag und Geschäftsführung erfahrungsgemäß zur Setzung neuer Rahmendaten ermuntert werden.

2. Anpassung der Redakteure an die Neue Technik bedeutet: Es entsteht ein intensiviertes Wechselspiel zwischen den Erwartungen, die neuerdings von dem technischen Gerät ausgehen, und den erforderlichen Reaktionen der Redakteure.

3. Dieses Wechselspiel kann mit Hilfe kybernetischer Denkfiguren analysiert werden: Das System Tageszeitungsredaktion muß täglich seinen Soll-Wert (die fertige Zeitung) erreichen. Bis dahin unterliegt der jeweilige Ist-Wert einem dauernden Regelungsdruck.

4. Die Regelstrecken führen über Sensor- und Stellglied-Stellen, die mit Redakteuren besetzt sind. Ganz gleich, ob die Redakteure dies wollen oder nicht, ganz unabhängig von ihren subjektiven Dispositionen: Sie müssen täglich bestimmte Handlungen verrichten, ohne die das Produkt Zeitung nicht zustande käme. Dies ist die objektive Dimension.

5. Der Kybernetisierungsgrad einzelner Stellen ist unterschiedlich und hängt von der Verpflichtung auf das elektronische System ab. Je höher der Regelungsdruck steigt, je kybernetisierter eine Arbeitsrolle wird, desto geringer sind vermutlich subjektive Ausgestaltungs- und Variationschancen.

---

32) Vgl. Zeiß 1981.
33) Lenk 1979:246.

6. Variation war jedoch einmal eine der Voraussetzungen, um auf unvorhersehbare Ereignisse journalistisch zu regieren: Die telefonische Nachfrage zum relativ frei wählbaren Zeitpunkt, der Besuch vor Ort auch ohne absehbares Ereignis, das Sichten von Unterlagen, ohne gleichzeitig die "Geschichte" schon fertig im Kopf haben zu müssen usw. Kybernetisierte Arbeitsplätze zurren Rollen fest, so ist zu vermuten, und machen sie gestaltungsärmer.

7. Ohne kompensierende Maßnahmen kann das zum Verlust publizistischer Funktionen des Journalismus führen. In der vorliegenden Studie soll deshalb untersucht werden, ob und in welchem Ausmaß diese Phänomene existieren, wie sie ggf. gemessen werden können und von welchen Variablen die Effekte abhängig sind.

Dazu sind über einen Zeitraum von mehreren Monaten Beobachtungs- und Befragungsdaten zusammengetragen worden. Trotz der immensen Datenfülle[34] handelt es sich lediglich um eine explorative Fallstudie. Immerhin erlaubten es Fallzahlen und Datenqualität, die komplexen Intra- und Intervernetzungen eines Medienbetriebes angemessen mit Hilfe multivariater statistischer Verfahren zu analysieren. Weder die deutschsprachige noch die internationale Redaktionsforschung verfügt m.W. bislang über einen entsprechenden deskriptiven und analytischen Bestand.

Die Arbeit besteht aus drei Teilen, die gemäß empirischer Forschungslogik[35] angelegt sind. Nach einer kurzen Darstellung der Leistungsmerkmale und Anwendungsprobleme kybernetischer Systemtheorie werden im ersten Teil (Kap. 1-4: "Problem und Theorie") die Fragestellung entwickelt und der Wissensbestand systematisiert. Die Untersuchungskategorien werden anhand eines organisationssoziologischen[36] Redaktionsmodells herausgearbeitet, das die bislang vorliegenden Ergebnisse von Kommunikator- und Redaktionsstudien zu integrieren versucht. Besonderes Augenmerk galt dabei der Entsprechung objektiver und subjektiver Dimensionen[37]. Die integrative Kraft der Habermas' schen System-Lebenswelt-Vorstellung - des derzeit fortgeschrittensten sozialphilosophischen Theorieansatzes[38] - wird genutzt, um den journalismusspezifischen Überlegungen im Rahmen einer gesellschaftstheoretische Konzeption einen gewissen Halt zu verschaffen.

---

34) Insgesamt wurden etwa 10 000 Messungen vorgenommen, etwa 6400 für die mehr als 100 minutiösen Tagesablaufprotokolle einer fast komplett erfaßten Regionalzeitungsredaktion und rund 3700 im Zuge der Befragung von 27 Redakteuren.

35) Vgl. Friedrichs 1976:50-111.

36) Vgl. Mayntz 1963.

37) Vgl. Weiß 1977.

38) Vgl. Habermas 1981a+b.

Im zweiten Teil (Kap. 5-7) folgen "Exploration und Deskription" des Untersuchungsobjektes. Dieser qualitative Teil versteht sich als erster Zugang zum Objekt, es handelt sich um eine ausführliche Beschreibung des Aufbaus und der Arbeitsvollzüge einer Tageszeitungsredaktion.

"Analyse und Systematik" des Problems sollen im dritten Teil der Arbeit (Kap. 8-11) geleistet werden. Die ausführliche qualitative Exploration wird hier um die ausgewerteten "harten" empirischen Daten ergänzt.

Wenn Journalisten in zunehmendem Maße die Produktionsüberwachung diverser massenmedialer "Beiprodukte" aufgetragen wird, dann ist der Schwund inhaltlicher, kommunikativer Funktionen eine mögliche Folge. Diejenigen Medienarbeiter, die heute noch ihre redaktionelle Arbeitsrolle mit journalistischer Bestimmung schlechthin identifizieren, könnten unter diesen Umständen schon bald zur Revision ihres Berufsbildes gezwungen sein. Sollte die pessimistische Version der Zukunftsszenarios sich realisieren, dann erhielte Journalismus nach unserem heutigen Verständnis nur noch eine marginale Bedeutung innerhalb der Medienbetriebe. Kybernetisch gesprochen: Journalismus geriete zur Restgröße.

Teil A

Problem und Theorie

1 Kybernetik

Die noch relativ junge Disziplin Kybernetik verfügt über Denkmodelle, Methoden und ein mathematisches Instrumentarium, wie sie für die Analyse dynamischer Prozesse in Systemen benötigt werden. Die folgenden Abschnitte geben einen kurzen Überblick über ihre Entstehung und ihre Kernbegriffe. Dabei soll deutlich werden, daß die Qualitätskriterien der Kybernetik eine präzise Messung insbesondere zeitabhängiger Systemzustände provozieren und so ungleich detailliertere Meßmethoden und -daten herausfordern, als dies andere sozialwissenschaftlich-empirische Verfahren verlangen.

1.1 Historische Skizze

"Eine ganz bestimmte genau abgewogene Mischung aus Religion, Pornographie und Pseudowissenschaft läßt eine illustrierte Tageszeitung verkaufen. Eine bestimmte Mischung von Schmeichelei, Bestechung und Einschüchterung wird einen jungen Wissenschaftler veranlassen, an Fernlenkgeschossen oder an der Atombombe zu arbeiten." (Norbert Wiener)[39]

Der Autor dieser desillusionierenden Worte muß es schließlich wissen. Norbert Wiener, amerikanischer Mathematiker am Massachusetts Institute of Technology M.I.T., hat während des zweiten Weltkriegs an Programmen für Rechenmaschinen gearbeitet und dabei insbesondere Probleme der Flugabwehr im Visier gehabt. Angesichts der "dringenden nationalen Anstrengung" hat Wiener seine Überlegungen zur Konstruktion schneller Rechenautomaten noch vor Kriegseintritt der USA "für eine mögliche Verwendung im Kriege"[40] weitergegeben. Kein Zweifel: die Ideologie stand Pate bei der Geburt der neuen Wissenschaft.

Das konkrete lösungsbedürftige Problem sah zu jener Zeit so aus: Wie schießt man (Amerikaner und Briten) zuverlässig ein (deutsches) Flugzeug ab, das für die manuelle Flugabwehrartillerie zu schnell fliegt. Wie also läßt sich

39) Wiener 1963:229.
40) Ebd.:28ff.

die Strecke delta x zwischen Flugzeug und Explosionspunkt der Abwehrgranate bestimmen[41]. Hatten sich bis dato die Richtschützen noch durch Versuch und Irrtum an delta x=0 herangetastet, so war diese Methode bei modernem Fluggerät nicht mehr praktikabel.

Als zentralen Mechanismus fanden Wiener und der Nachrichtentechniker Julian H. Bigelow die in der Regelungslehre so genannte "Rückkopplung"[42]. Sie bedeutet ein fortwährendes Rückbeziehen der Ausgangsgröße eines Systems auf seine Eingangsgröße, bis schließlich eine (zuvor festzulegende) Zielgröße erreicht worden ist. Rückkopplung provoziert also einen zirkulären Informationsfluß.

Wiener stand in jenen Jahren in engem Kontakt mit Medizinern von der Harvard Medical School und war mit neueren physiologischen Kenntnissen bekannt gemacht worden. Im Gegensatz zur Lehrmeinung der klassischen Neurophysiologie, die einen linearen Informationsfluß vom Sinnesorgan zum Muskel annahm, deutete sich auch auf diesem Gebiet ein ganz ähnlicher Regelungsmechanismus in Form eines Kreisprozesses ab: Die Rückmeldungen des Muskels gehen als neue Steuergrößen in den Prozeß ein und zwar so lange, bis eine Zielgröße erreicht ist - etwa: "Hand ergreift Bleistift." Im Falle der gestörten Rückkopplung wird die Hand über das Ziel hinausschießen, zurückkehren und in eine unkontrollierte Schwingungen geraten, die Medizin kennt dieses Phänomen als Absichts-Tremor[43].

Wiener, sein wissenschaftlicher Weggefährte Arturo Rosenblueth (Mediziner) und Bigelow haben diese Gedanken 1943 in einem Aufsatz veröffentlicht und damit ein erstes Programm für die künftige Arbeit formuliert[44].

Als weitere Essentials gingen die Informationstheorie und die statistische Mechanik in die neue Betrachtungsweise ein. Insbesondere Claude E. Shannon von den Bell Telephone Laboratories hat mit seiner Theorie des Informationsgehalts eine tragende Säule errichtet und ist mit seinem einfachen Kommunikationsmodell auch in der Theorie der Massenkommunikation lange Zeit wirksam gewesen[45].

Im Sommer 1947 einigten sich Wiener und seine Arbeitsgruppe auf den künstlichen Begriff "Kybernetik" (aus dem griechischen "kybernetes"="Steu-

---

41) Vgl. Klaus 1963:43f.

42) Wiener 1963:32.

43) Vgl. ebd.:34.

44) Vgl. Rosenblueth u.a. 1943.

45) Vgl. Shannon/Weaver 1949.

ermann"), mit dem künftig "das ganze Gebiet der Regelung und Nachrichtentheorie, ob in der Maschine oder im Tier"[46] bezeichnet werden sollte. Im Jahr darauf erschien Wieners berühmtes grundlegendes Buch "Cybernetics - or control and communication in the animal and the machine".[47]

Zu einer Anwendung der Kybernetik in den Sozialwissenschaften hat sich Wiener skeptisch geäußert, wobei hier freilich nicht die Übertragung kybernetischer Modelle auf menschliches Verhalten, sondern allein die methodischen Probleme der Datenerhebung durch den Forscher den Beweggrund liefern: "Wir können (...) nicht sicher sein, daß ein beträchtlicher Teil dessen, was wir beobachten, kein künstliches Erzeugnis unserer eigenen Schöpfung ist. Eine Untersuchung der Effektenbörse kommt einem Auflösen der Effektenbörse gleich. Wir sind zu sehr im Einklang mit den Objekten unserer Untersuchung, um gute Sonden zu sein."[48]

Hier spricht m.E. mehr der reine Mathematiker als der experimentelle Forscher, denn Probleme der Feldverfälschung durch Messung gibt es nicht nur in den Sozialwissenschaften. Beispielsweise reduziert ein Voltmeter mit endlichem Widerstand die Spannungen innerhalb einer elektrischen Schaltung, so daß nicht korrekte Werte gemessen werden. Dabei liegt wohl eher ein Optimierungsproblem zugrunde: Welche Beeinträchtigungen des Feldes sind angesichts des Erkenntnisgewinns durch Datenerhebung irrelevant oder hinzunehmen?

Das junge kybernetische Denken hat sich unter den Bedingungen zunehmender Ost-West-Polarisierung der Weltmächte entwickelt und verbreitet, so daß einige Entwicklungslinien, insbesondere die philosophische Einordnung des Faches, unter diesen ideologischen Gesichtspunkten verfolgt werden müssen. Beide Lager reklamierten die Kybernetik als Grundlagenwissenschaft, wobei der Westen seinen zeitlichen Vorsprung bis in die 60er Jahre beibehielt[49]. In der marxistischen Philosophie, so sagt rückblickend Georg Klaus als einer ihrer Vertreter, wurde "vielfach zu Unrecht die in den kapitalistischen Ländern vorherrschende idealistische beziehungsweise mechanisch-materialistische Interpretation der Kybernetik als das Wesen der Kybernetik betrachtet und dementsprechend reagiert."[50] Doch waren es eher typisch bürgerliche Fragestellungen, die im Kapitalismus behandelt wurden.

---

46) Wiener 1963:39;.

47) Eine vergleichbare Verwendung des Begriffes läßt sich über Maxwell (1868; "Governor"=Fliehkraftregler), Ampere (1834; Kunst der Staatslenkung) bis Platon (Vgl. Flechtner 1984:2; seefahrerische und staatliche Steuerkunst) zurückverfolgen.

48) Wiener 1963:235.

49) Vgl. Klaus 1963:25f.

50) Ebd.

Karl Steinbuch beispielsweise beschäftigte sich mit der Vergleichbarkeit maschineller und menschlicher Intelligenz, wobei die Besonderheiten des "Geistigen" erneut ein Stück rationalisiert werden mußten[51]. "Noch vor einigen Jahren vertrat ich auch die 'konservative' Ansicht, daß zwischen physikalisch Erklärbarem und geistigen Funktionen doch eine unübersteigbare Grenze bestünde. Bei weiterem Nachdenken wurde mir immer klarer, daß der Verzicht auf überphysikalische Komponenten das Verständnis geistiger Vorgänge stark vereinfacht (...) Wer sein Herz einmal über diese Hürde geworfen hat, fühlt sich befreit von einem Nebel unklarer Voraussetzungen."[52]

Der westdeutsche Ingenieur Steinbuch hat damit zwar eine Hürde genommen, ist aber längst nicht über seinen Schatten gesprungen. Die ideologische Komponente schimmert wieder durch, wenn er seine Ausführungen in "gefährlicher Nähe" dessen sieht, "was der oberflächliche Kritiker als 'Materialismus' bezeichnet". Und schließlich fehlt auch das wichtigste Stichwort nicht: Steinbuch erkennt "unerwartete Konsequenzen, z.B. daß Freiheit die Voraussetzung für die geistige Weiterentwicklung des Menschen ist."[53] Das liest sich bei dem US-amerikanischen Wirtschaftswissenschaftler der Chicago-Schule Milton Friedman[54] nicht viel anders, der etwa zur gleichen Zeit (1962) "Kapitalismus und Freiheit" veröffentlicht hat.

Mit solchen spätbürgerlichen Reflexionen hat sich die marxistische Philosophie nicht schwergetan. Da insbesondere die (kybernetisch relevanten) Zielgrößen planwirtschaftlicher Systeme offenliegen, "ist eine optimale Entwicklung (der Kybernetik, U.H.) nur in sozialistischen Ländern, und zwar auf der Grundlage der marxistisch-leninistischen Philosophie möglich."[55] Die sog. Konvergenztheorie als eine der "ideologischen Waffen des Gegners im Klassenkampf" müsse scheitern, so Klaus, denn angesichts der Systemunterschiede könne es keine 'versöhnende' kybernetische Formel geben.[56] "Die Kybernetik bestätigt den dialektischen Materialismus, die Kybernetik hat den dialektischen Materialismus zur Grundlage, die Kybernetik benötigt den dialektischen Materialismus."[57]

Im Zuge der internationalen Entspannungspolitik ist es auch auf diesem Feld wieder ruhiger geworden. Mehr und mehr hat sich der Gedanke durchgesetzt, daß die Kybernetik mehr als universelle Systemtheorie taugt denn als ideologi-

---

51) Vgl. Steinbuch 1961:4-13.
52) Ebd.:227.
53) Ebd.:VI.
54) Vgl. Friedman 1976.
55) Klaus 1973:8.
56) Vgl. ebd.:11.
57) Ebd.:51.

sche Stütze von Gesellschaftssystemen dienlich sein kann. Fragen der Systemtopologie, der Steuerung, Regelung usw. können durchaus ideologiefern mit dem Begriffsinventar der Kybernetik erfaßt und bearbeitet werden. Dabei wird derzeit ganz offensichtlich der Aspekt der globalen Vernetzung der Systeme in den Vordergrund gerückt.

Frederic Vester[58] entwickelt diese Idee in seiner Vision "vom technokratischen zum kybernetischen Zeitalter". Ressourcen- und Umweltschutzprobleme sowie die künftigen Überlebenschancen in der Biosphäre haben die vielfach verschachtelten Teilsysteme samt ihrer Regelkreise zum neuen kybernetischen Prototyp werden lassen.[59] "Unter Kybernetik (...) verstehen wir hier die Erkennung, Steuerung und selbsttätige Regelung ineinandergreifender, vernetzter Abläufe bei minimalem Energieaufwand. So fruchtbar sich dieser Begriff für neue Denkmodelle erwies, wurde er doch durch manch falsch verstandene Kybernetik, oft verwechselt mit Regeltechnik und Computersteuerung (nichts ist unkybernetischer als die Rechenweise eines Computers), in vieler Hinsicht abgewirtschaftet."[60] Ganz so ist es nun auch wieder nicht: Wie im folgenden deutlich werden wird, hat die Rechenweise eines Computers eminent kybernetischen Charakter ("Programmsteuerung"). Zuzustimmen ist jedoch Vesters Unbehagen an einer rein technokratischen Analyse von (insbesondere lebenden) Systemen.

Schon knapp zwei Jahrzehnte zuvor hatte der Politologe Karl W. Deutsch vorgeschlagen, Elemente der Kybernetik auf politische Systeme zu übertragen. "The Nerves of Government: Models of Political Communication and Control" erschien 1963 und bezeichnenderweise tauchte die, inzwischen zum marktreifen Modebegriff avancierte, Kybernetik erst im Titel der deutschen Übersetzung auf.[61]

Die Anwendung kybernetischer Prinzipien hat Deutsch auf eine ganze Reihe von Vernetzungen, Rückkopplungs- und Regelprozessen im politischen Geschehen geführt. So konnte schließlich ein komplexes Modell (außenpolitischer Entscheidungsbildung) erstellt werden, das u.U. schlüssigere Erklärungen für i.w.S. soziale Phänomene liefert. Es hat den Anschein, als zwinge kybernetisches Vorgehen ganz allgemein zur Berücksichtigung vielfältigerer Variablen als dies durch andere Ansätze herausgefordert würde.

Allerdings handelt es sich bei Deutschs Konzept um eine eher qualitative Darstellung. Und dies wiederum ist letztlich nicht zu vereinbaren mit Wieners oft zitierter Forderung: "Die Kybernetik bedeutet nichts, wenn sie nicht mathe-

---

58) Vgl. Vester 1980.
59) Vgl. ebd.:50-91.
60) Ebd.:53.
61) Vgl. Deutsch 1973.

matisch ist, wenn nicht in esse, dann in posse". Ziel kybernetischer Untersuchungen ist also die rechnerische Behandlung der in frage kommenden Vorgänge, was schließlich zu dem Schluß führen muß: Die Kybernetik bedeutet nichts, wenn sie nicht Meßdaten ermittelt, die das Systemgeschehen quantitativ abbilden. Nicht alle unter dem Etikett "kybernetisch" firmierenden Studien sind aus diesem Grund tatsächlich kybernetisch. Vielmehr handelt es sich nur allzu oft um "verbalkybernetische" Unterfangen, die einer strengen Überprüfung nicht standhalten.[62]

1.2 Kybernetische Grundbegriffe

Der Vorzug der relativ jungen, universellen Wissenschaft, sehr schnell interdisziplinäre Verwendung gefunden zu haben, ist oft mit zunehmender Begriffsunschärfe erkauft worden. Es scheint deshalb notwendig, die Grundbegriffe der Kybernetik kurz darzustellen und zu diskutieren. Die zentralen Kategorien werden anhand einiger Definitionsversuche deutlich:

"Kybernetik ist die systematische wissenschaftliche Beschäftigung mit Kommunikations- und Steuerungsvorgängen in Organisationen aller Art."[63]

"Ich verstehe unter Kybernetik (in einer vorläufigen Fassung) die mathematische und konstruktive Behandlung allgemeiner Strukturen, Funktionen und Theorien, die verschiedenen Wirklichkeitsbereichen gemeinsam sind."[64]

"Cybernetics deals with all forms of behaviour in so far as they are regular, or determinate, or reproducible. The materiality is irrelevant (...) The truths of cybernetics are not conditional on their being derived from some other branch of science."[65]

"Kybernetik ist die Theorie der Funktionsmöglichkeiten informationeller Systeme unter Abstraktion von deren physikalischen, physiologischen oder psychologischen Besonderheiten, ferner die Konkretisierung dieser abstrakten Theorie auf vorgegebene (...) Systeme und schließlich die planmäßige Verwirklichung solcher Systeme zur Erfüllung vorgegebener Zwecke."[66]

"Die Kybernetik ist die Wissenschaft von den möglichen Verhaltensweisen möglicher Strukturen, und zwar nicht irgendwelcher Strukturen, sondern dyna-

---

62) Vgl. Grube 1979:151-158.
63) Deutsch 1973:126.
64) Cube 1975:11.
65) Ashby 1964:1.
66) Frank 1964:14.

mischer Strukturen, das heißt von Strukturen, die in zeitabhängige Prozesse eingebettet sind."[67] Kybernetik ist die "Wissenschaft von den allgemeinen wesentlichen Eigenschaften und Gesetzmäßigkeiten der Regelung und der Informationsverarbeitung in dynamischen Systemen sowie dieser Systeme selbst."[68]

Die Reihe der Definitionsversuche ließe sich beliebig verlängern. Deutlich wird jedoch schon hier, daß die Kybernetik dynamische Systeme behandelt, in denen gekoppelte Wirkungen vorliegen. Diese Wirkungen werden nicht auf materieller oder energetischer Ebene, sondern auf ihrer informationellen Ebene betrachtet. Der Abstraktionsprozeß führt zu allgemeinen Kalkülen, die bei Isomorphie je bestimmten Klassen zugeordnet werden.

1.2.1 System

Bis zu dieser Stelle wurde der Begriff System relativ unproblematisiert gebraucht. Tatsächlich verbirgt sich dahinter aber schon ein erster wesentlicher Abstraktionsprozeß: Systeme "sind" nicht, sondern gewisse materielle und ideelle Konstrukte lassen sich als System betrachten und analysieren[69]. Die unfaßbare Komplexität von Wirklichkeitsbereichen wird innerhalb der Systembetrachtung vor allem auf zwei Begriffsmengen, Elemente (E1, E2, E3 (...) En) und Relationen (R1, R2, R3 (...) Rn), reduziert. Klaus nähert sich einer Begriffsbestimmung, wenn er "ganz allgemein" sagt, "daß wir in einem System bestimmte Elemente des Systems unterscheiden (...), zwischen denen bestimmte Relationen bestehen."[70] Die allgemeine Systemtheorie (Bertalanffy u.a.) hat sich zum Ziel gesetzt, Wirklichkeitsbereiche auf ihre Systemeigenschaften hin zu analysieren und strukturelle Analogien, bzw. Isomorphismen aufzuzeigen. Von den stofflichen Eigenschaften der Untersuchungsobjekte wird dabei abgesehen. Durch die Bestimmung

$$S = (E,R)\ ,\ Ei - E\ ,\ Ri - R$$

gewinnt das System seine Struktur. Dies ist vorerst lediglich ein statischer Aspekt, den die Systemtheorie mit CS (coupling-structure) bezeichnet. Sie leistet auf dieser Ebene eine Strukturbeschreibung.[71]

67) Klaus 1963:35.
68) Klaus/Buhr 1973:640.
69) Vgl. Kopf 1977:9.
70) Klaus 1963:61; vgl. ders. 1973:131; vgl. auch Hall/Fagen 1956:18.
71) Vgl. Kopf 1977:15-19.

In der Kybernetik geht es hingegen um dynamische Systeme, also Gebilde aus Elementen und Interrelationen, deren Zustand sich im Zeitablauf verändert. Die philosophische Frage, ob es überhaupt statische Systeme in einer prinzipiell dynamischen Welt geben kann, soll hier nur gestreift werden. Selbst das überaus statisch erscheinende Molekülsystem einer Glasscheibe ist letztlich unter den Bedingungen der Schwerkraft dynamisch: Wie die Beobachtung an sehr alten Kirchenfenstern zeigt, fließt das Glas und sammelt sich am unteren Rand in einer Art Wulst. Korrekterweise muß wohl davon ausgegangen werden, daß Systeme sich im Grad ihrer Dynamik unterscheiden.

Dynamische Systeme zeigen also ein Verhalten[72], das sich mittels aufeinanderfolgender Systemzustände (xi - X) beschreiben läßt:

X = (x1, x2, x3, (...) xn)

oder in der Schreibweise von Klaus[73]

  (a b c d ...
T (
  (b d a c ...

Dynamische Systeme lassen sich nun einerseits als black box betrachten, wobei ihr internes Regelgeschehen ignoriert und lediglich input (u - U) und output (y - Y) registriert werden. In solchen Fällen spricht die Systemtheorie von IO-Modellen (input-output). Ermittelt werden dabei die Werte der sog. response-function phi (Ausgabefunktion): Ein Systemzustand x (x - X) zu einem Zeitpunkt t (t - T) führt beim input u zu einem output zum Zeitpunkt t' (t' - T):

phi : X x U x T --- Y x T.

Das Systemverhalten läßt sich andererseits auch über seine angenommenen Zustände beschreiben. Dann stehen nicht mehr input und output im Zentrum der Analyse, sondern die Zustände X sowie die Ermittlung der state-transition-function rho (Zustandsüberführungsfunktion, Abbildung des Objektes als ST-Modell):

rho : X x U x T x T --- X

---

72) Vgl. ebd.:19-29.
73) Vgl. Klaus 1963:63ff.

Wenn ein nachfolgender Zustand durch den Ausgangszustand eindeutig folgt, dann ist die Rede von deterministischem Systemverhalten. Andernfalls liegt stochastisches Verhalten vor. Bezogen auf organisierte Sozial-(Zweck-)Systeme wäre es von Interesse, den Grad deterministischen Verhaltens zu bestimmen. Hinzu kommt die Frage, ob sich die Systemzustände aufgrund von Eigenverhalten (Selbststeuerung) oder durch externe Reize (Zwang) ändern.

1.2.2 Information

Wie bereits erwähnt, abstrahiert kybernetisches Denken von den stofflichen und energetischen Aspekten dynamischer Systeme und betrachtet die Systemvorgänge auf einem informationellen Niveau. Dies betrifft die bislang als Relationen (R) bezeichneten Wirkungsstränge zwischen den Systemelementen (E). Zwischen ihnen geschieht etwas, das sie reagieren und agieren läßt. Der Begriff Information hat sich dabei vom alltagssprachlichen Verständnis entfernt und meint "eine räumliche oder zeitliche Folge von endlich vielen physikalischen Signalen, die mit bestimmten Wahrscheinlichkeiten oder Häufigkeiten auftreten."[74]

Die Kybernetik unterscheidet zwischen Signal und Information, wobei Information wiederum einen semantischen, pragmatischen und selektiven Aspekt aufweist[75]. Ganz ohne Träger, also geringe Energiemenge, kann eine Information nicht übertragen werden. Sie ist an akustische (sprachliche Kommunikation) oder an elektromagnetische Wellen (Funkverbindung, Telefonleitung, Lichtleiter, Magnetträger usw.) gebunden, wird durch (bio-)chemische Reaktionen übertragen (z.B. Nervenreize, Immunabwehr) oder sie ist materiell fixiert (z.B. Printmedium, Film) usw. Ohne Signal ist eine Informationsübertragung nicht möglich.

Das Signal an sich erzeugt aber nicht in jedem Fall eine Zunahme der Informiertheit beim Empfänger. Ein Kurzwellenhörer wird die Zweiton-Signale von Funkfernschreibern ohne Decodierungsmaßnahmen nicht entschlüsseln können. Benötigt wird zuvor ein übereinstimmender Zeichenvorrat bei Sender und Empfänger[76], bzw. ein "inneres Modell" beim Empfänger, das mit den informationellen Intentionen des Senders übereinstimmt.[77]

---

74) Cube 1975:28.
75) Vgl. Klaus 1963:135.
76) Vgl. Cube 1975:32.
77) Vgl. Klaus 1963:139.

Shannon hat die Bedingungen für eine Informationsübertragung mathematisch präzisiert[78]. Demnach errechnet sich der Informationsgehalt einer Mitteilung aus der Summe der Eintrittswahrscheinlichkeiten multipliziert mit ihrem Logarithmus. Das logarithmische Maß ergibt sich aus folgendem Zusammenhang. Der Grad der Unbestimmtheit (des Eintreffens einer bestimmten Information) hängt ab von der Anzahl aller möglichen Informationseingänge (n), ist also eine Funktion von n (f(n)). Ist nur eine einzige Information überhaupt denkbar (n=1), dann ist die Übertragung sinnlos, denn der Informationszuwachs ist gleich null. Für n=1 gilt also f(n)=0. Bei kombinierten Informationsmengen addieren sich die Grade der Unbestimmtheit zur Summe f(n)+f(m), während die Zahl der möglichen Ausgänge multipliziert wird zu f(m*n). Damit gelangt man zu den Forderungen

$$f(1) = 0 \text{ und}$$
$$f(m*n) = f(m) + f(n).$$

Die einzige Funktion, die diese Bedingungen erfüllt, ist der Logarithmus. Aus Zweckmäßigkeitsgründen, die hier nicht weiter erörtert werden sollen, wird der Logarithmus dualis benutzt.[79] Damit wird der Bezug zum dualen Zahlensystem hergestellt, das heute in Rechnersystemen fast ausschließlich favorisiert wird und dessen kleinste Informationseinheit das binary digit (=bit) ist.[80]

Der Grad der Informatisierung eines Systems kann sehr unterschiedlich sein. Entropie bezeichnet dabei einen völligen Ordnungsmangel (=Informationsmangel)[81] innerhalb eines Systems, "negative" Entropie entspricht einem Informationszuwachs. Systeme tendieren, falls man sie sich selbst überläßt, zur Entropie - ein Vorgang, der irreversibel ist.[82]

Klaus hat auf ein Problem aufmerksam gemacht, das bei der Anwendung der Kybernetik auf soziale Systeme auftreten wird, in denen auch das Bewußtsein seinen Part im Systemgeschehen spielt[83]. Falls ein System (S2) einem anderen System (S1), das kein "inneres Modell" von S2 besitzt, Signale zusendet, dann ist es schlechterdings unangemessen, von einer Informationsübertragung zu sprechen: "Ob ein Signal zur Information wird, hängt von einem durch S1 vorgenommen Auswahlvorgang ab. Deshalb ist es sinnlos, schlechthin zu

78) Vgl. Steinbuch 1961:23-39.
79) Vgl. zum Vorhergehenden Klaus 1963:130-136; Bar-Hillel 1971:9-12.
80) Vgl. Klaus/Buhr 1973:522-526.
81) Vgl. Wiener 1963:38.
82) Vgl. Ashby 1964:174-185.
83) Vgl. Klaus 1963:138ff.

sagen, ein System S2 sendet einem System S1 Informationen zu. Dies hängt vielmehr völlig vom Charakter des Systems S1 ab."[84]

Bezieht man diesen Gedanken auf die soziologische Rollentheorie, dann wird fraglich, ob generell von Rollensendern und -empfängern gesprochen werden kann. Denn letztlich sind die "gesendeten" Erwartungen so interpretationsoffen und mehrdeutig, daß m.E. allenfalls von Empfängern die Rede sein kann. Zumal es Situationen gibt, die durch einen diffusen Erwartungsdruck (ohne angebbare Rollensender) so etwas wie "vorauseilenden Gehorsam" entstehen lassen - ggf. somit etwas empfangen wird, was zuvor gar nicht gesendet worden ist. In solchen Fällen ist die Begrifflichkeit Sender-Empfänger wohl nicht mehr angemessen, und es sollte besser davon gesprochen werden, daß Informationen , bzw. Erwartungs-Erwartungen "generiert" werden.

1.2.3 Regelung

Wenn Systemelemente nicht linear durch Wirkungsketten miteinander verbunden sind, sondern Ausgangsgrößen auf vorhergehende Elemente zurückwirken, dann spricht die Kybernetik von Rückkopplung, die unter bestimmten Bedingungen zur Regelung wird. Diese Art von Systemschaltung stand im Mittelpunkt von Wieners Überlegungen: Eine Zielgröße wird erreicht, indem die Ausgangsgröße immer wieder mit einer Eingangsgröße verglichen und bis zum Punkt delta x=0 abgeglichen wird. Dieser Vorgang ist schon früh technisch automatisiert worden, beispielsweise im Fliehkraftregler von Dampfmaschinen, der die Dampfzufuhr in Abhängigkeit von der Umdrehungszahl des Schwungrades regelte. Regelung durch Rückkopplung ist in vielen Anwendungsbereichen zu finden, z.B. im Thermostat zur Regelung von Zimmer-, Wasser- oder Kühlschranktemperatur, in elektronischen Schaltungen von Radiogeräten, die das sog. Fading (Schwund durch Phasenverschiebung an atmosphärischen Schichtübergängen) durch Gegenkopplung ausgleichen usw. Alle diese Regelungsvorgänge unterliegen den gleichen Prinzipien.[85]

1. Zunächst setzt eine externe Instanz (Führungsgröße) einen Soll-Wert, der erreicht und möglichst gleichmäßig gehalten werden soll.

2. Sodann wird die Ausgangsgröße des Regelkreises mit diesem Soll-Wert in einer Meßstelle verglichen.

---

84) Ebd.:139.

85) Vgl. Vester 1980:58-61; Cube 1975:23-28; Wiener 1963:145-170; Steinbuch 1961:125-134.

3. Wird eine Abweichung zwischen beiden Werten festgestellt, dann regelt das System die Eingangsgröße mittels einer (Stell-) Regelgröße so lange nach, bis der Unterschied zwischen Soll- und Ist-Wert minimiert ist.

In diesen Regelkreisen liegt "negative" Rückkopplung[86] vor: steigt die Ausgangsgröße zu stark an, wird sie zurückgeregelt, sinkt sie, so wird sie entsprechend angehoben. Da Messen und Nachstellen immer mit einer kleinen zeitlichen Differenz erfolgen, gibt es hier eine Phasenverschiebung, so daß die Ausgangsgröße in Form von gedämpften Schwingungen zeitweilig um den Soll-Wert pendelt. Wird die Kopplung zu fest eingerichtet, dann kann das zu starken, nicht mehr abreißenden Schwingungen führen[87]. In der Funktechnik nutzt man diesen Effekt beim Bau von Oszillatoren, bzw. Sendern.

In der kybernetischen Literatur wird nicht immer ganz eindeutig darauf hingewiesen, daß jeder Regelkreis eine Soll-Wert setzende Instanz benötigt[88]. Regelung auf einen bestimmten Zielwert hin ist jedoch nur möglich, wenn dieser Zielwert eindeutig festgelegt worden ist. Treffend stellt daher Vester die Frage: "Wer steuert den Steuermann?"[89] Sehr anschaulich wird das an einem Beispiel von Helmar Frank[90]:

Um ein Schiff zu steuern, sind vier Instanzen (a-d) notwendig, die auch innerhalb eines Regelkreisschemas auftauchen. Zunächst gibt es eine Zielsetzung, die über den Kapitän (a) vermittelt wird (Frachtauftrag für einen bestimmten Hafen). Der Lotse (b) ist die Meß- und Vergleichsstelle, die den Ist-Stand des Schiffes (Geschwindigkeit, Ruderstellung) mit den relevanten Umweltinformationen vergleicht und entsprechende Regelungsbefehle ausspricht. Diese wiederum werden vom Steuermann (c) realisiert, d.h. in konkrete Regelungsvorgänge umgesetzt. Die physikalische Ausführung schließlich (des Antriebssystems d) ist der letzte Regelungsschritt, der das Schiff in eine neue Umweltsituation bringt (z.B. Kursänderung) und nun neue Meß- und Vergleichsschritte des Lotsen herausfordert. Dies alles verläuft unterhalb der eigentlich zielsetzenden Instanz (Kapitän/Reederei/Auftraggeber usw.), bis diese selbst neue Ziele proklamiert. Schon Wiener hat darauf verwiesen, "daß die

---

86) Vgl. Kopf 1977:24.
87) Vgl. Wiener 1963:33.
88) Vgl. z.B. Klaus 1963:98f.
89) Vester 1980:71.
90) Vgl. Frank 1964:10, hier nach Cube 1975:24ff.

Steuermaschine eines Schiffes tatsächlich eine der ersten und am besten entwickelten Formen von Rückkopplungsmechanismen ist."[91]

Ein Regelkreis ist also zunächst ein stabiles System. Es reagiert auf Störungen einer besonderen Art und hält einen Zustand stabil. Auf Störungen anderer Art kann das stabile System aber nicht reagieren. "Das System mit Thermostat ist hilflos gegenüber einem Zimmerbrand."[92] Darauf sind erst "ultrastabile" Systeme[93] eingerichtet, wie sie insbesondere in organischen bzw. sozialen Systemen identifiziert werden können. Sie bestehen aus einer ganzen Reihe von miteinander verknüpften, u.U. hierarchisch geschichteten[94], Regelkreisen und sind in der Lage, von einem Niveau auf das andere umzuschalten. Man spricht hier auch von "vermaschten" Regelkreisen[95].

Eine weitere Komplexitätsstufe erreicht das sog. "multistabile" System, das aus "mehreren ultrastabilen Subsystemen besteht, die zeitweilig voneinander unabhängig, d.h. nicht ständig miteinander verknüpft sind"[96]. Es kann sich an wechselnde Umgebungsbedingungen anpassen, indem seine ultrastabilen Systemkomponenten auf Störungen reagieren und alle anderen Komponenten davon unberührt bleiben. Multistabile Systeme können ihre Struktur verändern, besitzen also die Fähigkeit zur "Selbstorganisation"[97].

Eine noch größere Überlebensfähigkeit besitzen die "lernfähigen" Systeme. Sie speichern Informationen aus vorangegangenen Situationen und ändern ihre Struktur und ihr Verhalten gemäß diesem gespeicherten Wissen. Zwar kann schon dem einfachsten Regelkreis das Attribut der Lernfähigkeit zugeschrieben werden[98], weil er ja immerhin "weiß", was zur Zielerreichung zu tun ist. Aber das Phänomen Lernen meint eigentlich mehr: "Jeder Lernprozeß und also auch jede Veränderung von Zielen und Werten besteht aus einer internen physischen Neuordnung und ist deshalb im wesentlichen von gegebenen materiellen Voraussetzungen abhängig. Die Lernfähigkeit eines Systems oder einer Organisation, das heißt die Reichweite einer tatsächlich möglichen internen Neuordnung, kann deshalb teilweise an der Anzahl und Vielfalt der ungebundenen Hilfsmittel, die dem System oder der Organisation zur Verfügung stehen, gemessen werden."[99]

---

91) Wiener 1963:39.
92) Klaus 1963:118.
93) Vgl. Ashby 1964:233.
94) Vgl. Klaus/Buhr 1973:643.
95) Vgl. Klaus 1973:49-92.
96) Kopf 1977:26.
97) Ebd.:27.
98) Vgl. Deutsch 1973:145ff.
99) Ebd.:152.

1.2.4 Programmsteuerung

Komplizierte und erst recht komplexe Systeme[100] haben die Wahl, welche ihrer Komponenten in wechselnden Situationen den Zugriff auf Regelungsansprüche bekommen sollen. Ebenso taucht bei vermaschten und hierarchisch geschichteten Regelkreisen der Zwang auf, von einem Niveau auf das andere umschalten zu müssen, um auf wechselnde Umwelten effektiv zu reagieren. Auf welche Weise legen die Systeme ihre Verhaltensprioritäten fest?

Schon der Blick auf einen einfachen Regelkreis zeigt, daß sein Verhalten im Grunde von einem Algorithmus unterlegt ist, d.h., daß eine Folge von verbindlichen Handlungsanweisungen identifiziert werden kann,[101] die sich unter Wenn-Dann-Bedingungen verzweigen und die nächsten Programmschritte determinieren. Ein Beispiel soll das veranschaulichen.

Eine Pflanze in einem Blumentopf soll so mit Gießwasser versorgt werden, daß die Erde einerseits nicht austrocknet und andererseits nicht so naß wird, daß die Pflanzenwurzeln verfaulen. Die automatische Gießanlage darf also nur innerhalb bestimmter Trockenheitsintervalle bewässern. Eine Meßsonde in der Erde mißt dazu den Erdwiderstand (der vom Feuchtigkeitsgehalt abhängt) und schaltet den Bewässerungsmechanismus bei zu hohem Widerstand (= Trockenheit) ein. Dann wird solange gegossen, bis der Widerstand einen neuen, relativ geringen Wert angenommen hat und die Gießautomatik ausschaltet. Dem Verhalten dieses automatisierten Systems liegt folgendes Programm zugrunde:

1. Miß die Ist-Größe. Stelle fest, wie hoch der Erdwiderstand bzw. der Wassergehalt im Blumentopf noch ist.

2. Beschaffe die Soll-Größe. Dieser Wert geht von außen in den Regelkreis ein und ist aus dieser Perspektive eine Steuergröße. Sie wird vor Beginn des Programmablaufs von externen Instanzen festgelegt.

3 (a). Vergleiche Soll- und Ist-Wert. Der Soll-Wert ist in diesem Beispiel ein Maximum, das der Ist-Wert nicht überschreiten darf.

An dieser Stelle verzweigt sich das Programm:

---

100) Vgl. Klaus 1963:72-84.

101) Vgl. Brockhaus 1968:23.

3 (b). Falls der Ist-Wert kleiner als der Soll-Wert ist, dann tue nichts weiter und starte das Programm wieder in Zeile 1.

3 (c). Falls der Ist-Wert größer als der Soll-Wert ist, bzw. mit ihm übereinstimmt, dann schalte den Bewässerungsmechanismus ein und beginne das Programm bei Zeile 1.

Schon dieses einfache Programmbeispiel weist eines der wichtigsten Elemente auf, nämlich das der Verzweigung, die an bestimmte Bedingungen geknüpft ist. "Die wahre Stärke eines Programms liegt nicht so sehr in seinen arithmetischen Fähigkeiten als vielmehr in der Möglichkeit, Entscheidungen auf der Basis der Ergebnisse von Tests zu treffen."[102] In der mittlerweile weit verbreiteten Programmiersprache Basic wird dieser Schritt mit dem Befehl "if (...) then (...) else (...)" realisiert (else ist eine Option, die nicht unbedingt eingefügt werden muß).

Ein weiteres zentrales Programmelement kann durch folgende Überlegung eingeführt werden: Das Wasserreservoir des Mechanismus muß nachgefüllt werden, wenn sein Pegel unter einen bestimmten Wert fällt. Angenommen, dieses Reservoir bedient nicht nur den Blumenkasten, sondern auch ein benachbartes Handwaschbecken, dann sollte der Wasserpegel sicherheitshalber möglichst oft innerhalb des Programmablaufs überprüft werden. Dies läßt sich in Form eines "Unterprogramms", einer sog. "Routine" einfügen: Zwischen den Programmzeilen 2 und 3 soll jedesmal ein "Sprung" in das separate Reservoir-Prüfprogramm vollzogen werden. Es selbst wiederum soll messen, vergleichen, u.U. schalten oder nicht schalten und anschließend in das Hauptprogramm zurückkehren.

In diversen Programmiersprachen heißt der entsprechende Befehl "gosub (...) return". Auch dieser Befehl kann an bestimmte Bedingungen geknüpft werden, etwa dies nur bei Regen zu tun, da nur dann eine Chance zum Nachfüllen des Reservoirs besteht.

Zentral ist nun dieser Gedanke: In einem komplexen Programm sind u.U. Unterprogramme eingebaut, die nur unter bestimmten Bedingungen, von Zeit zu Zeit oder vielleicht auch so gut wie niemals aufgerufen werden. Solche sog. "abgeschlossenen Unterprogramme" sind definiert als "Programme, denen ein abgeschlossener Teilalgorithmus zugrunde liegt und die nicht wie die offenen Unterprogramme an allen Stellen des Hauptprogramms, von denen aus sie

102) Zaks 1981:85.

aufgerufen werden können, eingespeichert werden, sondern nur einmal und an einem vom Ort des Hauptprogramms unabhängigen Ort des Speichers."[103]

Es besteht nun kein ersichtliches Hindernis, dieses programmliche Denken auch für die Analyse sozialen Handelns fruchtbar zu machen. "Zahlreiche geistige und körperliche Tätigkeiten, die die Menschen ausführen müssen, haben algorithmischen Charakter."[104] Jeder Autofahrer muß verbindlichen Programmschritten folgen, wenn er als Verkehrsteilnehmer erfolgreich sein will. Er muß sein Vehikel starten, anfahren, lenken, schalten, bremsen etc. und dies jeweils in Abhängigkeit von externen Variablen, die er sich beschaffen muß und die in seinen Programmablauf einzufügen sind. Unter den Bedingungen "Ampel rot", "Kinder auf der Straße" oder "Stau voraus" muß er bremsen und zurückschalten. In Abhängigkeit vom Fahrziel muß er nach links oder nach rechts abbiegen. Er unterliegt dabei einer Vielzahl von externen Steuergrößen, denen er sich fügen muß: Er trifft auf Geschwindigkeitsbeschränkungen, Überholverbote, Vorfahrtsregelungen usw. Diese Variablen steuern ihn, sie liegen nicht in seiner Steuerungshoheit.

Ein Teil seiner möglichen Handlungsweisen ist in Unterprogrammen (Routinen) fixiert: Das von Neulingen erst zu lernende Anfahren mit den vermaschten Komponenten auskuppeln, Gang einlegen, in den Rückspiegel blicken, blinken, Gas geben, Kupplung kommen lassen und lenken usw. ist bei routinierten Fahrern tatsächlich zur "Routine" geworden, die innerhalb eines Programmablaufs 'Fahrt durch die Innenstadt' vielfach aufgerufen wird.

Es existieren aber auch Routinen, die nicht bei jeder Fahrt, bzw. so gut wie niemals ins Spiel kommen: Der Fahrer weiß, was zu tun ist, um zu tanken, Kühlwasser und Öl nachzufüllen. Er weiß u.U. auch, wie ein platter Reifen zu wechseln ist. Sollten seine Blinker defekt sein, dann kann er sich mit Handzeichen verständlich machen. Innerhalb seines Handlungsprogramms ist ebenso das äußerst selten aufzurufende Unterprogramm gespeichert, das sein Verhalten im Fall eines Motorschadens steuert: Er wird üblicherweise rechts an den Straßenrand lenken (fahren/schieben), die Warnblinker einschalten und das Warndreieck aufstellen usw. Für das System Fahrer/Fahrzeug läßt sich allem Anschein nach ein kompletter Algorithmus aufstellen, dem der "Steuermann" weitestgehend verpflichtet ist und dem er nicht entgehen kann - mag er sich in seinem Cabrio auch noch so frei und als Herr über viele PS fühlen.

Die Variablen, die in den Autofahrer-Algorithmus eingehen, entstammen diversen Wirklichkeitsbereichen, die hier als Referenzquellen bezeichnet werden sollen. Daß der Fahrer sich anschnallen muß, sein Blutalkoholwert 0.8

---

103) Brockhaus 1968:790; vgl. auch Zaks 1981:87.

104) Klaus 1963:151.

Promille nicht überschreiten darf und er ggf. bei Sonntagsfahrverbot gar nicht fahren darf, das wird ihm nicht während der Fahrsituation bekanntgegeben, sondern diese aktuell einzuordnenden Kenntnisse entstammen der Referenzquelle "Gesetzgebung". Daß er auf genau definierten Strecken nicht überholen darf, weiß er mittels der Referenzquelle "Verkehrszeichen/ Beschilderung". Daß er tanken und Öl nachfüllen muß, wird ihm weder durch Gesetzgebung noch durch Verkehrszeichen kundgetan, sondern hier richtet der Fahrer sein Verhalten nach den Variablen der Referenzquelle "Fahrzeugzustand". Wenn er auf freier Strecke plötzlich voll bremst, dann beruht diese Handlungsanweisung nicht auf den Variablen der Referenzquellen Gesetzgebung, Beschilderung und Fahrzeugzustand, sondern hier ist u.U. ein Kind auf die Straße gelaufen, das die Referenzquelle "aktuelle Fahrsituation" schlagartig verändert hat usw. Solange der Autofahrer sein Ziel (das ist sein Soll-Wert) nicht erreicht hat, wird er sein Programm ablaufen lassen, in das er immer wieder neue Variablen zwecks Entscheidungsfindung einfügt. Das System Fahrer/Fahrzeug wird dabei dynamisch (im Zeitablauf) diverse verschiedene Systemzustände annehmen (fahren, bremsen, gasgeben usw.), während andere Zustände derweil nicht möglich sind: Wer Benzin nachfüllt, kann nicht gleichzeitig fahren, wer aufmerksam in den Rückspiegel blickt, kann nicht zugleich die Kühlwassertemperatur kontrollieren, wer das Sonntagsfahrverbot beachtet, der kann gar nicht fahren usw.

1.2.5 Notwendige Komplexität

Ein Heizungsthermostat ist ein komplexitätsarmer Regelkreis, der nur auf ein schmales Segment der Umweltkomplexität reagieren kann. Er ist hilflos gegenüber einem Zimmerbrand. Umweltabhängige Regelkreise und dynamische Systeme benötigen eine komplexe Eigenstruktur, wenn sie auf entsprechend komplexe Umwelten reagieren sollen. Ashby hat das in seinem berühmten 'law of requisite variety'[105] fixiert: "Only variety can destroy variety". Für Systeme erfordert dies ein bestimmtes Maß an Flexibilität, Autonomie und das Vermögen, auf Subsysteme umschalten zu können. So kann etwa der Alleinredakteur einer Lokalzeitung nicht zwei politische Treffen zugleich besuchen, kurz vor Redaktionsschluß wird er nicht einmal Zeit für einen einzigen Termin haben usw. Dieses System besitzt eine zu geringe Eigenkomplexität, um komplexe Innen-Außen-Beziehungen herzustellen, sie reicht wohl zeitweise gerade zur Bewältigung der notwendigen Binnenregulationen, bzw. zum Erreichen des Produktionssolls.

---

105) Vgl. Ashby 1985:293-315.

Ashby hat an mehreren Beispielen die verblüffenden Konsequenzen dieses Gesetzes von der notwendigen Vielfalt aufgezeigt, wobei er auch auf den Fall eines Pressefotografen verweist.[106] "In seinen grundlegenden Formen ist das Gesetz unmittelbar einsichtig und braucht keine Erläuterung (...) Das Gesetz entwickelt seine Leistungsfähigkeit in quantitativer Hinsicht erst richtig, wenn wir dazu übergehen, uns mit Systemen zu befassen, in denen diese Dinge nicht so offensichtlich sind, besonders, wenn sie sehr umfangreich sind (...) Das Gesetz kann also, wenn es auch in einfachen Fällen nur eine selbstverständliche Aussage gibt, doch in solchen Fällen eine echte Anleitung geben, die viel zu komplex sind, um durch bloße Intuition gelöst zu werden."[107]

Zusammenfassend läßt sich also sagen: Dynamische Systeme, die einem Soll-Wert zustreben und im zeitlichen Verlauf eine Reihe von Systemzuständen annehmen, unterliegen einem Algorithmus. Dieses Programm besteht aus entscheidungsbedürftigen Verzweigungsstellen und aus Unterprogrammen, die situationell aufgerufen werden. Ob und welche dieser Routinen überhaupt 'gefahren' werden, hängt von aktuell zu ermittelnden Variablen ab, die in den Programmablauf eingefügt werden. Die Variablen wiederum entstammen verschiedenen Referenzquellen, deren Relevanz ebenfalls situationell bestimmt werden muß. Üblicherweise streben zielgerichtete dynamische Systeme ihren Soll-Wert ohne große Umwege an. Anzahl und Ausprägungen der Variablen werden durch das Maß der Eigenkomplexität des Systems begrenzt. Die potentielle interne Variationsvielfalt legt fest, wie weit der Horizont des Systems überhaupt reicht, welche Arten von Umweltereignissen das System überhaupt registrieren, bzw. verarbeiten kann.

1.3 Die Zeitungsredaktion als kybernetisches System

Inwiefern lassen sich nun die vorstehend diskutierten kybernetischen Annahmen, Denkmodelle und Grundbegriffe auf eine Zeitungsredaktion übertragen? Gilt das, was für das kybernetische System Autofahrer/Fahrzeug gesagt wurde, auch umstandslos für ein vergleichsweise komplexes Gebilde, das zum Zweck der Kollektion, Selektion, Bearbeitung, Herstellung und Präsentation öffentlicher Aussagen unter wirtschaftlichen Effizienzbedingungen eingerichtet wird? Untersuchen wir die einzelnen Aspekte (a) System, (b) Information, (c) Regelung (d) Programm und (e) Komplexität.

---

106) Vgl. ebd.:307.

107) Ebd.:307f.

(a) Systemaspekt: Dynamische Systeme sind Gebilde aus Elementen und Relationen, die ein Verhalten zeigen, d.h. deren Zustände sich im Zeitablauf verändern. Schon eine einfache Exploration in einer Redaktion zeigt, daß sich dort Mitarbeiter, technische Einrichtungen sowie ein Büromobiliar als Elemente identifizieren lassen, zwischen denen ein offensichtlich reges Wechselspiel (Relationen) besteht: Redakteure, Ressortleiter und Chefredakteure interagieren untereinander wie auch mit dem technischen Gerät. Mitarbeiter telefonieren, ziehen Informationen aus der Schublade, verrichten Tätigkeiten an mechanischen und elektronischen Arbeitsgeräten usw. Von Arbeitsbeginn bis zum Arbeitsende hält diese "Dynamik" an, schwankt in ihrer Ausprägung und ihrer Intensität.

Betrachtet man dieses Gebilde als Black Box, dann gehen Aussagen in Form von Telefonaten, schriftlich fixierten Mitteilungen, digital übermittelten Agenturmeldungen usw. als input in das System ein, bis schließlich der output in Form druckfähig montierter Seiten (bzw. arbeitsvorbereitend darauf hinzielender Teilprodukte, wie elektronisch erfaßte Texte, bemaßte Illustrationen und ein möglichst präziser Layoutentwurf) aus dem System herauskommt. Das System strebt offensichtlich jeden Tag auf einen bestimmten Endzustand, den es über eine Vielzahl von Zwischenzuständen üblicherweise erreicht. Verlegt man den Beobachtungsschwerpunkt von der Black Box auf die Systemzustände, so zeigen die Verhaltensweisen der Mitarbeiter eine offenbar zunehmende Annäherung (Zustandsüberführungsfunktion) an den täglichen Soll-Wert. Demnach ließen sich sowohl die systemtheoretische coupling-structure (CS; S = (E,R), als auch die Ausgabefunktion (phi) und die State-Transition-Funktion (rho) bestimmen. Es spricht somit nichts dagegen, eine Zeitungsredaktion als dynamisches System im kybernetischen Sinne aufzufassen.

(b) Informationsaspekt: Woher wissen die Systemelemente, wie sie sich verhalten müssen? Augenscheinlich bestehen die Relationen zwischen den Systemelementen aus Informationen, die zwecks eines möglichst 'richtigen' Verhaltens notwendig sind. Diese Informationen werden aber nun nicht permanent mittels Signal übertragen, sondern vielmehr scheint es so zu sein, daß eine Fülle von notwendigem Wissen bereits im Repertoire der Empfänger vorhanden ist und jeweils aktuell generiert wird. Ein Ressortleiter muß seinen Mitarbeitern nicht alle fünf Minuten mitteilen, daß sie Journalisten sind, die bei der Zeitung xy die Kulturseite bearbeiten und deshalb dies und jenes zum Zeitpunkt t zu tun haben. Per Signal (Zuruf, Telefonat usw.) werden lediglich kurzfristig benötigte Steuergrößen übermittelt, wie sie der jeweilige Systemzustand verlangt. Um beispielsweise eine Agenturmeldung satzfertig zu bearbeiten, benötigt der Bearbeiter Daten über die geplante Textlänge und die Überschriftengröße. Besitzt er diese Informationen, dann läuft eines seiner Routineprogramme ab, und er wird innerhalb einer kybernetischen Regelschleife so lange am Text arbeiten (messen, vergleichen, nachstellen), bis die Soll-Größe erreicht ist.

(c) Regelungsaspekt: Mit dem Redaktionsschluß wird der Soll-Wert des Systems Zeitungsredaktion erreicht. Alle Arbeiten (Regelungsvorgänge) sind dann verrichtet, damit das Produkt von den nachfolgenden Instanzen erstellt werden kann. Bis zu diesem Zeitpunkt stimmen die Ist-Werte nicht mit dem Soll-Wert überein. Deshalb regeln die Systemelemente (z.B. Mitarbeiter) so lange nach, bis Soll- und Ist-Werte übereinstimmen. Man kann sich nun vorstellen, daß die Mitarbeiter als Meß-, Vergleichs- und Stellglieder fungieren: Sie verfügen beispielsweise über den Meßwert, daß auf der von ihnen zu bearbeitenden Seite noch weiße Flecken vorhanden sind. Ihr Vergleichswert, der eine aus dem temporären Systemzustand abgeleitete Steuergröße ist, sagt ihnen beispielsweise, daß die weißen Flecken innerhalb der nächsten 60 Minuten mit Artikeln (und nicht etwa mit Anzeigen) gefüllt werden müssen. Nun tritt wieder eine Regelroutine in Kraft: Der Mitarbeiter (=Stellglied) wird so lange nach geeignetem Textmaterial suchen müssen, bis er es gefunden und möglichst präzise in die Seite eingepaßt hat. Unter den Bedingungen dieser Steuergröße ist es ihm verwehrt, aufwendige Ortstermine wahrzunehmen, Informantenkontakte zu pflegen usw. Das System, bzw. der temporäre Systemzustand steuert das Verhalten des Mitarbeiters.

(d) Programmaspekt: Ein Programm (Algorithmus) ist oben beschrieben worden als eine Folge verbindlicher Handlungsanweisungen, denen jeder Regelkreis unterliegt. Die Verwendung dieses Terminus in der Redaktionsforschung ist nicht ganz neu. Manfred Rühl benutzt die Einführung des 'Entscheidungshandelns' in sein funktionales Redaktionskonzept, um ein dahinterliegendes 'Entscheidungsprogramm' zu erläutern[108]: Die Redaktion verfügt demnach über einen normativen Kanon von konditionalen (wenn-dann) und zweckorientierten (?) Verhaltensverbindlichkeiten. Diese mehr oder weniger variationsoffenen Vorschläge, sich als Redaktionszugehöriger 'richtig' zu verhalten, sind nicht schriftlich fixiert, sondern zum einen lediglich antizipierbare Rollenerwartungen und zum anderen auch bedingt innovationsoffen, also nicht statisch. Es gibt somit nach Rühl 'ein' generelles Entscheidungsprogramm 'der' Redaktion, das zwar verschiedene situationsabhängige Komponenten enthält, letztlich aber für alle Redaktionsmitglieder verbindlich ist.

Diese Sichtweise berücksichtigt ganz offenbar nicht, daß redaktionelle Programmschritte relativ pluralistisch generiert werden können. Es ist damit zu rechnen, daß jede Position innerhalb des Redaktionssystems so etwas wie ein separates Handlungsprogramm entwirft und versucht, diesem faktisch gerecht

---

108) Rühl 1969:176ff.

zu werden. Mit dieser Perspektivänderung ist nicht gesagt, daß in einer Redaktion lauter Autonome täten, was sie wollten. Aber der Blick wird geöffnet auf die relative Programmvielfalt von Positionen und von Subsystemen (Ressorts), die in einer Großorganisation durchaus divergierenden Soll-Größen entsprechen und erst im durchschnittlichen Zusammenspiel so etwas wie 'ein' redaktionelles Handlungsprogramm bilden. Zu untersuchen sind aus diesem Grund die positionsspezifischen Handlungsprogramme.

Es gibt darüberhinaus eine Fülle von simultan anfallenden Soll-, Ist- und resultierenden Werten, die in ihrer Wertigkeit (Priorität) unterschiedlich sind. Deshalb bedarf es eines Hauptprogramms, das diverse Unterprogramme je nach situationeller Relevanz aufruft, bzw. überspringt. Die Option auf Nutzung des Unterprogramms kann im Hauptprogramm flexibel und unter Berücksichtigung vielfältiger Variablen offen gehalten werden.

Viele Meß- und Vergleichsstellen sind in diesen Unterprogrammen vorhanden, aber es ist nicht sicher, daß ihre Komponenten im Verlauf des gesamten Haupt-Programms auch 'gefahren' werden. So läßt sich das Phänomen analytisch in den Griff bekommen, daß lokale Alleinredakteure vormittags noch gern Termine besuchen und am Telefon gern mit Informanten plaudern, sie aber nachmittags (abends) vor Redaktionsschluß konsequent schreibend und redigierend am Terminal sitzen und Anrufer kurz abservieren: Die prozessualen Programmkomponenten bestimmen gegen Redaktionsschluß das Redakteurshandeln primär, alle anderen Unterprogramme (z.B. professionelle Selbstverpflichtung zur breiten Informationssuche) werden jetzt nicht mehr oder kaum noch aufgerufen. Redaktionelle Handlungsprogramme haben also verschiedenwertige Komponenten, die als Unterprogramme temporär aufgerufen oder aber übersprungen werden können. Das heißt, nicht alle Meß- und Vergleichsstellen werden in das laufende Hauptprogramm eingeschaltet, bzw. nicht alle Soll- und Ist-Werte gehen als Variablen in den Programmablauf ein.

Hier stellt sich schließlich die Frage, wie denn eigentlich die Soll-Werte zustande kommen. Ist-Werte lassen sich etwa so veranschaulichen: Der Redakteur, der seine Seite verantwortlich zusammenstellt, kennt das vorliegende Quantum an Texten, Bildern, Überschriften, er erschließt beim Lesen die Textinhalte und erkennt am Telefon Informanten, Leser oder Vorgesetzte. Dies sind Ist-Werte.

Die entsprechenden Soll-Werte erreichen den Redakteur auf ebenso unterschiedlichen wie komplex vernetzten Wegen. Sie sind vorstellbar als Erwartungen, als Rollenbestandteile, die aus so unterschiedlichen Referenzquellen stammen können wie:

- individuelle Lebensgeschichte
- Normen und Werte unterschiedlicher Bezugsgruppen

- berufliche Standards
- zeitliche und quantitative Limits (Minima/Maxima) des Medienbetriebs
- usw.

Wie der Variablen-Abgleich im einzelnen vor sich geht, das kann im Rahmen dieser Untersuchung wohl kaum valide ermittelt werden. Vorerst läßt sich allenfalls sagen, daß die Werte der Unterprogramme den angebotenen Soll-Größen verschiedener Referenzbereiche angeglichen werden. Erwartungen und Erwartungs-Erwartungen werden hier entwickelt, so daß im Grunde hier die Kernfragen der Sozialwissenschaften, Probleme der Steuerung von Wirtschaften, der "Unregierbarkeit" von Gesellschaften usw. zusammentreffen. Für unsere Zwecke ausreichend dürfte jedoch die Feststellung der in frage kommenden Referenzbereiche sein, die innerhalb wie außerhalb des kybernetischen Regelungssystems Redaktion liegen.

Die Praktikabilität kybernetischer Modelle für sozialwissenschaftliche Fragestellungen wird bisweilen auch deshalb bezweifelt, weil die "Soll-Wert setzende Instanz nicht Bestandteil des Regelkreisschemas und somit dem kybernetischen Zugriff entzogen ist"[109]. Für das hier vorliegende Problem scheint dieser vorgebliche Mangel aber geradezu zum Vorteil umzuschlagen: Gerade die Interdependenzen redaktioneller Tätigkeit mit gesellschaftlichen Normen, politischer Kommunikation bzw. generell sozialer Öffentlichkeit, also die Bezüge des redaktionellen Journalismus zu den ihn umgebenden Umwelten gehören zu den konstituierenden Elemente des Handlungsfeldes, in das sie als Soll-Größen eingehen.

Kennzeichnend für Journalismus ist deshalb der Abgleich seiner Soll-Größen in den unterschiedlichsten Referenzbereichen: Da sind professionelle Normen, die ihn auf bestimmte Soll-Werte verpflichten, da sind redaktionelle Normen, wie sie als Gruppennormen entstehen, da ist das Produkt, dessen Soll-Wert erreicht werden muß, da ist die informationelle Umwelt, die Informanten, deren Erwartungen als Soll-Größen in die Programmkomponenten eingehen und zeitweise zum Tragen kommen und da ist schließlich die (weiter aufzuschlüsselnde) Gesellschaft, die Ansprüche stellt, die als Soll-Werte ankommen.

Wieder ist damit nicht gesagt, daß diese Referenzbereiche identische Soll-Größen (bzw. Programmkomponenten) bei allen Redaktionszugehörigen provozieren, ganz im Gegenteil: Denkbar ist die Existenz 'kybernetischer Äquivalente', die zu unterschiedlichen Relevanzen der Referenzbereiche und der resultierenden Variablen führen. Damit verschöben sich auch die Wertigkeiten der Unterprogramme, so daß Themenvielfalt auf Kosten der Berichter-

109) Hoppmann 1984:326 mit Verweis auf Opp 1970.

stattungstiefe zunehmen, oder daß intensivierte Adaption die prozessualen Programmkomponenten der Produktfertigung (bis zur Verhinderung der Zeitungsherausgabe) verdrängen könnte.

Es geht also um subjektive und objektive Faktoren gleichermaßen: das subjektive Rollenverständnis eines Handelnden läßt sich methodisch über abfragbare Inhalte ermitteln, die faktische Hinwendung des Akteurs zu Informanten praktischerweise über die Beobachtung seiner Tätigkeiten.

(e) Komplexität. Schon Ashby's Ausführungen zur notwendigen Vielfalt (=Komplexität) haben deutlich gemacht, daß dieser kybernetische Grundgedanke ein ausgesprochen anwendungsfreundliches Theorem ist. Das Beispiel eines Alleinredakteurs macht unmittelbar anschaulich, in welchem Verhältnis Strukturdaten, Handlungsfreiräume, Innen-Außen-Beziehungen, ggf. Informationstransfer untereinander stehen.

Zusammenfassend scheint es keinen Hinderungsgrund zu geben, das soziale Zwecksystem Zeitungsredaktion als dynamisches System aufzufassen, das kybernetischer Begrifflichkeit, kybernetischen Modellvorstellungen und Methoden unterworfen werden kann. Damit wird der Weg frei, die zentralen Forschungsfragen dieser Studie zu stellen und ein Arbeitsprogramm festzulegen.

1.4 Forschungsfragen und Arbeitsprogramm

Die wohl wichtigsten Arbeitsschritte innerhalb empirischer Forschungslogik sind die Hypothesenbildung, die Definition der entsprechenden Begriffe, die Isolierung der relevanten Variablen sowie ihre Operationalisierung[110]. Die zentrale Forschungsfrage dieser Untersuchung wird wie folgt gestellt.

Disperse Erfahrungsberichte aus der journalistischen Praxis, eigene redaktionelle Erfahrungen des Verfassers sowie Hinweise aus der Literatur zur Kommunikator-/Redaktionsforschung lassen die Vermutung aufkommen, daß die Großmedien im Zuge der ökonomischen Rationalisierung ihre publizistische Leistungsfähigkeit mindern. Die journalistische Instanz wird zunehmend mit Funktionen der Produktfertigung konfrontiert und übernimmt diese auf Kosten ihrer sozialkommunikativen Aufgaben (zur detaillierteren Ausführung vgl. unten). Die (kybernetische) Informatisierung des Systems Redaktion nimmt zu, es erfährt einen Zuwachs an "negativer Entropie". Während die internen Regelungszwänge zunehmen, vernachlässigt das System die Außenbeziehun-

110) Friedrichs 1976:50-111.

gen. Somit steht folgende Vermutung, formuliert in Hypothesenform, zur empirischen Überprüfung an:

Zentrale Forschungsfrage/Hypothese H1: Redaktionelle Kybernetisierung deformiert das publizistische Funktionsprofil des Mediums.

Diese Hypothese wirft eine Reihe komplexer Fragen auf. Zunächst ist zu definieren, was unter redaktioneller Kybernetisierung zu verstehen ist und wie man diese empirisch ermittelt (1.4.1). Sodann muß der Begriff des publizistischen Funktionsprofils definiert und operationalisiert werden (1.4.2). Und schließlich verlangt eine Bestätigung der Leitfrage (H1) offensichtlich ein Vergleichbarkeitskriterium (1.4.3), einen relationalen Maßstab für den Grad der redaktionellen Kybernetisierung.

1.4.1 Redaktionelle Kybernetisierung

Definition D1: Kybernetisierung der Redaktionsarbeit meint die zunehmende und immer weniger zu unterlaufende Verpflichtung der Stelleninhaber auf Regelzwänge.

Die Regelzwänge gehen, so kann vorerst vermutet werden, zunehmend vom technischen Gerät aus, und sie steuern das Verhalten der Redaktionsarbeiter. An ihrem Verhalten läßt sich ablesen, welche Zustände das dynamische System Redaktion eingenommen hat.

Empirisch ermitteln läßt sich redaktionelle Kybernetisierung möglicherweise über die drei Indikatoren Vielfaltsverlust, Funktionsakzentuierung und Deflexibilisierung. Dies sind zunächst lediglich die hypothetisch denkbaren Formen, deren praktisches Vorkommen überprüft werden muß.

Indikator I1: Tätigkeitsspezifischer Vielfaltsverlust. Eine Regelinstanz innerhalb eines stark kybernetisierten, dynamischen Systems unterliegt einem verengten Profil.

Indikator I2: Funktionsakzentuierung. Eine oder wenige Funktionen werden stark in den Vordergrund geschoben und dominieren quantitativ sämtliche andere Regelungszwänge. Dieser Indikator ist weitaus enger zu verstehen als etwa eine "Spezialisierung", die durchaus auf der Grundlage von Tätigkeitsvielfalt realisiert werden kann.

Indikator I3: Deflexibilisierung. Redaktionelle Steuer- und Regelgrößen finden ihre Referenzquellen innerhalb wie außerhalb des dynamischen Systems. Diese Ansprüche sind nur bedingt kalkulierbar, die Redaktion ist also auf gewisse Flexibilitätsreserven angewiesen. Kybernetisierung meint einen Verlust dieser Reserven.

1.4.2 Publizistisches Funktionsprofil

Die Steuer- und Regelgrößen, die die Redakteure in ihre Handlungsprogramme einfügen, entstammen diversen Referenzquellen. Ein Redakteur, der beispielsweise Zeilen auszählt und das Layout erstellt, bezieht seine temporären Variablen primär aus der Referenzquelle "Produkt". Ein Redakteur, der zu vorbestimmten Themen Informationen einholt, bezieht sich auf den Referenzbereich "Informationsquellen". Ein Ressortleiter, der in der Konferenz das thematische Menue seiner Seite vorstellt, bezieht sich auf die Referenzquelle "Redaktion", bzw. "redaktionelle Normen" usw. Eine Reihe von weiteren beobachtbaren und erfragbaren Regelungsansprüchen beziehen ihre Größen aus der Referenzquelle "Gesellschaft". Diese steht im Mittelpunkt bei der Bestimmung des publizistischen Funktionsprofils.

Definition D2: Das publizistische Funktionsprofil einer redaktionellen Regelungsinstanz meint die Ausprägung derjenigen Variablen, die im Handlungsprogramm mittels der Referenzquelle "Gesellschaft" generiert werden. Dabei sind Subjektivität und Objektivität zu unterscheiden.

Indikator I4: Subjektivität. Redakteure beziehen ihre Soll- und Ist-Größen zum einen aus ihren Vorstellungen von der Gesellschaft, den ökonomischen und politischen Subsystemen, aus ihrer Rollenselbstdeutung usw.

Indikator I5: Objektivität. Zum anderen beziehen Redakteure ihre Steuergrößen aus objektiv registrierbaren Tätigkeiten. Sie sondieren Informationen (z.B. in Konkurrenzmedien), pflegen Kontakte (z.B. durch Hintergrundgespräche), nutzen Informationsdienste und sonstige Vorlagen usw.

1.4.3 Vergleichbarkeitskriterium

Um eine "zunehmende" Verpflichtung der Akteure auf Regelungsansprüche empirisch zu belegen, ist ein Kriterium für unterschiedliche Kybernetisierungsgrade erforderlich. Wünschenswert wäre hier die Durchführung eines Panels, das die redaktionelle Arbeitsweise etwa vor zehn Jahren mit der heutigen Arbeitsweise vergleicht. Dies ist aus forschungspraktischen Gründen nicht möglich. Ein Kunstgriff muß hier helfen. Wie auf Grund qualitativer Beobachtungen zu vermuten ist, sind in der Praxis einzelne Positionen innerhalb der Redaktion derzeit noch in unterschiedlichem Ausmaß auf den Umgang mit rationalisierender Technik verpflichtet. Diese ungleich ausgeprägten Mensch-Maschine-Beziehungen werden vermutlich erst dann auf vollends gleiches Niveau gebracht werden, wenn sich vollelektronische ("computer to plate") und multimediale Arbeitsweisen auf breiter Front durchgesetzt haben.

Bis dahin ist der jeweilige Kybernetisierungsgrad noch nicht maximiert und die redaktionellen Regelungsinstanzen können deshalb ihre täglichen Soll-Werte auf unterschiedliche Art und Weise erreichen. Zum Vergleich stehen damit Instanzen an, die separaten Soll-Werten zustreben. Diese Bedingung erfüllen sowohl Ressorts, als auch Redakteurspositionen, die jeweils abgrenzbare Teilprodukte (Ressorts: Seiten/Seitenteile; Positionen: Seitenteile/Beiträge) erarbeiten.

Definition D3: Die derzeit noch vorzufindende intraredaktionell ungleiche Verpflichtung der Redaktionsarbeiter auf rationalisierende Technik spiegelt sich tätigkeitsspezifisch in ungleichen Regelungsprofilen. Die Charakteristika dieser Profile (geeignete Indikatoren müssen während der Feldphase exploriert werden) könnten ein Vergleichskriterium sein. Vorstellbar sind etwa Anzahl und Verteilung der Einzeltätigkeiten als Hüllkurven, bzw. Flankensteilheit[111].

Wenn nun ein negativer Zusammenhang zwischen Kybernetisierung und publizistischem Funktionsprofil nachgewiesen werden kann, dann wäre die Forschungsleitfrage (H1) bestätigt.

1.4.4 Arbeitsprogramm

Gemäß der bisher entwickelten Fragestellung läßt sich nun ein grobes Arbeitsprogramm zu ihrer empirischen Überprüfung aufstellen. Die Prinzipien, die dabei gelten sollen, sind durch das zugrunde liegende kybernetische Konzept determiniert: Zum einen müssen wir von einer großen Vielzahl von Variablen ausgehen, die innerhalb redaktioneller Handlungsprogramme vorzufinden sind,

---

111) Wiener 1963:50.

zum anderen fordert die kybernetische Analyse auf dem Niveau der State-Transition-Funktion eine präzise Messung der temporären Systemzustände.

Wertvolle Vorarbeit insbesondere zur "subjektiven Dimension" hat die Kommunikatorforschung der letzten 20 Jahre geleistet. Sie hat eine Fülle von Daten zu journalistischem/redaktionellem Handeln gesammelt und kann relativ valide Aussagen etwa zu den Kategorien Herkunft, Vor- und Ausbildung, Selbstverständnis, Gesellschaftsbild, Arbeitszufriedenheit usw. machen. Diese Arbeiten müssen also gesichtet und die relevanten Variablen isoliert werden. Dies geschieht in Teil A dieser Arbeit. Diese subjektiven Variablen sind ein Teil des hier interessierenden publizistischen Funktionsprofils der Thematisierungsinstanz Redaktion.

Damit ist es aber nicht getan. Da wir nicht sicher sein können, daß ein Redaktionsmitarbeiter seine subjektiven Vorstellungen umstandslos in die tägliche Arbeit einbringen kann, muß die "objektive Dimension" hinsichtlich der Durchsetzungschancen abgeklopft werden. Das bedeutet, daß die temporären Systemzustände mit dem Ziel analysiert werden müssen, den möglichen Einfluß insbesondere der Referenzquelle "Gesellschaft" aufzuzeigen.

Das wird möglich durch eine qualitative Exploration innerhalb einer Redaktion (Teil B), mit der erstmals alle verrichteten Tätigkeiten (Regelungsvorgänge) ermittelt und klassifiziert werden. Hinsichtlich der Referenzquelle Gesellschaft muß ein präzises Abgrenzungskriterium ermittelt werden, das vorläufig etwa so aussehen kann: Der Redaktionsmitarbeiter befaßt sich mit inhaltlichen Aussagen ("potentiellen Themen"), wobei aber ein konkret zu bearbeitendes Thema noch nicht fixiert ist.

Sodann muß in einer quantitativen Phase der zeitliche Anteil jeder Einzeltätigkeit möglichst präzise festgestellt werden. Wir müssen also den redaktionellen Arbeitstag mit einem möglichst feinmaschigen Raster unterlegen und möglichst lückenlos die Einzeltätigkeiten der einzelnen Positionen (Stelleninhaber) registrieren. Dies sollte in einer möglichst großen Fallzahl geschehen, damit sich die Regelmäßigkeiten gegen die zufälligen Abweichungen der redaktionellen Tagesarbeit verstärkt in den Daten niederschlagen.

Es ist zu erwarten, daß diese Vorgehensweise einige forschungspraktische Probleme aufwerfen wird.

2 Zur kommunikativen Bandbreite der Gesellschaft

2.1 System-Lebenswelt-Differenzen

Die klassische Soziologie hat Leben in Gesellschaft vornehmlich aus zwei diametralen Perspektiven betrachtet. Einerseits waren die systemischen Gesetzmäßigkeiten innerhalb sozialer Gruppen, Organisationen und staatlichen Gebilden[112] Ziel der Analyse. Generalisierende Aussagen wurden in Form funktionalistischer Theoreme vorgelegt[113]. Dabei bestimmte schon der Blickwinkel die registrierten Phänomene: die funktionalistische Sicht "von oben" erkannte eher die systemischen, (groß-) strukturellen Zusammenhänge. Die Rollenhaftigkeit des Handelns[114], institutionale und organisatorische Aspekte des Zusammenlebens wurden so beschrieben[115], daß soziale Interaktion in erster Linie als Ergebnis von (Komplexitäts-) Reduktionsleistungen (Luhmann) erschien.

Andererseits hat sich auch die Sicht "von unten" ausgehend von kulturanthropologischen Ansätzen[116], kontinuierlich weiterentwickelt: Da es ja immer der einzelne Mensch ist, der Erwartungen rezipiert, Informationen verarbeitet, Handlungsperspektiven entwirft und Entscheidungen fällt, ist das Individuum der Ansatzpunkt der lebens- und alltagsweltlich[117] orientierten Soziologie. Jeder Akteur verfügt über einen Satz sozialer Erfahrungsmuster, die er situationsspezifisch, interpretativ anwendet[118] und, das ist entscheidend, mit denen er unter Umständen dispositionierten Rollenzwängen ausweichen kann. Handeln erscheint so als Ergebnis von (eigenaktiver) Interpretationsleistung[119].

---

112) Vgl. Kiss 1977:164-184.
113) Vgl. z.B. Parsons 1966.
114) Vgl. Joas 1975:17-67.
115) Vgl. Kiss 1977:321-348.
116) Vgl. Lefebvre 1977.
117) Vgl. Thurn 1980; Greverus 1978.
118) Vgl. Gottschlich 1980:45-53.
119) Vgl. Cardwell 1976:64f.

Beide Ansätze reichen isoliert zur Erklärung der Pathologien und Paradoxien der Moderne nicht aus. Die modernen Großgesellschaften haben einen Komplexitätsgrad erreicht, der Lebensvollzüge als sinnvolle Handlungseinheiten oft nicht mehr zuläßt. Kaum jemand hat die pathologischen Erscheinungen so anschaulich beschrieben wie der Schweizer Hans Pestalozzi in seinem Aufruf zur "positiven Subversion"[120]. Der realistische Kulturkritiker führt das Elend des modernen Lebens an Beispielen zerstörerischen Wirtschaftens, lebensfeindlicher Technokratie[121] und politischer Ignoranz vor.

Das Auto beispielsweise kam mit der Verheißung individueller Freiheit und Mobilität. Inzwischen bleiben wir in den rush ours stecken und beklagen die Umweltverschandelung durch überdimensionierten Straßenbau. Technik sollte unser Leben von schwerer körperlicher Arbeit befreien. Schon sterben wir am Herzinfarkt, weil die körperliche Beanspruchung fehlt. "Und dann bauen wir eben Fitneß-Centers. Wir fahren mit dem Auto dorthin, setzen uns im Keller auf ein unbewegliches Velo, benützen sonst all die neuesten technischen Errungenschaften in der modernen 'Folterkammer' (...) und nachher fahren wir mit dem Auto wieder nach Hause."[122] Eindrucksvolle Belege für das Mißverhältnis zwischen Lebensanspruch und -wirklichkeit lassen sich auch anhand von Beispielen psychischer, kognitiver, instrumenteller Überbeanspruchung herbeibringen[123]. Das megamaschinelle (Mumford) Größer-Schneller-Besser ist in eine zunehmende Distanz zu den alltagsweltlichen Bedürfnissen vieler Menschen geraten.

Damit sind aber die Voraussetzungen verständigungs- und bedürfnisorientierten Rollenverhaltens grundsätzlich in Frage gestellt: "Vorbedingung für das 'Funktionieren' eines Interaktionsprozesses ist (...), daß die soziale Situation eine je nach ihrem Typus unterschiedlich eindeutige normative Struktur besitzen muß, an der sich das Handeln orientieren kann, (...) daß sie die Möglichkeit bietet, relativ fest umrissene Rollen zu spielen."[124] Eine Pathologie des Sozialen muß heute davon ausgehen, "daß die fortschreitende Instrumentalisierung der Handlungsvollzüge zu einer zunehmenden Affektverdrängung beim Rollenspiel führt."[125] Anomie (als verbreitete Ungewißheit über Interaktionsnormen und ihre situationelle Verbindlichkeit) ist die Folge und dualisiert Rollensystem

120) Vgl. Pestalozzi 1982.
121) Vgl. auch Traube 1979:40-55.
122) Pestalozzi 1982:129.
123) Vgl. Habermas 1981b:576-583.
124) Dreitzel 1980:30.
125) Ebd.:9.

und Bedürfnisstruktur[126] - bis das Individuum den Maßstab für Anpassung und Abwehr verlernt hat und an der Orientierungslosigkeit verzweifelt. "Der Mensch ist ein leidendes Wesen"[127].

Jürgen Habermas[128] schlägt die Integration der systemischen und der lebensweltlichen Sichtweise sozialer Phänomene vor, um die Paradoxien und Pathologien zu erklären. Die Konturen dieses Konzepts werden hier kurz nachgezeichnet.

Soziales Handeln beginnt nie am Nullpunkt sondern ist immer schon eingebettet in einen "kulturell überlieferten und sprachlich organisierten Vorrat an Deutungsmustern"[129]. Denken, Sprechen und Agieren ist nur möglich innerhalb dieses Horizonts lebensweltlicher Selbstverständlichkeiten, die der Akteur in spezifischen Situationen aktualisiert und die ihm als orientierungsweisender Hintergrund der jeweiligen Szene dienen: "Lebenswelt (erscheint) als ein Reservoir von Selbstverständlichkeiten oder unerschütterten Überzeugungen, welche die Kommunikationsteilnehmer für kooperative Deutungsprozesse benutzen."[130] Erst auf der Grundlage eines gemeinsamen interaktionellen Vokabulars kann ein Gegenüber kommunikative Akte interpretieren und die Verständigung aufnehmen. "Lebenswelt" ist der Kitt, der die Gesellschaft zusammenhält: "Die Strukturen der Lebenswelt legen die Formen der Intersubjektivität möglicher Verständigung fest."[131]

"Die Lebenswelt, die die Angehörigen aus gemeinsamen kulturellen Überlieferungen konstruieren, ist mit Gesellschaft koextensiv. Sie zieht alle gesellschaftlichen Vorgänge in den Lichtkegel kooperativer Deutungsprozesse. Sie verleiht allem, was in der Gesellschaft vorkommt, die Transparenz dessen, worüber man sprechen kann - auch wenn man es (noch) nicht versteht."[132]

Diese hintergründigen Verständigungsmuster erneuern sich freilich aus Akten sozialen Handelns, deren Anlaß, Zweck oder Focus nicht aus der lebensweltlichen Alltagspraxis abgeleitet sind. Zweckorientierte Subsysteme von beträchtlichen Ausmaßen haben im Lauf der weltgeschichtlichen Rationalisierung zunehmend die Überwachung gesellschaftlicher Reproduktion übernommen. Privatwirtschaft und Verwaltungsstaat standen seit ihren (neuzeitlichen) Anfängen in einem dialektischen Zusammenhang, das sogenannte politisch-ad-

126) Vgl. ebd.:165-210.
127) Ebd.:1.
128) Vgl. Habermas 1981b.
129) Ebd.:189.
130) Ebd.
131) Ebd.:192.
132) Ebd.:224.

ministrative System (PAS), in dem die ökonomischen Interessen heute ihre Kompromisse aushandeln, bezeugt die hohe Entwicklungsstufe des Prozesses.

Die großen Wirtschafts- und Verwaltungs(sub)systeme haben sich mit zunehmender Komplexität bald der Sprache als dominierendem Steuerungsinstrument entledigt. Sprachliche Konsensbildung ist in zweckrationalen Handlungszusammenhängen nicht mehr notwendig, sobald Macht und Geld die neuen Steuerungsmedien werden. Dadurch wurde die sprachliche Kommunikation nicht nur vereinfacht, sondern durch die neuen generalisierten Symboliken ersetzt - ein für die Strukturen der Lebenswelt fataler Wandel: Sie werden für Verständigungsprozesse entwertet[133] und verkümmern zusehends: "Die Lebenswelt wird für die Koordinierung von Handlungen nicht länger benötigt."[134] Die "entsprachlichten Kommunikationsmedien" Geld und Macht führen zu partieller Unzurechnungsfähigkeit, denn Handeln läßt sich nicht mehr an generaliserbaren Geltungsansprüchen ausrichten und überprüfen.[135] System und Lebenswelt haben sich voneinander abgekoppelt.

In dieser Situation finden wir uns heute wieder. Die großindustriellen Gesellschaften haben einen Grad der Systemdifferenzierung erreicht, der die Strukturen der Alltagswelt zerstört. Die Konflikte der vergangenen zwei Jahrzehnte hatten somit eine neue Qualität, sind mit den klassischen Verteilungskämpfen nicht mehr zu vergleichen. Es geht dem modernen Protestpotential nicht um die Durchsetzung tradierter Lebensformen auf einem höheren Niveau, sondern um die Reformierung der Lebensform in qualitativer Absicht[136]. Habermas: "Kurz, die neuen Konflikte entzünden sich nicht an Verteilungsproblemen, sondern an Fragen der Grammatik von Lebensformen."[137]

Das alte Verteilungsproblem wird sich vermutlich bald wieder neu stellen. Noch immer halten sich die Arbeitslosenzahlen auf dem Niveau von etwa zwei Millionen (1989), nimmt die Dualisierung der Gesellschaft zu ("Zwei-Drittel-Gesellschaft"). Einer geringer werdenden Anzahl derjenigen, die vom "System" versorgt und auf eine entsprechende Lebensform verpflichtet sind, steht eine zunehmende Zahl derer entgegen, die ihre neue alltagsweltliche Grammatik mit einem niedrigeren materiellen Standard bezahlen (müssen). Sprichwörtlich sind bereits die "Selbstausbeutung" und der "Einheitslohn" in selbstbestimmten, alternativen Betrieben.

Festzuhalten also ist: Die moderne Gesellschaft (z.B. der Bundesrepublik) hat einen Komplexitätsgrad erreicht, der ihre Eigen-Steuerungsfähigkeit grund-

133) Vgl. ebd.:273.
134) Ebd.
135) Vgl. ebd.275.
136) Vgl. z.B. Fromm 1980:129-193.
137) Habermas 1981b:576.

sätzlich in Frage stellt. Die objektiven Lebensbedingungen gehen auf Distanz zu den lebensweltlichen Orientierungsbedürfnissen der Individuen. Als Folge kann eine Dualisierung der Gesellschaft konstatiert werden, die aber das Problem nicht löst: der lebensweltliche Rückzug einerseits bleibt dem rapidisierten Wandel systemischer Umstände andererseits ausgeliefert. Das Rezept in Phasen erhöhten kommunikativen Regelungsbedarfs (beispielsweise während der bürgerlichen Emanzipation vom Feudalismus) hieß einmal "Öffentlichkeit".

2.2 Geteilte Öffentlichkeit und Medienleistung

Der jeweilige Grad der gesellschaftlichen Rationalisierung hat je eigene Formen von Öffentlichkeit entstehen lassen. Den wenigen Besitzbürgern früher demokratischer Gemeinwesen genügten agora und forum, um im öffentlichen Gespräch zur Verständigung zu gelangen. Der Kreis der zur Teilhabe aufgerufenen Bürger war klein, die Palette der diskursiven Themen aufgrund geringer Systemkomplexität vermutlich überschaubar. Bis in die Neuzeit[138] stellte sich das Problem Öffentlichkeit noch viel weniger: Öffentlichkeit war höfisch und kirchlich verankert und hatte vornehmlich repräsentative Funktion. Gesellschaftliche Partizipation fand nicht statt. Erst mit dem wirtschaftlich erstarkenden Bürgertum entsteht die neuzeitliche öffentliche Sphäre.[139]

Kleinbetriebliche Produktion und merkantiler Waren- und Nachrichtenverkehr[140] begründen nationale und territoriale Märkte. Das privat wirtschaftende Bürgertum erlangt aufgrund materieller Stärke ein neues Selbstbewußtsein und emanzipiert sich vom Bereich des Staatlichen - auf den es nun allerdings erst recht angewiesen ist: staatliches Handeln auf der Basis eines ausgebauten Steuer-, Rechts-, Verwaltungs-, Polizei- und Militärsystems muß die errungenen Märkte sichern. Nach welchen Gesichtspunkten dies geschehen soll, klärt das Bürgertum im Wege eines "öffentlichen" Selbstverständigungsprozesses.

Öffentlichkeit wird damit zu einer Kategorie der bürgerlichen Gesellschaft. Der Journalismus dieser Zeit fungiert, zunächst in literarischer und schließlich in politischer Form,[141] nachgerade als Kommunikationshelfer des raisonnierenden, liberalen Bürgertums. Zugang zur Öffentlichkeit haben allerdings nur

138) Vgl. Koszyk 1972:34-43.
139) Vgl. Habermas 1962:28-41.
140) Vgl. Fischer 1975:27-31.
141) Vgl. Koszyk 1966:66-75;87-119.

diejenigen, die zur gesellschaftlichen Teilhabe legitimiert sind. Zwischen Kommunikatoren und Rezipienten herrscht soziale Identität.

Die Entwicklung vollzieht einen ersten qualitativen Sprung, als Wirtschafts- und staatliches Verwaltungssystem sich weiter differenzieren, innerhalb wie voneinander. Zugleich werden die 'Massen' als Konsumpotential entdeckt und zunehmend wichtiger. Deren politische Emanzipation zahlt das Bürgertum als Preis.[142] Es erhält Konkurrenz.[143] Aber gleich einer ausgefeilten Vorsorgemaßnahme haben wirtschaftliche und politisch-administrative Subsysteme längst neue Formen der Verständigung entdeckt: Interessenverbände und Lobbyisten kanalisieren den Informationsfluß und schotten ihn nach außen hin ab. Die Öffentlichkeit wird ihres kritischen, raisonnierenden Elementes beraubt: "Die Öffentlichkeit übernimmt Funktionen der Werbung (...) kritische Publizität wird durch manipulative verdrängt (...) Der im öffentlichen Raisonnement ermittelte Konsensus weicht dem nicht-öffentlich erstrittenen oder einfach durchgesetzten Kompromiß."[144] Die nunmehr verbreitete, hergestellte Öffentlichkeit wird zum Objekt einfallender Gruppeninteressen, die das Publikum in erster Linie zur "Akklamation"[145] bewegen wollen. Als Objekte der Wirtschaftstätigkeit werden die Medien dabei selbst zunehmend den Marktmechanismen ausgesetzt. Während die Auflagen steigen, sinkt das Ansehen der Blätter.

Der in jener Zeit entstehende moderne Journalismus[146] hat mit seinem aufklärerischen Vorläufer nur noch der Form nach etwas gemeinsam. Als organisatorisches Teilsystem innerhalb großbetrieblicher Medienproduktion übernimmt er die Funktionen der Kollektion, Selektion, Verarbeitung und Präsentation,[147] wobei die Arbeitsschritte von technisch-organisatorischen Einflüssen geprägt sind.

Redaktioneller Journalismus schafft keine neuen Inhalte, sondern erschließt und verarbeitet bereits vorhandene. Er soll tatsächliches Geschehen vermitteln. "A professional communicator is a broker in symbols, one who translates the attitudes, knowledge, and concerns of one speech communitiy into alternative but suasive and understandable terms for another community (...) The distinguishing characteristic of the professional communicator - as opposed to the writer, novelist, scholar and others who produce messages - is that the message he produces has no necessary relation to his own thoughts and perceptions."[148]

142) Vgl. Schäfers 1976:22-41.
143) Vgl. Grebing 1970.
144) Habermas 1962:211-215.
145) Vgl. Zimpel 1972.
146) Vgl. Carey 1969.
147) Vgl. Weischenberg 1981:96.
148) Carey 1969:27f.

Diese Rollenerwartung bestimmt zwar seitdem jedes redaktionelle Handeln, ist aber bis heute subjektiv von den Handlungsträgern nicht 'realisiert' worden.[149] Noch immer ist die Anschauung vom Journalisten als kreativem Autor denn die als reproduzierendem Redakteur überwiegend verbreitet.

Orientierungskriterien der Vermittlungsleistung sind Faktizität, Präzision und interne Logik: Von der Mitteilung über den Tod des österreichischen Tronfolgers vom 28. Juni 1914 in der Vossischen Zeitung beispielsweise wurde erwartet, daß sie a) dem tatsächlichen Geschehen entsprach (Faktizität), b) den Vorgang möglichst genau wiedergab (Präzision) und c) in sich nicht wiedersprüchlich war (Logik).[150] Diesen Normen kommen Journalisten allerdings bis heute in sehr unterschiedlichem Maße (un-) professionell nach.[151]

Eine zweite qualitative Veränderung von Öffentlichkeit wird in unseren Tagen registriert. Von 'der' einen Öffentlichkeit kann nur noch bis in die 60er Jahre gesprochen werden. Die Dualisierung der Gesellschaft in großstrukturell und lebensweltlich orientierte Gruppen zieht die Teilung der Öffentlichkeit nach sich, deren neue Verständigungsformen mit "Alltagskommunikation und Massenpublizistik" benannt werden[152].

Die beiden semantischen Aspekte des Begriffs "geteilte Öffentlichkeit"[153] dienen als Ordnungsschema: Noch existiert eine Öffentlichkeit, die für alle Gesellschaftsteilnehmer verständliche, gemeinsam verfügbare, konventionelle Überzeugungen und Deutungsmuster bereithält. Die Voraussetzungen für Kommunikation sind gegeben, aber die "miteinander geteilte Öffentlichkeit" wird zunehmend unverbindlicher.[154] Massenpublizistik garantiert nicht mehr das Forum, auf dem sich die sozialen Segmente zusammenfinden könnten.

"Zerteilte" Öffentlichkeit hingegen wirkt als Surrogat für die verlorengegangenen Orientierungsleistungen der Großmedien[155]. Die neuen Teilöffentlichkeiten ermöglichen den notwendigen kommunikativen Austausch wie sie ihn gleichermaßen ein- oder beschränken.[156] Die thematische Identität dieser Kommunikationsform kann allerdings auf Kosten ihrer thematischen Universalität gehen. Die je eigenen Symboliken der Teilwelten eignen sich nicht mehr unbedingt für den Zugriff auf die systemisch bestimmten Lebensgrundlagen, von denen auch die lebensweltlichen Kulturen nur begrenzt ablösbar sind.[157]

---

149) Vgl. Prott 1976; Zeiß 1981.
150) Vgl. La Roche 1976:60f.,70.
151) Vgl. ebd.
152) Vgl. Rust 1982:505.
153) Ebd.:510.
154) Ebd.
155) Vgl. Gottschlich 1980.
156) Vgl. Rust 1982:513f.
157) Vgl. Huber 1980.

Die Teilung der Gesellschaft und ihrer Öffentlichkeiten führt keineswegs zu autonomen Kleinwelten, wie sie von neoromantizistischen Bewegungen angestrebt werden. So, wie organisationsbezogenes Rollenverhalten primär von Bedingungen und Erwartungen bestimmt und erst in zweiter Linie (und allenfalls partiell) vom Individuum ausgestaltet wird, so bleiben auch die lebensweltlich orientieren Gruppen den systemisch determinierten Lebensgrundlagen ausgesetzt. Der Kampf um die Qualität des eigenen Lebens muß aber systemisch aufgenommen werden, sonst wird der Gegner gar nicht faßbar.

Reintegration der geteilten Öffentlichkeiten ist deshalb zumindest dort angeraten, wo es um die "gemeinsamen Bestimmungsgrundlagen in Politik, Bildung und ihre Beziehung zur Welt" geht. "Nur damit ist die Gefährdung der abgeschotteten Teilwelten (...) aufzuhalten".[158] Und wer anderes als die potenten Großmedien könnte diese Klammerfunktion übernehmen?

Demokratietheoretische (Fabris, Geißler) und bedürfnisorientierte Ansätze (Gottschlich) der Journalismusforschung haben sich bemüht, handhabbare Kriterien für die erforderlichen Medienleistungen zu beschreiben. Dabei geht es letztlich übereinstimmend um die Herstellung gesellschaftlicher Transparenz durch vollständige Information des Publikums. Sachkundige und somit entscheidungsfähige Bürger sollen eine kritische Öffentlichkeit bilden.

Schon beim scheinbar wertfreien Begriff der Information beginnen die Schwierigkeiten. Viel zu lange hat ja auch ein am Konzept des "objektive reporting" orientierter Journalismus geglaubt, seine Aufgabe sei mit der Weitergabe faktisch richtiger Aussagen erfüllt.

In Zeiten ohne konsentierte Interpretationsmuster führt dies zu einer mißverständlichen Darstellung von Wirklichkeit in Form von "Nachrichtenfetzen" und "formelartigen Versatzstücken"[159] und schließlich zu einer unhistorischen Registrierung des Aktuellen: "The canons of objective reporting filter historically new phenomena through an outmoded linguistic machinery which grossly distorted the nature of these events."[160] Journalismus vermittelt dabei zwar - formal wertneutral - all jenes, was tatsächlich ist. Aber er vergißt mehr und mehr zu hinterfragen, wer eigentlich so stark ist, daß er 'Tatsächliches' faktisch setzen kann.

Die stete Drift im Sog gesellschaftlicher Eliten haben Journalisten allzu lange nicht wahrgenommen, da die unterrepräsentierte Gegenseite nur selten mit kraftvoller Stimme sprach. "This striving for objektivity was in its beginning a good thing; but it went a little too far", so kritisierte selbst ein prominenter Praktiker, der US-Radiokommentator Elmer Davis, das Vertrauen in die Legi-

158) Rust 1982:516.
159) Jarren 1980b:10.
160) Carey 1969:35.

timität des einseitigen Öffentlichkeitsanspruchs der Mächtigen. "From holding that newspapers ought to present both sides it went on to the position that it was all right to present only one side if nobody happened to be talking on the other".[161] Die kommunikative Kompensation der im faktischen Machtgefüge fehlenden gesellschaftlichen Interessen ist deshalb eine zentrale Forderung an die mediale Vermittlungsleistung.[162]

Aber das mediale Themenangebot muß nicht nur vollständig sein. Ebenso wichtig sind Kriterien der Verstehbarkeit der Mitteilungen: Reicht die Beantwortung der traditionellen journalistischen W's aus, um einen Sachverhalt wirklich zu verstehen? Wer hat was wann wo getan, wie und warum ist das Ereignis zustande gekommen - wenn Wirklichkeit anhand dieser journalismuspraktischen Formel komprimiert wird, dann wird sie zwar nicht falsch beschrieben. Es fehlt allerdings häufig die Einordnung der Oberflächenerscheinungen in ihren politischen, sozialen und wirtschaftlichen Kontext.

Das betrifft vor allem die Übersetzung der je interessenzentrierten Symboliken: "Journalisten erfüllen ihre Berufsrolle umso besser, je umfassender sie die Symbolsysteme der Politik auf andere Sprechweisen und Gestaltungsformen in der öffentlichen Kommunikation relativieren."[163] Auch die, wissenschaftlichem Denken entlehnte, Methode der Quellenkritik kann vor perspektivischer Verzerrung der Wirklichkeitsdarstellungen im Journalismus schützen.[164]

Die Information über Sachverhalt und daran beteiligte Handlungsträger ist nur der erste Teil einer begreifbaren Mitteilung.[165] Zu ihrer Einordnung und Bewertung benötigt der Rezipient Wissen um Ursachen, Folgen und Zusammenhänge mit ähnlichen, voraufgegangenen oder geplanten Ereignissen. Um die Handlungen der Akteure zu begreifen, sind deren Entscheidungssituation, Absichten und Werthaltungen zu erläutern. Darüberhinaus wären Informationen über den Entstehungsprozeß der Mitteilung und über alternative Handlungsmöglichkeiten wünschenswert.[166]

So schlüssig solche reformulierten journalistischen Handlungsprogramme sein mögen - ihnen fehlt die Verbindlichkeit in einer auch nach anderen als kommunikativen Zielen organisierten Berufswirklichkeit. Wie eine Sichtung gängiger Berichterstattungsmuster zeigt, führt redaktionelle Pragmatik zu Aussagen, die alles andere als vermittlungsorientiert sind. Immerhin lassen sich an

161) Davis 1963:60f.
162) Vgl. Geißler 1979:173.
163) Pätzold 1980:32.
164) Vgl. v. Hoffmann 1983:14.
165) Vgl. Gottschlich 1980:183-189.
166) Vgl. ebd.:189.

ihnen zumindest Minimalkategorien für die Bewertung journalistischer Arbeit skizzieren.

2.3 Berichterstattungsmuster der Tageszeitungen

Über die Struktur dessen, was dem Publikum täglich als repräsentatives Bild vom Tage in den Zeitungen angeboten wird, lassen sich auf der Grundlage einer Fülle inhaltsanalytischer Studien die folgenden generalisierenden Aussagen formulieren. Dabei soll insbesondere deutlich werden, wie systematisch verzerrt und defizitär die Massenmedien ihre aktuellen Wirklichkeitsmodelle entwerfen.

(a) Personalisierung und elitäre Akteure. Über gesellschaftliche Vorgänge berichten die Zeitungen häufig so, als seien ausschließlich einzelne Personen für Initiierung und Verlauf der Ereignisse verantwortlich, wobei die handelnden und relevanten Akteure zumeist den oberen sozialen Rängen entstammen. Schulz kommt zu dem Ergebnis: "Politisches Geschehen wird durchweg nur im Handeln einflußreicher Personen sichtbar".[167] Was Schulz anhand der bundesweiten Berichterstattung von Tageszeitungen ermittelte, konnte Rohr auch für den Lebensbereich vor der Haustür nachweisen: "Ganz eindeutig ist die Prominenz, die Beteiligung von Elitepersonen (...) ein wichtiges Kriterium bei der Auswahl lokaler Nachrichten".[168] Diese Gesetzmäßigkeit der medialen "Konstruktion von Realität" greift um so stärker, als es sich bei den Akteuren um repräsentative und funktionale Eliten handelt und sie dem eigenen Kulturkreis angehören. Ethnozentrische Informationen haben Vorrang vor gleichwertigen, aber kulturell entfernteren Neuigkeiten.

Ob eine personenzentrierte Darstellung der realen Machtverteilung und dem Entstehungszusammenhang politischer Aktionen gerecht wird, darf bezweifelt werden. Nicht erst seit der spektakulären Barschel-Affäre ist bekannt, daß Öffentlichkeitsarbeiter im Hintergrund die politischen Akteure auf die Bühne schicken und ihre Auftritte gezielt inszenieren. Fraglich ist auch, ob ein solches Bild von Politik und öffentlichen Vorgängen die Partizipation der Bürger fördert.

Für Journalisten sind das aber, wie es scheint, keine relevanten Fragen. Zum Teil gehören die Mechanismen, die zu elitenzentrierter Personalisierung führen, zu den Eigenarten massenmedialer Berichterstattung: Immer ist es eine Person, die Aussagen artikuliert, selbst wenn diese einen Gruppenstandpunkt wieder-

167) Schulz 1976:116.
168) Rohr 1979:76.

geben. Der Bedarf nach Bebilderung läßt manchen Redakteur dann gern nach Portraits greifen, wenn das Thema selbst nur mit sehr viel aufwendigeren Mitteln illustriert werden könnte, usw. Wenn solche Mechanismen und ihre Auswirkungen auf die Produkte aber bekannt sind, dann wäre eine dauernde Relativierung durch die professionellen Kommunikatoren umso wichtiger. Woran mag es liegen, daß dies nicht geschieht?

(b) Punkualität. Man braucht nicht einmal den gern vorgetragenen Vorwurf des "Terminjournalismus" (Rohr) zu bemühen, um die häufig punktuelle, kontextlose Berichterstattung (nicht nur von Tageszeitungen) zu konstatieren. Galtung und Ruge haben Nachrichtenfaktoren entdeckt, die eine isolierte, zeitlich und räumlich unvermittelte Nachrichtengebung herausfordern. Ein Flugzeugunglück beispielsweise wird umso berichtenswerter, je größer die Maschine war, je mehr Tote zu verzeichnen sind und je unerwarteter der Unfall eintrat (etwa als Zusammenstoß zweier Maschinen auf der Startbahn) - die "Intensität" und "Überraschung" einer Nachricht machen sie mitteilenswert.

Diese Anforderungen an Nachrichten können Mitteilungen unterlaufen, die sich zeitlich in den Produktionsprozeß der Medienaussagen einpassen: Kein Politiker oder PR-Mann würde eine Pressekonferenz abends um 19.30 Uhr ansetzen, wenn die Postausgaben der großen überregionalen Tageszeitungen bereits gedruckt werden und die Fernsehanstalten mit ihren Abendnachrichten auf Sendung gehen: Paßt das Ereignis zur "Frequenz" der Medienproduktion, dann steigt die Chance, zur Nachricht zu werden. Denn die Konkurrenz der Meldungen ist groß: Die Mitteilungen über Wirklichkeitsgeschehen müssen eine "Nachrichtenschwelle" überwinden, mit der sich die gatekeeper vor der Überflutung schützen.

Diese Gesetzmäßigkeiten können sich problematisch auf die Berichterstattungsthemen auswirken: Der spektakuläre Wert einer Massenkarambolage auf der Autobahn kann bisweilen den Bericht über psychosoziale Folgen der Arbeitslosigkeit von der Nachrichten-Tagesordnung verdrängen.

(c) Vereinfachung. Die Berichterstattung der Medien verkürzt und vereinfacht tendenziell insbesondere komplexe Sachverhalte. Dies ist solange ein legitimes Verfahren, als die Dinge faktisch korrekt bleiben. Wenn aber Alternativen und Konsequenzen von Vorgängen gar nicht mehr denkbar werden, wird die Berichterstattung verzerrt. Das lokale Geschehen einer Großstadt fand Klaus Schönbach in den (konkurrierenden) Tageszeitungen als "ausgesprochen kurz, weitgehend kontextfrei, aber auch wenig überraschend und ambivalent" wieder. "Die Stadt wird in der Lokalberichterstattung als weitgehend autonom dargestellt. Lokal Wichtiges geschieht nur in ihr selbst, wirkt also nicht von außen hinein, aber auch nicht von innen heraus."[169] Angesichts der Abhängigkeiten der Kommunen von Bundes- und Landesentscheidungen (beispielsweise über Mittelzuweisungen und Förderprogramme) weckt eine solche Nachrichtenwirklichkeit geradezu falsche Vorstellungen über das Berichterstattungsobjekt. Ganz abgesehen davon, daß auch hier der Bürger zur gesellschaftlichen Teilnahme nicht gerade ermuntert wird.

Die Tendenz zur eindimensionalen, vereinfachenden Berichterstattung führt nicht nur zu entsprechenden Ereignisdarstellungen in den Zeitungen, sondern wirkt sich, was schwerwiegender sein mag, auch auf das Selektions-, und somit das Thematisierungsverhalten der Redakteure aus. Diese Gesetzmäßigkeit hatten auch Galtung und Ruge schon festgestellt: "Eindeutige" Nachrichten werden deutlich vor komplizierteren bevorzugt und vermitteln ein entsprechend bereinigtes Bild der Wirklichkeit.

(d) Harmonisierung. Die "verspätete Nation" der Deutschen (Plessner) hat sich bis zu der Wir-sind-das-Volk-Bewegung in der DDR 1989 regelmäßig anders verhalten als die europäischen Nachbarvölker, die ihre Revolutionen durchgestanden haben. So wirken vermutlich die Überreste obrigkeitsstaatlichen Gesellschaftsverständnisses hierzulande stärker als anderswo. Der Wert des "produktiven Konfliktes" (Dahrendorf) als Triebkraft sozialen Wandels ist hier noch immer umstritten. "Wo immer es menschliches Leben in Gesellschaft gibt, gibt es auch Konflikt. Gesellschaften unterscheiden sich nicht darin, daß es in einigen Konflikte gibt und in anderen nicht; Gesellschaften und soziale Einheiten unterscheiden sich in der Gewaltsamkeit und der Intensität von Konflikten."[170] Das muß konservativ Denkenden erst einmal nahegebracht werden, die eine sogenannte "Konfliktberichterstattung" sogar durch Mediengesetze regulieren und entschärfen wollen.

Routinisierte Konflikte, wie etwa die Rituale von Tarifverhandlungen, sind indessen anerkannter Bestandteil des sozialen Lebens. Die Kontroversen werden im Jahresabstand aktualisiert und sind anerkanntes Berichterstattungsthema. Abweichungen von der Routine überschreiten aber bald die Tragkraft des Strukturmusters: Während der Auseinandersetzungen um verkürzte Arbeitszeiten ("35-Stunden-Woche") im Frühjahr 1984 schien die sachgerechte Berichterstattung nicht mehr oberstes Gebot mancher Zeitungsredaktionen zu sein. Was sicher nicht nur mit der Teilnahme der IG Druck und Papier am Streik zusammenhing.

---

169) Schönbach 1978:265.
170) Dahrendorf 1968:161.

Höhere Schwellen tun sich vor solchen Konfliktpotentialen auf, die nicht in bewährte Bahnen gelenkt werden können, deren Beteiligten die sichere organisatorische Basis fehlt. Schönbach konstatiert für die lokale Berichterstattung: "Konflikte, die nicht institutionalisiert ausgetragen werden, kommen in den Zeitungen nicht vor."[171]

Personalisierung von strukturell-vernetzten Sachverhalten und Entscheidungsvorgängen, prozessuale und inhaltliche Verkürzung, so daß die Plausibilität der Darstellung nicht mehr gewährleistet ist, der Verzicht auf zukunftsorientierte, nicht-etablierte Problemthemen - diese Muster sind Teil der heutigen Berichterstattung in aktuellen Printmedien, deren Orientierungsleistung ganz offensichtlich defizitär ist. Im Prozeß der Massenkommunikation wirken allem Anschein nach Variablen, die gegenläufig zu den orientierenden Funktionen der Medien sind. Einige dieser Variablen aufzuspüren, hat sich die vorliegende Arbeit zum Ziel gesetzt. Sie werden in den Redaktionen als denjenigen Instanzen vermutet, die die öffentlichen Themen letztlich auswählen, bearbeiten und produktbezogen zusammenstellen.

Zentrale These dabei ist, daß es nicht so sehr die Subjektivität der dort arbeitenden Journalisten ist, an denen wichtige Themen scheitern, sondern daß im Gegenteil die Journalisten objektiven Mechanismen ausgesetzt sind, die ihnen eine intensivierte Orientierungsleistung verwehren. Dabei soll insbesondere nach den informierenden, weniger nach den kommentierenden Leistungen gefahndet werden. Woran die Berichterstattung krankt, sind nicht die richtigen Meinungen, sondern die fehlenden Informationen zu Sachverhalten. Ohnehin sollte bedacht werden, ob nicht jede Meinung letzten Endes auf tendenziell unvollständige Informiertheit zurückgeführt werden kann.

2.4 Validierungskriterien der Informationsfunktion

Die Informationsfunktion ist der am wenigsten umstrittene Teil der "öffentlichen Aufgabe" der Massenmedien. Während die Kritik- und Kontrollfunktionen der Medien unterschiedlich weit interpretiert werden, gibt es offensichtlich einen Konsens darüber, daß uns die Medien möglichst umfassend und sachgerecht über das relevante Geschehen informieren sollen. Nach Branahl erfüllen die Massenmedien diese Aufgabe dadurch, "daß sie die Informationen beschaffen und verbreiten, die der einzelne Staatsbürger benötigt, um sich auf rationale Weise - unter Abwägung von Argument und Gegenargument, Meinung und Gegenmeinung - seine eigene politische Meinung bilden zu können. Dazu

---

171) Schönbach 1980:52.

bedarf er der wahrheitsgemäßen, d.h. vollständigen, objektiven und verständlichen Berichterstattung (...), die nicht nur isolierte Fakten aneinanderreiht, sondern politische, soziale und kulturelle Entwicklungen in ihrem Entstehungs- und Wirkungszusammenhang darstellt."[172] In Verbindung mit den vorstehenden Überlegungen läßt sich jetzt die Informationsfunktion der Medien folgendermaßen präzisieren.

(a) Synchronisation. Zunehmende Komplexität sowie die Dynamiserung ihres Wandels spezifizieren den Thematisierungsbedarf der Gesellschaft. Damit die Gesellschaft sachgerecht über die aktuellen Belange entscheiden kann, sollten die Massenmedien Themen bereitstellen, die mit den tatsächlichen Problemlagen übereinstimmen. Die thematische Bandbreite der Berichterstattung sollte mit dem Kommunikationsbedarf in Einklang gebracht, synchronisiert werden.

(b) Adaption. Die Themen der Berichterstattung sollten nicht nur eine große Bandbreite abdecken, sondern auch eine entsprechend große Tiefe besitzen. Um ein Thema vollständig und verständlich darzustellen, benötigt der Journalist Informationen über die Sache selbst, ihre Zusammenhänge mit anderen Vorgängen, einwirkende Variablen usw. Ein Thema muß erschlossen, recherchiert werden.[173] Das Aufspüren und Hereinnehmen der Informationen in den Prozeß der Aussagenproduktion soll als Adaption[174] bezeichnet werden.

(c) Prozessuale Faktizität. Noch immer verdecken Mythen die klare Sicht auf das, worum es im Journalismus tatsächlich geht. Selbst Autoren, die sich kritisch-materialistisch mit dem Berufsfeld auseinandersetzen, schreiben von den "geistig-schöpferischen Momenten journalistischer Tätigkeit"[175] und entdecken ein "Mindestmaß von geistiger Originalproduktion" im Journalismus[176]. Originalität, Kreativität, "abstrakt geistige Produktion"[177] - solche Ideologeme schleichen sich offenbar nur zu gern unter der Hand in die Analyse journalistischer Berufstätigkeit ein. Dabei geht es letztendlich doch um etwas recht banales: Um die Weitergabe registrierter Faktizität innerhalb eines komplexen Produktionsprozesses.

---

172) Branahl 1981:212.
173) Vgl. Haller 1983.
174) Vgl. Wiesand 1977:66.
175) Schütt 1981:277.
176) Prott 1983:42.
177) Ebd.:43.

Ob Journalisten vor Ort Dinge beobachten (Geschehen) oder erfragen (Pressekonferenz), ob sie schriftliches Material auswerten (Pressedienst, Archiv) oder selber Informationen suchen (Recherche), immer geht es um bislang nicht öffentlich bekannte Sachverhalte, Vorgänge, Daten, deren Schilderung einer interpersonalen Überprüfung standhält. Die Darstellung kann dies auf der Grundlage von Fakten, die den Tatsachen entsprechen. Insofern ist die journalistische mit der wissenschaftlichen Recherche verwandt[178]. Zwar strebt wissenschaftliche Arbeit die kategorisch abstrahierte Aussage, Journalismus hingegen die kategorisch konkretisierte Aussage an, doch sind beide auf einen Vorrat soliden, zu recherchierenden Materials angewiesen[179].

Dies ist jedoch erst der zweite Schritt, nachdem das Thema, zu dem Fakten recherchiert werden sollen, bereits festgelegt worden ist. Zuvor werden in den Redaktionen Themen, die allenfalls grob konturiert sind, gegeneinander abgewogen, für darstellenswert befunden oder verworfen. Die bislang aufgezeigten Mechanismen im Prozeß der Aussagenproduktion weisen darauf hin, daß insbesondere in dieser Arbeitsphase Defizite journalistischen Handelns vermutet werden müssen. Der Sondierung und Orientierung gilt in den Redaktionen offenbar nur geringes Augenmerk, was an der prinzipiellen Unproduktivität dieser Funktionen liegen mag. Interne und externe Orientierungsleistungen der Redaktion können vorerst als Rollenbestandteile vermutet werden, der mit anderen Rollenerwartungen in mehr oder minder stark ausgeprägten Kombinationen vorkommt.

---

178) Vgl. Pätzold 1981:275.

179) Vgl. ebd.

3 Die Redaktion im Modell

In diesem Kapitel wird der Forschungsstand der Gatekeeper-, Redaktions- und der journalistischen Berufsforschung i.w.S. dargestellt und zugleich das begriffliche Instrumentarium zur Erfassung redaktioneller Struktur- und Funktionsmuster präzisiert. Es handelt sich dabei um logisch-begriffliche Kategorien, die der modernen Organisationssoziologie entlehnt sind, und die den prozessualen Charakter redaktioneller Handlungen mehr unter kybernetischen als unter entscheidungstheoretischen Aspekten betrachten.

3.1 Systemtheorie und Entscheidungsprogramm

Es mögen formale Eleganz und interne Stimmigkeit gewesen sein, die das Systemdenken auch in die Kommunikationswissenschaft geführt haben. Die bis heute ausführlichste und grundlegende empirische Untersuchung der Arbeit einer Zeitungsredaktion von Manfred Rühl[180] bediente sich des funktional-strukturellen Systemdenkens (Luhmann) und konnte so die registrierten Phänomene in ein logisches Gerüst einpassen. Rühl hat sich einige Wochen in einem Zeitungshaus aufgehalten und Daten durch teilnehmende Beobachtung sowie Leitfadengespräche gesammelt.

In Anwendung der Luhmann'schen Systemkonzeption betrachtet Rühl seine Redaktion als ein System, das aus Erwartungsbündeln und daraus folgenden Handlungen entsteht. Das Redaktionspersonal weiß so ziemlich genau, welche externen Erwartungen an seine Arbeit gestellt werden, welche Konsequenzen eventuelle Reaktionen haben könnten und handelt entsprechend. Wie in leistungsorientierten Zweckgebilden üblich, sind die Mitarbeiter dabei nicht als komplette Persönlichkeiten gefragt, sondern lediglich als Rollenträger. Freilich bringen sie sich als ganzen Menschen mit, aber in der Redaktion sollen sie nicht Hausmann/-frau, Student, Hobbykoch oder Vereinsmitglied spielen, sondern ihre Rolle als Redakteur ausfüllen. "Handlungssysteme bestehen grundsätzlich aus Handlungen und nicht aus konkreten Menschen."[181] Diese Vorstellung

180) Vgl. Rühl 1969.
181) Ebd.:37.

entspricht üblichem rollentheoretischem Denken, wobei der Terminus Handlung zurückhaltend interpretiert werden muß: Letztlich handeln Handlungssysteme nicht, sondern sie funktionieren.

Die Redaktion muß nun auf nicht vorhersehbare, unterschiedliche Vorgänge in ihrer Umwelt so variantenreich reagieren, daß sie trotz allem ihrer Bestimmung gerecht wird. Von ihr wird erwartet, daß sie zu bestimmten Zeitpunkten ein Quantum reproduzierbarer Aussagen in Text und Bild abgibt. Ein zweckorientiertes und ein konditionales Entscheidungsprogramm erleichtern der Redaktion konkretes Arbeiten. Rühl's Systemkonzeption nähert sich damit sozialkybernetischen Vorstellungen: Die Redaktion ist eine Meß- und Regelinstanz innerhalb eines Fließgleichgewichts, die permanente Austauschbeziehungen zur Umwelt unterhält.

Umwelt ist dabei ein bei Rühl weit gefaßter Begriff. Nicht nur die Außenwelt des Verlagshauses, die Gesellschaft allgemein oder Informanten im besonderen sind Umwelt, sondern auch die kaufmännischen und technischen Abteilungen des Unternehmens, das Presserecht und selbst das Redaktionspersonal mit seinen von der Redakteursrolle abgrenzbaren Eigenschaften. Die soziale Einheit Redaktion besteht aus den (zum Teil typisierten) Verhaltenserwartungen, die für ihre Existenz notwendig sind. "Durch die Gewährleistung dieser generalisierten Verhaltenserwartungen erhält das Handlungssystem Redaktion eine Struktur, ohne die es nicht denkbar ist. Damit kann es sich gegenüber seiner Umwelt abgrenzen und relativ unveränderlich erhalten. Es gewinnt auf diesem Wege eine eigene Existenz."[182]

Rühls Behauptung von der "eigenen Existenz" weist auf die Schwächen dieses Konzeptes. Redaktionen existieren nicht von innen heraus, sondern sie werden von außen her eingerichtet. Lange bevor das Zusammenspiel einiger Redakteursrollen Komplexität reduzieren und dem System eine Struktur geben kann, sind Handlungen notwendig, die die "Existenz" der Redaktion erst ermöglichen. Die Rollenmetapher weiter gedacht: Ohne Bretter, die die Welt bedeuten, käme kein Rollenträger auf die Idee, das Stück "Zeitungsredaktion" zu inszenieren, ohne Engagement wäre kein Rollenträger raumzeitlich zu verpflichten.

Diesen Eindruck vermittelt aber die Rühl'sche Vorstellung von Redaktion: Sie ist zunächst einmal da. Woher sie kommt, warum sie da ist und welche Bedingungen ihre Existenz ermöglichen - das sind keine zentralen Fragen funktional-struktureller Systemauffassung. Aber ebenso wie Theaterensembles fallen auch Redaktionen nicht vom Himmel, sind sie nicht Resultat eigener,

182) Ebd.:39.

sondern fremder Handlungen. Stellt sich die spannende Frage, wer das Drehbuch schreibt.

"Die Aufnahme, Verarbeitung und der Ausstoß heterogener und kontradiktorischer (?) Informationen sind (...) Zweck des Systems", erläutert Rühl. "Diese ständige Entscheidungstätigkeit ist jedoch nicht in jedem der vielen Einzelfälle originell, sondern sie orientiert sich ihrerseits an Entscheidungsprämissen, an einem Entscheidungsprogramm". Redaktionen unterscheiden sich von anderen leistungsorientieren Sozialzusammenhängen in einem wichtigen Punkt: "Dieses Spezifikum sehen wir für die Zeitungsredaktion in einem durch systeminterne Prämissen gesteuerten Entscheidungshandeln."[183]

Steuerung durch "systeminterne" Prämissen: Diese Konstruktion ist m.E. nicht ganz konsistent, denn das flexible Handlungssystem Redaktion gewinnt seine spezifische Rationalität ja gerade dadurch, daß es auf Selbststeuerung verzichtet und sich den Erwartungen diverser Umwelten beugt: "Dem täglichen Entscheidungshandeln der Zeitungsredaktion gingen sozusagen Entscheidungsprozesse auf übergeordneter Ebene voraus, in denen diese Entscheidungsprämissen fixiert wurden (...) Sie (...) stellen das Ergebnis von Abwägung und Koordination der Begehren all dieser (Publikum, Verleger, Informatoren etc. U.H.) und anderer Umweltbereiche dar."[184]

Zu den "systeminternen Prämissen" kommt Rühl im Wege eines rhetorischen Zirkelschlusses: Die Umwelt erwartet von der Redaktion bestimmte Handlungen; die Redaktion ist sensibel und antizipiert diese Erwartungen; durch Generalisierung entsteht ein Programm - das Entscheidungsprogramm, nach dem die Redaktion handeln muß. Angesichts der externen Rollensender ist aber nicht gesagt, daß dies ein redaktionell entworfenes Programm wäre.

Eine methodologische Analyse zeigt weiter auf: Das tatsächliche Redaktionsgeschehen wird äquivalenzfunktionalistisch so weit abstrahiert, daß schließlich nur noch eine relativ diffuse Erwartung- und Entscheidungsebene übrig bleibt. Auf dieser Ebene lassen sich nun vielfältige Generalisierungen formulieren, die jedoch schließlich nicht mehr ganz zutreffend bleiben. Dies zeigt sich beispielsweise an den Mitgliedschaftsregeln, die Rühl als redaktionelle Formalisierungskriterien fixiert[185].

"Die Zustimmung der Redakteure zu den Zwecken der Redaktion"[186] ist in Rühls Augen die prominente Verhaltenserwartung an jeden Redakteur, der diese Rolle auch künftig spielen möchte. Daß die Systemziele von Verlagen

---

183) Ebd.:40.
184) Ebd.
185) Vgl. ebd.:154-165.
186) Ebd.:157.

meist nicht präzise festgeschrieben sind, die "Zwecke" nur vage umschrieben werden, ist dabei sicher ein Problem für den Äquivalenzfunktionalismus: Der Redakteur soll seine Arbeit an den teilweise "nur angenommenen (...) Erwartungen des Leserpublikums"[187] ausrichten.

Abgesehen von der Vagheit der Zwecke ist der Redakteur (entgegen Rühls Vermutung) nicht zu ihrer Zustimmung verpflichtet. Faktisch muß sich der Redakteur den zweckorientierten Erwartungen nur fügen, um auch weiterhin Redaktionsmitglied zu bleiben. Ebensowenig müssen die Entscheidungsrechte der Redaktionsleitung "anerkannt" werden, auch hier genügt ein sich fügen.

Ebenso problematisch werden die von Rühl formulierten Mitgliedschaftsregeln "Identifikation mit der Redaktion" und "Ausschluß der Mitarbeit bei Konkurrenzmedien"[188] Wer sich in modernen Redaktionen auskennt, weiß von Redakteuren, deren journalistische Identität sie zur verdeckten, geheimen Zuarbeit für Konkurrenz- und Komplementärmedien getrieben hat. Diese Beobachtung konnte Breed in den USA schon in den 50er Jahren machen, wo ein 'Verpflanzen' eines Themas in eine andere Zeitung oder einen Pressedienst dazu dienen konnte, die offizielle Linie des Blattes zu umgehen.[189]

Die Abbildungsunschärfen der funktional-strukturellen Systemauffassung lassen eine Übernahme dieses Konzepts nicht als geraten erscheinen. Daß Redaktionen irgendwie funktionieren und ihren Part innerhalb der Zeitungsherstellung übernommen haben, zeigen die Blätter täglich aufs neue. Und sehr viel mehr leistet die an Luhmann angelehnte, entscheidungstheoretisch akzentuierte Systemkonzeption nicht.

Rühl hat, offensichtlich bewußt[190], auf die Benennung von Variablen verzichtet, die einen nennenswerten Einfluß auf die Aussagenentstehung haben. "Es ist nicht beabsichtigt, die Zeitungsredaktion als materielles Objekt zu untersuchen. Ein soziales System dieser Art zu bestimmen und analysieren zu wollen ist schlicht unrealistisch." Redaktionsräume bestimmter Bauart, Beleuchtung und Ausstattung, Temperaturen innerhalb von Höchst- und Tiefstgrenzen - diese Variablen beispielsweise will Rühl allenfalls gewichtend berücksichtigen.

Diese Vorentscheidung verstellt jedoch den empirischen und analytischen Blick auf u.U. aussagenentscheidende Variablen, gibt es doch Redaktionen, die

187) Ebd.:158.

188) Ebd.:160ff.

189) Vgl. Breed 1973:373. Aus jüngerer Zeit ist das Beispiel der mutigen Lokalredakteurin Elisabet Rottmann bekannt, die einen Altenheim-Skandal gegen den Willen ihrer Verlags- und Redaktionsleitung ("Die Glocke" in Oelde) mit Hilfe von Flugblättern bekannt gemacht hat

190) Vgl. Rühl 1969:39.

aufgrund ihrer Enge und ihrer unzureichenden Ausstattung ein Fall für die Gewerbeaufsicht wären. Und was die "Umwelt"-Temperaturen anbelangt: Die von mir untersuchte (ansonsten komfortable) Großraumredaktion war selbst im Sommer zeitweise so untertemperiert, daß Redakteure in Jacke und Mantel (!) an den Terminals saßen. Spielen fröstelnde Mitarbeiter ihre Redakteursrolle ebenso gut, arbeiten sie ebenso sorgfältig wie jene, die sich körperlich wohl fühlen? Negative Korrelationen können vermutet werden.

3.2 Organisationssoziologie und Kybernetik

An diesem Punkt kann eine theoretische Konzeption weiterhelfen, die sowohl die Vorzüge systemischen, vernetzenden Denkens als auch die prägenden Wirkungen materieller Bedingungen in sich vereint: die moderne Organisationssoziologie in Verbindung mit sozialkybernetischen Vorstellungen, deren Begrifflichkeit hier kurz vorgestellt wird.

3.2.1 Zweck

Zeitungsredaktionen gehören zu jenem Typus relativ dauerhafter sozialer Gebilde, der für hochentwickelte, differenzierte Gesellschaften konstituierend ist: sie sind organisierte Zweckgebilde.[191] "Ein organisiertes Zweckgebilde unterscheidet sich (...) von einer Primärgruppe dadurch, daß durch Organisation im Sinne der normierenden Zuordnung von Verhaltensweisen eine Leistungseinheit entsteht, die nicht mehr universell die Bedürfnisse der Mitglieder maximiert, sondern das Ausmaß der Zielerreichung."[192] Die Termini Ziel und Zweck werden innerhalb der Disziplin nicht immer synonym verwendet.[193] Zweck kann als der umfassendere, Ziel als der konkretere Begriff betrachtet werden.[194]

Wie in jedem organisierten System gehört zum Zweck der Redaktion effizientes Handeln. Hier im Zuge der Aussagenproduktion. "Obwohl sich die Unternehmensziele oft auf die Wirtschaftlichkeit beziehen, so enthüllt schon eine oberflächliche Untersuchung, daß die meisten Geschäftsleute von einer gewinnbringenden Produktion von Gütern und Dienstleistungen sprechen."[195]

191) Vgl. Mayntz 1963:7-23; bes.18ff.
192) Fürstenberg 1979:60.
193) Vgl. Mayntz 1963:58f.
194) Vgl. Etzioni 1967:15-20.
195) French 1977:104.

Die Redaktion soll also nicht nur Aussagen produzieren, sondern auch ihren Beitrag zu den Unternehmenszielen leisten. Effizienter Mitteleinsatz im Rahmen der Verwertungszusammenhänge ist also auch Zweck der Redaktion.

3.2.2 Technik

Was bei Betriebswirtschaftlern schon lange zum Grundwissen gehört, ist in der deutschsprachigen Journalismusforschung erst spät thematisiert worden: Leistungssteigerung basiert auf Technologie, die auch als eigenständiges Subsystem von Organisationen vorstellbar ist, von dem sogar "Wandlungsimpulse"[196] für die gesamte Organisation ausgehen können: "Das technologische Subsystem besteht aus Instrumenten, Maschinen, Verfahren, Methoden und technischem Wissen (...) Die tatsächlichen auszuführenden Aufgaben hängen weitgehend vom technologischen Subsystem ab, zum Beispiel von der Art der Werkzeuge und Maschinen."[197]

Ausmaß, Spezifika, Anwendungsformen des technischen Systems wirken dabei wie Rollensender: Die Erwartungen an redaktionelles Handeln gehen unter Umständen mehr von technischem Gerät als von Mitarbeitern aus. "Mensch-Maschine-Einheiten" optimieren die Organisation. "War in der früheren Auffassung der Organisation als rein interpersonales Problem kein Platz für technologische Aspekte, so erlaubt es diese erweiterte Betrachtungsweise, dem Charakter moderner soziotechnischer Systeme gerecht zu werden und den immer umfangreicheren realtechnischen Komplex wieder mit der organisatorischen Problemstellung in Beziehung zu setzen"[198].

3.2.3 Personal

Erst wenn der Zweck einer geplanten Organisation definiert ist, Fragen der notwendige Technologie geklärt sind, beginnt das Personal eine Rolle zu spielen: Entsprechend den Rahmenbedingungen zeigen sich "Stellen" als Lücken im System, die mit handelnden Personen besetzt werden.[199] Mitarbeiter werden rekrutiert und sozialisiert.

---

196) Vgl. Strutz 1976:19-21.
197) French 1977:104.
198) Hill 1976:135.
199) Vgl. Mayntz 1963:112-135.

Die Erwartungen, an denen sie ihre konkreten Handlungen orientieren werden, sind bereits lange zuvor Bestandteil des Systems Redaktion. So sichert die Organisation ihren Bestand unabhängig von den konkreten Personen, die ihr angehören.[200] Auch Differenzierungsprozesse werden unabhängig von den Redaktionsangehörigen vollzogen: Vertikale Stratifizierung (Hierarchie/Kontrolle) und horizontale "Arbeitsteilung" sind nicht Ergebnis autonom redaktioneller Abstimmung, sondern Teil der bürokratischen Struktur des Unternehmens. "Organisationen (...) besitzen auch immer und unvermeidbar eine Autoritätsstruktur (...) Durch keine noch so ausgeklügelte Ordnung der Tätigkeiten kann man je erreichen, daß jedes Anordnen in einer Organisation überflüssig wird".[201]

Daneben können freilich soziodynamische und sozialpsychologische Effekte im personellen Subsystem unterschiedlich stark auf den Systemzweck hinweisen. Das "informelle" einer Organisation, also die informellen Rollen und Rollenaspekte oberhalb der Kleingruppenstruktur[202], umfaßt "sowohl abweichendes Verhalten, informelle Koalitionen und Konkurrenzverhalten, Gruppennormen, Gefühle, Einstellungen, Werte und informelle Statuskriterien."[203]

3.2.4 Arbeitsprozeß (Kybernetik)

Ein mit Technik und Personal ausgestattetes zweckorientiertes Gebilde kann nun mit der Arbeit beginnen. System-Umwelt-Beziehungen werden aufgenommen, Komplexität wird reduziert und entsprechend dem Systemzweck kanalisiert. Notwendig sind also die Hereinnahme, Verarbeitung und Weitergabe von Umweltinformationen. Dieser Vorgang hat prozessualen Charakter und vollzieht sich auf unterschiedlichen extensiven und intensiven Niveaus, die von den Rollenträgern in Form von Arbeitszeit und Arbeitsbelastung spürbar werden.

Entsprechend den Ausführungen in Kap.1 läßt sich die Redaktion dabei in den Denkkategorien der modernen Kybernetik vorstellen. "Ein kybernetisches System ist durch folgende Merkmale bestimmt: Es muß zielgerichtet sein (d.h. einen vorgegebenen Sollwert anstreben), einen Regelkreis enthalten (in dem die Werte der Ausgangsgrößen des Systems über ein Meßglied, das den Ist-Wert des Systems feststellt, eine Vergleichsstelle, die die Abweichung des Ist-Wertes vom Soll-Wert mißt, und ein Stellglied, das Korrekturmaßnahmen zur Herstel-

200) Vgl. Etzioni 1967:110-117.
201) Mayntz 1963:97.
202) Vgl. Fürstenberg 1972:111.
203) Vgl. French 1977:105.

lung des Soll-Wertes in der Regelstrecke einleitet, als Werte der Eingangsgrößen mit dem System rückgekoppelt werden), sich selbst regulieren (ohne Eingriffe von 'außen'), eine Umwelt besitzen und störanfällig sein (ein System reagiert auf Störungen aus der Umwelt, die eine Abweichung des Ist-Wertes vom Soll-Wert herbeiführen)."[204]

Innerhalb dieses logisch-begrifflichen Rahmens kann nun der Kenntnisstand der Journalismus-, bzw. Redaktionsforschung dargestellt werden.

3.3 Zweck

Zeitungsredaktionen werden mit bestimmten Absichten zu bestimmten Zwekken eingerichtet. Am Anfang steht üblicherweise ein Geldgeber, der mit Medienprodukten Geschäfte machen will. Er setzt Kapital ein, das sich verzinsen soll. Auch wenn das Profitmotiv von Medienunternehmern gern als zweitrangig hinter der "öffentlichen Aufgabe" angesiedelt wird[205], dann entkommt doch letztlich kein Verleger den Gesetzen kapitalistischer Ökonomie: So billig wie möglich produzieren, so teuer wie möglich verkaufen, den Umsatz steigern und expandieren, investieren um zu rationalisieren. Nur wer mehr einnimmt, als er ausgibt, hat am Markt eine langfristige Überlebenschance. Zeitungsverlage, die sich nicht an diese Logik hielten, haben die Gesetze des Kapitalismus dann durch den Verlust ihrer Autonomie[206] spüren müssen: sie wurden vom Stärkeren vereinnahmt.

Angesichts des hohen Kapitalbedarfs der Zeitungsverlage, die in der Summe noch immer mit der Umstellung[207] ihrer Produktion von Blei- auf rechnergesteuerte Lichtsatzsyssteme[208] befaßt sind[209] und deren mächtig vorgebrachte Forderung nach Beteiligung an kommerziellen Rundfunkunternehmen inzwischen politisch und wirtschaftlich erfüllt wurden,[210] angesichts des dafür not-

204) Hoppmann 1984:325.

205) Vgl. Hopf 1972:193-198.

206) Vgl. Diederichs 1973.

207) Im Jahr 1988 arbeiteten 56.5 Prozent der 375 Tageszeitungen mit einem Redaktionssystem, darunter bereits 85.1 Prozent der 121 Publizistischen Einheiten, die 84.1 Prozent der 20.7 Millionen Zeitungsexemplare verkaufen (Vgl. Weischenberg 1988:43).

208) Nach Angaben des Bundesverbandes Deutscher Zeitungsverleger (BDZV) haben die Kosten für die Zeitungstechnik mit etwa einem Drittel den größten Anteil an der Kostenstruktur der Abonnementszeitungen (BDZV o.J.:11). Das wiederum läßt aus den Rationalisierungsinvestitionen ein existenzentscheidendes Datum werden.

209) Vgl. Weischenberg 1988:44f.

210) Vgl. Formatt 1985.

wendigen hohen Kapitalbedarfs (und der Effizienzlogik beim Wirtschaften mit Medienprodukten) stellt sich die Frage nach ihrem Stellenwert für redaktionelles Handeln.

Der Markt für zum Teil beträchtliche Rationalisierungsinvestitionen war und ist also vorhanden: Umstellen müssen sie und die neuen Märkte wollen sie in der Regel besetzen. Klar ist jedenfalls, daß die Verlagshäuser auf Jahre hinaus einen überdurchschnittlich hohen Kapitalbedarf haben werden. Wie decken sie ihn?

Es gibt deutliche Belege dafür, daß auch die Redaktionen in das Wettbewerbsverhalten von Zeitungsverlagen involviert sind. Dies beginnt bei der Optimierung finanzieller und personeller Ressourcen (3.3.1), geht über die Verwertung ihrer produzierten Aussagen (3.3.2) und reicht bis in Details redaktioneller Aussagenproduktion zum Zweck des Marketings (3.3.3).

3.3.1 Ressourcenoptimierung

Der Deutsche Journalistenverband hat Ende 1981 eine bundesweite schriftliche Redakteursbefragung zu Arbeitsbedingungen im Zusammenhang mit dem Manteltarifvertrag vom 1.1.1981 durchgeführt[211]. Bei der Frage nach dem Honoraretat für freie Mitarbeiter zeigte sich ein bemerkenswerter Zusammenhang: Die Bewertung des Etats ist abhänging von der Marktsituation im Verbreitungsgebiet. Deutlich mehr Lokalredakteure in Konkurrenzgebieten (ca. 43 Prozent) bewerteten ihren Honoraretat mit "zu gering", als dies Redakteure in Alleinanbieterposition (32 Prozent) taten[212]. Da die absolute Etatgröße nicht erhoben wurde, läßt dieser Tatbestand nun allerdings zwei Interpretationen zu: einerseits könnten die Etats in Monopolgebieten höher als in Konkurrenzgebieten sein, die Monopol-Redakteure also deshalb relativ zufriedener sein. Andererseits könnten aber auch die Leistungserwartungen an Konkurrenzredaktionen höher als an Monopolredaktionen sein, so daß selbst ein gleich hoher oder höherer Etat für die benötigten freien Mitarbeiter nicht ausreicht. Für die zweite These spricht die Tatsache, daß der Honoraretat in Monopolredaktion mehr als doppelt so oft (16 Prozent) wie in Konkurrenzsituationen schriftlich gar nicht fixiert war. Bei Redaktionen in Zweitstellung, wo also ein Kampf um Marktanteile vermutet werden kann, kam dies so gut wie nicht (3 Prozent) vor. Unabhängig von diesen Interpretationen bleibt die Tatsa-

211) Vgl. Kaiser 1982.
212) Vgl. ebd.:37.

che: Die Bewertung des Honoraretats durch Zeitungsredakteure ist eine abhängige Variable der Marktsituation der Zeitung.

Wesentlich deutlicher geben Daten Auskunft, die für den Medienatlas Nordrhein-Westfalen recherchiert worden sind.[213] Sie belegen einen umgekehrt proportionalen Zusammenhang zwischen dem redaktionellen Personalaufwand, den ein Zeitungshaus betreibt, und seiner Marktstellung (vgl. Tab.1).

Stadt/Kreis	Einwohner	Redakteure	Ztgen	Red/Ztg	Red/Hdts.EW
Wuppertal	392 000	7	1	7	1,8
Hamm	171 000	8	1	8	4,7
Herne	181 000	10	1	10	6,0
Münster	272 000	27	2	14*)	10,0
Bielefeld	312 000	33	2	17*)	10,6

*) aufgerundet

Tab.1: Redaktionelle Personalstärken im Vergleich

Die etwa 392.000 Einwohner der Großstadt Wuppertal haben mit der "Westdeutschen Zeitung" (WZ) des Verlags W. Girardet eine einzige lokal informierende Tageszeitung zur Verfügung. Der Lokalteil der WZ wird von 7 Redakteuren erstellt, das entspricht einer "kommunikativen Versorgungsquote" von 1,8 Redakteuren auf 100.000 Einwohner.

Die in etwa vergleichbar große Stadt Bielefeld bietet dagegen ein völlig anderes Bild: Hier haben die 312.000 Einwohner zwei Tageszeitungen zur Auswahl, die aus konkurrierenden Zeitungsverlagen kommen. Die beiden Lokalteile werden von insgesamt 33 Lokalredakteuren erstellt, 17 arbeiten bei der "Neuen Westfälischen" und 16 beim "Westfalen-Blatt"[214]. Die Leser werden hier also möglicherweise kommunikativ besser versorgt als das Wuppertaler Publikum: Um die Belange von 100.000 Einwohnern kümmern sich hier rund 10 Redakteure, das sind fünfmal mehr als im Monopolgebiet Wuppertal.

Daß die entscheidende Variable die Marktkonkurrenz ist, geht aus den Zahlen weiterer Großstädte hervor. In den Monopolgebieten Hamm und Herne sowie in der Stadt Münster mit konkurrierenden Tageszeitungen sind die verhältnismäßigen Differenzen nicht ganz so krass, als Beleg für diese These

213) Vgl. Pätzold/Lange 1983.
214) Vgl. ebd.:170.

aber eindeutig: Die redaktionelle Personalstärke richtet sich nicht so sehr nach Größe und Einwohnerzahl des abzudeckenden Gebietes, sondern viel mehr nach der jeweiligen Marktsituation.

Für die Arbeit der Redakteure kann dieser Zusammenhang einschneidende Konsequenzen haben. Personelle Unterbesetzung führt zu individuell häufigeren Spät- (Bereitschafts-), Sonn- und Feiertagsdiensten. Thematische Spezialisierung ist in großen Redaktionen eher möglich als in kleinen. Die Anzahl der potentiell vorhandenen, "schlafenden"[215] Quellen (Informanten) wächst mit der Zahl der Redakteure usw. Ob bestimmte Lebensbereiche publizistisch erschlossen oder thematisch brachliegen werden, darüber kann also bereits der Stellenplan des Zeitungsverlages in Abhängigkeit von der Marktstellung entschieden haben, noch lange bevor überhaupt ein Redakteur seine Arbeit aufgenommen hat.

3.3.2 Aussagen-Mehrfachumschlag

Die Umstellung auf elektronische Übermittlung hat mancherorts eine schon seit langem übliche Praxis des Artikelaustauschs unter Tageszeitungen zum Thema gemacht. Hier nur ein Beispiel: Die beiden selbständigen mittelhessischen Tageszeitungen "Wetzlarer Neue Zeitung" (WNZ) und die "Gießener Allgemeine" (GAZ) haben über Jahre lokale und regionale Berichte ihrer Redaktionen untereinander getauscht und veröffentlicht, ohne die Urheber der Texte finanziell oder auch nur an der Textauswahl zu beteiligen. Übermittelt wurden die Berichte über Boten und/oder Fernkopierer[216].

Seitdem beide Verlage rechnergesteuert (Linotype (Produktions-) System 3/5[217]) produzieren, wird elektronisch übermittelt: Die Lokalchefs der Nachbarstädte komponieren unter Umgehung der Redaktion ein Tagesangebot für den Vertragspartner, der es dann - am Terminal abgerufen - schließlich bearbeitet oder unbearbeitet im Blatt veröffentlichen kann[218]. So erscheinen dann nicht nur auf den Mantelseiten (Politik, Wirtschaft etc.) der "Publizistischen Einheiten" weitgehend identische Agenturtexte, sondern auch auf lokal und regional informierenden Seiten wird Gleiches vervielfacht. Beide Verlagshäuser sparen den oder die Berichterstatter aus der Nachbarstadt ein und verwerten vorhandene Texte mehrfach. Für die Redaktionen hat das zur Folge, daß ihre relative

---

215) Vgl. Pätzold 1981:277f.
216) Vgl. Meng 1983.
217) Vgl. Weischenberg/Röper 1984:136f.
218) Vgl. Meng 1983.

Autonomie weiter eingeschränkt wird. Nicht ein, wie auch immer geartetes, redaktionell entworfenes Entscheidungs- und Selektionsprogramm entscheidet über die Einzelheiten der Berichterstattung aus der Nahwelt, sondern das (Halb-) Fertigprodukt der Nachbarzeitung.

Bemerkenswert ist dabei auch, wie unvorbereitet Journalistenvertreter den neuen Praktiken damals gegenübergestanden haben. Der damalige Geschäftsführer des Hessischen Journalistenverbandes, Hubert Engerof, zu den Perspektiven neuartiger Verwertungsformen: "Diese neuen technischen Möglichkeiten sind für uns noch nicht überschaubar"[219] - 1983, fünf Jahre nach Abschluß des RTS-Vertrages, der die Elektronisierung der Redaktionen zugelassen hatte.

Andere Verwertungsformen redaktioneller Arbeitsleistung sprechen eine noch deutlichere unternehmerische Sprache. Nach den Ergebnissen der bereits erwähnten DJV-Umfrage erscheint an mehr als der Hälfte der Lokalredaktions-Standorte ein Anzeigenblatt aus dem eigenen Verlagshaus. Jede dritte der dort ansässigen Redaktionen arbeitet für das Anzeigenblatt zusätzlich zur normalen Arbeit an der Tageszeitung, in mehr als dreiviertel der Fälle während der regulären Arbeitszeit[220]. Gut die Hälfte der Befragten gab an, dafür kein gesondertes Entgelt zu erhalten.

Die überwiegende Anzahl der Redaktionen (51Prozent der Mantel-, 80Prozent der Lokalredaktionen) arbeitet (zumeist während der regulären Arbeitszeit) zusätzlich für die nichtredaktionellen Zeitungsteile[221]: Anzeigenbeilagen und -kollektive werden mit Hilfe quasi-redaktioneller Texte sowohl für Anzeigenkunden als auch für den Leser attraktiver gemacht. Neben der, mit spektakulären Vorfällen illustrierten, Anzeigenabhängigkeit der privatwirtschaftlichen Medien sind diese Zusammenhänge bislang nur am Rande thematisiert worden.

Wenn aber Redakteure ihre Leistungsfähigkeit zum Teil in die Arbeitsrolle "Anzeigenblatt- und Beilagen-Zulieferant" investieren, dann scheinen negative Auswirkungen auf die Erfüllung der "öffentlichen Aufgabe" naheliegend.

---

219) Ebd.

220) Vgl. Kaiser 1982:43.

221) Vgl. ebd.:44.

3.3.3 Redaktionelles Marketing

Zu den modernen Marketingmethoden der auf Massenabsatz orientierten Unternehmen gehören Preisausschreiben, Wettbewerbe und "Aktionen", die als zielgerichtete Reize die Aufmerksamkeit des Konsumenten wecken und ihn an das Produkt binden sollen. Zunehmend haben sich auch die Zeitungen diese Methoden zu eigen gemacht, zumal sie über das entscheidende Medium "Öffentlichkeit" gratis verfügen. Tu Gutes und rede darüber - nach diesem Motto veranstalten Zeitungshäuser Vorträge, Wandertage, Sammel- und Baum-Pflanz-Aktionen, Kinderfeste usw. Caritas reicht dabei Kommerz die Hand, Animation steht neben Klamauk[222]. Leser-Aktionen sind ein gängiges Instrument zur Stabilisierung der Leser-Blatt-Bindung geworden.

Öffentlichkeit für diese selbstgeschaffenen Ereignisse stellen die Verlage vorwiegend in den redaktionellen Zeitungsteilen her, die offensichtlich über einen gewissen Glaubwürdigkeitsvorsprung verfügen.

Und wieder sind es die Redakteure, deren Arbeitsleistung für andere als die "öffentliche Aufgabe" in Anspruch genommen wird. Sie berichten in Wort und Bild, wobei die Verlagsaktivitäten bisweilen bemerkenswert einfallsreich aufgemacht und erstaunlich kontinuierlich (z.B. bei caritativen Sammelaktionen) dargestellt werden.

15 befragte Redakteure einer aktionsaktiven Regionalzeitung (NRZ) haben diese eher werberischen als kommunikativen Aufgaben als überdurchschnittlich arbeitsintensiv und lästig wahrgenommen, ihren überdimensionierten PR-Charakter und ihre Sponsoren-Nähe zum Teil vehement kritisiert und als nicht zum journalistischen Aufgabenbereich zugehörig erklärt[223]. Die Redakteure entziehen sich jedoch einer Mitarbeit an solchen Aktivitäten nicht, was zu Dissonanzen führen kann.

Die Rühl'sche Systemkonzeption hätte alle diese aussagendeterminierenden Größen einem diffusen Umwelt-Begriff subsummiert und die prägenden Kräfte eliminiert. Wie zu sehen war, müssen wir aber mit diesen Variablen rechnen, wenn wir wirklich mehr über den Aussagenentstehungsprozeß in Tageszeitungsredaktionen erfahren wollen. Anhand der bisherigen Überlegungen läßt sich nun die Zweckebene einer redaktionellen Organisation beschreiben (vgl. Abb.1).

222) Vgl. Hienzsch 1981:62-74.
223) Vgl. Hienzsch 1981:126ff.

Eine Redaktion wird eingerichtet, um Informationen aus dem gesellschaftlichen Umfeld zu sammeln, zu sichten und zu verarbeiten und je nach Produktionserfordernissen weiterzugeben. Themen werden adaptiert, Aussagen produziert und für die Produktfertigung vorbereitet. Dies ist die eine Dimension. Denn jeder organisierte Arbeitsprozess basiert auf der Effizienzlogik wirtschaftlicher Verwertungszusammenhänge, die aus dem politökonomischen Umfeld allgemein und über die unternehmerischen Abteilungen des Zeitungsverlags konkret - wie weit auch immer, das muß die Empirie zeigen - in die Redaktion hineinreichen. Diese zweite Dimension kann quer und damit störend zur Aussagenproduktion liegen, vorstellbar als Verwerfungen auf der redaktionellen Zweckebene.

Die Zweckebene mit ihren Dimensionen Kapitalverwertung und Aussagenproduktion ist die Basis redaktioneller Strukturen, erst sie macht den weiteren Aufbau der aussagenproduzierenden Instanz verständlich. Das zeigt sich schon bei der nächsten Analyseebene, der Technik, für deren Vorhandensein gesorgt werden muß, bevor auch nur ein Redakteur seine Arbeit aufnehmen kann.

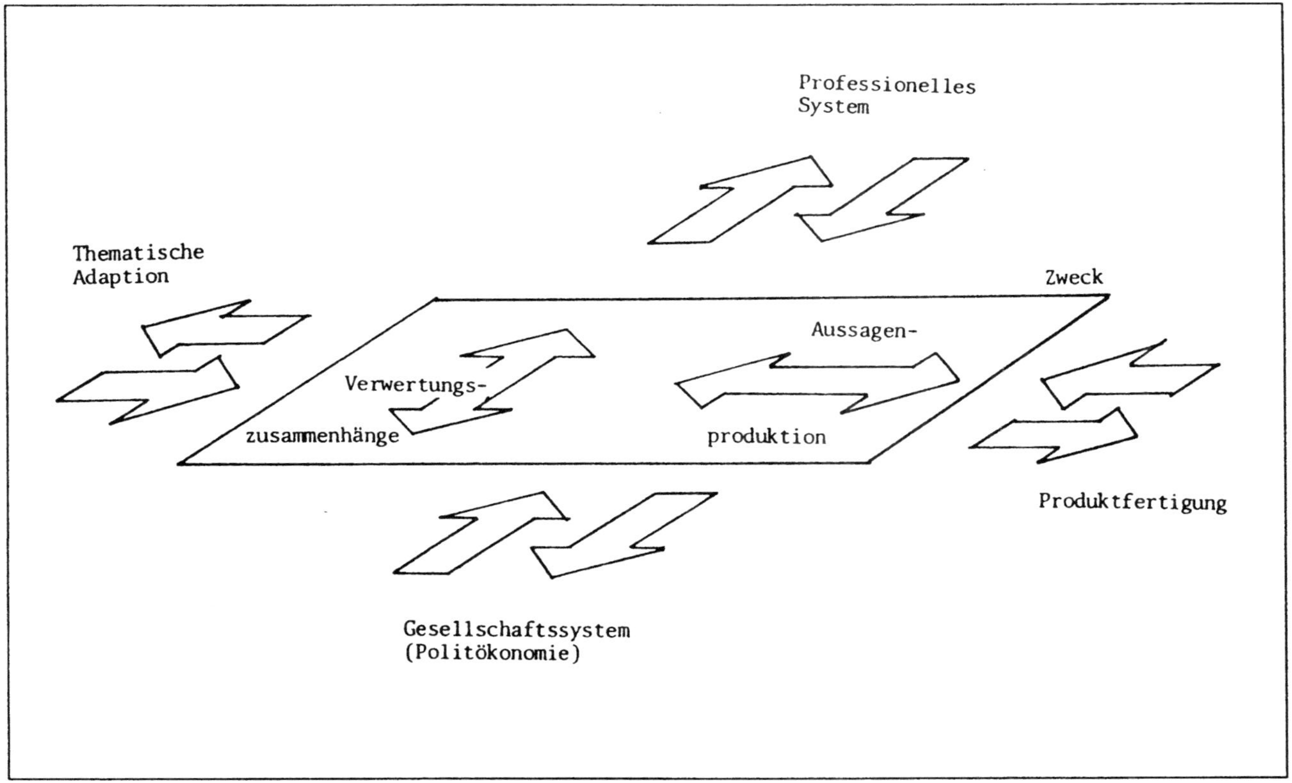

Abb. 1: Zweck-Ebene des Systems Redaktion

3.4 Technik

Obwohl technische Erfindungen an der Wiege des Mediums Zeitung standen und seinen Werdegang stets aufs Neue beeinflußten[224], ist doch der Faktor Technologie erst in jüngster Zeit mit journalistischem Handeln in einen systematischen Zusammenhang gebracht worden[225]. Allzulange war auch kommunikationswissenschaftliches Denken in einer (Dovifat'schen) Tradition befangen, die unter Redaktion etwas primär Geistiges denn Produktives verstand und die als "Kritisches Stichwort zur Medienwissenschaft"[226] noch heute definiert: "Die Redaktion stellt im Zeitungsunternehmen den geistigen Kern des Produkts her"[227] und von der "Erarbeitung des geistigen Gehaltes durch die Redaktion"[228] spricht. Zwar wird der Faktor Technik zunehmend häufiger als redaktionelle Einflußgröße erwähnt, doch nicht als schlichtweg grundlegend für journalistisches Handeln eingeordnet.

Die massenhafte Reproduktion von Aussagen ist freilich nur mit Hilfe von Technik zu bewerkstelligen. Selbst wenn ein (idealtypischer) Journalist noch so glänzend formulierte Wahrheiten vorlegte oder politische Skandale aufdecken würde - sie wären wertlos, wenn sie nicht massenhaft vervielfältigt und distribuiert würden. Journalismus wird damit erst auf der Grundlage von Technik überhaupt denkbar. Diese Selbstverständlichkeit ist zu Zeiten konventioneller Zeitungsherstellung allerdings aus den Augen geraten, weil Bleisetzmaschine und Schiff nicht in der Redaktion, sondern in raumzeitlich getrennten Organisationseinheiten des Zeitungsverlages untergebracht waren. Eine gründliche empirische Bestandsaufnahme redaktioneller Arbeitsformen hätte aber schon damals Technologie als Determinante erkennen lassen. Der idealtypische Journalist im "geistigen Zentrum" der Zeitung hätte ja seine Texte, seine Recherchen über Faktisches jeweils in aller Ruhe handschriftlich auf Büttenpapier niederschreiben können. Bezeichnenderweise ist diese Arbeitsform im Journalismus aber unbekannt.

---

224) Vgl. Weischenberg 1985:15-38;1982:29-51;1978:11-38.
225) Vgl. AfK 1983;Schütt 1981;Prott 1983.
226) Vgl. Faulstich 1979.
227) Wilke 1979:393.
228) Ebd.:396.

3.4.1 Konventionelle Zeitungstechnik

Die Zeitungsherstellung während der "Bleizeit" vollzog sich über eine Vielzahl voneinander getrennter Arbeitsschritte, denen je eigene Instanzen (Abteilungen) und je eigene, technologiespezifische Zwischenprodukte zugeordnet werden konnten (vgl. Abb. 2).

Die Redaktion schrieb und redigierte ihre Berichte und gab sie als Manuskripte weiter. In der Perforatur (bzw. Setzerei: in Abb. 2 vereinfacht dargestellt) wurden die Texte erneut geschrieben und nach der Rechnerbearbeitung (zeilenweises Trennen) als perforierter Endloslochstreifen (TTS) ausgegeben. Dieser Lochstreifen steuerte in der anschließenden Setzerei eine Zeilensetz- und -gießmaschine, wobei das Lochstreifenverfahren den Setzvorgang beschleunigte und die Maschinenauslastung optimierte. Vom Zwischenprodukt Rohsatz wurde nun einer erster Abzug (Fahne) gemacht, der gelesen, mit dem zugehörigen Manuskript verglichen und gegebenenfalls in der Setzerei korrigiert wurde. Der möglichst fehlerfreie Rohsatz wurde nun mit der (zwischenzeitlich getrennt gefertigten Überschrift) kombiniert und in der Mettage zur kompletten Bleiseite umbrochen. Das Matern der Bleiseite war schließlich notwendig, um eine halb- oder viertelzylindrische Druckform für die Rotation zu gießen.

Sukzessive und organisatorisch getrennte Arbeitsschritte im Anschluß an die Redaktionsarbeit mögen die Vorstellung von ihrer Technikferne gefördert haben. Tatsächlich aber beginnen die Zwänge beim letzten Arbeitsschritt, dem Drucken, das wiederum vom Auslieferungstermin der Zeitungen bestimmt wird. Der rückwärtig erstellte Zeitplan setzt fest, wann Redakteure arbeiten (müssen) und wann sich auch noch so gute Arbeitsleistungen nicht mehr im Produkt niederschlagen können. Ähnlich wie die zeitlichen Rahmendaten der Druckerei gehen auch von allen anderen funktional nachgeordneten Instanzen Erwartungen (a-e) aus, an denen sich die Redaktion orientieren muß. Und da wird deutlich, warum handschriftliche Texte auf Büttenpapier innerhalb der Zeitungsproduktion relativ wertlos sind. Von der Redaktion werden erwartet:

(a) Reproduktionsfähige Texte: Redaktionelle Aussagen werden in Perforatur und/oder Setzerei erneut erfaßt, sie müssen deshalb reproduzierbar (lesbar und fehlerfrei) sein. Somit mußte die Schreibmaschine zwangsläufig zum Arbeitsinstrument von Journalisten werden.

(b) Identifizierbarkeit: Manuskripte und Überschriftenformulare sowie ihre materiellen Pendents nehmen während der technischen Realisation (als Fließsatz und Überschriftenguß) häufig getrennte Wege. Während der Korrektur und spätestens beim Umbruch in der Mettage werden sie wieder zusammengefügt und sollen an die vorbestimmten Plätze. Das heißt, sie müssen auch isoliert identifizierbar sein, ein Zwang, der die Redakteure zum Ausfüllen bestimmter Ressort- (bearbeitender Redakteur) und Produktkennungen (Seite, Erscheinungstag) verpflichtet. Dies betrifft Manuskripte, Überschriften, Bildzeilen und Bilder (Datenaufkleber) gleichermaßen.

(c) Quantifizierbares Produktionsvolumen: Beim Umbrechen einzelner Bild-/Textteile zu einer kompletten Seite macht sich der Zwang zu redaktioneller Mengenplanung bemerkbar. Gemäß dem Layout, das als arbeitsvorbereitender Schritt in der Redaktion erstellt wird, sollen hier Bleitexte und klischierte Bilder (bzw. Grafiken) auf einer begrenzten Fläche möglichst vollständig untergebracht werden. Was nicht paßt, kann nicht erscheinen. Die Erfindung und Verwendung von Manuskriptpapier ist darauf zurückzuführen, daß Teile der Funktion Produktgestaltung im Aufgabenbereich der Redaktion liegen. Integraler Bestandteil des Layouts ist die Erfassung der Materialmenge und so mußte das (ideale) Büttenpapier dem Manuskriptpapier mit vorgegebenen Schreibbreiten und Zählhilfen weichen.

(d) Interne Logik: Zwar sind redaktionelle Aussagen von den funktional nachgeordneten Instanzen nicht mehr inhaltlich-faktisch, wohl aber hinsichtlich interner Logik überprüfbar. Namensschreibweisen müssen übereinstimmen, prozentuale Zahlenangaben müssen zu 100 addiert werden können, die Schilderung des Faktischen soll nicht widersprüchlich sein. Diese Erwartung ging neben denen an Orthographie und Grammatik zumindest von der Korrekturabteilung aus.

(e) Planmäßigkeit: Zwischen Redaktionsschluß und Auslieferung setzt ein präziser Zeitplan Daten für jede Fertigungsstufe. In Tageszeitungsbetrieben müssen bestimmte Tätigkeiten nicht nur verrichtet sondern, was mitunter wichtiger ist, innerhalb enger zeitlicher Grenzen verrichtet werden. Unabhängig vom redaktionellen Wollen und Können werden dann bisweilen Korrekturen und Aktualisierungen nicht mehr vorgenommen, weil beispielsweise die Mater schon ausgegossen ist, wenn der Fehler entdeckt wird.

Das gängige Wort vom Redaktionsschluß weckt allerdings die nicht korrekte Vorstellung, die Redaktion könne bis zu einem (relativ späten) Zeitpunkt sämtliche Aussagen bearbeiten und geschlosssen weitergeben. Zeitungsbetriebe sind aber nur auf einen relativen Stoßbetrieb mit begrenzter Durchlaß- und Bearbeitungskapazität hin ausgelegt. Ein kontinuierlich fließender Materialstrom verringert den apparativen und personellen Aufwand und senkt Kosten. Deshalb sind üblicherweise die Redaktionsschlußzeiten auf verschiedene Ressorts unterschiedlich verteilt. Außenredaktionen sind vielfach zu Teillieferungen während des Tages angehalten.

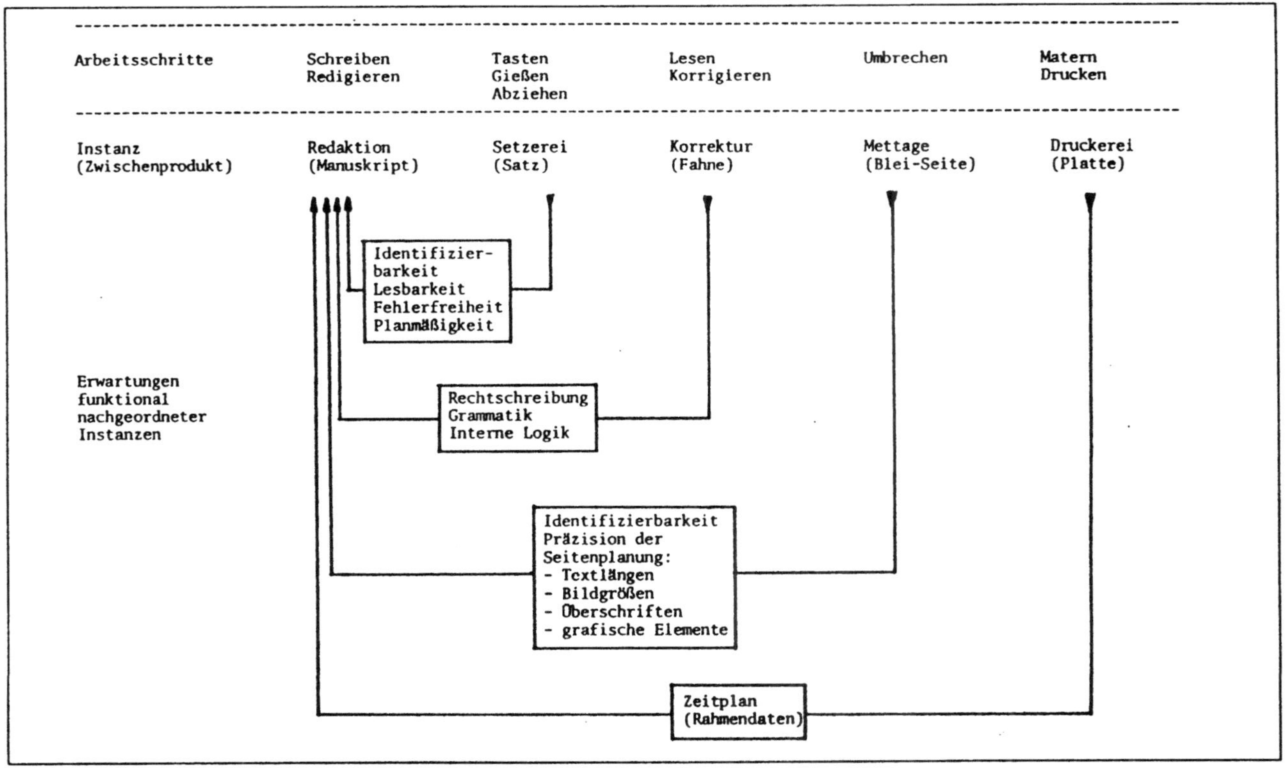

Abb. 2: Arbeitsschritte konventioneller Zeitungsproduktion und ihre Rückwirkungen auf die Redaktion

Eine Fülle von Erwartungen geht also von den nachgeordneten technischen Instanzen des Zeitungsbetriebs aus und setzt redaktionellem Handeln Grenzen. Sie werden subjektiv von Redakteuren selten als Zwänge erlebt und spielento-legrdkaum eine Rolle, wenn Redakteure ihre Arbeit schildern[229]. Daß ein Text maschinenschriftlich geschrieben sein muß, daß seine Länge möglichst genau mit den Angaben im Layout übereinstimmen soll, daß Überschriften und Bildgrößen passen müssen - all diese produktiven Zwänge verschwinden hinter dem dominierenden inhaltlich-geistigen, mit dem die meisten Journalisten ihre Arbeit identifizieren. Das hat zwei Gründe. Als Teile der bürokratischen Struktur der Redaktion geraten diese Zwänge erstens zu Selbstverständlichkeiten, die nicht hinterfragt und bald schon nicht mehr registriert werden. Zweitens sind (waren) Verstöße gegen die meisten der vorstehend beschriebenen Regeln und Erwartungen nicht sonderlich folgenschwer: Die Mängel falsch geschriebener Wörter, ungenau geplanter Seiten, nicht passender Überschriften und spät eingehender Materiallieferungen konnten während des vielstufigen Reproduktionsprozesses auf der Grundlage technischer Kompetenz von Mitarbeitern beseitigt werden. Qualifikation des Personals und gewisse Zeitreserven der Fertigung flexibilisierten den Arbeitsprozess.

3.4.2 Neue Technik (Funktions- und Produktionsweise)

Zehn Jahre nach Abschluß des RTS-Vertrages im Frühjahr 1978 wurden 212 der insgesamt 375 Tageszeitungen mit rechnergesteuerten Redaktionssystemen hergestellt[230]. Das heißt, daß in knapp 57 Prozent aller bundesdeutschen Tageszeitungsverlage das Terminal zur Arbeitsplatzausstattung der Redakteure gehört. Die "Bleizeit" ist nicht in allen Verlagen ohne Turbulenzen zu Ende gegangen, Tarif- und Verbandspolitische Konflikte haben die Verlage schließlich zu einer relativ vorsichtigen Einführung bewegt, was auch zu einer Vielfalt der Systemkonfigurationen geführt hat. So kann heute nicht von einheitlichen Anwendungsformen der elektronischen Zeitungsproduktion gesprochen werden. Deshalb soll die rechnergesteuerte Produktionssweise kurz skizziert werden, um dann auf mögliche Auswirkungen für die journalistischen Mitarbeiter zu sprechen zu kommen.

Eine Zeitung wird von rotierenden Platten gedruckt, die die Druckerschwärze entweder im Hoch- (Blei, Polyester) oder Flachdruck (Offset: Gummi) auf das Papier bringen. Die Druckformen beider Plattentypen lassen sich heute auf

---

229) Vgl. Prott 1976.
230) Vgl. Weischenberg 1988:43.

photochemischem Wege von schwarz-weißen Vorlagen übertragen. Während gewisser Übergangszeiträume haben manche Zeitungsbetriebe diese Vorlagen mit geradezu anachronistischen Verfahren hergestellt: Die Zeitung wurde komplett in Blei produziert, nur um von den fertig umbrochenen Seiten einen Schönabzug auf Kreidepapier zu drucken, der dann im Offset vervielfältigt wurde.

Solche technologischen Ungleichzeitigkeiten sind jedoch vorbei, wenn der Verlag den Rechner im Haus hat. Er steuert schnelle Foto- und/oder Lichtsatzgeräte, die sämtliche gespeicherten Informationen schwarz-weiß auf lichtempfindliches Papier übertragen. Das betriebswirtschaftliche Kalkül muß dabei die zentralen Fragen beantworten: Wie gelangen die Texte in den Rechner und wer programmiert sie so, daß ohne weiteres Dazutun die Druckvorlage ausgegeben wird? Die drei möglichen Wege (a-c) werden heute von den Verlagen in unterschiedlichem Ausmaß gegangen.

(a) Texte in Manuskriptform werden von Schreibkräften in das Produktions-System eingegeben. Die Manuskripttexte sind bereits bearbeitet und mit Gestaltungsanweisungen versehen. Sie werden ohne inhaltliche und/oder gestalterische Veränderungen erneut erfaßt. Dieses Verfahren ist personalintensiv und somit kostentreibend. Zudem fallen während des Abschreibens erneut Fehler an.

(b) Redakteure schreiben ihre Texte statt auf das Papier gleich in den Rechner (Redaktions-System). Statt an der Schreibmaschine sitzen sie nun vor dem Bildschirmterminal. Ein erneutes Abschreiben entfällt, Korrekturen und Setzbefehle kann/soll/muß der Redakteur gleich mit eingeben. Dieses Verfahren ist betriebswirtschaftlich rationell.

(c) Noch rationeller freilich ist die vollelektronische Übernahme vorhandener elektronisch gespeicherter Texte, wie sie die großen Nachrichtenagenturen heute anbieten. Eine rege diskutierte "Fremddaten-Konvertierung" innerhalb der Druckindustrie[231] deutet darauf hin, daß möglicherweise auch bald die freien Mitarbeiter ihre Berichte in elektronischer Form den Zeitungen anbieten werden (müssen)[232]. Als der RTS-Vertrag formuliert wurde, lagen nur wenige allgemeingültige Erfahrungswerte zur elektronisierten Redaktionsarbeit vor. Dies führte zur überproportionalen Berücksichtigung arbeitsmedizinischer und ergonomischer Kriterien, die an elektronisierten Büro-Arbeitsplätzen gewonnen worden waren, sowie zu ad-hoc-Bedenken, die den Blick auf die publizistisch relevanten Probleme der elektronischen Aussagenproduktion verstellten. So drängten sich Fragen der Bilderneuerungsrate ("Flimmern") in den Vorder-

---

231) Vgl. Fritz 1984:VI.
232) Vgl. Köhler 1985:45f.

grund, wobei bundesdeutsche Fernsehgewohnheiten offensichtlich völlig unberücksichtigt blieben: Da gucken nämlich die Menschen stundenlang in die Röhre, obwohl wegen der Bewegtbildübertragung eine wesentlich kürzere Nachleuchtdauer der Floureszenzschicht erforderlich ist.

Folgenreicher als diese arbeitsplatzbezogenen Kriterien sind die strukturellen, arbeitsprozessualen Veränderungen im Zeitungsverlag, und das heißt hier: in der Redaktion. Denn die neue Technik reduziert die Zahl der Arbeitsschritte (a), ermöglicht dadurch die Auflösung/Abschaffung der entsprechenden Instanzen (b) und verlagert die restlichen Funktionen in die noch verbleibende Instanz, die Redaktion (c), deren Funktionsprofil dadurch von Grund auf novelliert wird (d).

(a) Die Arbeitsschritte bei elektronischer Zeitungsproduktion reduzieren sich von früher notwendigen zehn (vgl. Abb. 2) auf sechs, wenn ein Redaktionssystem benutzt wird[233]. Redaktionelle Texte werden nun nicht noch einmal (potentiell fehlerhaft) neu erfaßt und zwangsläufig korrekturgelesen, sondern vom Terminal in der Redaktion zur Belichtung freigegeben. Aus den Foto- bzw. Lichtsatzfahnen wird direkt die Druckvorlage montiert.

(b) Der funktionale Produktionsablauf überspringt also die Instanzen Perforatur, Setzerei und Korrektorat, macht sie potentiell überflüssig. Ein Großteil der Anwender von Redaktionssystemen hat dies genutzt und diese Abteilungen abgeschafft. Damit sind aber auch Kontroll- und Korrekturmöglichkeiten verschwunden, die ehemals fehlerhaftes und unpräzises redaktionelles Arbeiten abgefedert haben. Die elektronische Zeitungsproduktion hat an Elastizität verloren.

(c) Eine bisweilen hektisch geführte Debatte um die Satzkorrektur[234] hat schließlich gezeigt, auf wessen Schultern nun die Arbeit neu verteilt worden ist. Die Redaktion rückte mehr und mehr in das Zentrum der Zeitungsproduktion, wobei ihre Verantwortung für einen möglichst reibungslosen technischen Fertigungsprozeß gestiegen ist. Die journalistische Instanz muß jetzt präziser arbeiten und erhöhtes Augenmerk auf den funktional nachgeordneten Produktionsgang setzen.

(d) Die redaktionellen Mitarbeiter sehen sich neuen Erwartungen ausgesetzt: Das "Producing" hat einen neuen Stellenwert erhalten. Wo es früher auf einige Wörter mehr oder weniger nicht ankam, da ein präzises Auszählen von (vielfach korrigierten) Manuskriptzeilen gar nicht möglich war, kontrolliert heute der Redakteur seine Textlängen selbst, überprüft in Online-Konfigurationen die korrekten Silbentrennungen nach dem Textausschluß ebenso wie den

---

233) Vgl. Weischenberg 1982:54.

234) Vgl. Feddersen 1978:4f.; druck+papier 1978:8f.

richtigen Sitz der Überschriften[235]. Dieser Vorgang vollzieht sich innerhalb einer komplexen, interaktiven Systemschaltung, wobei (kybernetisch betrachtet) soviele Einzelmessungen vorgenommen werden, bis das System auf den Sollwert zurückgeregelt worden ist. Dafür steigt der Aufmerksamkeits- und Zeitbedarf in der Redaktion. Die Konsequenzen für redaktionelle Arbeitsprofile und damit zusammenhängend für die publizistische Leistungsfähigkeit sind bisher in nur wenigen Studien aufgezeigt worden.

3.4.3 Der Bildschirm als "Hilfsmittel"

In einer als wissenschaftlich deklarierten Untersuchung hat sich eine Siemens-Mitarbeiterin[236] bemüht, die relative publizistische Folgenlosigkeit der Rechnereinführung zu belegen. Untersuchungsobjekt war die "Augsburger Allgemeine", deren Umstellung über einen Zeitraum von knapp dreieinhalb Jahren registriert wurde. Die Auftragnehmerin (das Presse- und Informationsamt der Bundesregierung hat die Studie gefördert) und ein Projektmitarbeiter haben standardisierte und nichtstandardisierte Befragung, quantitative Inhaltsanalyse sowie nichtstandardisierte Beobachtung als Methoden eingesetzt[237]. Entsprechend ihrer berufspolitischen Intention hat die Autorin die Akzeptanz der neuen "Hilfsmittel" sowie die Auswirkungen auf die Arbeit der Redakteure als Untersuchungsdimensionen[238] gewählt. Das zentrale Ergebnis der Studie: "Die Funktion des Journalisten bleibt unverändert"[239] und "die Untersuchung beweist, daß die Redakteure am Bildschirm ihre produktiv-journalistischen Tätigkeiten ausüben können wie bisher."[240]

Dabei konstatiert die Untersuchung eine allgemein hohe Akzeptanz des neuen Arbeitsgerätes Bildschirm-Terminal[241]: Je behutsamer die Redakteure mit der neuen Produktionsweise bekannt gemacht, je mehr sie zur Mitsprache aufgerufen und je bedienungs- ("redaktions"-) freundlicher die neuen Geräte programmiert wurden, desto zufriedener reagierten die Mitarbeiter auf die neuen Anforderungen. "Im Untersuchungsfall der 'Augsburger Allgemeinen' war die Akzeptanz der 'Neuen Technik' nicht vergleichbar mit den heftig

---

235) Vgl. z.B. Schneider 1984:38.
236) Vgl. Mast 1984.
237) Vgl. ebd.:211-229.
238) Vgl. ebd.:31ff.
239) Ebd.:200.
240) Ebd.:196.
241) Vgl. ebd.:110ff.

diskutierten 'Pionieren'. Die technische Entwicklung hatte sich inzwischen an die Erfordernisse des Redaktionsalltags angeglichen."[242] Dieses Ergebnis führt die Autorin mit an, um die Harmlosigkeit der neuen Arbeitsweise zu belegen.

Eine Problematisierung scheint allerdings beim Thema Akzeptanz durchaus angebracht. Die Kategorie hat in Zeiten rapiden technologischen und sozialen Wandels generell Hochkonjunktur: Einsatzfelder und Absatzmärkte werden hinsichtlich ihrer Akzeptanz für bestimmte Innovationen untersucht, um Einführungstempo und -intensität entsprechend den zu erwartenden Widerständen abzustimmen. Innerhalb der Konsumwirtschaft erscheint diese Strategie durchaus sinnvoll: Die potentiellen Abnehmer (Käufer) werden daraufhin untersucht, ob und in welchem Ausmaß sie das neue Produkt akzeptieren und gegebenenfalls nachfragen. Hohe Akzeptanz indiziert hohen Verkaufserfolg - auf der Basis konsumtieller Freiwilligkeit und Auswahl.

Im Bereich der Arbeitsplatzausstattung bei Printmedien gibt es diese Freiwilligkeit jedoch nicht. Die Arbeitnehmer werden den neuen Techniken ausgeliefert, ob sie dies wollen oder nicht, ob sie dies "akzeptieren" oder nicht. Die Bereitschaft der Redakteure, mit der Elektronik zu arbeiten, ist letztlich relativ irrelevant, wenn die Wahlmöglichkeit gar nicht mehr besteht. Akzeptanz braucht deshalb nicht im Interesse der Redakteure gemessen zu werden, sondern ist allenfalls für die Anwender (Unternehmen) eine relevante Größe.

Somit ist es schließlich kein sonderlich aufregendes Ergebnis, wenn sich abhängig beschäftige Mitarbeiter zunehmend mit der neuen Arbeitsweise arrangieren[243] - es bleibt ihnen ja gar nichts anderes übrig. Daß die neuen Produktionsmittel mit Hilfe von Weichmachern wie Behutsamkeit, Mitsprache, Bedienungsfreundlichkeit und Eingewöhnung letztlich reibungsloser und damit effektiver implementiert werden können, das haben die wirklichen Entscheidungsträger aus den früheren spektakulären Pannen längst gelernt. Partizipationsstrategien sind im Produktionsbereich (wie auch in der Wohnumwelt) mit hinreichendem Erfolg praktiziert worden[244].

Wichtiger hingegen wäre zu wissen, was sich in elektronisierten Redaktionen faktisch ändert. Claudia Masts Ergebnisse weisen auf eine relative Folgenlosigkeit hin[245]:

Die Redakteure arbeiten zunächst einmal weiter wie bisher: "In den meisten Punkten der Disposition, Produktion, des Layouts, Umbruchs oder Nachtdienstes läuft die Arbeit so wie 'im Blei'. Arbeitsinhalte, die mehr Planung und

242) Ebd.:186.
243) Vgl. ebd.:186-189.
244) Vgl. Gronemeyer 1973:89-142.
245) Vgl. Mast 1984:189-191.

Genauigkeit beinhalten, werden innerhalb größtenteils gleichbleibenden(r) Strukturen und Ablauforganisationen abgewickelt. Ein Trend zu mehr Arbeitsteilung in den Redaktionen ist nicht festzustellen."[246]

Wo sich Dinge ändern, dann allenfalls zum Guten: "Die Arbeit mit einem Redaktionssystem bringt mehr Genauigkeit, Planung, Organisation, aber auch Transparenz und Flexibilität in journalistische Arbeitsprozesse."[247] Die Redaktion erhält mehr Verantwortung und Kontrolle über das Produkt, das (wie eine Inhaltsanalyse gezeigt habe[248]) damit "leistungsfähiger" werde. Die Redaktion gewinnt durch die schnellere Produktionsweise Zeit, die sie in sorgfältige Bearbeitung von Texten und journalistische Eigenleistung investieren könne.

Immerhin, die zeitlichen Abläufe, erkennt Mast, verschieben sich etwas. Die kürzere Verweilzeit im Umbruch (Montage) wird erkauft durch eine präzisere, zeitlich aufwendigere Planung in der Redaktion[249]: "Das Layout ist eine redaktionelle Funktion geworden (...) Das genaue Planen und exakte, auf die Zeile genaue Schreiben legen die Verantwortung für den Artikel in seiner Gesamtheit in die Hände des Verfassers."[250]

Wenn also ein großer Zeitungsverlag seine Bleisetzmaschinen zum alten Eisen wirft und die Zeitungsproduktion auf Rechnersteuerung und Lichtsatz umstellt, dann sind in dieser Lesart als Konsequenzen zu erwarten:
- zufriedene Redakteure,
- bessere 'journalistische' Berichterstattungsqualität,
- relativ unveränderte Arbeitsweise,
- ein durchweg besseres Produkt (Zeitung),

und eine generelle Entwarnung hinsichtlich vielfältiger Bedenken und Problematisierungen zu den publizistischen Folgen neuer Zeitungstechnik ist angebracht.

Eine methodologische Analyse der Untersuchung von Claudia Mast zeigt allerdings, daß einerseits diesen Thesen zum Teil die empirische Grundlage fehlt und daß andererseits diverse empirische Befunde eigentlich zu ganz anderen Interpretationen hätten zwingen müssen.

Entgegen der ursprünglichen Zeitplanung hat sich die Einführungszeitspanne bei der Augsburger Allgemeinen um etwa zwei Jahre vergrößert. Diese unkontrollierbare Variable hätte manch anderes empirisches Untersuchungsprojekt zum Abbruch gezwungen. Claudia Mast und ihr Mitarbeiter haben

---

246) Ebd.:190.
247) Ebd.:189.
248) Vgl. ebd.:173-185.
249) Vgl. ebd.
250) Ebd.:189+191. (Gemeint sind Bearbeiter, denn in Mantelressorts wird die Mehrheit der Textteile nicht verfaßt sondern übernommen und bearbeitet.)

verdientermaßen nicht aufgegeben, sondern sind am Objekt dran geblieben. Dieser Kraftakt mag mit dazu beigetragen haben, daß die Untersuchung schließlich beendet (wenn nicht gar abgebrochen) wurde, noch bevor die Umstellung letztlich abgeschlossen war. So wurde beispielsweise erst nach Abschluß der letzten Befragungswelle die Rechnerkapazität verdoppelt, die zuvor Klagen wegen langer Responsezeiten bei den Redakteuren provoziert hatte.[251] In der Empirie taucht diese gravierende Variable aber nicht mehr auf.

Während des dreieinhalbjährigen Untersuchungszeitraums ist in Augsburg gar nicht der "Redakteur am Bildschirm" untersucht worden, sondern nur konventionell arbeitende Journalisten in ihrer Arbeitsrolle als "Producer": Bis kurz vor Abschluß der Studie gab es nur ein Produktionssystem, wobei Texte nicht in der Redaktion erfaßt und bearbeitet wurden, sondern die Technik mit dem System produzierte. Der Rechner zwang die Redakteure während dieses langen Zeitraumes lediglich dazu, sich das präzise, zeilengenaue Layouten anzugewöhnen.[252] Erst nach fünf (Beobachtungs- und Befragungs-) Untersuchungswellen zwischen Frühjahr 1981 und der Jahreswende 1982/83, also einige Monate vor Abschluß der Empirie, wurden die Terminals in den Redaktionen installiert.[253] Und in jener Zeit, dies verschweigt die Autorin nicht, "werden die Bildschirme noch sehr unterschiedlich genutzt (...) Die Texteingabe findet fast nicht statt".[254] Die Redakteure nutzen den Rechner also allenfalls als Produktionshilfe, nicht als Redaktionssystem. Läßt sich der "Redakteur am Bildschirm" aber ohne "Bildschirmarbeit in der Redaktion" untersuchen?

Das präzise Layouten wird in der Studie vielfach als Chance zu intensivierter journalistischer Tätigkeiten geschildert. "Der Journalist erhält mit dem Layout mehr Kontrolle und Einfluß auf 'sein Produkt'. Die Genauigkeit und Vorausplanung der journalistischen Arbeit bedeuten größere Verantwortung und Gestaltungsmöglichkeiten in der Hand des Verfassers." (Bearbeiters, vgl. oben, U.H.)[255] Aber: Immerhin 14 von 38 befragten AA-Redakteuren, also mehr als ein Drittel, sehen dies anders und halten Layouten nicht für ihre Aufgabe, das sei "keine Aufgabe für die Redaktion/einen Redakteur."[256]

Auch Indizien für eine verbreitete skeptische Haltung gegenüber dem "Bildschirm" lassen sich aus den Antworten der Befragten herauslesen. Im Vergleich zur Arbeit an der Schreibmaschine ist Terminalarbeit langsamer, schwieriger,

251) Vgl. ebd.:90.
252) Vgl. ebd.:80-84.
253) Vgl. ebd.:90.
254) Ebd.:135.
255) Ebd.:141.
256) Ebd.

nicht so flexibel, anstrengender und angespannter, insgesamt unbequemer und unangenehmer.[257] Diese Befunde werden von Mast abgetan mit der Bemerkung, das sei im wesentlichen eine "Frage der Gewöhnung. Ungewohntes ist anstrengender, langsamer, schwieriger als Bekanntes und Vertrautes."[258] Mit diesem Satz gesteht die Autorin ein, daß ihre Untersuchung zu einem unzulässigen Zeitpunkt beendet worden ist und der Redakteur letztlich nicht am Bildschirm untersucht wurde.

Während des Umstellungszeitraumes hat es eine relativ konstante Zahl von Redakteuren gegeben (14 bis 16 von 36), die generell Skepsis und Zweifel gegenüber der Arbeit mit dem System angemeldet haben.[259] Diese Gruppe, die sich von den Zuversichtlichen deutlich polarisiert absetzt, zeichnet sich durch relative Konstanz ihrer kritischen Haltung aus - was die Autorin nicht hindert, von der "zunehmenden positiven Haltung gegenüber der Bildschirmarbeit"[260] zu schreiben.

Eine kritische Sichtung von Masts Befunden läßt also auch die folgende Lesart durchaus zu: Wenn ein Zeitungsverlag seine Produktionsweise auf Rechnersteuerung umstellt, dann

- müssen Redakteure präziser als vorher arbeiten,
- müssen Redakteure neue, zusätzliche Arbeiten übernehmen (Layout),
- wird der Arbeitsplatz unkomfortabler (Terminal vs. Schreibmaschine),

und es stellt sich die Frage, ob diese mannigfachen negativen Einwirkungen nicht doch die journalistische Arbeit grundlegend beeinträchtigen. Eine optimistische Forscherperspektive, die solche Konsequenzen aus dem Blickfeld verliert, ist jedenfalls kein Garant für eine valide Datenerhebung und -interpretation.

3.4.4 Der Rechner als Strukturelement

Empirische Untersuchungen, die wirklich den am Bildschirm arbeitenden Redakteur im Visier hatten, haben Belege für partiell dramatische Konsequenzen der neuen Produktionsweise für den Redaktionsalltag geliefert.[261] Dies betrifft sowohl Art und Umfang neuer, zusätzlicher Tätigkeiten, ihre Verteilung auf die

257) Vgl. ebd.:134.
258) Ebd.:133.
259) Vgl. ebd.:130.
260) Ebd.:129.
261) Vgl. Schütt 1981; Jansen 1983; Prott 1983.

Stellen und Positionen sowie die daraus resultierenden publizistischen Folgen. Die hier zitierten Studien betrachten den Rechner nicht als neues "Hilfsmittel" im Dienst traditionell beibehaltener journalistischer Arbeitsweisen, sondern als strukturbildendes Element. Dabei kann der Strukturbegriff systemtheoretisch interpretiert werden: das neue Arbeitsgerät verlangt neue, spezifische Umgangsformen, die als Erwartungen an die Arbeitsrolle gerichtet werden. Ob dabei die Erwartungen aus der Mensch-Maschine-Beziehung direkt, oder über den Umweg antizipierender Kollegen (bzw. Vorgesetzten) resultieren, ist relativ belanglos. Jeder Redakteur weiß bald ziemlich genau, was unter den neuen Bedingungen zu tun ist, damit das Erscheinen der Zeitung gewährleistet ist. Er wird diesen Erwartungen entsprechen, solange er auch künftig seine Redakteursrolle spielen will.

Bernd Schütt und Ulrich Jansen haben in einem gemeinsamen Promotionsprojekt 67 Journalisten aus elf nordrheinwestfälischen Tageszeitungsredaktionen, die elektronisch produzieren, schriftlich (standardisiert) befragt. Dabei zeigte sich, daß die Rechnereinführung nicht nur die Funktion des "Layouts" in der Redaktion spezifiziert hat: "Mit der Verlagerung der Technik in die Redaktionen sind für den überwiegenden Teil der Journalisten neue Tätigkeiten hinzugekommen."[262] Je nach Einsatzform der Geräte geben die Redakteure nun Satzanweisungen am Terminal ein, sie speichern ihre (und fremde) Texte, drucken sie (sowie "Datenprotokolle"=planungserleichternde Übersichten über Textmengen und -anzahl) aus und sind für die Datenfernübertragung zum Satz- und Druckort zuständig.[263] "Mit Ausnahme des Redigierens und der Anfertigung des Layouts handelt es sich um Tätigkeiten, die vormals ausschließlich vom technischen Personal erledigt wurden."[264] Schütt spricht folglich von der neuen Arbeitsrolle des technischen Redakteurs.

Nach den Angaben etwa der Hälfte der Befragten haben sich die Tätigkeitsschwerpunkte verlagert: Die Eingabe von Fremdtext, das Redigieren und Korrigieren von Texten nehmen jetzt einen größeren Umfang ein als zuvor.[265] Generell drängen sich die, so Schütt, "technischen" Arbeiten so weit in die Redaktionen, daß Abstriche an den "inhaltlich-journalistischen Bereichen" gemacht werden müssen. "Durch die Verlagerung der Technik in die Redaktionen ist die Technik selbst zum konstanten Faktor redaktioneller Tätigkeit geworden, an der kaum ein Journalist vorbeigehen kann. Betrachtet man die Informationssammlung als einen wichtigen Indikator für inhaltlich-journalisti-

262) Schütt 1981:302.
263) Vgl. ebd.
264) Ebd.:303.
265) Vgl. ebd.:305+334.

sche Tätigkeit, so ist zu konstatieren, daß hierfür fast die Hälfte der befragten Redakteure sehr wenig Zeit findet."[266]

Schütt's Indikator Informationssammlung als Kriterium für die publizistische Leistungsfähigkeit ist jedoch nicht allzu aussagefähig. Das originäre Erschließen von Fakten gehört zwar zu den Essentials journalistischer Tätigkeit, doch muß es heute bereits weitgehend der Arbeitsrolle des Reporters zugeschrieben werden. Informationssammlung im Sinne von Recherche gehört aufgrund der (in der Bundesrepublik allerdings nicht so stark wie in den angelsächsischen Ländern ausgeprägten) Rollendifferenzierung per se nicht zum Tätigkeitsprofil von Schreibtischredakteuren. Dennoch hat auch rein redaktionelle Tätigkeit Elemente, die auf die journalistische Orientierungsleistung mehr oder weniger stark hinweisen. Ein Redakteur, der selten oder nie recherchiert, kann dennoch Aussagen professionell bearbeiten, sorgfältig kontrollieren und ergänzen. Ein Producer (Planungsredakteur) kann Aussagen illustrieren und rezeptionsfreundlich präsentieren und damit die Informationsaufnahme beim Leser erleichern oder erschweren. Nachrichtenredakteure sind nicht schon deshalb journalistisch leistungsschwach, weil sie vornehmlich mit Sichtung und Selektion von Nachrichten beschäftigt sind. Vielmehr wäre ihre Arbeit daraufhin zu überprüfen, ob sie Nachrichten auf der Grundlage von Kompetenz und praktizierter Orientierungstätigkeit oder ad hoc gewichten, inwieweit sie also eigen- oder fremdkontrollierte Maßstäbe anwenden.

Die neuen Aufgaben, die der Rechner mit sich gebracht hat, werden in den Redaktionen nicht auf alle Mitarbeiter gleichmäßig verteilt. Insbesondere das stark erhöhte Koordinierungsaufkommen bei der Zusammenstellung von Einzelelementen (Texte, Überschriften, Bilder, Bildzeilen etc.) zu ganzen Seiten wird in einer neuen Arbeitsrolle zusammengefaßt, so daß die kürzesten Regelschleifen entstehen. Schütt stellt fest, "daß mit der Einführung der rechnergesteuerten Textsysteme sich eine neue Berufsgruppe herausgebildet hat. Die technischen Redakteure oder Producer rekrutieren sich ausschließlich aus Reihen der Journalisten (...)",[267] wobei diese neue Rolle "nicht länger über die inhaltlich-journalistischen sondern formal-technischen Kompetenzen definiert ist."[268] Und weil nach wie vor personelle Engpässe in den Redaktionen festgestellt werden müssen, ist ein Schwund eigentlich journalistischer Funktionen die zwangsläufige Folge.

Nicht so sehr auf die neue Berufsrolle des "technischen Redakteurs/Producers", sondern auf die prinzipielle Unterlegung aller redaktionellen Arbeiten mit

266) Ebd.:309.
267) Ebd.:377.
268) Ebd.:346.

dem neuen Gerät heben Prott u.a.[269] ab. Diese Sichtweise könnte sich als zweckmäßiger erweisen, denn das Producing ist nicht erst seit elektronischer Arbeitsweise eine redaktionelle Funktion. Schon unter den Bedingungen konventioneller Arbeitsweise gab es zumindest in großen Redaktionen einen Layouter oder gar ganze Layoutabteilungen, die nichts weiter als koordinierende Tätigkeiten verrichtet haben. Neu ist jetzt allenfalls, daß die Layouter/Producer zu intensivierter Feinabstimmung innerhalb der neuen Regelschleifen gezwungen werden und sich dadurch ihr Tätigkeitsprofil noch weiter, an Farbe und Vielfalt verlierend, monochromatisch zusammenzieht.

Aber auch die anderen Redakteure entkommen den Konsequenzen der neuen Arbeitsweise nicht. Zwar erleben vorwiegend Lokalredakteure das Terminal als eine bessere elektronische Schreibmaschine[270], doch verbringen sie an ihr offenbar wesentlich mehr Zeit als früher an der mechanischen. Sie schreiben ihre Texte, redigieren und korrigieren in einem Atemzug, wobei sich die einzelnen Tätigkeiten forschungspraktisch kaum noch isolieren lassen. Die Verantwortung für das Produkt läßt manchen Redakteur auch auf den Schreibpool verzichten, in dem schlecht ausgebildete (z.T. Hilfs-) Kräfte die Texte fehlerhaft erfassen. Auf diesem kalten Wege hat sich das einst tarifpolitisch heiß umstrittene Problem Fremdtext-Eingabe quasi von selbst erledigt: Statt sich am nächsten Tag mit empörten Leseranrufen befassen zu müssen, geben die Redakteure auch fremde Texte ein und bearbeiten sie sorgfältig bis zur Satzreife. Nur eine "starke Minderheit 'prinzipienfester' Redakteure" macht sich von solchen Zwängen frei.[271] "Je mehr das Bildschirmgerät zum vertrauten und selbstverständlich gehandhabten Arbeitsmittel wird, um so eher sind die Journalisten geneigt, im Zweifelsfall 'Fünfe gerade' sein zu lassen."[272]

Darüber wundern sich vermutlich dann die Leser, die in der Zeitung über Tippfehler (=Schreib-, Setz- und Korrekturfehler der Redaktion) und Trennfehler (=mangelhaftes Rechnerprogramm und bei Online-Systemen fehlerhafte Kontrolle der Redaktion) stolpern. Die von Prott befragten Redakteure waren mehrheitlich nicht der Meinung, die neue Technik habe sich positiv auf die Produktqualität ausgewirkt.[273] Dies betrifft sowohl die inhaltliche und grafische als auch die zeitliche (Aktualität) Qualität.

Ebenso wie Mast haben Prott und seine Mitarbeiter eine Langzeituntersuchung vorgenommen. Während der Jahre 1980 und 1981 hat es zwei schriftliche Befragungen sowie mehrere Diskussionsrunden mit anschließender/vorheriger

269) Vgl. Prott 1983.
270) Vgl. ebd.:90.
271) Vgl. ebd.:97+106ff.
272) Ebd.:108.
273) Vgl. ebd.:185-197.

Rückkoppelung durch Ergebnispapiere gegeben. Dieses Vorgehen verringert die Distanz zwischen Forscher und Objekt und kann die Ergebnisse validieren. Allerdings sind alle Daten durch die Subjektivität der Befragten mehr oder weniger stark gefiltert, eine verdeckte oder teilnehmende Beobachtung haben Prott u.a. im Gegensatz zu Mast (bzw. Hefner) nicht realisiert. Die methodische Beschränkung sowie der Fallstudiencharakter verbieten denn auch, wie Prott anmerkt[274], eine Generalisierung der Ergebnisse.

Während Einstellungen, Stereotype, Verhaltensabsichten etc. durch Befragung zuverlässig erhoben werden können, wird die Methode unzweckmäßig, wenn es um faktisches Verhalten geht. Es ist zweifelhaft, ob beispielsweise prozentuale Angaben über Tätigkeitsanteile wie Schreiben, Redigieren, Recherchieren, Layouten etc. durch die Betroffenen selbst das faktische Handeln valide abbilden. Bei den Konsequenzen neuer Produktionsweisen geht es aber primär um die Veränderung des Faktischen, u.U. sogar in dem Sinne, daß diese von den Betroffenen selbst gar nicht registriert werden (können). Gerade im Berufsfeld Journalismus ist die auffällige Differenz zwischen Selbstdeutung (Wollen:Bewußtsein) und objektiver Situation (Können, Müssen:Realität) mehrfach registriert worden und mit Ogburns Paradigma der "Kulturverspätung" verglichen worden.[275]

Um die tatsächlichen Folgen neuer Arbeitsweise gültig und zuverlässig zu erheben, scheint eine Beobachtung redaktioneller Arbeitsprozesse also (möglichst systematisch und quantifizierend) unerläßlich.

Auf der Grundlage der vorliegenden Arbeiten können bereits folgende Vermutungen formuliert werden, die einem späteren empirischen Test unterzogen werden sollten:

- Rechnergesteuerte Produktionsweise erfaßt prinzipiell alle redaktionellen Arbeitsrollen;
- auf die Redaktion kommen vielfache neue Tätigkeiten zu;
- die zusätzlichen Tätigkeiten werden nicht auf alle Mitarbeitergleichmäßig verteilt;
- der Koordinierungsbedarf (Feinabstimmung) steigt, derKybernetisierungsgrad der journalistisch-produktiven Regelschleifen nimmt zu;
- Rechnerbezogene Arbeitsrollen (insbesondere die des Producers) bringen einen Vielfaltsverlust mit sich;
- generell werden redaktionelle Arbeitsprozesse intensiviert;

---

274) Vgl. ebd.:4+50f.
275) Vgl. Weischenberg 1981:158ff.

- die publizistischen Folgen sind ungewiß. Eine Qualitätssteigerung des Produkts stellen jedenfalls Redakteure in Frage.[276]

Je nach Reifegrad der Technik und ihren betriebswirtschaftlich bestimmten Implementierungsformen wird der Redakteur der Zukunft unterschiedlich eng an das System gebunden sein[277] und die verfügbaren Freiräume unterschiedlich stark ausfüllen können. Es wird nicht so sehr die Technik an sich sondern die Art ihrer Nutzung sein, wenn publizistische Folgen registriert werden müssen. Nach wie vor sind journalistisch akzentuierte Redakteursrollen ebenso denkbar wie (ökonomisch effizientere) technisch-produktive redaktionelle Arbeitsplätze bei gleichzeitigem Schwund des journalistischen Profils. "Technik-Kritik allein zielt viel zu kurz. Nicht das Terminal schränkt das ein, was 'journalistische Kreativität' genannt wird (...) Es ist die Priorität des Ökonomischen, die dazu führen kann, daß auch geistige Arbeit brutal Rationalisierungsprozessen zugeführt wird."[278]

Nach der Zweck-Ebene des Redaktionsmodells läßt sich nun eine Technik-Ebene einfügen (vgl. Abb. 3): Die technische Ausstattung eines Verlagsbetriebes, die gemäß der Zielerreichung (Aussagenproduktion) der Organisation unter den wirkenden Effizienzzwängen (Kapitalverwertung) zustande kommt, bestimmt in hohem Maße, was die Mitarbeiter wann tun (müssen). Die produktiven Zwänge in der Redaktion werden durch die Arbeitsweise mit neuer Technik zunehmend sichtbar, waren aber bei konventioneller (Blei-) Arbeitsweise immer schon vorhanden. Deutlich wird, daß schon in diesem Stadium, wo noch gar kein Redaktionspersonal vorhanden ist, Stellen fixiert sind und entsprechende Handlungserwartungen weitgehend feststehen. Dies wiederum wirft die Frage auf, wie "frei" der Beruf ist, welches Rollenspiel die einge"stell"ten Redakteure in ihren Stellen übernehmen und entfalten können.

276) Vgl. auch Prott 1984:115-119.
277) Vgl. Weischenberg 1982:173-182.
278) Ebd.:218.

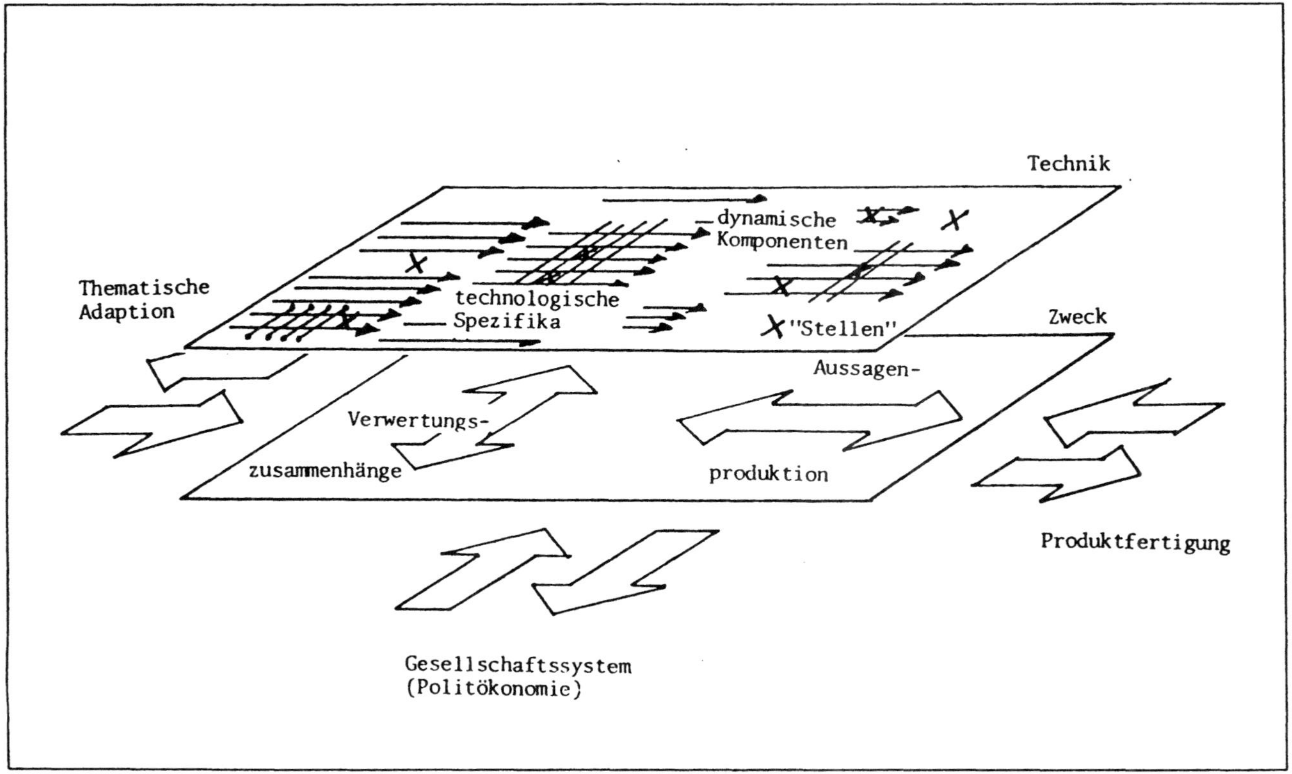

Abb. 3: Technik-Ebene des Systems Redaktion

3.5 Personal

Im Modell hat die hier entwickelte Redaktion nunmehr ihren Zweck zugeschrieben bekommen, den sie unter den wirkenden Effizienzzwängen erfüllen soll. Technik steht bereit, um den Zweck zu realisieren. Weil es trotz vielfacher Rationalisierungsbemühungen noch immer nicht ganz ohne Handlungsträger geht, werden nun Personen an dieses System gebunden, rekrutiert. Sie beginnen als Redakteure tätig zu werden. Es sind Personen bestimmter sozialer Herkunft und entsprechendem interpretativen Background, mit spezifischen beruflichen Sozialisationserfahrungen, Einstellungen (Werthaltungen), Kenntnissen (Wissen) und Verhaltensabsichten. Die Redakteure finden ihre Stellen gemäß der zuvor vollzogenen horizontal-funktionalen (Arbeitsteilung) und vertikal-hierarchischen (Kontrolle) Differenzierung vor und füllen sie erwartungsgemäß "beruflich"[279] aus.

Das Inhaltlich-Geistige, mit dem redaktioneller Journalismus lange Zeit (überbewertend) identifiziert worden ist, hat vielfach zu der Vermutung geführt, die Vorstellungen, Meinungen, Einstellungen usw. der Journalisten über ihre Arbeit und ihre Umwelt flössen relativ umstandslos in die Aussagen und Produkte ein.[280] Folglich wurde in den großen empirischen Projekten der Kommunikatorforschung eben jene 'subjektive' Dimension breit ausgeleuchtet.[281] Auf diesen Datenbestand stützen sich die folgenden Ausführungen, wobei nach den möglichen publizistischen Folgen der relevanten Variablen gefragt werden soll. Zugleich sollen methodische und empirische Fehlstellen der Kommunikator- und Redaktionsforschung aufgezeigt werden.

3.5.1 Rekrutierung und berufliche Sozialisation

Redakteur wird man nicht aus sich heraus, sondern durch die Zuschreibung anderer. Es liegt im Belieben von Medienunternehmern, Personen als Redakteure einzustellen und arbeiten zu lassen. Dabei ist weder auf der einen noch auf der anderen Seite eine Ausbildung zwingend vorgeschrieben. Auf der Grundlage dieser anarchischen Rekrutierungspraxis haben sich einige typische Charakteristika herausgebildet.

279) Osterland 1984:64f.
280) Vgl. z.B. Donsbach 1980:10.
281) Vgl. insbes. AfK 1977.

Redakteure (wie Journalisten generell) entstammen in der Regel den gehobenen sozialen Mittel- und Oberschichten[282]. Es ist entschieden wahrscheinlicher, daß der Vater eines Journalisten ein Beamter, höherer Angestellter oder Selbständiger denn Arbeiter oder Landwirt ist. Er ist eher Jurist oder sonstiger Akademiker denn unselbständiger Handwerker[283]. Anders als mit dieser schichtspezifischen Selbstrekrutierung verhält es sich mit der beruflichen Selbstrekrutierung: Nur in seltenen Fällen entstammen Journalisten einer Journalistenfamilie, was als ein Indiz für die relative Statusunsicherheit des Berufsfeldes gelten kann.

Das Bewußtsein eines typischen Mittel- oder Oberschichtangehörigen unterscheidet sich bekanntermaßen deutlich von dem eines Angehörigen der unteren sozialen Schichten[284]. Dies betrifft sowohl Kollektivitäts- vs. Individualitätsorientierung, Vorstellungen von Aufstieg und Karriere als auch das Verständnis autoritärer, interpersonaler Strukturen in der Lebenswelt. Für die sinnhafte Teilhabe am Weltgeschehen bildet das Bewußtsein den interpretativen Schlüssel. Konsequenzen auf massenmediale Aussagenentstehung (sprachliche Codierung) und Themenwertschätzung (Nachrichtenselektion) erscheinen deshalb möglich.

Fabris[285] stellt einen Zusammenhang her zwischen der beruflichen Unterrepräsentanz sozialer Unterschichten im Journalismus und ihrer publizistischen Vernachlässigung (etwa beim Thema Arbeitswelt): "Die Welt der sozialen Unterschichten ist den Journalisten (...) eine weitgehend fremde Welt. Damit erweist sich aber auch der Anspruch der Journalisten auf Repräsentation von Themen und Interessen aller Teile der Gesellschaft als ideologisch, das eigene Herkunftsprivileg und die damit verbundenen Interessen an der Aufrechterhaltung eines dieses Privileg sichernden gesellschaftlichen Zustandes verschleiernd."[286] Diese Sichtweise impliziert allerdings, daß Themen von 'den', relativ autonomen und entscheidungsbefugten, Journalisten gesetzt und bearbeitet werden, eine Annahme, die beim Betrachten skalarer und funktionaler Differenzierungen teilweise hinfällig wird.

Dies bestätigen auch Befunde journalistischer Sozialisationsforschung[287]: Die Berufsanfänger ändern oder verwerfen eine Reihe von Einstellungen und Werthaltungen schon sehr bald nach dem Eintritt in den Betrieb. Schnell nämlich zeigt sich im redaktionellen Alltag, daß Journalismus nicht so sehr mit

282) Vgl. Prott 1976:21.
283) Vgl. vgl. die Übersicht bei Fabris 1979:95-98.
284) Vgl. Rolshausen 1984:492.
285) Vgl. Fabris 1979.
286) Ebd.:98f.
287) Vgl. Gruber 1976.

geistreichem Abwägen, Artikulieren und Schreiben zu tun hat (wie Neulinge und Berufsfremde vermuten), sondern vielmehr mit rascher Einpassung routinisierbarer Einzelhandlungen in einen bürokratisch organisierten, zeitlichen Zwängen unterworfenen Produktionsprozeß. Anstatt seine Gedanken über den Weltlauf in Leitartikeln auszudrücken, wird vom jungen Journalisten erwartet, daß er Termine aller Art besucht und die Neuigkeiten in Kurzform schildert, daß er aus einem Dutzend Agenturberichten eine Zeitungsseite zusammenstellen kann - und dies alles so, wie es jeweils zeitungstypische, bewährte Praxis ist.

Auf diese herbe Enttäuschung (nicht nur) zu Beginn ihres Berufslebens reagieren Redakteure in unterschiedlicher Weise. Der überwiegende Teil verwirft die früheren Vorstellungen, die sich deutlich als 'unrealistisch' und unbrauchbar herausgestellt haben. Ihre Stelle nehmen die neuen Werte und Normen ein, wie sie der betriebliche Arbeitsprozeß vermittelt. Volontäre und Arbeitsplatzwechsler haben das bald heraus: Sie finden Anerkennung und werden in dem Maße sozial integriert, wie sie produktive Arbeiten übernehmen und die Kollegen davon entlasten. Die vorübergehende Normlosigkeit wird umso schneller überwunden, wie die Kollegen und Vorgesetzten als neue Bezugsgruppe[288] anerkannt und ihre 'bewährten', tradierten Handlungsweisen übernommen werden. Der Versuch, an alten Vorstellungen festzuhalten und sie in die Praxis zu integrieren, muß mit vermehrten kognitiven und affektiven Dissonanzen bezahlt werden[289]. Auch Weiterbildungsangebote zur Steigerung von Sach- und den Beruf betreffendes Reflexionswissen und werden vermutlich aus diesem Grund von Journalisten nur zögerlich wahrgenommen[290]. Relativ starre Organisationen lassen innovatives Verhalten allenfalls marginal zu.

3.5.2 Horizontale Differenzierung

Wenn auch in kleineren Nischen des Medienmarktes bisweilen Ein-Mann-Unternehmen Platz finden, so wird doch das Gros der Produkte unter den Bedingungen großindustrieller Herstellungsweise[291] erstellt. Die Organisation wird größer, das Produkt formal vielfältiger und in entsprechend segmentierten (Abteilungen) Ressorts erarbeitet. Johnstone u.a.[292] fanden (auf der Basis ihrer

288) Vgl. Beckenbach 1984:228.
289) Vgl. Weischenberg 1976:326.
290) Vgl. Saxer/Schanne 1981.
291) Vgl. Schumm-Garling 1973:402-405; Dygutsch-Lorenz 1971:13f.
292) Vgl. Johnstone 1976.

Befragten-Stichprobe von N=1.313) folgende Gesetzmäßigkeiten zwischen der Organisationsgröße eines Medienbetriebes und redaktioneller Arbeit.

In kleineren Redaktionen gibt es weniger feststehende Autoritätsstrukturen und eine größere Partizipation aller Mitarbeiter an exekutiven Aufgaben. Informelle Kommunikation zwischen den Redakteuren ist sehr viel häufiger, wobei 'zweiseitig', also in beide Richtungen kommuniziert wird. Das individuelle Autonomiegefühl der Redakteure ist dementsprechend höher.

In größeren Redaktionen bildet sich eine wesentlich zentralisiertere Kontrollstruktur, dic zudem formalisiert ist. Es gibt über die dadurch entstandenen Statusgrenzen hinweg deutlich weniger face-to-face-Kommunikation, hingegen zunehmend anonymisierte Weisungen und Bearbeitungsvorgänge. Die Kommunikation ist vertikal von oben nach unten organisiert, die Teilnahme aller Mitarbeiter an administrativen Entscheidungen reduziert. Folglich sinkt das individuelle Autonomiegefühl[293]. "The complexity of news-work - the number of different types of editorial funktions a journalist performs - ist related inversely to organization size."[294] Diese Differenzierung und Spezialisierung redaktioneller Arbeitsrollen bedeutet praktisch, daß (in den USA) in kleinen Betrieben mit bis zu 25 Redakteuren nur jeder Dritte einen "full-time newsbeat" einnimmt, also als Reporter vornehmlich im Außendienst arbeitet, in größeren Betrieben mit 25-100 redaktionellen Mitarbeitern aber schon gut jeder Zweite von redaktionellen Funktionen wie Selektion, Bearbeitung und Präsentation befreit ist und hauptberuflich der Informationssammlung und Recherche nachgehen kann.

Freilich lassen sich diese US-amerikanischen Ergebnisse nur mit Vorbehalt auf die bundesdeutschen Verhältnisse übertragen, die historischen, ökonomischen (US-Monopolmärkte bei Printmedien) und beruflichen Strukturen sind sehr unterschiedlich. Aber auch diese Befunde deuten auf die Notwendigkeit, tätigkeits- und positionsspezifische Ausprägungen konkreter redaktioneller Arbeitsrollen zu untersuchen.

3.5.3 Vertikale Stratifizierung

Über Ausmaß und Konsequenzen vertikaler Positionsstratifizierung liegen nur wenige gesicherte Ergebnisse vor. Formal lassen sich allenfalls die Rollen benennen, denen (hier in abnehmender Reihenfolge) eine Weisungsbefugnis gegenüber nachgeordneten Positionen verliehen ist. An der Spitze der Hierar-

---

293) Vgl. ebd.:12.
294) Ebd.:7.

chie steht üblicherweise ein Chefredakteur, der die Nahtstelle zwischen Verlag/Verleger und Redaktion bildet. In großen Zeitungsverlagen sind Teilverantwortlichkeiten an stellvertretende Chefredakteure übergeben worden, wobei diese Segmentierung offensichtlich im Sinne von Funktionalität und Praktikabilität vorgenommen wird. Die Hierarchie-Pyramide wird auf der Ebene der Ressortleiter, die häufig für ihr redaktionelles Teilprodukt presserechtlich verantwortlich zeichnen, nun wesentlich breiter. Zu unterscheiden sind allerdings Leiter von Mantelressorts, deren raumzeitliche Nähe zur Redaktions- und Verlagsspitze relativ weniger Autonomie zuläßt, von Leitern entlegener Außen-(Lokal-) Redaktionen.

Chefredakteure sehen sich im Spannungsfeld mehrerer, z. T. divergierender Interessen[295]. Zunächst ist ihre Tätigkeit auf die Redaktion bezogen, als deren 'primus inter pares' sie sich selbst gern sehen[296]. Sie führen die Redaktion, geben ihr inhaltliche Impulse, und sie sind maßgeblich an personellen Entscheidungen beteiligt[297]. Als Führungsinstrument können die Redaktionskonferenzen gesehen werden, in denen es darum geht, "die Mitarbeiter dahin zu lenken, daß sie selbst zu Einsichten kommen und ohne eine deutliche Einflußnahme des Chefredakteurs einen Konsens erreichen."[298]

Die Optimierung von Nähe und Distanz zu den Mitarbeitern gehört offenbar zu den wichtigsten Anforderungen an einen Chefredakteur, bei dem folglich "Kollegialität", "Sachlichkeit" und "korrekte Höflichkeit" zentrale, hochgeschätzte Werte werden[299]. Diese Verankerung innerhalb der Redaktion einerseits scheint für die Rolle des obersten Redaktionshierarchen funktional unterläßlich zu sein: "Kein Chefredakteur vergißt zu betonen, daß er immer die Tür und das Ohr offen hat für Wünsche, Fragen und Probleme der Redaktionsmitglieder."[300]

Andererseits jedoch ist der Chefredakteur der Verlagsspitze verpflichtet, wobei schon die Rekrutierungspraxis bei der Besetzung von Chefredakteursstellen zu engen persönlichen bis emotionalen Bindungen führt[301], beiden Partner aber wohl ihre gegenseitige Abhängigkeit bewußt sein dürfte: "Der Verleger fühlt sich auf die kreativen und diplomatischen Fähigkeiten des Chefredakteurs angewiesen, und der Chefredakteur weiß nicht minder genau,

295) Vgl. Jacobi 1977:62.
296) Vgl. ebd.:72-78.
297) Vgl. ebd.:58ff.
298) Ebd.
299) Vgl. ebd.:73.
300) Ebd.:74.
301) Vgl. ebd.:86ff.

daß er auf die Freiheit und Unabhängigkeit, die der Verleger ihm gewährt, und das Vertrauen, das er in ihn setzt, angewiesen ist."[302]

Dieses relativ harmonische austarierte Verhältnis zwischen Verlags- und Redaktionshierarchie erklärt nun allerdings die Auseinandersetzungen um das Thema innere Pressefreiheit nicht, die während der Demokratisierungsdiskussion nach 1969 bisweilen heftig geführt wurden.[303] Branahl und Hoffmann-Riem konnten zeigen, daß das Vorhandensein von Redaktionsstatuten, die formell die Kompetenzen zwischen Redaktion und Verlag gegeneinander abgrenzen, ein grundsätzlich anderes Klima in den Redaktionen provozierten: Sobald formalisierte Wege der Konfliktaustragung fixiert sind, wächst die Bereitschaft der Redakteure zur Thematisierung redaktioneller Belange, die zuvor innerhalb der claims von Chefredaktion und Verlag angesiedelt waren.[304] Derzeit, Mitte der 80er Jahre, ist die innere Pressefreiheit kein breit diskutiertes Thema. Die alten Probleme dürften sich jedoch kaum von selbst erledigt haben, und so bleiben Sätze wie diese auch nach mehr als einem Jahrzehnt ohne Einschränkung aktuell: Die "Partikularität der Interessenbestimmung kann nur überwunden werden, wenn, über die Vertretung einzelner Gruppeninteressen hinaus, daran gearbeitet wird, die Kontrolle aller an der Produktion Beteiligten in einem Modell kooperativer Selbstverwaltung zu verwirklichen."[305]

3.5.4 Berufliche Vorstellungen/Arbeitnehmerbewußtsein

Jürgen Prott[306] hat auf der Grundlage von Tiefeninterviews die Bewußtseinsdimensionen von Journalisten hinsichtlich Soziallage und Interessenverhältnis, ihrem Solidarisierungspotential sowie ihrem Berufsrollenverständnis ausgeleuchtet. Dabei zeigte sich, daß die Mehrzahl der Journalisten einer ambivalenten Gruppe zugeordnet werden kann, die zwischen zwei unterschiedlich stark ausgeprägten Extremen angesiedelt ist. Da gibt es auf der einen Seite eine überwiegend ständisch orientierte Teilgruppe, bei der starke Korrelationen mit einem konservativen Gesellschaftsbild, mit der Zustimmung zur privatwirtschaftlich verfaßten Printmedienproduktion, mit einer partnerschaftlichen Interessenstruktur samt harmonisierenden Mitbestimmungsvorstellungen vorherrschen. Ihre Organisationsform fand diese "individualistisch-partner-

302) Ebd.:86.
303) Vgl. Skriver 1970.
304) Vgl. Branahl/Hoffmann-Riem 1975.
305) Schumm-Garling 1973:420.
306) Vgl. Prott 1976.

schaftliche" Gruppe damals (Erhebungszeitraum 1973-74) im berufsständisch-föderalistisch orientierten Deutschen Journalistenverband.

Dieser Gruppe standen Journalisten entgegen, deren Einstellungssyndrom zur Soziallage Prott als "kollektives Gegensatzbewußtsein" kennzeichnet. Die mehrheitlich in der Deutschen Journalisten-Union organisierten Journalisten strebten die Einheitsgewerkschaft aller Medienarbeiter an, betrachteten ihren Standort als deutlich polarisiert von den Kollegen und ordneten gesellschaftliche Vorgänge in das Spannungsverhältnis zwischen Herrschaft und Abhängigkeit ein. Sie werteten berufsethische Codices als Instrument zur Verschleierung von Privilegien und befürworteten eine größere Transparenz im Bereich der öffentlichen Aussagenherstellung, die unter anderem durch eine intensivierte Mitsprache der Leser erreicht werden könnte.

Nicht ganz ein Jahrzehnt später kommt Zeiß zu ähnlichen Ergebnissen. Bei den befragten Journalisten ist die Tendenz zu einem harmonisierenden Weltverständnis zahlenmäßig noch immer stark ausgeprägt, gesellschaftliche Gegensätze werden im Begriff Pluralismus aufgehoben.[307] Allerdings: Während der 70er Jahre ist das Berufsfeld so stark von Wandlungsprozessen erschüttert worden, so daß die Betroffenen zunehmend verunsichert sind und endlich nach den materiellen Grundlagen ihres Tuns fragen. Zeiß hat den berufsethischen Überbau der redaktionellen Medienarbeiter gewichtet und glaubt belegen zu können, "daß in der Tendenz jeweilige Minderheiten von Tageszeitungsjournalisten (...) die berufsethischen Grundsätze nach realen, ökonomischen Verhältnissen zu hinterfragen beginnen."[308]

Einmal angenommen, in den Redaktionen arbeiteten nun tatsächlich drei unterschiedlich orientierte Gruppen von Journalisten, die Ambivalenten, die Konfliktbejahenden und die Harmonisierenden - werden sich deren faktische Arbeitsweisen ebenso deutlich voneinander unterscheiden, wie ihre subjektiven Deutungsmuster bezüglich sozialer Verhältnisse? Auf das Beispiel von Nachrichtenredakteuren im Ressort Innenpolitik bezogen müßte hier konsequenterweise gefragt werden, ob die unterschiedlichen Einstellungssyndrome zu ebenso unterschiedlich ausgestalteten Rollen führen und sich thematisch und inhaltlich entsprechend im Produkt niederschlagen.

Noch immer leiden, so die Ergebnisse von Zeiß, die Vorstellungen vieler Journalisten von ihrem Beruf an einer gewissen Schieflage zu den realen Entsprechungen. Der "offene Berufszugang" mit den prinzipiellen Eintrittschancen für jedermann wird als Garant für das freie (Auswahl-) Spiel der Kräfte

307) Vgl. Zeiß 1981:211.
308) Ebd.:213.

betrachtet. So setzen sich dann diejenigen durch, die besonders geeignet, "begabt" sind. Punkte lassen sich mit 'virtuosem Sprachvermögen'[309] sammeln: "Dabei hat die Freude am Schreiben an sich - unabhängig von bestimmten Inhalten - hier ihren besonderen Stellenwert."[310] Wenn Journalisten subjektiv ihren Beruf mit diesen individuumbezogenen Tätigkeiten identifizieren, dann ist es schließlich nicht verwunderlich, wenn die tendenzielle Selbstverwirklichungsabsicht (Arbeit als individueller Schöpfungsprozeß) weit vor den öffentlichkeitsbezogenen Dimensionen journalistischer Arbeit rangiert. Dazu paßt auch die Vorliebe, den Beruf nicht als durchschnittliche Angestelltentätigkeit sehen zu wollen.

Nachhaltig verleugnet die Mehrheit der Journalisten ihren Status des abhängig Beschäftigten. "Journalisten haben es schwer, sich als Arbeitnehmer zu begreifen. Je mehr sie faktisch zu industriellen Warenproduzenten werden, um so mehr suchen sie Zuflucht bei Statusideologien, die ihr tägliches Tun überhöhen, etwa der Illusion, sie verwirklichten die Meinungsfreiheit, oder der Mär, sie verfertigten literarisch Beachtliches."[311] Ein von Zeiß befragter Redakteur ging sogar so weit: "Journalismus ist ein freier Beruf. Und zwar deshalb, weil ich nicht glaube, daß man den Journalismus unter dem Aspekt Geldverdienen betrachten kann (...) Das Gehalt ist mir egal - ganz hart gesagt."[312]

Die Berufsethik vieler Journalisten gleicht denn auch eher Glaubensbekenntnissen, als einer realistischen Beschreibung publizistischer, sozialer, ökonomischer und beruflicher Funktionen des Journalismus[313]. Mit ihr lassen sich (erfahrbare) Widersprüche journalistischer Arbeit auf individuellen Willen und individuelles Durchsetzungsvermögen reduzieren, deren stabilste Stütze die moralische Integrität der Medienarbeiter bildet. Kenntnisse, Fertigkeiten und Wissen rangieren weit hintenan.

Weil aber die berufliche Wirklichkeit dann doch zumeist ganz anders ist, als die ethischen Vorstellungen dies eigentlich zuließen, tritt ein, was Zeuner als "Denkhygiene" bezeichnet hat[314] und Weischenberg in Anlehnung an Ogburn als cultural lag[315] interpretiert: Was nicht zur Vorstellung paßt, bleibt ausgeklammert. Dissonanzen tun weh und ihre Auflösung erforderte andere Strukturen im System der Aussagenentstehung.

---

309) Vgl. ebd.:171.
310) Ebd.:215.
311) Zeuner 1972:23.
312) Zit. bei Zeiß 1981:158.
313) Vgl. Unger 1976:255f.
314) Vgl. Zeuner 1973:20.
315) Vgl. Weischenberg 1981:158ff.

Diese zu erreichen sehen sich die Journalisten allerdings noch nicht in der Lage. Noch immer nicht ist eine einheitliche Journalistenorganisation realisiert, von der allein die notwendige, wirksame Hilfestellung erwartet werden kann. Und warum sollten ausgerechnet die professionell schwächsten Glieder im Prozeß der Medienproduktion die Arbeitsverhältnisse ändern, mit denen sie sich doch so trefflich arrangiert haben - durch den denkhygienischen Dissonanzenausgleich. Die Journalisten kompensieren, indem die faktisch verbleibenden Freiräume überdimensional gesehen werden. Die Freude am Schreiben, der kaum sichtbare Entfremdungscharakter ihrer Arbeit - immerhin kann der Redakteur 'sein' Produkt am nächsten Tag schwarz auf weiß in den Händen halten - die formalen Gestaltungsfreiräume beim Formulieren und Präsentieren, davon schwärmen die meisten Journalisten, wenn sie ihren Beruf beschreiben.

Sowohl Prott als auch Zeiß machten als vorherrschendes Berufsrollenverständnis die möglichst vollständige, pluralistische, 'objektive' Information des Publikums aus. "Die Vermittlung von Nachrichten (Informationsfunktion) und deren Kommentierung (Kritikfunktion) sind die wesentlichen Aufgaben journalistischer Arbeit im Bewußtsein der Tageszeitungsredakteure."[316] Dabei gehen die Befragten von einem (nicht weiter präzisierbaren) gesellschaftlichen Gemeinwohl aus, in dessen Dienst sie sich gestellt sehen.

Nicht ganz so deutlich kommt die Informator-Rolle der Journalisten in den AfK-Studien[317] zum Ausdruck. Als "drei Grundmuster journalistischer Rollenselbstdeutung"[318] haben sich dort vielmehr

a) der Rollenaspekt 'Kritiker und Kontrolleur' herausgestellt, der politische und gesellschaftliche Prozesse begleiten und (als Vierte Gewalt) durchleuchten will. Dieser Typus versteht sich als autonomer Teil des politischen Prozesses und weniger als Repräsentant des Publikums, für das er tätig ist;

b) der 'Erzieher', der mit dem Ziel einer möglichst verbindlichen öffentlichen Moral wirken und kulturelle Werte und Normen bewahrt sehen will. Die Rollenselbstdeutung wird vermutlich künftig immer weniger bedeutsam sein, da ihr in der Regel ältere Journalisten mit ausgeprägt idealistischen Berufsauffassungen anhängen;

c) der 'Anwalt', der sich im Dienste des Publikums sieht und der nicht so elitär akzentuiert ist, wie die oben genannten Kontrolleure. Weiß vermutet eine allmähliche Ablösung der Erzieher durch die anwaltschaftlich orientierten Journalisten.[319]

---

316) Zeiß 1981:185; vgl. auch Fabris 1971:36ff.+104.
317) Vgl. Weiß 1978.
318) Ebd.:131.
319) Vgl. ebd.:132.

Unter noch entschieden ausgeprägterem elitär-erzieherischen Vorzeichen betrachtet Donsbach[320] die bundesdeutschen Journalisten. Sie wiesen mehrheitlich einen deutlich gesellschaftskritischen politischen Impetus auf, den sie im Wege ihrer journalistischen Arbeit unter das Publikum bringen möchten. Diese Orientierung werde dadurch verstärkt, daß Journalisten ihr Handeln mehr an den Kollegen als am Publikum[321] messen und so zwangsläufig zu einer elitären, politisch relativ homogenen gesellschaftlichen Kontroll-Gruppe werden, der allerdings die "Legitimation"[322] fehle.[323]

Nicht nur wegen des umstrittenen methodischen Vorgehens[324] muß hinter Donsbachs These ein Fragezeichen gesetzt werden: Können, dürfen Journalisten jeweils das tun, was sie denken? Die Kongruenz von subjektiver und objektiver Dimension journalistischen Handelns ist bislang jedenfalls noch nicht nachgewiesen worden.

Ganz im Gegenteil hat es den Anschein, als beruhten diverse Argumente in dieser Auseinandersetzung auf allzu selektiver Ausbeutung empirischer Datenbestände. Weischenberg demonstriert anhand mehrerer Variablen, daß die bisherige Lesart inbesondere Mainzer Fachvertreter (Noelle-Neumann, Kepplinger, Donsbach, Köcher) in der Journalismusforschung nicht beibehalten werden kann.[325]

Die hier modellhaft vorgestellte Redaktion ist nun also komplett (vgl. Abb. 4). Redakteure sitzen an ihren Stellen, haben bestimmte Vorstellungen von der Umwelt, wissen was zu tun ist, um die Zeitung erscheinen zu lassen usw. Die Akteure unterhalten sowohl informelle Beziehungen zueinander als sie auch durch eine formalisierte Autoritätsstruktur (hier als Kontroll-Ebene dargestellt) einander zugeordnet sind. Bislang allerdings ist die Redaktion statisch, der prozessuale Charakter der Aussagenentstehung wird noch nicht sichtbar.

---

320) Vgl. Donsbach 1982:147-162.

321) Vgl. Donsbach 1981:181-184.

322) Vgl. Donsbach 1982:269-303.

323) Ähnlich argumentiert auch Köcher (1985), die den deutschen Journalisten (im Vergleich zu ihren englischen Kollegen) ein eher "missionarisches" politisches Selbstverständnis vorwirft.

324) Vgl. z.B. die Auseinandersetzung mit Früh in Publizistik.

325) Vgl. Weischenberg 1989.

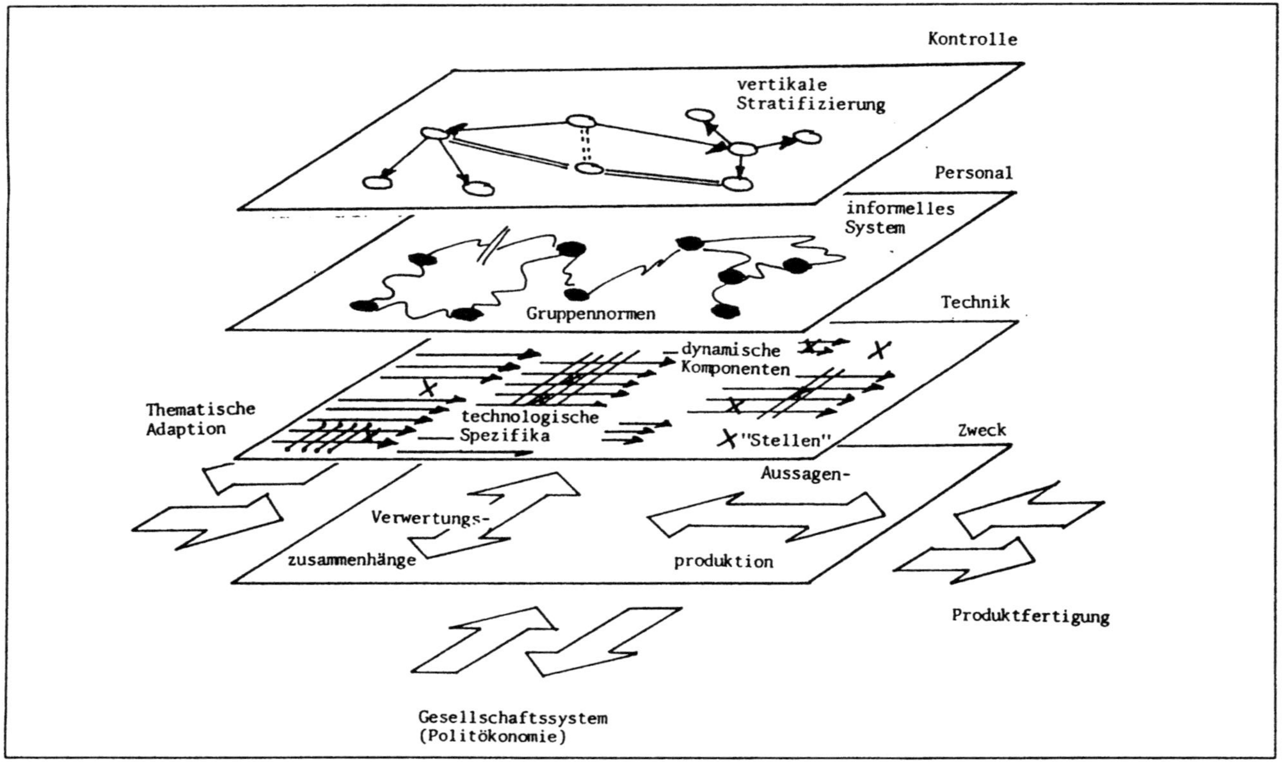

Abb. 4: Personal- und Kontroll-Ebene des Systems Redaktion

3.6 Arbeitsprozeß (Kybernetik)

In ihrem Rückblick auf "Fünfundzwanzig Jahre 'Gatekeeper'-Forschung" kategorisiert Robinson[326] die bis dato vorliegenden Gateeperstudien in drei Hauptgruppen:

1. Individualistische Untersuchungen[327] haben den einzelnen Redakteur im Visier, der relativ eigenverantwortlich und selbststeuernd seinen Arbeit verrichtet. Die subjektive Bedeutung, die der Gatekeeper den Nachrichten zuweist, schlägt sich angeblich im Produkt nieder.

2. Unter institutionalem Blickwinkel[328] kommen zunehmend die Abhängigkeiten des einzelnen Redakteurs von Einflüssen der bürokratischen Organisation ans Licht. Die individuelle Entscheidungsfreiheit des Redakteurs wird hier schon geringer veranschlagt, er handelt in Abhängigkeit von Kollegen, Hierarchen und Informanten, deren Erwartungen er nicht folgenlos enttäuschen kann.

3. Die kybernetische Perspektive[329] schließlich sieht den 'Gatekeeper' allenfalls als funktionierendes Teilelement eines dynamischen Systems, das intern wie extern über diverse Sensoren und Feed-Back-Schleifen die aktuellen Anforderungen mißt und entsprechend angepaßte Leistungen erbringt. Eine Reihe von Stellen im System agiert nicht entscheidend sondern nur als Durchlaß. Und auch die Entscheidungsträger steuern nicht, sondern werden überwiegend gesteuert.

Robinsons Dreiteilung bezieht sich bei den beiden ersten Gruppen formal auf die Untersuchungsobjekte der Studien und weicht von diesem Zuordnungskriterium bei der kybernetischen Sichtweise ab: Hier wird, wie in den institutional angelegten Studien, auch die gesamte bürokratische Institution betrachtet, allerdings um ihren dynamischem Aspekt ergänzt. Die bisherigen Studien basierten freilich nicht auf einem durchweg statischen Bild der redaktionellen Arbeit: Eine Sichtung der unter 1. und 2. aufgeführten Studien zeigt, daß selbst in Ein-Mann-Gatekeeperstudien bereits deutliche Hinweise auf die Dynamik der Arbeitsweise und damit verbundene kybernetische Größen zu finden sind.

---

326) Vgl. Robinson 1973.
327) Vgl. White 1950; Snider 1967.
328) Vgl. Gieber 1956; Breed 1955; Donohew 1967 u. 1972; Stempel 1964.
329) Vgl. Robinson 1970.

In der berühmten ersten Gatekeeperstudie von White[330] resumiert der Autor zwar in konsequenter Anwendung seines individuumbezogenen Ansatzes: "We see how highly subjective, how based on the 'gate keeper's own set of experiences, attitudes and expectations the communications of 'news' really is"[331], doch lassen einige von Whites Ergebnissen auch eine ergänzende Interpretation zu. 'Mr. Gates' lehnt nämlich Agenturmeldungen nicht nur deshalb ab, weil er sie als 'uninteressant', 'schlecht geschrieben' oder als 'Propaganda' bewertet. Vielmehr zieht er einzelne Agenturfassungen anderen aufgrund von 'Platz-' und 'Zeitproblemen' vor: "A story that has a good chance of getting on the front page at 7.30 or 8 o'clock in the evening may not be worth the precios remaining space at 11 o'clock."[332]

Mit anderen Worten: Die inhaltliche Bewertung von Ereignissen verschiebt sich während des Arbeitstages in Abhängigkeit vom erreichten Produktionsgrad der Zeitung - je später der Abend, desto höher die Nachrichtenschwelle.[333] Die Variablen Platz und Zeit haben aber mit der subjektiven Einschätzung des Gatekeepers nichts zu tun, sondern spiegeln allein die (kybernetische) Meßwertdifferenz von Soll- und erreichtem Ist-Wert der redaktionellen Produktion.

Die unter institutionalem Blickwinkel durchgeführten Studien von Gieber bestätigen den Einfluß der objektiven prozessualen Variablen des zu regelnden Systems. Zwar könne man noch nicht von einer vollautomatisierten Weitergabe von Agenturnachrichten "across the desk" sprechen, erläutert Gieber[334], "but selection of news (...) appears to have become a mechanical process."[335] Die Untersuchung der Arbeitsweise von 16 Nachrichtenredakteuren habe gezeigt: "Der wichtigste Faktor war nicht die Bewertung von Nachrichten, sondern der Druck, sie in die Zeitung zu bringen; der Nachrichtenredakteur war vor allem mit den mechanischen Zwängen seiner Arbeit und weniger mit den sozialen Bedeutungen und Wirkungen der Nachricht beschäftigt. Seine persönliche Bewertung fand nur selten Eingang in den Selektionsprozeß"[336].

In ihrer Studie über den Arbeitsprozess der jugoslawischen Nachrichtenagentur Tanjug findet Robinson[337] eine Reihe von Faktoren, die auf den kybernetisierten Charakter des Redaktionssystems schließen lassen. Das 'ultrastabile' System besteht aus Entscheidungs- und Durchlaßstellen, die den Nachrichtenfluß dreistufig durch

330) Vgl. White 1950.
331) Ebd.:390.
332) Ebd.:387.
333) Vgl. auch Stempel 1964:380-384.
334) Vgl. 1956:432.
335) Ebd.
336) Gieber 1976:223.
337) Vgl. Robinson 1970.

1. Grobauswahl,
2. Bearbeitung und
3. Mischung/Balance

steuern.[338] Auf diesen Zweck hin ist das "Layout" des gesamten Nachrichtenkanals konstruiert, ist das System mit einem "Gedächtnis" und mit "Sensoren" ausgestattet[339].

Sobald sich der Selektionsdruck (durch krass vermehrten input) erhöht, dann ändert sich kaum etwas an den Leistungen des Systems für die Umwelt (output), sondern wirkt sich vor allem in den (infra-) strukturellen Details aus: Vermehrtes Nachrichtenangebot führt zu einem höheren internen Abstimmungsbedarf (Interaktionen), der u.U. durch mehr Personal gedeckt wird. (Um der Nachrichtenlage nach Kennedys Ermordung Herr zu werden wurde die Zahl der Redakteure von acht auf 16 verdoppelt). Zugleich werden die Entscheidungen innerhalb der Organisation auf der nächsthöheren hierarchischen Ebene gefällt[340]. Der Output bleibt hinsichtlich Menge und Mischungsverhältnis auch in solchen Krisenzeiten relativ konstant.

Das kybernetisch akzentuierte Organisationsmodell einer Redaktion lenkt also den Blick erfolgreich auf die Tatsache, daß Nachrichtenselektion ein "informations-reduzierender Prozeß ist, in dem Rollenträger, vorhandene Signalwege und 'Sensoren' durch feed-back-Schaltungen verbunden sind, die eine relativ konstante Informations-Abgabe und den homöostatischen Zustand des Gesamtsystems sicherstellen."[341] Diesem Zusammenhang zwischen den Variablen Selektionsdruck, Personalstärke und Hierarchisierungsgrad von Entscheidungen müßte in einer modern angelegten Redaktionsstudie nachgegangen werden.

Der Stellenwert arbeitsprozessualer Faktoren kommt auch in den Sekundärauswertungen von Neverla[342] zum Ausdruck. Während Lokaljournalisten dem Klima innerhalb der Redaktion, der Qualifikation und Kooperationsfähigkeit von Kollegen eher gute Zufriedenheitswerte zuschreiben, werden die prozessualen Faktoren "Arbeitszeit" und "Arbeitsbelastung" entschieden negativer beurteilt[343]. Es scheint so, "daß 'zwischenmenschliche' Beziehungen als weni-

338) Vgl. ebd.:344-346.
339) Vgl. ebd.:347.
340) Vgl. ebd.:348.
341) Robinson 1973:354f.
342) Vgl. Neverla 1979.
343) Vgl. ebd.:178.

ger problemgeladen erfahren werden (...), während äußere, objektive Bedingungen, die oft unter dem Stichwort 'Sachzwänge' gepackt werden (...) häufiger Anlaß zu Unzufriedenheitsäußerungen geben."[344] Neverla weist resumierend darauf hin, daß die "objektiven Bedingungen der Erwerbstätigkeit (...) konkretisiert auf die spezifischen Ausprägungen im journalistischen Arbeitsbereich" beschrieben werden sollten: "Hier ist m.E. eine erhebliche Forschungslücke festzustellen."[345]

Die wechselseitigen Abhängigkeiten bzw. gegenseitigen Verdrängungen spezifischer Arbeitsfunktionen hat v. Becker (en passant) entdeckt, als sie Journalistinnen nach der Häufigkeit von Redaktions-Konferenzbesuchen fragte. Nur vier von 17 Befragten gaben an, regelmäßig an den großen Konferenzen teilzunehmen, mehr als die Hälfte (neun) hingegen gingen "selten" oder "nie" dorthin. Acht von ihnen gaben als Begründungen der Nicht-Teilnahme an: "fällt in die Hauptarbeitszeit" (!)[346] Hier mögen zwar auch geschlechtsspezifische Ursachen als Erklärung herangezogen werden, doch bleibt eine Verdrängung von Konferenzteilnahme zugungsten der "eigentlichen" (?) Arbeit (was immer deren Inhalte sein mögen) bemerkenswert.

Aufschlußreich sind auch Befunde von Weaver[347], der eine Auswahl von (mehrheitlich britischen) Videotext-Redakteuren (engl.: Teletext) befragt hat. Die Redakteure (Journalisten?) verbringen ihren etwa neun- bis zehnstündigen Arbeitstag fast ausschließlich innerhalb der Redaktionsräume[348] und befassen sich kaum mit originärer Nachrichtensammlung: "Teletext journalists are generally editors rather than reporters."[349]

Neueste amerikanische Untersuchungen zu den Konsequenzen der nächsten Technisierungsstufe bei Tageszeitungen (elektronischer Ganzseitenumbruch in der Redaktion) scheinen nun endgültig den Skeptikern rechtzugeben: Auf der Basis von 26 Zeitungen und etwa 160 Befragten zeigten sich u.a. diese Effekte[350]: Bei den Journalisten stellt sich das Gefühl ein,
- mehr Arbeit erledigen zu müssen als zuvor,
- an den Schreibtisch gefesselt zu sein und
- weniger Zeit für die eigentlichen journalistischen Aufgaben zu haben,

---

344) Ebd.:177.
345) Ebd.:247.
346) Vgl. v.Becker 1980:171.
347) Vgl. Weaver 1983.
348) Vgl. ebd.:78.
349) Ebd.:54.
350) Vgl. Wolferman 1987:5.

- z.T. mehr Zeit für das Umbrechen aufwenden zu müssen und folglich weniger Zeit "für Gespräche mit Reportern über Artikel und für die Überprüfung von Fakten und Einzelheiten"[351] zu haben.

Diese Indizien lassen es als zwingend erscheinen, ein möglichst lückenloses Tätigkeitsprofil von Redakteuren zu erheben. Dabei sollte auf die Interdependenz redaktioneller Funktionen (Adaption/ Produktion, bzw. Innen-/Außenbeziehungen des Systems) besonderes Augenmerk gelegt werden.

Das Redaktionsmodell ist jetzt komplett (vgl. Abb. 5): Die Handlungsträger antizipieren im Wege des dynamischen, kybernetisierten Arbeitsprozesses die jeweils notwendigen Regelungsbedürfnisse des Systems und handeln entsprechend. Die Regelungszwänge haben Konsequenzen für die restlichen Rollenerwartungen: Verrichtete Tätigkeiten schließen andere Tätigkeiten aus und/oder erzwingen spezifische Folgeleistungen. Es handelt sich bei diesem aussagenproduzierenden System um ein komplexes Netzwerk, dessen gesamte Dynamik zwar kaum empirisch zu erfassen sein dürfte. Aber an bestimmten Meßpunkten, nämlich den 'Stellen' und ihren Inhabern, zeigt sich der Regelungsdruck. Hier öffnet sich der empirische Zugang.

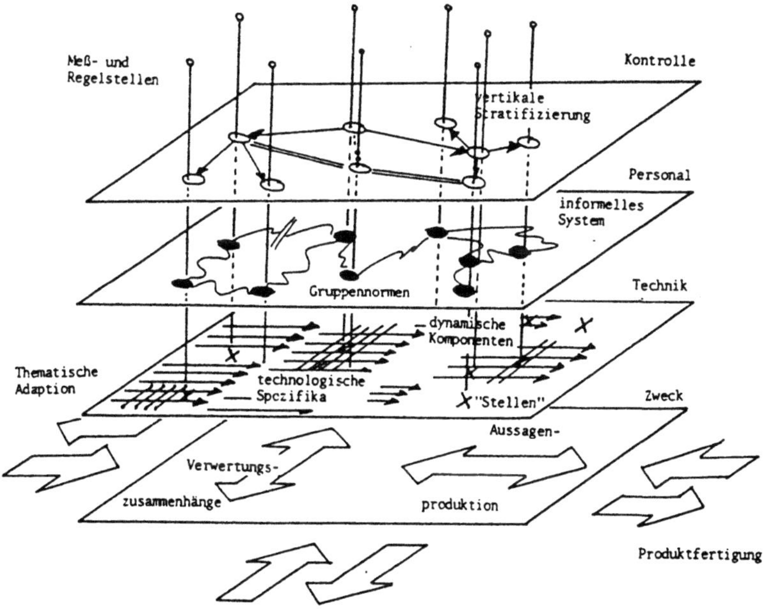

Abb. 5: Das System Redaktion im Überblick

351) Ebd.

4 Formalisierung und Kategorisierung

Die Hypothesen aus Kap. 1.4 postulieren einen Wirkungszusammenhang zwischen redaktioneller Kybernetisierung, also den möglichen Formen und Ausprägungen von Regelungsverdichtungen, und publizistischer (adaptiver, informationstransferierender, intern und extern orientierender usw.) Aktivitäten einer Redaktion. Zudem ist nach den Gründen und Ursachen redaktioneller Kybernetisierung zu fragen, die hier in ökonomischen Rationalisierungsmotiven vermutet werden. Diese dreistufige Wirkungskette wird ergänzt durch subjektive Variablen, die konkretes Redakteursverhalten u.U. modifizieren können. Das formalisierte Modell, das die bisherigen Überlegungen zusammenfaßt, sieht also etwa so aus:

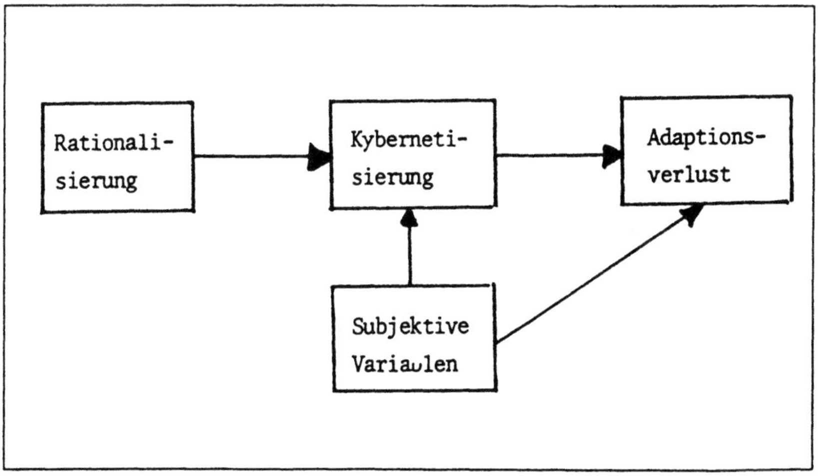

Abb.6: Analysemodell der Untersuchung

Die bislang diskutierten subjektiven und objektiven Variablen lassen sich wie folgt dimensionieren, kategorisieren und opterationalisieren.

4.1 Synchronische Dimension (thematische Bandbreite)

Die Chancen für eine erfolgreiche, sachgemäße gesellschaftliche Kommunikation steigen, wenn die massenmedial bereitgestellten Themen mit den tatsächlichen Problemlagen übereinstimmen und die thematische Bandbreite nicht willkürlich begrenzt wird (Synchronität). Zu fragen ist deshalb zunächst, ob die Journalisten dies überhaupt wollen (Rollenverständnis), ob ihre Vorstellungen von der Gesellschaft eine offene, Konflikte akzeptierende Berichterstattung fördert (Gesellschaftsbild), ob sich dies in der Einschätzung von Informationsquellen niederschlägt (Informantenbild) und ob verfügbare Quellen (Zeitungen, Bücher) im Sinne einer möglichst umfassenden, breiten Orientierung genutzt werden und welche Zwänge vom Produkt und von redaktionellen Strukturen ausgehen.

4.1.1 Rollenverständnis

Angesichts der Auseinandersetzung, ob die Journalisten primär informieren oder ihre Meinung verbreiten und verkappt Politik machen wollen, soll nach den folgenden Akzenten innerhalb der Kategorie Rollenverständnis gefragt werden:

- Informationsvermittlung: Welchen Stellenwert hat die bloße Weitergabe von sachlichen, 'objektiven' Informationen im Bewußtsein der Journalisten? Ist die Informationsvermittlung neutral und ausgewogen möglich? Wie weit weicht die Kommentierung von den Normen der Informationsvermittlung ab?

- Soziales Engagemant: Dürfen Journalisten sich qua beruflicher Tätigkeit für bestimmte soziale Sachverhalte bzw. Gruppen engagieren? Ist beispielsweise die Übernahme einer Anwaltsrolle für die sozial Benachteiligen legitim?

- Politische Kontrolle: In welchem Ausmaß fühlen sich Journalisten aufgerufen ("Vierte Macht"), politische Vorgänge zu kontrollieren, Mißstände aufzudekken und Machteinflüsse zu begrenzen?

- Soziusfunktionen: Welchen Stellenwert haben die Soziusfunktionen der Medien, etwa Unterhaltung/Kulturförderung, im Vergleich zu deren informativen, politisch-sozialen Wirkungen?

- Soll-Ist-Differenzen: In einem ersten Versuch, die subjektiven Vorstellungen der Journalisten mit ihren objektiven Verwirklichungschancen zu kontrastieren, werden die jeweiligen Soll-Ist-Differenzen in den Aussagen der Befragten festgestellt und analysiert.

4.1.2 Gesellschaftsbild

Der Einzug des Neuen in die Gesellschaft wird üblicherweise begleitet von Konflikten und nicht selten von Verstößen gegen bisher konsentierte Normen. Dabei lassen sich wirtschaftliche und politische Effekte registrieren. Die Dynamik reibt sich an konservierenden Bestrebungen. Die Vorstellungen der Journalisten von der Gesellschaft, über die sie und für die sie berichten, könnten sich in der Berichterstattung niederschlagen. Untersuchungskategorien sind deshalb:

- Regelverstöße: Nehmen die Journalisten Verstöße gegen bestehende soziale und rechtliche Normen als übliche Begleiterscheinungen des Wandels hin oder werden Regelverstöße als Entgleisungen sozialer Sondergruppen betrachtet? Während des Untersuchungszeitraumes boten sich Fragen nach der Legitimität von Hausbesetzungen und der Blockierung militärischer Einrichtungen an.
- Politische Dynamik: Welche Handlungsfähigkeit hat das Politische System in den Vorstellungen der Journalisten? Spiegeln sich in den Aktivitäten der rechtsetzenden Instanzen die Interessen der Gesellschaft gleichermaßen oder gibt es eine Schieflage zwischen Gesellschaft und Politik? Gegebenenfalls könnten sich die Journalisten zu kompensierender Berichterstattung aufgerufen fühlen.
- Ökonomische Dynamik: Wirtschaftliche Interessen und die Macht des Kapitals können letztlich als treibende Kräfte sozialen Wandels identifiziert werden. Ihrer Sozialpflichtigkeit kommen diese Kräfte nur ungern nach und so stellt sich die Frage, welchen Stellenwert sie im Bewußtsein der Gatekeeper einnehmen. Das Maß von Nähe und Distanz zu den materiellen Mächten könnte konkrete Auswirkungen auf die Art der Berichterstattung haben.

4.1.3 Informationsverhalten

Eine dynamische, konflikthaltige Gesellschaftsvorstellung und die subejektive Bereitschaft zur breitesten Berichterstattung sind noch keine Garanten für entsprechende faktische Handlungen der Journalisten. Zunächst könnte sich der Realitätsgehalt solcher Prädispositionen in der Haltung zu Informanten ausdrücken:

- Motivation: Wie groß ist das Bedürfnis der Akteure, Informationen aus der Gesellschaft zu erhalten und diese aktiv aufzuspüren? In welchem Maß ist die Motivation zur Informationssuche horizontal und skalar verteilt?

- Orientierung: An welchen Informanten orientieren sich die Journalisten? Hier sind die Pole Eliten/Basis, Experten/Bürger von Interesse, wenn nach den Chancen für eine möglichst breite, gesellschaftlich angemessene Information gefragt wird.

4.1.4 Lektürevielfalt

Warren Breed hat auf den teilweise enormen Umfang der Zeitungslektüre von Journalisten hingewiesen. Wenn die Redakteure gerade nichts zu tun hätten, dann griffen sie sich die nächste Zeitung und blätterten darin herum.[352]

4.2 Adaptive Dimension (Hereinnahmefähigkeit, -vermögen)

Während die synchronische Dimension auf die maximale Breite der zu berichtenden Themen abhebt, geht es in der adaptiven Dimension um die jeweilige Tiefe der Berichterstattung. Themen sollen nicht nur erwähnt, thematische angerissen werden, sondern auch in möglichst großer Tiefe ausgeleuchtet und dargestellt werden. Das bedeutet, daß hier nach der Systematik der journalistischen Arbeitsweise, nach dem Umgang mit inhaltserschließendem Arbeitsinstrumentarium (u.a. Archive), nach vorhandenem Wissen, nach dem thematischen Durchdringungsvermögen und der innerredaktionellen Flexibilität gefragt wird.

4.2.1 Redaktionelles Expertenwissen

Die Chance für eine gründliche, den Sachverhalten angemessene Berichterstattung wächst, wenn dazu ein gewisses Ausmaß an Vorwissen, bzw. Expertenwissen in der Redaktion vorhanden ist. Die Redakteure werden deshalb gefragt, ob sie sich für bestimmte Sachgebiete überdurchschnittlich kompetent fühlen

---

352) Breed 1955:278; vgl. auch ders. 1973:361) Dies kann ein Ausdruck für aktives Orientierungsverhalten sein: Die Journalisten versuchen auf diese Weise, einen den wechselnden aktuellen Einzelfällen folgenden Bezugsrahmen zu schaffen, um neue Ereignisse einordnen zu können. Die Art der Lektüre könnte weiteren Aufschluß darüber geben, ob das Bestreben nach einer möglichst breiten, die sozialen Problemlagen synchron abdeckende Berichterstattung vorhanden ist. Ähnlich verhält es sich mit der Rezeption von Büchern, die sich mit dem Beruf des Journalisten befassen. Ihre Kenntnis deutet darüber hinaus auf die Bereitschaft zum reflexiven Umgang mit der eigenen Tätigkeit.

und ob sich dieses Expertenwissen ihrer Einschätzung nach in der Redaktionsarbeit niederschlägt.

4.2.2 Redaktionelle Strukturen

Ist ein neues Thema erst einmal entdeckt, dann entscheidet sich sein Schicksal auch durch die Interaktionen innerhalb der Redaktion. Ein bestimmtes kollegiales, betriebliches Klima (Personalebene) kann Themen fördern oder behindern, hierarchische Strukturen (Kontrollebene) können mehr oder minder stark kontrollierend in Thematisierungsprozesse eingreifen, die faktischen Zwänge des Arbeitsprozesses (Funktionalebene) begünstigen oder hemmen die Aufnahme neuer Themen.

- Personalebene: Gefragt wird nach dem Ausmaß des redaktionellen "Teamgeistes", dem spürbaren Vorhandensein hierarchischer Ordnung und dem eher persönlichen Kontakt der Redakteure untereinander.

- Kontrollebene: Hier soll das Maß der Autonomie des einzelnen Redakteurs festgestellt werden: Welchen Handlungsfreiraum sieht er subjektiv für sich selbst, wie stark wird in seinen Arbeit kontrollierend eingegriffen usw.?

- Funktionalebene: Wie stark spürbar sind Zeit- und Produktionszwänge, welche Abhilfen könnten sich die Redakteure vorstellen?

Das Prinzip der Ressortteilung bringt zwar produktive Vorteile mit sich (segmentierte Teilverantwortlichkeiten, horizontale Arbeitsteilung), führt aber auch zu einer Zwangszuordnung von Themen aus Grenzbereichen, wie sie in Zeiten sozialer Virulenzen gehäuft auftauchen. Die Ressortbildung ist ein offensichtlich langwieriger, zäher Prozeß, wie derzeit am Ressort Medien festgestellt werden kann. Lediglich die größeren Zeitungen und ihnen voran die überregionalen Blätter (Frankfurter Rundschau, Süddeutsche Zeitung) haben ihre Fernseh-Programmseiten zu übergreifenden Medienseiten ausgebaut. Unter solchen Bedingungen erscheint es notwendig, daß diese Segmentierung zumindest durchlässig ist für Themen, die nicht zweifelsfrei dem einen oder anderen Ressort zugeordnet werden können. Erfragt wird diese intraredaktionelle Durchlässigkeit durch die Frequenz, mit der Redakteure für andere als die eigenen Ressortseiten arbeiten.

4.2.3 Systematik der Arbeitsweise

Erst der Einzug rechnergesteuerter Redigierterminals hat einen Hauch von berufsspezifischem Arbeitsinstrumentarium in die Zeitungsredaktion eingebracht. Zuvor gehörten allenfalls Telefon, Auto, Schreibmaschine, Stift und Papier zu den typischen "Artefakten" (Weischenberg) der Printmedienarbeiter.

Das Maß der Beanspruchung verschiedener Arbeitsinstrumente kann Aufschluß darüber geben, wie sehr die Alltagsarbeit der Redakteure von produktiven, fertigungstechnischen, orientierenden oder inhaltserschließenden Tätigkeiten geprägt wird. Vier Typen der Arbeitsinstrumente werden dabei unterschieden: Alltagsutensilien, Hilfsmittel mit Inhaltsbezug, Berufsspezifische Utensilien und Instrumente für systematische Themenbearbeitung.

4.2.4 Archivnutzung

Das Ausmaß der Archivnutzung gibt darüberhinaus Aufschluß über die potentielle Chance für Themen, in einer möglichst großen Tiefe dargestellt zu werden. Unabhängig von der Thematik in Einzelfällen ist Voraussetzung für eine gründliche Darstellung, daß möglichst viele Fakten erschlossen und in vorhandene Kontexte eingeordnet werden. Da kaum ein Redakteur alle vorliegenden Informationen im Gedächtnis parat haben kann, kommt der Arbeit mit Archivunterlagen eine bedeutende Rolle zu. Dies bezieht sich auf das Zeitungsarchiv, ein u.U. persönliches Archiv und deren Nutzungsfrequenzen.

4.3 Prozessuale Dimension

Damit das Produkt Zeitung zustande kommt, müssen innerhalb der Redaktion diverse Leistungen erbracht werden. Die Art dieser Leistungen ist abhängig von den organisatorisch-technischen Rahmenbedingungen und hat Konsequenzen für die Thematisierungsfähigkeit der Redaktion: ein Redakteur, der weder Zeit noch Platz für eigene Bericht hat, wird nicht selbst schreiben, folglich auch nicht selbst recherchieren und konsequenterweise sich nicht intensiv um berichtenswerte Vorgänge kümmern - wozu auch? Das Thematisierungspotential, also die Fähigkeit, Themen zu entdecken und zu erschließen, ist ablesbar an den beobachtbaren Tätigkeiten der Redakteure.

Alle während eines redaktionellen Arbeitstages verrichteten Tätigkeiten der Mitarbeiter werden deshalb (so gut es geht lückenlos) durch Beobachtung registriert. Die Tätigkeiten wurden nach dem Prinzip des zunehmenden Realisierungsgrades von Themen vorgenommen, wie der Ablauf eines idealtypischen Arbeitstages illustrieren kann:

Klasse 1: Sockeltätigkeiten. Die Redakteure verbringen einen Teil ihrer Arbeitszeit damit, Voraussetzungen für die eigene Arbeitsfähigkeit zu schaffen. Sie planen ihren Dienst, räumen auf, essen/trinken am Arbeitsplatz, unterhalten sich mit Kollegen über persönliche Dinge, sind präsent ohne konkrete Arbeiten zu verrichten usw. Diese Tätigkeiten haben so gut wie keinen Inhaltsbezug, ein berichtenswertes Thema ist hier nicht in Sicht.

Klasse 2: Thematische Orientierung. Mit potentiellen Themen bekommen es die Redakteure zu tun, wenn sie ihre Post sichten, in Vorlagen herumblättern und lesen, Zeitungen lesen, sich Notizen machen, ihr eigenes Archiv pflegen und Kontaktgespräche mit potentiellen Informanten und thematische Gespräche untereinander führen. Abgrenzungskriterum für die Klasse dieser orientierenden Tätigkeiten ist: Der Redakteur befaßt sich zwar inhaltlich mit Themen, diese sind jedoch nicht als zu bearbeitende Stoffe fixiert.

Klasse 3: Inhalte erschließen. Wenn die Entscheidung über ein zu bearbeitendes Thema gefallen ist, dann hat es die wichtigste Hürde bereits genommen. Es wird jetzt inhaltlich erschlossen, ausgefüllt. Der Redakteur sucht Informationen durch Recherchen vor Ort oder telefonisch, er sucht gezielt in Archivunterlagen und alten Zeitungsbänden usw. Abgrenzungskriterium: Informationssuche bei fixiertem Thema.

Klasse 4: Konferenz. Einen nennenswerten Teil ihrer Arbeitszeit verbringen die Redakteure in den Konferenzen, wobei hier reine Organisationsfragen neben inhaltlichen Aspekten behandelt werden. Da eine Zuordnung nach dem bisherigen Prinzip nicht einwandfrei möglich ist, wird diese Tätigkeit gesondert registriert.

Klasse 5: Themen verwalten. Sobald Themen erschlossen vorliegen, etwa in Form von Agentur- und Korrespondentenberichten, werden sie verwaltet, registriert, in potentielle Beziehung zu anderen Themen gesetzt und für die Verwendung im Tagesprodukt Zeitung bereitgehalten. Die Redakteure lesen und ornden die Texte.

Klasse 6: Koordination. Im Hinblick auf die Produktfertigung werden die bislang nur verwalteten Themen konkret koordiniert. Beobachtbar ist dies, wenn Redakteure etwa die Länge und Plazierung von Berichten im unvermittelten oder telefonischen Gespräch klären. Auch die Terminabsprache wird dieser Klasse zugeordnet, denn das Thema steht in solchen Fällen fest.

Klasse 7: Aussagenproduktion. Wenn das Thema feststeht, seine Inhalte erschlossen sind, seine Verwendung im Produkt geklärt ist (Länge), dann werden die Aussagen produziert: der Redakteur schreibt (Schreibmaschine/Terminal), diktiert, redigiert, liest gegen usw. Das Thema nimmt in formuliertem Zustand "Gestalt" an, erreicht einen sehr hohen Realisierungsgrad.

Klasse 8: Präsentation. Fertige Aussagen in Text und Bild werden schließlich so präsentiert, daß das Produkt marktgängigen Charakter annimmt: Die optische Mischung wird qua Layout festgelegt, die Seiten werden montiert, kontrolliert und freigegeben. Anschließend werden einige Seiten aktualisiert, die quantitative Beobachtung hat dies nicht mehr systematisch erfaßt.

Aus forschungstechnischen Gründen wurden Intervalle einer Restklasse 'Abwesenheit/Unbeobachtbarkeit' zugeordnet, wenn die Tätigkeiten nicht klar beobachtet oder auch durch Nachfrage nicht einwandfrei geklärt werden kann. Auch Gespräche mit dem Beobachter wurden gesondert registriert.

Zur Erfassung der subjektiven Dimension wurde ein standardisierter Fragenkatalog ausgearbeitet, den die Befragten in Anwesenheit des Interviewers (mit Rücksprachemöglichkeit) ausfüllten. Einige offene Fragen provozierten häufig Gespräche über die gestellten Fragen hinaus, was insgesamt der Informationsgewinnung förderlich war.

Für die Erfassung der objektiven, prozessualen Faktoren wurde ein standardisiertes Beobachtungsschema [353] entworfen. Dabei konnte eine bereits bewährte Vorlage weiterentwickelt werden: Schon im Herbst 1979 hatte eine Seminargruppe der Universität Münster (Projektleitung: Siegfried Weischenberg) in der Außenredaktion Hamm der "Westdeutschen Allgemeinen Zeitung" und der "Westfälischen Rundschau" (WAZ-WR-Gemeinschaftsredaktion) mit einem ähnlichen Beobachtungsschema den Arbeitsprozeß numerisch abgebildet.[354]

Nach einem eintägigen Pretest in einer kleineren Außenredaktion wurden die Beobachtungsintervalle auf 7,5 Minuten (acht pro Stunde) festgesetzt, da eine solche Zeitspanne Gelegenheit für parallele qualitative Beobachtungen läßt und auch mehrere (an manchen Tagen bis zu fünf, selten sechs) Redakteure simultan standardisiert beobachtet werden konnten.

Die Feldphase gestaltete sich als Mischung von "qualitativen" und "quantitativen" Beobachtungstagen. Insgesamt habe ich mich mehr als einhundert Tage als Beobachter in den Ressorts der Mantel- und Lokalressorts aufgehalten. Die empirisch-quantititative Ausbeute umfaßt 105 (auswertbare, ca. 10 Prozent Ausschuß durch Abbruch während des Tages) minutiöse Tagesablaufprotokolle von 24 Arbeitsrollen und 27 auswertbare (es gab eine Reihe von Verweigerern) Interviews (vgl. Auswertung Teil C).

Über die qualitative Ausbeute der Feldphase gibt Teil B Auskunft.

353) Vgl. Anhang
354) N.N. 1981

Teil B

Exploration und Deskription

5 Die Redaktion im Großraum

Die zentrale Mantelredaktion ist bis auf die Ressorts Sport, Reportage, Kultur und Reise in einem Großraum untergebracht (vgl. Abb. 6). Zwar sind hier die verschiedenen Arbeitsbereiche durch einige Sichtschutzwände (niedriger als Augenhöhe) und einige quergestellte Schränke räumlich und optisch voneinander getrennt, doch ist das gesamte Büro leicht zu übersehen und eine Verständigung unter den Mitarbeitern schnell zu erreichen. Geräuschdämmung gibt es lediglich durch Mobiliar und Teppich, "weißes Rauschen" zur Anhebung des allgemeinen Geräuschpegels (wie in modernen Großraumbüros häufig üblich) wird hier nicht produziert.

Die bauliche und akustische Transparenz dieses Großraums erleichtert einerseits die häufig notwendigen Kurzkontakte und -abstimmungen per Zuruf, andererseits sind aber alle Einzelhandlungen der Redakteure und ihrer Hierarchen prompt öffentlich. Alle Mitarbeiter sehen und hören so gut wie alles, und selbst wenn bewußt leise geredet wird, dann bekommen andere auch dies mit.

Jeder Redakteur hat einen Schreibtisch mit Telefonnebenstelle als festen Arbeitsplatz und - bis auf wenige Ausnahmen (vgl. unten) - auch ein exklusiv zugeordnetes Terminal (Datensichtgerät). Anders als noch in diversen Außenredaktionen des Verlagshauses entspricht das Mobiliar der Zentralredaktion dem Standard moderner Büroausstattung: Schreibtische und Aktenschränke bestehen aus Metall und Kunststoff und sind für Ordnungshilfen wie Hängeregistraturen und Systematiken vorbereitet.

Die Raum- und Ausstattungsfarben sind zurückhaltend bei Beige und Braun angesiedelt. Ausgesprochene Blickfänge und augenerholsames Blattgrün von Pflanzen gibt es kaum - grün leuchtet in dieser Redaktion vor allem die Schrift auf den Kathodenstrahlröhren der Terminals.

5.1 Das Entscheidungszentrum

In der Mitte des Großraumbüros sind vier Schreibtische zu einem rhombenförmigen Komplex zusammengestellt. Dieser optische Mittelpunkt ist auch das inhaltliche Zentrum der gesamten Redaktionsarbeit. Alle wesentlichen Entscheidungen über Inhalt, Aufmachung und Gestaltung des redaktionellen Zeitungsteils werden hier getroffen. Relevante Handlungsträger sind die beiden stellvertretenden Chefredakteure A und B, der Chef vom Dienst C (CvD) und der Leiter der Nachrichtenredaktion D (Nachrichtenchef).

Der Chefredakteur des Blattes residiert in einem separaten, relativ großzügigen Büro und nimmt an der täglichen Routinearbeit der Ressorts kaum teil. Allenfalls zu Kommentarabsprachen und einigen (täglich zwei bis drei) erforderlichen Kontakten begibt er sich in den Großraum. Ansonsten beschränkt sich sein äußerlich sichtbares, auf das Tagesprodukt bezogene Handeln auf die Leitung der zwei Konferenzen. Der Chefredakteur konnte nicht systematisch beobachtet werden. Ein hoher Anteil von administrativen, zuweilen personalbezogenen Vorgängen stand hier dem Vernehmen nach im Weg.

Allerdings zeigte sich der Chefredakteur während der Konferenzen als durchweg glänzend informiert, was auf rege Lektüre nationaler und internationale Zeitungen und Magazine zurückzuführen sein dürfte. Aufgrund seiner Belesenheit konnte er aktuelle Ereignisse in bisweilen weit zurückliegende Kontexte einordnen, aber auch Vorgänge relativieren und Probleme aufzeigen. Die so gesetzten Richtmarken blieben sicher nicht folgenlos für die Entscheidungsprogramme, doch bei Abwesenheit des Chefredakteurs zeigte sich, daß die Stellvertreter dessen Rolle zumindest soweit übernahmen, daß Entscheidungsunsicherheiten in der Tagesarbeit so gut wie nicht vorkamen.

Hinsichtlich ihrer Kompetenz und Machtfülle sind freilich auch unter den vier Hierarchen des Entscheidungszentrums (also unterhalb der Ebene des Chefredakteurs) bemerkenswerte Unterschiede auszumachen. Der stellvertretende Chefredakteur A gehört als Mitglied der Chefredaktion dem höchsten redaktionellen Entscheidungsgremium an und hat damit sehr weitgehende Eingriffsrechte bezüglich der Arbeit aller Redakteure. Zugleich ist er der Leiter des Ressorts Innenpolitik und bestimmt damit Themenauswahl und -größe der bundesdeutschen Politikmeldungen. Chefstellvertreter A gehört seit Jahrzehnten der Zeitung an. Über eine zielgerichtete Personalpolitik hat er sein Ressort zu einem machtvollen Subsystem gemacht, was ihm im Haus die Bezeichnung "Politkommissar" eingebracht hat. Als beispielsweise ein leistungsstarker Wirtschaftsredakteur, der sich auf Gewerkschaftsfragen in der Region spezialisiert hatte, in die Innenpolitik wechselte, verlor das Wirtschaftsressort mit diesem Mitarbeiter auch gleich die Zuständigkeit für die Gewerkschaftsberichterstattung. Auf diesem Wege sind bestimmte Themenbereiche nah an die Redaktionsspitze herangerückt. Chefstellvertreter A liest die eingehenden Agenturmeldungen vom Papier und schreibt Kommentare und Glossen auf der Schreibmaschine. Ein Terminal steht an seinem Arbeitsplatz nicht. A gehört zu den wenigen privilegierten Mitarbeitern der xyz, die nicht auf ein Datensichtgerät verpflichtet sind.

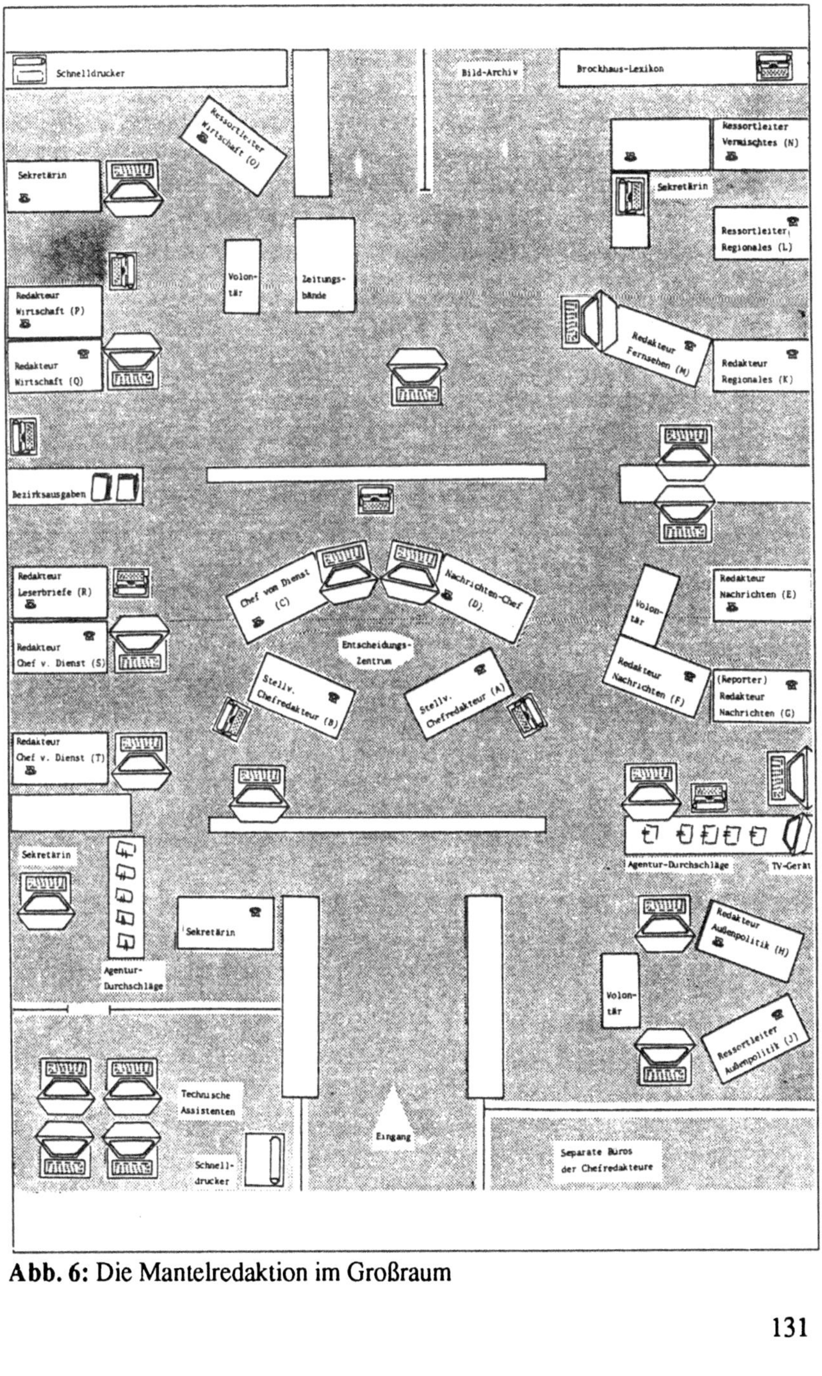

Abb. 6: Die Mantelredaktion im Großraum

Der stellvertretende Chefredakteur B ist wesentlich jünger als A und erst seit wenigen Jahren im Haus. Er wurde von einer (konservativeren) Konkurrenzzeitung im Verbreitungsgebiet abgeworben und soll offensichtlich zum Nachfolger des Chefredakteurs aufgebaut werden. Seine Befugnisse sind als Mitglied der Chefredaktion ebenfalls weitestgehend. Chefstellvertreter B vertritt A bei Abwesenheit. Im wöchentlichen Wechsel mit dem Chef vom Dienst, der ihm gegenüber sitzt, nimmt er dessen Funktionen wahr.

Der Chef vom Dienst CvD ist in der formalen Hierarchie gleich unter den Chefredakteuren angesiedelt. Er ist für die Gestaltung der drei politischen Seiten zuständig, d.h. er verantwortet die Zusammenstellung, Aufmachung und Plazierung der Beiträge in Abstimmung mit Chefstellvertreter A. Dazu gehören auch Bildbeschaffung und -auswahl. Ebenso wie die Chefstellvertreter prägt der CvD das Erscheinungsbild der Zeitung entscheidend. Ferner sind ihm die ansonsten verantwortlich zeichnenden Ressortleiter der Regionalseite und der Seite Vermischtes (sowie Redakteure einzelner Themenseiten) unterstellt.

Der Nachrichtenchef D ist zwar in der kodifizierten Redaktionshierarchie ebenfalls weit oben (nach dem CvD) angesiedelt, auf seine tagespraktische Arbeit wirkt sich das aber kaum aus. Er steht vielmehr an der Spitze der kaum noch entscheidenden sondern hauptsächlich ausführenden Redakteure. Als Leiter der Nachrichtenredaktion ist er während des gesamten Tages fast pausenlos mit der Sichtung des eingehenden Agenturmaterials beschäftigt. Er liest, ordnet und verteilt die Agenturausdrucke, die alle zehn bis 15 Minuten von Boten gebracht werden. Von ihm wird erwartet, daß er einen vollständigen Überblick über die aktuelle Nachrichtenlage hat, um gegebenenfalls die Bearbeitung von Themen mit einzelnen Ressorts abzustimmen. In den Konferenzen gibt er jeweils kurze Zusammenfassungen der Nachrichtenlage.

In der Position des Nachrichtenchefs muß sehr intensiv gearbeitet werden, wobei Routine eine merkliche Entlastung übernehmen kann. Während des Beobachtungszeitraumes wurde der (routinierte) Nachrichtenchef zweimal für einige Tage von Nachrichtenredakteuren vertreten. Bereits kurz nach Arbeitsbeginn ließen sich diese Nachrichtenchefs i.V. nur ungern ansprechen, zeigten sich zunehmend nervös, reagierten in Einzelfällen gereizt und laut. Äußere Anzeichen für die streßreichere Situation waren gerötete Wangen schon kurz nach Arbeitsbeginn, was bei den Redakteuren üblicherweise erst gegen Redaktionsschluß am Abend registriert werden konnte.

Um dieses kleeblattähnliche Entscheidungszentrum herum gruppieren sich weitere Ressorts der Zentralredaktion. Sie werden im folgenden kurz beschrieben, ehe auf die konkreten Arbeitsabläufe eingegangen wird.

5.2 Die Nachrichtenredaktion

In unmittelbarer Nachbarschaft zu Chefstellvertreter A und dem Nachrichtenchef D sitzen die drei Nachrichtenredakteure E, F und G. Sie bilden die innenpolitische Nachrichtenredaktion und sind für die Seiten 1 und 2 sowie für die Hintergrund-Seite zuständig (die sie sich mit dem Ressort Außenpolitik teilen, vgl. unten). Ihre Arbeit besteht in der Hauptsache darin, Agenturnachrichten sowie Berichte der beiden xyz-Außenbüros in der Bundes- und Landeshauptstadt am Datensichtgerät so zu bearbeiten, daß sie in der zeitungstypischen Art veröffentlicht werden können. Hinzu kommt die handschriftliche Bearbeitung von Korrespondententexten, die als Fernschreiben eingehen und (noch) nicht automatisch in das System eingespeist werden.

Einer der drei Nachrichtenredakteure übernimmt regelmäßig auch Reporterfunktionen. Er besucht Veranstaltungen (Pressekonferenzen, Parteitage etc.) politischer Organisationen der Region, pflegt entsprechende Kontakte und verfaßt eigene Berichte und bisweilen Kommentare. Originäres Recherchieren und Schreiben kommt bei den Nachrichtenredakteuren E und F nur marginal vor.

Die quantitativen Leistungen dieses Ressorts richten sich nach dem verfügbaren Platz im Blatt. Auf der Seite 1 (Politik) lassen sich täglich etwa drei bis vier größere Nachrichtenkomplexe (je etwa 60 bis 90 Zeilen), zwei bis drei Bilder und etwa drei bis sechs Meldungen (je etwa 15 bis 30 Zeilen) unterbringen. Der redaktionell verfügbare Platz auf Seite 1 schwankt, da unterschiedlich viel Raum für Ankündigungen, Sport-Spitzenmeldungen und Eigenwerbung des Verlages beansprucht wird. Zusätzlich macht eine nach Ausgaben wechselnde (zweispaltige) Anzeige in der rechten unteren Ecke den Platz streitig. Die Redaktion kann hier nur relativ unwichtige Nachrichten unterbringen, da diese in Teilen des Verbreitungsgebietes nicht erscheinen, sondern durch die Anzeige ersetzt werden. Deshalb wird hier oft ein belangloses Schmuckbild eingespiegelt.

Auf der Seite 2 ist Raum für etwa drei größere Nachrichtenkomplexe und etwa ein halbes Dutzend Meldungen (je etwa zehn bis 30 Zeilen). Hier erscheinen auch täglich drei Kommentare, eine Glosse und eine Karikatur.

Für längere Hintergrundberichte steht täglich etwa eine 3/4-Seite zur Verfügung, die zwei bis drei große Themenkomplexe mit zwei bis drei Bildern faßt. Diese Hintergrund-Seite muß etwa eine Stunde früher als die aktuellen politischen Seiten fertig sein.

5.3 Außenpolitik

Als Ressort ohne eigene aktuelle Seiten in der Zeitung arbeiten der Ressortleiter I und Redakteur H eng mit dem Entscheidungszentrum zusammen. Sie sichten die eingehenden außenpolitischen Meldungen per Agenturausdruck sowie am Terminal, sammeln und ordnen Themenkomplexe, organisieren Bildmaterial und sprechen mehrmals täglich die Aufmachungsdaten mit den Chefstellvertretern und dem Nachrichtenchef ab. Nach den so vereinbarten Vorgaben bearbeiten sie dann die Texte am Datensichtgerät, versehen sie mit Überschriften und Satzkommandos. Zu abgesprochenen Themen verfaßt dieses Ressort auch Kommentare, die im allgemeinen der Ressortleiter, bei dessen Abwesenheit der Redakteur schreibt. Da die Chefredaktion sämtliche Kommentare und sonstige Meinungsbeiträge verantwortet, müssen sie grundsätzlich zum Gegenlesen vorgelegt werden. Außen- und Innenpolitik konkurrieren um den ohnehin knappen Platz der drei politischen Seiten. Die Außenpolitik ist zudem für eine einmal wöchentlich erscheinende 1/2 Seite mit Auslandsberichten zuständig.

5.4 Regionales

In der rechten hinteren Ecke des Großraums sitzen der Ressortleiter L und der Redakteur K, die für die dritte Seite der Zeitung hauptsächlich regionale Nachrichten, Berichte und Reportagen bearbeiten, sofern sie nicht explizit politischen Charakter haben. Dem Ressort steht ein Datensichtgerät zur Verfügung, an dem die beiden Redakteure häufig gemeinsam Texte lesen, redigieren und passende Überschriften formulieren. Das Regionalressort arbeitet eng mit den Reportern zusammen, die ihren Arbeitsplatz ein Stockwerk höher haben. Zur Koordination kommen die Reporter gegebenenfalls in den Großraum.

Eine der prominentesten Aufgaben dieses Ressorts ist das clearing mit den zahlreichen lokalen Außenredaktionen der Zeitung. Die Redakteure bestellen Berichte und Bilder zu Themen, die sie selbst entdeckt haben oder auf die sie von außen aufmerksam gemacht worden sind. Beide Mitarbeiter klagen in diesem Zusammenhang über zeitliche und koordinative Belastungen aufgrund zunehmender telefonischer Managementaufgaben und über die teilweise mangelhafte Kooperationsfähigkeit und -willigkeit vieler Außenredaktionen.

Im Regionalressort konnten bisweilen Streßerscheinungen beobachtet werden, die zum Teil auf positions- und funktionsfremde Tätigkeiten zurückzuführen sein dürften. Beide Redakteure übernehmen häufig die Eingabe maschinengeschriebener Manuskripte (etwa von Reportern), die dabei zugleich inhaltlich und stilistisch verändert werden. Die Mitarbeiter begründen dieses zeit- und aufmerksamkeitsraubende Verfahren mit einem angestrebten hohen journalistisch-handwerklichen Standard. Beiden ist bewußt, daß sie dabei gegen das Verbot der Fremdtexteingabe laut RTS-Vertrag verstoßen. Hier engagieren sich Journalisten auf Kosten des eigenen Arbeitsvermögens für eine Produktqualität, von der das betriebswirtschaftliche Kalkül der Geschäftsführung längst stillschweigend Abstriche vorgenommen hat.

5.5 Welt/Vermischtes

Für das "Vermischte" aus aller Welt ist ein Redakteur N zuständig, der zugleich als Ressortleiter für seine täglich knapp eine Seite verantwortlich zeichnet. Er verfügt nicht über ein Terminal, sondern bearbeitet die Agenturmeldungen am Papierausdruck. Eine Sekretärin, die ansonsten auch Verwaltungs- und sonstige Serviceaufgaben für die anderen Ressorts in diesem räumlichen Bereich übernimmt, gibt die Texte mitsamt handschriftlichen Änderungen und Satzkommandos anschließend in das System ein. Der Welt-Ressortleiter gestaltet zudem eine Samstagsseite mit Kurzgeschichten, Rätseln und Witzen, wozu er Kontakte zu Autoren und entsprechenden Agenturen unterhält.

5.6 Fernsehen

Zwei Spalten der Welt-Seite, also etwa eine Viertel- bis Drittelseite, sind täglich für das erst kurze Zeit bestehende Ressort Fernsehen reserviert. Ergänzend zum Fernsehprogramm, das auf der Kulturseite einen festen Platz hat, erscheinen hier umfassendere Berichte als Programmvorschau und im Ansatz als Hintergrundberichterstattung aus dem Medienbereich. Die zuständige, relativ junge Redakteurin M war während des Beobachtungszeitraums noch damit befaßt, ihre neue Rolle experimentell auszuloten. Die Eigenleistungen bewegten sich zwischen recherchierten Personalinterna aus den Rundfunkanstalten und Interviews mit Showstars, zwischen geharnischter Kritik an einzelnen Fernsehsendungen und platter Vorschau auf amerikanische Serien. Zwischen diesen Polen schwankten auch Interesse und Sympathie, mit denen die gesamte Redaktion die Arbeit des jungen Ressorts beobachtete. Einerseits gab es ein Interesse, aus dieser TV-Ecke mehr zu machen als eine bunte Programmvorschau, andererseits hat ein Zeitungsverlag wie der der xyz, der künftig auch privatwirtschaftlich Fernsehen und Hörfunk anbieten will, seine eigene medienpolitische Sichtweise. (Der grundsätzliche Konflikt ist mittlerweile entschieden: Die Berichterstattung über Fernseh- und sonstige Medienentwicklungen wurde einem neu angeworbenen Redakteur übertragen, der für seine Affinität zu Entertainment und inhaltsleerem Aktionismus bekannt ist. Im selben Zuge wurde diesem Ressort täglich doppelt soviel Raum (eine halbe Seite) zur Verfügung gestellt.)

5.6 Wirtschaft

Mit dem Ressortleiter O und den beiden Redakteuren P und Q bearbeitet die Wirtschaft täglich etwa eine knappe Zeitungsseite. Obwohl hier zwei Terminals zur Verfügung stehen, arbeitet nur einer der Redakteure regelmäßig am Schirm, der andere überwiegend mit Schreibmaschine und Manuskripten. Der Ressortleiter schreibt seine Berichte und Kommentare handschriftlich (dies wurde sonst bei keinem der Redakteure registriert) und diktiert sie anschließend der Sekretärin in das System. Alle drei Mitarbeiter nehmen häufig Außentermine wahr, der Ressortleiter ist oft auf Reisen.

Zwischen den beiden Wirtschaftsredakteuren gibt es zwar eine themenspezifische Aufgabenteilung, eine tägikeitsspezifische Differenzierung ist jedoch nur in Ansätzen vorhanden. Beide nehmen Recherche- und Kontaktpflegetermine wahr, beide schreiben regelmäßig eigene Berichte, und die tägliche Themenabstimmung und -plazierung auf den zugewiesenen Seitenstücken erledigen beide Redakteure gemeinsam. Ihre bisweilen rege interpersonale Kommunikation (die häufig auf die zu bearbeitenden Themen bezogen ist) wird offenbar durch die Arbeitsplatzanordnung gefördert: Die zusammengerückten Schreibtische bilden eine zusammenhängende Arbeitsfläche und die Redakteure sitzen sich nah gegenüber.

In keinem der beobachteten Mantelressorts wurde eine so ausgeprägte Tätigkeitsvielfalt ausgemacht. Zum Teil benahmen sich die Wirtschaftsredakteure wie Nachrichtenredakteure, die Fremdmaterial bearbeiten, zum Teil jedoch erinnerte die Arbeitsweise aufgrund von Terminbesuchen, telefonischer Recherchen und des Schreibens eigener Berichte an die von Lokalredakteuren. Dem Zugriff des Ressortleiters haben sich die Redakteure mit Hilfe eigener Kompetenz (Faktenwissen) merklich entzogen, so daß in diesem Ressort tatsächlich mehr eine Gruppen- denn eine hierarchische Struktur zum Tragen kam.

Unternehmensbilanzen und Geschäftsberichte werden von den Redakteuren in Archivschränken gesammelt. Auch die periodischen Veröffentlichungen wichtiger Wirtschaftsforschungsinstitute liegen in einem separaten Schrank geordnet und sind schnell griffbereit. Eine Sekretärin arbeitet ganztags in diesem Ressort.

5.8 Chef vom Dienst

Links neben den Chefstellvertretern und dem Chef vom Dienst sitzen die CvD-Mitarbeiter S und T sowie eine für Leserbriefe zuständige Redakteurin R. Redakteur S erhält sämtliche eingehenden Bilder auf seinen Tisch. Er sortiert sie nach Themen und Ressortverwendbarkeit und gibt sie an entsprechende Ressorts oder das Bildarchiv weiter. Zusätzlich übernimmt dieser CvD-Redakteur das präzise Layout der Hintergrund-Seite sowie die Planung der wöchentlichen Kraftfahrzeug-Seite, für die ein Reporter regelmäßig Material liefert.

Redakteur T ist mit der Planung und Gestaltung von Sonderseiten befaßt und überwacht darüber hinaus im Verlauf des Nachmittags den Umbruch einiger aktuell produzierter Seiten. Die CvD-Redakteure entlasten durch ihre Servicefunktion manche Ressorts von technischen und Ausführungsarbeiten.

5.9 Bildarchiv

Das Bildarchiv der Zeitung hat seinen Standort am rechten hinteren Ende des Großraums. Ein älterer Mitarbeiter ist ganztägig mit dem Sortieren und Ordnen der eingehenden Bilder beschäftigt. Je nach Wunsch und Vorstellung der Ressorts stellt er zu bestimmten Themen eine Auswahl von Bildern zusammen, aus denen die jeweilige Redaktion ein passendes Motiv auswählt.

5.10 Sekretärinnen

Den Ressorts im Großraum sind fünf Sekretärinnen zugeordnet, davon eine als Springerin für Aushilfsfälle. Nur eine der Sekretärinnen hat ihren Arbeitsplatz außerhalb des Großraums. Wenn es auch eine relativ genaue Zuteilung zu den einzelnen Ressorts gibt, so wird die anfallenden Arbeit doch flexibel verteilt. Besonders in Stoßzeiten vor Redaktionsschluß sind fast alle Sekretärinnen mit der Eingabe und der Bearbeitung von Manuskripttexten befaßt, die von Korrespondenten oder Reportern eingegangen sind. Das Terminal in der unteren linken Ecke ist ein exklusiver Sekretärinnen-Arbeitsplatz.

5.11 Technische Assistenten

In einem durch Glasscheiben abgetrennten Raum sitzen die sogenannten Technischen Assistenten. Über ihre vier Terminals gehen alle Texte, die im Großraum produziert worden sind. Die Assistenten, die keine Redakteure, sondern ehemalige Mitarbeiter der Technik sind, rufen sich Texte selbständig auf den Schirm. Sie kontrollieren die Korrektheit der satztechnischen Anweisungen (Makrobefehle), achten auf korrekte Silbentrennungen und Sitz der Überschriften. Anschließend "senden" sie diese (wie es im Hausjargon heißt) zum Belichten in die Technik.

Von dieser Abteilung geht bisweilen ein regelrechter Sog aus: Weil die Fotosetzmaschinen in der Technik langsamer sind als das elektronische System und es deshalb bei hohem Input zu Staus kommt, wollen die Technischen Assistenten den Materialfluß entzerren und möglichst frühzeitig im Lauf des Tages viel Material senden. Sie haben den Zugriff auf die elektronischen Register der Redakteure, suchen in ihnen herum und ordern die Artikel in eigener Regie. Dabei kommt es vor, daß auch Texte abgerufen und gesendet werden, die noch nicht vollständig von den Redakteuren bearbeitet worden sind. Diese suchen dann vergeblich ihre verschwundenen Artikel im System, was zu zeitlichen Verzögerungen und überflüssiger Mehrarbeit führen kann. Umständliche Koordinationen und Unmutsäußerungen sind die Folge.

Die Assistenten sind keine Korrektoren im traditionellen Sinn. Diese hat das Verlagshaus im Zuge der Einführung Neuer Technik ersatzlos abgeschafft. Wegen Zeitmangels können die Technischen Assistenten weder Orthographie noch Interpunktion gründlich nachprüfen. Manchmal bemerken sie allerdings sachliche, logische Unstimmigkeiten, etwa verkehrte Zahlenangaben oder differierende Namensschreibweisen, die sie dann in Absprache mit den zuständigen Redakteuren beheben.

5.12 Ausdruckmöglichkeiten

Die Großraumressorts verfügen über zwei sehr schnelle Matrix-Drukker, auf denen die eigenproduzierten Texte ausgedruckt werden. Dies ist sogar ein Muß: Laut einer internen Anweisung müssen alle Texte allen Mitarbeitern zur Einsichtnahme offenliegen - wenn diese auch davon so gut wie keinen Gebrauch machen. Vielmehr nutzen manche Redakteure diese Möglichkeit, um Texte vor dem Verschwinden im System zu retten und sie am Manuskript zu redigieren. Was man schwarz auf weiß nach hause tragen kann - diese Weisheit haben die Redakteure nach Einführung des elektronischen Redaktionssystems besonders schätzen gelernt.

5.13 Agenturkopien

Alle eingehenden Agenturmeldungen, die für die Großraumressorts bestimmt sind, liegen zur allgemeinen Einsichtnahme in zwei Kopien aus. Sie werden von Boten auf separate Klemmbretter in der zeitlichen Eingangsfolge abgelegt. Auch von dieser Orientierungsmöglichkeit machen die meisten Redakteure kaum Gebrauch. Das regelmäßige Sichten des gesamten Nachrichtenmaterials konnte nur bei den Chefstellvertretern, dcm Nachrichtenchef (der seine eigenen Durchschläge erhält), einem Nachrichtenredakteur (eingeschränkt regelmäßig) und bei den Volontären beobachtet werden.

Während des Beobachtungszeitraums bezog das Unternehmen fast alle auf dem bundesdeutschen Markt erhältlichen Agenturen:

```
dpa : Deutsche Presse-Agentur
rtr : Reuters
AP  : Associated Press
AFP : Agence France-Press
ddp : Deutscher Depeschendienst
```

sowie

```
epd : Evangelischer Pressedienst
KNA : Katholische Nachrichtenagentur
```

AFP wurde zur Probe bezogen, um schließlich nach der Zustimmung der Redakteure dem Deutschen Depeschendienst (dessen allzu nachlässiger Umgang mit Fakten bisweilen beklagt wurde) zu kündigen. Von Reuters wurde lediglich der allgemeine politische Dienst bezogen, nicht der rtr-Wirtschaftsdienst.

5.14 Volontäre

Für Volontäre sind in den Ressorts Innenpolitik (Nachrichten), Außenpolitik und Wirtschaft Schreibtische reserviert. Den für einige Wochen anwesenden Volontären wird im allgemeinen geraten, sich einen Überblick über die Nachrichtenlage zu verschaffen und sich über die Berichterstattung der großen bundesdeutschen Zeitungen zu informieren. Überregionale und große Regionalzeitungen sowie die großen Boulevardblätter liegen zum Teil in mehreren Exemplaren aus. Daneben werden Volontäre mit kleineren Aufgaben innerhalb der Tagesproduktion betraut. Im Bereich Außenpolitik gestalten sie relativ selbständig eine einmal wöchentlich erscheinende halbe Seite mit Berichten und Reportagen aus der ganzen Welt.

Neben Volontären der xyz beschäftigt die Zeitung auch Praktikanten von Journalistenschulen und Journalistik-Studiengängen, denen zum Teil lediglich ein Zeilenhonorar für die Mitarbeit gezahlt wird.

6 Der Produktionsablauf

Der Verlag gibt seit einigen Monaten eine frühe Abendausgabe heraus, die ab etwa 20 Uhr im Straßeneinzelverkauf in "Kampfgebieten" mit Marktkonkurrenz vertrieben wird. Diese Post-Ausgabe (P-Ausgabe) wird in den Sommermonaten auch in wichtige Urlaubsgebiete im In- und Ausland geschickt. Nach Angaben der Chefredaktion beträgt die Auflage dieser frühen Ausgabe etwa 40.000 Exemplare, von denen rund 32.000 in die Urlaubsgebiete versandt werden. Der Verkauf einiger Tausend Zeitungen abends in Kneipen wird vom Verlag gern als Dienst am Kunden, als Leser-Service, etikettiert.

Ein früher Fertigungsschluß kommt jedoch, das dürfte relevanter sein, den wirtschaftlichen Interessen des Unternehmens sehr entgegen. Kostenträchtige Spät- und Nachtschichten, die sich die gut organisierten Facharbeiter im Satz-, Montage- und Druckbereich bislang gut haben bezahlen lassen, fallen weg oder werden reduziert.

Straßenverkauf ab 20 Uhr heißt Andruck (Druckbeginn) der letzten Zeitungsteile (Bücher) gegen 19.30 Uhr. Das wiederum erfordert einen Umbruchschluß gegen 19 Uhr und somit Redaktionsschluß gegen 18 Uhr - für die aktuellen politischen Seiten. Die Umbruchtermine für Seiten wie Kultur, Wirtschaft oder Welt/Fernsehen werden noch weiter vorgezogen (zum Teil bis 16 Uhr !), um Montageengpässe zu vermeiden (die freilich nichts weiter sind als Ausdruck einer strikten Einsparungspolitik der Geschäftsführung). Wenn die Anzeigenabteilung sehr viele und/oder aufwendige (z.B. Farb-) Anzeigen im Programm hat, dann kann das für Ressorts, die redaktionelle Stücke auf diesen Seiten füllen sollen, "Vordruck" bedeuten: Die Zeitungsteile werden gedruckt und zwischengelagert und später mit den aktuellen Teilen zusammengefügt. Auf die Arbeit der Redakteure kann sich das so weit auswirken, daß der redaktionelle Raum über einer mehrfarbigen Anzeige einen ganzen Tag vor dem Erscheinen gefüllt werden muß. Die (in einem beobachteten konkreten Fall 3/4-) Seite wird gemeinhin zur Statistik des Ressorts hinzugerechnet, so daß hier letztlich Raum für die aktuelle Berichterstattung verloren geht.

Die 18-Uhr-Deadline ist also die hintere Begrenzung des redaktionellen Produktionsintervalls. Nun läßt sich jedoch der Arbeitsbeginn nicht beliebig weit in den Vormittag verlegen, weil einerseits ein Teil des Acht-Stunden-Solls der Redakteure für die Aktualisierung der P-Ausgabe bis etwa 20 Uhr benötigt wird und weil andererseits die Agenturen erst im Lauf des Nachmittags ein Produktionshoch erreichen.

Die Redakteure im Großraum beginnen bis auf einige Ausnahmen um 13 Uhr mit der Arbeit. Innerhalb der nun folgenden fünf (!) Stunden bis Redaktionsschluß um 18 Uhr wird hier eine vollständige Regionalzeitung zusammengestellt. Während der einstündigen Umbruchphase wird kaum noch redaktionell gearbeitet, da ein oder zwei Redakteure gemeinsam mit dem CvD die Seitenmontage überwachen. Lediglich der Nachrichtenchef sitzt dann noch am Terminal und bearbeitet restliche Meldungen und Berichte.

Nachdem die meisten Redakteure spätestens gegen 19.30 bis 20 Uhr ihren Arbeitstag beendet haben, akualisieren der CvD und ein Redakteur noch bis 22 Uhr. Dies ist die offizielle Schlußzeit für die Hauptausgabe der Zeitung. Bis 24 Uhr hält sich schließlich noch ein Redakteur bereit, um letzte Meldungen nachzuschieben. Größere Änderungen muß er jedoch mit einem Ressortleiter und/oder mit einem Chefredakteur absprechen.

Das fünfstündige Produktionsintervall ist unterbrochen von einer etwa halbstündigen Konferenz um 13.30 Uhr und einer kürzeren, etwa 20minütigen Konferenz um 16 Uhr. Damit läßt sich der Arbeitstag in folgende Phasen einteilen.

13 Uhr	Arbeitsbeginn
13 - 13.30	Orientierungsphase
13.30 - 14	1. (Mittags-) Konferenz
14 - 16	1. Produktionsphase
16 - 16.20	2. Konferenz (Dauer schwankt)
16.20 - 18	2. Produktionsphase
18 - 19	Umbruch/Seitenfreigabe
19 - 20	Aktualisierung der Hauptausgabe
20 - 22	Aktualisierung/Spätdienst
22 - 24	Nachtdienst/Bereitschaft

6.1 Nachrichtenredaktion

Die Arbeitsweise des zentralen Komplexes Nachrichten/Innenpolitik/Chef vom Dienst soll nun aufgrund seiner exemplarischen Bedeutung detailliert beschrieben werden. Seine Arbeitsweise spiegelt die der anderen Mantelressorts, wobei einige Funktionen stark akzentuiert sind.

6.1.1 Orientierungsphase

Die Aktivitäten der Nachrichtenredaktion/Innenpolitik während der ersten halben Arbeitsstunde sind neben kurzen Begrüßungsritualen bereits bestimmt von den Erwartungen der Mittagskonferenz, auf der ein erstes thematisches Menü entworfen wird. Damit unterliegen die Redakteure dem Zwang, sich kundig zu machen, um gegebenenfalls Stellung nehmen zu können.

Die Mitglieder des Ressorts finden sich gegen 13 Uhr in der Redaktion ein, wobei auch eine viertelstündige Verspätung nicht sonderlich moniert wird. Die Redakteure begrüßen sich fast ausnahmslos per Handschlag, einige unternehmen regelrechte Rundgänge durch den Großraum. Dieses Ritual wurde gegenüber dem Beobachter von einem Volontär belächelt, der auf den Gegensatz zwischen dem herzlichen Auftakt und der ansonsten relativ kühlen, distanzierten Atmosphäre im Großraum hinwies. In kleinen Lokalredaktionen jedenfalls sei die Stimmung durchweg herzlicher bis kumpelhafter (dies bestätigen auch die Erfahrung des Beobachters).

Eine lange Einstiegsphase in den Produktionsalltag mit ausgeprägt privater Kommunikation gibt es nicht. Die Redakteure laufen herum, einige besorgen sich eine Tasse Kaffee und verstauen gegebenenfalls mitgebrachten Proviant (zu den teilweise phänomenalen Eß- und Trinkgewohnheiten am Arbeitsplatz vgl. unten). Gespräche drehen sich überwiegend um die vorliegende Tagesausgabe, um die Berichterstattung der Konkurrenzzeitungen und um die Nachrichtenlage, wie sie die Redakteure aus den Hörfunknachrichten kennen. Gegenüber dem Beobachter wurde immer wieder die angeblich rege Zeitungs- und Zeitschriftenlektüre zuhause betont, die auch überregionale Blätter umfasse.

In Erwartung der ersten Konferenz bereiten sich die Mitarbeiter nun inhaltlich vor, wobei hier rollen- und positionsspezifische Unterschiede auszumachen sind.

Chefstellvertreter A, zugleich Innenpolitischer Ressortchef, ist einen Großteil der ersten halben Stunde mit dem Sichten der Agenturmeldungen beschäftigt. Er blättert stetig in den ausliegenden Agenturdurchschlägen und macht sich mit der (schon jetzt großen) Themenvielfalt vertraut. Obwohl sich einige Themen erst im Lauf des Nachmittags entfalten werden, stuft er sie jetzt schon als bedeutsam ein und trifft Absprachen mit anderen Ressorts. Dabei wendet er sich gemeinhin an den Ressortleiter, bei dessen Abwesenheit an einen Redakteur. Vereinzelt telefoniert Chefstellvertreter A zu dieser Zeit mit den Außenbüros in der Landeshauptstadt und in Bonn. Im engeren Sinne produktive Tätigkeiten kommen in dieser Phase bei A nicht vor, es dominieren Orientierungs- und Entscheidungstätigkeiten.

Dies ist bereits jetzt anders beim Leiter der Nachrichtenredaktion D. Nachdem er einige Zeitungen durchgeblättert hat und kurze Gesprächskontakte hatte, beginnt er mit dem systematischen Sichten und Ordnen des einlaufenden Agenturmaterials. Er liest dazu die Meldungen auf dem Papier und vergleicht bisweilen am Sichtgerät. Dort laufen die Texte unmittelbar ein, während die Durchschläge wegen der Verteilwege durch Boten eine Verspätung von zehn bis 15 Minuten haben.

Der Nachrichtenchef stellt zusammengehörige Meldungsteile, Zusammenfassungen und verschiedene Fassungen mehrerer Agenturen zu Meldungspaketen zusammen und notiert in Absprache mit Chefstellvertreter A die voraussichtliche Aufmachungsgröße. In diese Absprachen werden auch der Chef vom Dienst und bisweilen Chefstellvertreter B einbezogen. Das "Kleeblatt" arbeitet eingespielt und routiniert. Hier wird, was äußerlich kaum wahrzunehmen ist, entschieden, ob ein Thema überhaupt zum Thema im Blatt gemacht wird, ob es als kleine Meldung oder großer Bericht erscheinen wird.

In dieser Phase geht es aber hauptsächlich um die weitesgehende Erfassung des Nachrichtenangebots der Agenturen. Kurz vor Konferenzbeginn notiert der Nachrichtenchef die dominierenden Themen, um sie während der ersten Konferenz vorzustellen.

Die Tätigkeit des Nachrichtenchefs verlangt offensichtlich während des ganzen Tages konstant hohe Aufmerksamkeit und ist zeitlich so eng gepackt, daß kaum variiert werden kann. Dies zeigte sich deutlich während eines Vertretungsfalls: Der Nachrichtenchef i.V. hatte eine Fernsehkritik vom Vorabend für die Kulturseite vereinbart. Um die etwa 60 Zeilen zu schreiben benötigt er ungefähr 45 Minuten, für die jedoch im regulären Arbeitstag keine Zeit freizuschlagen war. Somit mußte der Redakteur das Schreiben vor den eigentlichen Arbeitstag verlegen und etwa eine Stunde früher erscheinen.

Da die Nachrichtenredakteure E und F nicht über eigene Agenturdurchschläge verfügen, verschaffen sie sich einen thematischen Überblick anhand der allgemein ausliegenden Kopien oder direkt am Datensichtgerät. Dort haben sie den Zugriff zu allen Speichern (Registern), das heißt, sie können nicht nur alle eingehenden Meldungen lesen, sondern auch zur Bearbeitung in ihr Arbeitsregister kopieren.

Dieses erste Sichten der Nachrichten gleicht zu dieser Zeit aber eher einem Überfliegen, zumal das System nur die ersten, maximal neun Zeilen eines Textes (ca. 60 Anschläge) sichtbar macht. Will der Redakteur mehr lesen, so muß er den jeweiligen Text aus dem Leseregister in sein eigenes Arbeitsregister umkopieren, was wesentlich umständlicher und zeitraubender ist als das Blättern in vorliegenden Manuskripten. Das schnelle Auf- und Abrollen der kurzen

Meldungsanfänge wird von den Redakteuren aber oft genutzt, da Überschriften und wenige kurze Sätze einen groben Überblick ermöglichen.

Die Nachrichtenredakteure sind während der Mittagskonferenz nicht unbedingt inhaltlich gefordert. Deshalb haben sie zu Arbeitsbeginn mehr Gelegenheit zur Orientierung im weiteren Umfeld als etwa der Nachrichtenchef. Sie blättern in den herumliegenden Zeitungen, sprechen über Themen des Tages oder auch persönliche Dinge, gehen ihre Post durch oder befassen sich mit Volontären. Bei zu erwartenden Produktionsengpässen werden aber schon jetzt Texte bearbeitet. So redigierte einer der Nachrichtenredakteure einen ferngeschriebenen Korrespondentenbericht und gab das Manuskript noch vor der Konferenz einer Sekretärin zur Systemeingabe. Dieses Vorziehen ist eine der Ausweichstrategien, mit denen die Redakteure ihr überlastetes, kybernetisiertes System auf eine akzeptable Soll-Größe zurückregeln.

Deutlich anders verhält sich in der ersten Arbeitsphase Redakteur G, dessen Rolle zum Teil als politischer Reporter beschrieben werden kann. Er ist merklich länger und intensiver als die beiden Kollegen mit dem Sichten seiner Post beschäftigt. Dabei notiert er Termine und legt Dokumente und Vorlagen in einem persönlichen Archiv ab. Bei G konnte die systematischste Form eines eigenen Archivs beobachtet werden: In einer Hängeregistratur im Schreibtisch befinden sich einige Dutzend nach Themen und Organisationen beschriftete Mappen, die G fast täglich benutzt. Der dadurch mögliche schnelle Zugriff auf relativ aktuelles Material erleichtet dem politischen Reporter auch die Kontaktpflege mit Informanten, die bei ihm häufig beoachtet wurde. Hierbei fallen dann und wann neue Themen an, die G mit einem Chefstellvertreter abspricht. Der Redakteur nimmt oft (durchschnittlich jeden zweiten bis dritten Tag) Außentermine wahr und kommt erst später in die Redaktion. Auch in diesen Fällen informiert er umgehend das Entscheidungszentrum über die inhaltliche Ausbeute und vereinbart die Berichtslänge.

Ebenfalls mit dem Sichten seiner Post, dem Überfliegen einiger Zeitungen und mit einem kurzen Austausch bezüglich der Themen des Tages befaßt sich der Chef vom Dienst. Bei ihm wurde eine sehr große Tätigkeitsvielfalt registriert, die zum Teil auch schon in dieser Orientierungsphase zum Tragen kommt. Da er für das Management der verschiedensten Zeitungsseiten verantwortlich ist, redigiert er bisweilen am Terminal, sucht passende Motive aus dem Bilderangebot aus, kontrolliert fertig montierte Seiten und gibt diese frei, stellt Leserbriefe zusammen usw.

6.1.2 Mittagskonferenz

Zur Mittagskonferenz, der ersten und größten Besprechung des Tages, treffen sich Mitglieder aller Ressorts um 13.30 Uhr in einem Konferenzraum des Zeitungshauses. Der Chefredakteur leitet diese Zusammenkunft, Sprecher sind die Ressortleiter, die bei Abwesenheit von einem Redakteur vertreten werden. An dieser Konferenz nehmen auch Volontäre, der Ausbildungsredakteur und der für Personalfragen und Lokalausgaben zuständige, nicht mit der Tagesproduktion betraute stellvertretende Chefredakteur teil. Ein Nutzen der Konferenz wird offenbar nicht von allen Redakteuren erwartet: Manche mieden die Mittagskonferenz regelrecht und befaßten sich während dieser Zeit mit produktiven Tätigkeiten oder sie sprachen mit den Kollegen über anstehende Probleme. Erste wie zweite Konferenz werden auf diese Weise zum Arbeitszeit- und Belastungspuffer umfunktioniert.

Drei inhaltliche Schwerpunkte der Mittagskonferenz lassen sich unterscheiden:

- Blattkritik
- Organisationsfragen
- aktuelle Themenplanung.

6.1.2.1 Blattkritik

Das Ritual wiederholt sich täglich: Der Chefredakteur oder einer seiner Stellvertreter blättert die Tagesausgabe durch und macht Anmerkungen zu Themenwahl und -bearbeitung, zur Sprache oder zur Illustration. Zum Vergleich zieht er dabei auffallend oft die am Ort erscheinende Konkurrenzzeitung heran. (Hier mag ein Fall von Feldverfälschung durch den teilnehmenden Beobachter vorliegen. Das Untersuchungsobjekt xyz steht unter Monopolverdacht, da es mit der Konkurrenzzeitung wirtschaftlich eng verflochten ist. Die redaktionelle Eigenständigkeit beider Zeitungen wird deshalb vom Verlag gern öffentlich betont. Der Verdacht liegt nahe, daß dem Beobachter hier gewollt ein intensiver redaktioneller Wettbewerb vorgeführt werden sollte. Doch auch bei Berücksichtigung dieser denkbaren Verfälschung bleiben die häufigen Verweise auf die Zweitzeitung bemerkenswert, zumal sie in allen Ressorts und bei fast allen Redakteuren täglich beobachtet werden konnten. Die relative Normlosigkeit aufgrund ungeschriebener Entscheidungsprogramme in Zeitungsredaktionen provoziert vermutlich ein Maßnehmen an jedwedem geeigneten Produkt.)

Einige Beispiele sollen illustrieren, worauf sich die Anmerkungen der Hierarchen während der Konferenz beziehen und wie diese vorgebracht werden.

Während der Genfer Verhandlungen um Mittelstreckenraketen in Europa schlug die Sowjetunion vor, sie werden 81 ihrer SS-20-Raketen verschrotten, wenn die NATO auf die geplante Stationierung von Pershings und Marschflugkörpern verzichten werde. Der Vorschlag beherrschte die westliche Nachrichtengebung über Tage. Aus Bonn waren nur zurückhaltende Reaktionen zu hören. Das Ressort Außenpolitik überschrieb einen entsprechenden Bericht des Bonner Redaktionsbüros mißverständlich: "Bonn sieht Sowjetunion auch bei Verschrottung dreimal überlegen".

Da die Sowjetunion nun allenfalls einige Raketen und nicht sich selbst zur Gänze verschrotten wollte, bemängelte der Chefredakteur diese Schlagzeile. Und als sei die Außenpolitik an einem schlechten Tag ertappt worden, wurde gleich noch eine weitere Formulierungsschwäche kritisiert. In einem Bericht aus dem Libanon war von einer "Salve aus einer Haubitze" die Rede, mit der Amerikaner in die Kämpfe eingegriffen hätten. Eine Salve, merkte der Chefredakteur an, meine jedoch das gleichzeitige Feuern aus mehreren Geschützen oder Gewehren.

Einige lobende Worte erhielt dieses Ressort jedoch wenige Minuten später für ein (als gelungen bewertetes) selbstverfaßtes Portrait des israelischen Ministerpräsidenten Menahem Begin, mit dem aktuelle Berichte um dessen erwarteten Rücktritt ergänzt worden waren.

Ein solches Zusammentreffen von Tadel und Lob konnte mehrmals in der Konferenz registriert werden. Es ist vermutlich nicht zufällig, sondern wird zur Stabilisierung des betrieblichen Klimas arrangiert. Allerdings beherrschen nicht alle Hierarchen diese integrative Gesprächsführung. Einer der Chefstellvertreter läßt es zuweilen bis zur offenen Konfrontation kommen. Beispielsweise mit dem Sportressort:

Der Sport kündigte für die nächste Ausgabe Text und Bild für die Seite 1 an, damit die Politik den entsprechenden Raum reservieren konnte. Auf eine flapsig-abwertende Bemerkung des Chefstellvertreters reagiert der Sportredakteur gereizt: "Mir scheint, daß hier die Meinungen seit einer Woche (seit dem Urlaubsende des Stellvertreters, U.H.) auseinander gehen."

"Aber nein, gar nicht. Das machen wir doch gern für den Sport!" Und auf Lateinisch fügte der Stellvertreter hinzu: "Abwechselung ist uns stets willkommen!" Ein politischer Redakteur ergänzte: "Semper!"

Der Sportredakteur verstand nicht: "Das ist nicht nett, wie ihr hier mit uns Arbeiterkindern umgeht."

Obwohl solche Wortwechsel noch in einem relativ legeren Ton geführt werden, sind doch dahinterliegende, prinzipielle Konflikte spürbar.

An der Mittagskonferenz nehmen auch Mitglieder der Lokalredaktion des Erscheinungsortes teil, deren Leistungen häufig mit denen der Konkurrenz verglichen werden. Gegenüber dem Beobachter wurde mehrfach deutlich gemacht, daß die Arbeit der anderen Redaktion wesentlich besser sei. In der Konferenz hört sich das so an:

• Ein unter Mordverdacht stehender Mann war von der Polizei gefaßt worden. Auf der ersten Lokalseite wurde er mit vollem Namen genannt und in einer fetten, roten Überschrift als "Raubmörder" bezeichnet. Was Journalistik-Studenten bereits in den ersten Semestern lernen, hielt denn auch der Chefredakteur dem Lokalen vor: Ohne die Bestätigung durch ein Gerichtsurteil sei eine solche Darstellung nicht zulässig.

• Über den Konkurs eines ortsansässigen Unternehmens hatte die Lokalredaktion wohl so unzulänglich berichtet, daß es von Seiten eines Hierarchen hieß: "Beim Lesen der Konkurrenz wurden mir alle die Fragen beantwortet, die sich mir bei unserer Berichterstattung gestellt hatten." Ähnlich schnippisch kommentierte er auch ein für den nächsten Tag geplantes Thema: Das kenne er bereits aus der heutigen Ausgabe der Konkurrenz.

• Der Einwand eines Chefstellvertreters gegen die überbordende Kulturberichterstattung in einer Samstagsausgabe wirft ein Licht auf die unflexible Arbeitsweise der Redaktion. Seit Wochen erschien hier bereits eine Wochenendserie über Galerien und Galeristen der Stadt. Als sich nun zusätzlich ein größeres Kulturtreffen in der Stadt ereignete, wurde auch hierüber ausgiebig berichtet. Anstatt nun aber flexibel auf die neue Situation zu reagieren und einmal auf die Serie zu verzichten, kam auch die Galerien-Folge ins Blatt.

An dieser "Blattkritik" fällt auf, daß das Wort in der Regel von der Chefredaktion geführt wird. Nur selten kommen Einwände oder Vorschläge von seiten der Redakteure oder Volontäre, auch wenn dazu ausdrücklich aufgefordert wird. "Blattkritik" mag ohnehin ein viel zu hoch angesetzter Begriff für die wenigen Anmerkungen aus Hierarchensicht sein. Ein kritischer Diskurs findet hier sicher nicht statt. Eher ähnelt das Vorgehen einem pflichtgemäßen Abhaken. Freilich wird auch auf diesem Wege das Werteklima der Redaktion geschaffen.

Nach den Aussagen eines Redakteurs sollen die Konferenzen vor einigen Jahren noch entschieden lebhafter verlaufen sein, aber wegen des zeitlichen Druckes der anstehenden Arbeit wolle sich jetzt kaum noch ein Kollege zusätzlich belasten. So wird dann beispielsweise verständlich, daß aus dem großen Kreis der Redakteure nicht eine Wortmeldung kam, als einer der Chefredakteure eine Konferenz damit eröffnete, er habe heute noch keine Zeit zum Lesen gehabt.

Ein Bemühen des Chefredakteurs ist jedoch zu erkennen, tatsächlich qualitative Veränderungen anzuregen und durchzusetzen, schneller auf neue thematische Entwicklungen einzugehen und die Arbeit für Innovationen zu öffnen. Nicht alle Mitarbeiter nehmen an dieser permanenten Novellierung des redaktionellen Handlungsprogramms teil - ob aufgrund ehemaliger schlechter Erfahrungen oder aufgrund sonstiger Ursachen kann nicht zuverlässig beurteilt werden.

• Die "Tageszeitung" (taz) hatte über eine Amerika-Reise von Rudolf Bahro berichet, der dort sein Herz fürs Sprituelle entdeckt hatte. Was unter Umständen als Indiz für einen Richtungswechsel innerhalb der Grünen gewertet werden konnte, ließ die Redaktion ziemlich kalt. Nur ein einziger Redakteur las den vom Chefredakteur empfohlenen taz-Bericht zumindest kurz an.

• In einem Kommentar hatte einer der Chefstellvertreter von der "Außenseiter-Position" der Grünen geschrieben. Der Chefredakteur stellte die Frage, ob dies seit deren Einzug in den Bundestag (vor einem halben Jahr) noch immer so sei, oder ob bei der jungen Partei nicht längst ein Normalisierungs- und Etablierungsprozeß eingesetzt habe. Aus den marginalen Reaktion aus dem (mehr als 20köpfigen) Teilnehmerkreis läßt sich schließen, daß innerhalb der xyz-Redaktion die Grünen noch immer als randständige Gruppierung betrachtet werden.

• Nachdem die Sowjetunion eine koreanische Passagiermschine mit 269 Menschen an Bord abgeschossen hatte, gab es in der Medienöffentlichkeit tagelang auch ein Raten um die völkerrechtlichen Aspekte des Falles. Das außenpolitische Ressort hatte diesen Gedanken bislang nicht in die Berichterstattung einbezogen. Erst auf den Vorschlag des Chefredakteurs, doch einmal einen Völkerrechtler aus der örtlichen Universität dazu zu befragen, griff die Außenpolitik das Thema auf. Die Form, in der das geschah, zeigt jedoch wieder einmal die Beharrlichkeit tradierter Handlungsroutinen: Hier hätte nun die Chance bestanden, den redaktionellen Teil zu öffnen und in Form eines Gastbeitrages adaptive Bezüge zum Publikum herzustellen. Stattdesen holte die Außenpolitik die relevanten Informationen mehr oder weniger stillschweigend ein und verarbeitete sie zu einem Namensartikel, der die Eigenleistung des Ressorts betonte. Die Quelle der Informationen (auch dies ein journalistisches Qualitätskriterium) wurde in dem Bericht nicht einmal erwähnt.

• Einem Wirtschaftsredakteur wird bisweilen seine industrienahe Berichterstattung vorgeworfen. Auf einer halben Seite hatte er ein regionales Energieversorgungsunternehmen vorgestellt und dessen energiepolitische Vorstellungen unkritisch referiert. Neben Formulierungsschwächen (der Redakteur hatte jahrelang nicht an Tageszeitungen sondern in einem Wirtschaftsverband gearbeitet) bemängelte die Chefredaktion den in diesem Fall vernachlässigten Umweltschutz-Aspekt, der in einem Bericht dieser Länge unbedingt hätte dargestellt werden müssen.

Eine Auswahl aus den -zig lokalen Außenausgaben der xyz stellt der dafür zuständige Chefstellvertreter vor (der ansonsten nicht mit der Arbeit der Mantelredaktion befaßt ist). Bei dieser Gelegenheit kommt bisweilen die sehr unterschiedliche Qualität verschiedener Außenredaktionen und ihrer Produkte zur Sprache. Thematische Hinweise aus dem Lokalen greift die Zentralredaktion nur selten auf.

6.1.2.2 Organisatorisches

Nach diesem Blick durch die Zeitungsausgabe vom Tage werden in der Konferenz gegebenenfalls Themen besprochen, die mit der Organisation innerhalb des Verlages und der Redaktionsarbeit im weiteren Sinne zu tun haben. Dies kann Arbeitsteilung und -verantwortlichkeiten betreffen, sich auf technische und produktionsbezogene Probleme beziehen und auch die Ökonomie des Unternehmens (z.B. Werbe- und Anzeigenabteilungen) berühren.

• So hatte etwa der Anzeigenleiter eine Todesanzeige abgelehnt: In Berlin war der Türke Kemal Altun seiner drohenden Ausweisung durch Freitod zuvorgekommen. Proteste gegen die asylantenfeindliche Politik des Bundesinnenministeriums wurden daraufhin vielerorts auch in Form von Zeitungsanzeigen zum Ausdruck gebracht. Am Erscheinungsort hatte eine kirchliche Gruppe für eine Todesanzeige gesammelt, in der auch der Satz (aus dem bekannten Gedicht Paul Celans) stehen sollte: " Denn der Tod ist ein Meister aus Deutschland." Dem Anzeigenleiter erschien diese Bezugnahme auf Deutschlands Holocaust-Vergangenenheit unpassend, und er verweigerte die Annahme. Ein Sprecher der Gruppe versuchte daraufhin in Telefonaten mit Verlagsspitze und Chefredaktion die Hintergründe der Entscheidung zu erfahren und sie womöglich rückgängig zu machen. Der Vorgang wurde während der Mittagskonferenz geschildert und von den Redakteuren zur Kenntnis genommen. (Die Anzeige ist letztlich nicht erschienen.)

Auch mit zunehmenden technischen Problemen müssen sich die redaktionellen Mitarbeiter auseinandersetzen:

Immer wieder wird von Produktionsenpässen berichtet, weil die Kapazität der Belichtungsmaschinen zu klein ist. Auch gehen bisweilen ganze Artikel samt Überschriften etc. im System verloren und tauchen, wenn überhaupt, erst nach Stunden wieder auf.

Während der Untersuchungsphase war die nächtliche Druckkapazität des Verlages vollkommen erschöpft und es mußte mit hohen Geschwindigkeiten rotiert werden. Dieser Schnelldruck ging jedoch auf Kosten der Qualität, wie die Leser nach dem Weglegen der Zeitung an ihren schwarzgefärbten Fingern feststellen konnten. In der Konferenz kam nun die Installierung einer neuen

Rotation zur Sprache, die zwar Abhilfe schaffen sollte, aber eventuell die Redaktionsarbeit erneut tangieren würde: Das schnellere und sauberere Druckverfahren könnte auf Kosten längerer Herstellungszeiten der Druckplatten gehen. In der Redaktion wurden daraufhin Stimmen laut, die ein noch weiteres Vorziehen des Redaktionsschlusses befürchteten.

Technische Pannen gibt es immer wieder bei der Einspeisung von Agenturmeldungen in das System. Die speziellen Wirtschaftsmeldungen von Reuter werden mittels eines Computerprogrammes ausgesiebt, das jedoch nicht zuverlässig läuft: Es lenkt die anschließend übermittelten Politikmeldungen nicht unbedingt in das Poltik-Register, aus dem sich die Nachrichtenredakteure bedienen, sondern läßt sie im Wirtschafts- oder in sonstigen Ressorts versickern. Die Suche der Nachrichtenredakteure nach diesen Medldungen ist zeit- und nervenraubend.

• Nach dem Vorbild des Glückszahlenspiels der Bild-Zeitung startete die xyz in ihren Konkurrenzgebieten eine Art Bingo, bei dem wöchentlich 5x1000 Mark zu gewinnen waren. Die Entscheidung für diese großangelegte Werbemaßnahme sei vor einigen Tagen von der Verlagsspitze getroffen worden, erklärte einer der Chefredakteure. Er teile dies der Redaktion jetzt mit, so führte er aus, "damit Sie nicht überrascht sind." Ein Redakteur verbalisierte das einsetztende Gemurmel unter den Kollegen: "BILD läßt grüßen!"

Noch sei zwar unklar, so wurde weiter mitgeteilt, wie und wo die täglichen Glückszahlen veröffentlicht würden. Auf jeden Fall auf der Seite 1, "aber auf keinen Fall im Textteil" hieß es versichernd. Als das Spiel zwei Wochen darauf begann, sah das doch ein wenig anders aus. Täglich beherrschte eine zweispaltige Vignette das optische Erscheinungsbild der ersten Seite und nahm Raum für die aktuelle Berichterstattung weg. Nach einigen Wochen wurde die Glückszahlen-Grafik zwar auf eine Spalte verkleinert, sie rutschte nun allerdings bei Platznot aus dem farbigen Ankündigungskasten heraus mitten in den politischen Textteil.

Gravierender treffen solche Werbeaktivitäten die jeweiligen Lokalredaktionen. Sie wurden aufgefordert, zur Stimulierung des Leserinteresses die Gewinner mit Text und Bild groß zu portraitieren. Wöchentlich beanspruchte so die Vertriebswerbung eine 1/3 bis 1/2 Seite des Lokalteils.

In der Mittagskonferenz wird offenbar auch getestet, welche Maßnahmen des Verlags den Redakteuren zugemutet werden können. Beispielsweise machte die Chefredaktion auf eine Anzeige im Lokalteil aufmerksam, die aus einem ganzseitigen Kreuzworträtsel bestand, in dessen Zentrum die eigentliche Anzeige für eine Biersorte plaziert war. Die Überlegung sei angestellt worden, so wurde erläutert, ob solch eine "Insel-Anzeige" nicht ebensogut von redaktionellem Text umgeben werden könne. Die Redakteure ließen keine Zustimmung erkennen.

Es mag sein, daß das Einholen derartiger Stimmungsbilder von der Chefredaktion systematisch betrieben wird, um sie als Argumente gegenüber kommerziellen Interessen der anderen Verlagsabteilungen ins Feld zu führen. Oder auch nur, um Konflikte frühzeitig zu erkennen und zu entschärfen. Auch bei der Besprechung solcher Organisationsfragen dominieren, schon aufgrund ihres Informationsvorsprunges, die Chefredakteure.

6.1.2.3 Themenplanung

Der letzte Teil der Mittagskonferenz verläuft nach einem täglich gleichbleibenden Muster, da sich die Reihenfolge der Wortmeldungen stets wiederholt. Je ein Sprecher der Ressorts stellt kurz die wichtigsten Themen für die kommende Ausgabe vor. Die Abfolge:

1. Lokal (des Erscheinungsortes)
2. Sport
3. Wirtschaft
4. Kultur
5. Regionales/Welt (Vermischtes)
6. Nachrichten (Außen-/Innenpolitik)
7. Fernsehen (einmal wöchentlich)

Die Mantelressorts referieren dabei im wesentlichen die Nachrichtenlage der Agenturen und kündigen evtl. Beiträge von Büros oder Korrespondenten an. Bisweilen werden auch Themen von den Ressorts selbst entdeckt und vorgeschlagen. Solange sich kein Widerspruch der Hierarchen regt, gelten diese Themen als akzeptiert.

Wenn allerdings die Chefredakteure in dieser Phase etwas anmerken, dann entspricht das einer Aufforderung an das entsprechende Ressort, in diesem Sinne tätig zu werden.

Unter Bezug auf einen Bericht über das Landestreffen der Grünen im Verbreitungsgebiet schlug ein Chefstellvertreter vor, im Anschluß an diese aktuelle politische Berichterstattung nun auch über die mehr menschlichen Aspekte am Rande des Treffens zu schreiben. (Es war zu jener Zeit in allen Medien üblich, das unorthodoxe Verhalten von Grünen vorzuführen, die beispielsweise ihre Kinder zu den Debatten mitbrachten oder mit dem Strickzeug in der Hand abstimmten.) Mit dieser Bemerkung war nun das Arbeitsprogramm des politischen Reporters für diesen Tag formuliert: Er begann unmittelbar nach Konferenzschluß mit dem Schreiben des Features, zu dem er während seiner Teilnahme vor Ort genügend Material gesammelt hatte.

Die zum Teil rege Praxis von Chefredakteuren, auf neue Themen hinzuweisen, stößt nicht bei allen Redakteuren auf Begeisterung. Ein Ressortleiter formulierte seine Vorbehalte so: "Die haben ja viel mehr Zeit zum Lesen als wir. Dann sehen die in irgenwelchen Zeitungen ein Thema und meinen, das müsse jetzt unbedingt auch bei uns gebracht werden." Wie mehrmals beobachtet wurde, gilt dies vor allem für Themen, die ohnehin gerade in den Medienöffentlichkeiten zirkulieren:

• Kritische Wissenschaftler hatten sich in einem Buch mit der Gefährlichkeit von pharmazeutischen Produkten beschäftigt und von vielen Arzneien ausdrücklich abgeraten. Die Publikation ("Bittere Pillen") war bereits vor einigen Tagen erschienen und im "Spiegel" und in "Monitor" längst gründlich vorbesprochen worden. Dieses Thema müsse man unbedingt wahrnehmen, schlug die Chefredaktion vor. Die Reporter wurden aufgefordert, bei Ärzten und Apothekern weitere Informationen über die Folgen des Buches zusammenzutragen.

Tage darauf erschien der Bericht (vom Umfang einer 1/3-Seite) schließlich in der Samstags-Ausgabe. Da die Redaktion das eigentliche Thema verschlafen hatte - das Buch selbst und den unmittelbar einsetzenden Streit zwischen Autoren/Verlag und Pharma-Industrie - wurde so aktualisiert und regionalisiert, daß aus dem Thema eine neue Geschichte wurde. Dies ist ein typisches Beispiel für "publizistisches Recycling", für Entstehung und Karriere eines Themas, das irgendwo möglichst prominent originär gesetzt wurde und daraufhin im massenmedialen Verwertungsprozeß zirkuliert. Es wird aufgegriffen und abgewandelt, vermutlich wieder von anderen erneut wahrgenommen usw., bis es von neuen Themen von der Tagesordnung verdrängt wird. Ab und an werden bei Themenvorschlägen der Chefredaktion möglicherweise dahinterstehende kommerzielle Interessen sichtbar. Als beispielsweise ein großes Kreuzfahrtschiff wegen wirtschafticher Schwiergkeiten den Besitzer wechselte, meldete dies die Wirtschaftsredaktion mit einer, wie in ähnlichen Fällen üblich, angemessen kleinen Meldung. Nun hatte aber das Verlagshaus gerade mit diesem Schiff sogenannte Leser-Reisen veranstaltet und damit eine wirtschaftlich erfolgreiche Zusammenarbeit praktiziert. Einem der Chefstellvertreter schien dies Anlaß genug, den Dampfer noch einmal groß ins Blatt zu rücken. In diesem Sinne insistierte er jedenfalls über einige Tage.

Zu Ereignissen, die die Redaktion für wichtig hält, werden Reporter geschickt. Mit der Entsendung eines eigenen Berichterstatters ist im Normalfall auch bereits entschieden, daß über den Vorgang groß (ausführlich) berichtet wird: Wenn schon in Eigenleistung investiert wird, dann muß dies äußerlich sichtbar werden. Auch wenn das faktische Ereignis sich schließlich doch nicht als so bedeutsam herausstellen sollte.

• So war etwa ein Reporter bei der ersten großen Blockade des Raketenherbstes 1983 vor Ort im schwäbischen Mutlangen. Prominente aus Politik und Kultur hatten sich mit anderen Friedensdemonstranten vor der Raketenstellung niedergelassen und warteten auf die polizeiliche Räumung. Es geschah jedoch nichts dergleichen. Böll, Grass, Jungk und Jens wurden nicht von der Staatsgewalt weggeschleppt, das Treffen geriet zur friedlichsten Friedensdemonstration. Wo somit dem Reporter keine harten Nachrichten zur Verfügung standen, wurde wenigstens über das Geschehen am Rande lang und breit gefeaturet.

Während einer so langen verbalen Veranstaltung wie der Mittagskonferenz kommen freilich auch die "kleinen Schwächen" von Mitarbeitern zum Vorschein. Sie werden hier durch zwei Beispiele illustriert, da sie mehr als nur persönliche Idiosynkrasien, vielmehr Indizien für konkretes redaktionelles Handeln darstellen können.

Da ist beispielsweise der außenpolitische Redakteur, der anläßlich des von den Russen abgeschossenen Passagier-Jumbos allen Ernstes auf den neuesten James-Bond-Film hinweist und anhebt, einige Passagen daraus zu referieren. Es gebe da erstaunliche Parallelen zwischen Film und Wirklichkeit, wie ihm sofort aufgefallen sei. Diese fiktionale Wirklichkeitsdeutung mag Kulturkritiker bestätigen, die vor der Mediatisierung unserer Köpfe warnen. Die Mehrheit der Redakteure quittierte den Redebeitrag mit peinlichem Schweigen und schließlich mit erlösender Heiterkeit.

Da ist letztlich der als industriefreundlich bekannte Wirtschaftsredakteur, dem das Gewerkschaftliche auch dann abgeht, wenn es den eigenen Beruf betrifft: Als während der Konferenz die Sprache auf einen Bericht des dju-Organs "die feder" kommt, stellt er sich bloß mit der Frage: "Wer oder was ist die Feder? Muß man das kennen?"

6.1.3 Erste Produktionsphase (14-16 Uhr)

In den jetzt folgenden zwei Stunden zwischen der ersten (Mittags-) und der zweiten Konferenz beginnt die Nachrichtenredaktion mit der Aussagenbearbeitung im engeren Sinne. Das Informationsangebot der Agenturen ist zu dieser Zeit schon so groß, daß Berichte zu abgeschlossenen Themen satzfertig redigiert und herstellungstechnisch codiert werden können.

Die zentrale Verteilposition nimmt dabei der Nachrichtenchef ein. Kurz nach Konferenzende ist er schon wieder mit dem steten Sichten und Ordnen von Agenturdurchschlägen beschäftigt. Die zusammengehörigen Textteile gibt er zur Bearbeitung an einen der drei Nachrichtenredakteure hinüber. Er behält die Übersicht über das Themenangebot und kennt auch die angekündigten Berichte und Zusammenfassungen zu derzeit noch laufenden Ereignissen. Wie bereits erwähnt, agiert der Nachrichtenchef jedoch unter stark eingeschränkter Entscheidungsfreiheit, er läuft am sehr kurzen Band des gegenübersitzenden Chefstellvertreters.

Dieser behält während des Tages ebenfalls einen steten Überblick anhand der Agenturausdrucke und definiert die Größe der zu veröffentlichenden Themenkomplexe. Die Abstimmung verläuft üblicherweise nach diesem Schema:

Nachrichtenchef: "Wie groß soll der Stoltenberg werden?"

Chefstellvertreter: "Na, so ein längerer Zweispalter."

Das heißt, daß die Leser dieser Zeitung am folgenden Tag durch einen etwa 60 Zeilen langen Bericht einiges über den neuen Haushaltsentwurf der Bundesregierung erfahren werden.

Für die Längen der Artikel hat sich innerhalb der Redaktion folgendes Schema eingebürgert:

```
"Kurze Meldung" = ca. 10-15 Zeilen
"Meldung"       = ca. 20-30
"Zweispalter"   = ca. 40-60
"Dreispalter"   = ca. 70-80
```

Innerhalb dieser Kategorien wird bisweilen zusätzlich zwischen "groß" und "klein" differenziert.

Sobald also die wesentlichen Entscheidungen gefallen sind, liest ein Nachrichtenredakteur die Texte, sucht sich eine relativ befriedigende Fassung aus und kopiert sie aus dem elektronischen Leseregister in sein Arbeitsregister. Dort formuliert er dann neu, kopiert ggf. Absätze aus anderen Fassungen hinein, korrigiert die Rechtschreibung, kontrolliert die exakte Silbentrennung (nach Ausschluß durch den Rechner) und überlegt sich eine passende Überschrift. Parallel zu diesen Arbeitschritten oder auch anschließend fügt er die notwendigen Satzkommandos hinzu. Dabei kann der Redakteur Texte und Textteile zwischenspeichern und bei Bedarf an der richtigen Stelle abrufen. Da für die gesamte politische Berichterstattung nur etwa drei Seiten zur Verfügung stehen, müssen die Redakteure sehr knapp formulieren. Sie schreiben zumindest die ersten Sätze einer längeren Nachricht völlig neu, um so die unterschiedlich gesetzten Schwerpunkte verschiedener Agenturfassungen bereits im Vorspann unterzubringen.

Der Zwang zum kurzen, knappen Formulieren führt offenbar zu einer Bevorzugung möglichst harter, überprüfbarer Fakteninformationen. Diese Vermutung legen jedenfalls die Äußerungen eines Nachrichtenredakteurs nahe:

Die eintägige Blockade der Raketenstellung in Mutlangen sollte nachrichtlich zusammengefaßt werden. Den Vorschlag eines Kollegen, als Grundlage dafür die Fassung des Evangelischen Pressedienstes epd zu nehmen quittierte der Redakteur: "Nein, die sind weitschweifig, nicht distanziert genug, ich nehme lieber dpa."

Nachrichtendurchlaß und -selektion durch das Entscheidungszentrum sowie die produktiven, technischen Ausführungsarbeiten durch die Nachrichtenredakteure sind kennzeichnend für die Arbeit der nun folgenden Nachmittagsstunden. Begleitet ist das Geschehen von permanenter Abstimmung und Koordination innerhalb des Großraums. Die Außenpolitik informiert das Entscheidungszentrum über berichtenswerte Ereignisse, innenpolitische Meldungen werden bisweilen an die Wirtschaft überwiesen, Hierarchen und Redakteure bestellen, z.T. telefonisch, Berichte, usw.

Haben die Nachrichtenredakteure keine Texte in Bearbeitung, dann sichten auch sie in den Leseregistern das Nachrichtenangebot der Agenturen. So registrierte ein Redakteur verschiedene Fassungen einer Bonner Pressekonferenz zu wichtigen regionalwirtschaftlichen Problemen (Unternehmensschließung), die aber nach seiner Meinung alle unbefriedigend, weil nicht genügend konkret verfaßt waren. Nach Absprache mit dem Entscheidungszentrum beauftragte er den Bonner xyz-Korrespondenten mit einem längeren Bericht zu diesem Thema. Dies geschah um 15.50 Uhr. Gegen 17.30 Uhr war der Text eingegangen und vom Nachrichtenredakteur gelesen. Er bemängelte jedoch auch diese Fassung und forderte den Bonner Mitarbeiter zur Konkretiserung auf. "Der hat die Bestätigung vom Lambsdorf (Wirtschaftsminister), daß ohne Kapazitätsabbau keine Subventionen aus Bonn zu erwarten sind," sagte der Redakteur. "Aber er traut sich offenbar nicht, das auch zu sagen." Die Geschichte solle mehr auf den Punkt geschrieben werden, sonst sei die Überschrift schwer zu formulieren. Der Redakteur spitzte die Aussage schließlich in eigener Verantwortung so zu, daß am nächsten Tag irritierte Rückfragen aus Bonn eingingen: Die morgendlichen Hörfunknachrichten hatten den Zeitungsbericht zur Meldung verarbeitet und dabei den Inhalt noch weiter komprimiert. (Zusätzlich kompliziert wurde eine Klärung dadurch, daß der Bonner xyz-Korrespondent nicht über die Hauptausgabe, sondern die frühe Post-Ausgabe verfügt. Was unter seinem Namen in mehreren Hunderttausend Exemplaren verbreitet worden war, das hatte er selbst noch gar nicht zu Gesicht bekommen.)

Im allgemeinen reichen für die Koordinationen unter den Redakteuren ein paar kurze Telefonate oder Zurufe. Es kommt aber auch vor, daß formale Abstimmungsvorgänge zum Vehikel ressortpolitischer Auseinandersetzungen geraten - die dann u.U. lauter werden und länger andauern.

• In diesen Mechanismen verfing sich einer der Chefstellvertreter, der nicht bei allen Redakteuren beliebt ist, und die ihm hier offenbar einmal ein Bein stellen konnten. Auf einer Ärztetagung war erklärt worden, Schonkost und Diät seien bei Magen- und Darmerkrankungen in den meisten Fällen wirkungslos, die Patienten sollten besser das essen, was ihnen schmecke und bekomme. Der Chefstellvertreter erinnerte an seine eigenen nervösen Magenstörungen, die sein Arzt ausgerechnet mit Haferschleim kurieren wolle. Das sei ein Thema, das die Leser interessiere, die Ärzte-Meldung solle groß gebracht werden. Aber die angesprochenen Ressorts Regionales und Kultur/Wissenschaft verweigerten aus angeblichen Platzgründen die Übernahme, gegen alle Argumente des Chefstellvertreters, der die Meldung schließlich beleidigt zerknüllte und in einen Papierkorb warf. Der bescheidene Sieg der Ressorts wurde allerdings kurze Zeit später zunichte gemacht, als eine (weniger konfliktfreudige) Redakteurin den zerknüllten Text aus dem Papierkorb fischte und ihn mit einigen guten Worten doch auf einer Seite unterbrachte.

Chefstellvertreter A telefoniert in dieser Phase insbesondere mit den beiden Außenbüros und bestellt dort Berichte zu den großen Themen des Tages, soweit sie sich durch Agenturankündigungen voraussehen lassen. Die Mitarbeiter vor Ort sind durch Pressekonferenzen, eigene Kontakte und schriftliche Mitteilungen soweit informiert, daß sie innerhalb von ein, zwei Stunden längere Texte zu den gewünschten Themen liefern können. Bis spätestens 18 Uhr laufen diese Berichte (elektronisch übermittelt) in die Außenbüro-Register des Zentralrechners ein.

Am frühen Nachmittag (14.15 - 14.30 Uhr) bespricht Chefstellvertreter A mit einem von zwei regelmäßig zuarbeitenden Zeichnern eine Karikatur. Während einer von ihnen sehr selbständig denkt und fertige Motive anbietet, benötigt der andere offensichtlich konkrete Hilfen: Chefstellvertreter A skizziert selbst eine Idee aufs Papier, die lediglich der Reinzeichnung bedarf. Bis kurz vor Redaktionsschluß (Abgabetermin ca. 17.45 Uhr) haben die Karikaturisten Zeit für die Ausführung.

Auch alle sonstigen grafisch illustrierenden Elemente müssen schon zu einer relativ frühen Zeit bestellt werden, da ihre Ausführung zeitraubend sein kann.

Chefstellvertreter B möchte die Abschußstelle des KAL-Jumbos mittels eines farbigen (schwarz-roten) Landkartenausschnittes veranschaulichen. Es müßte also eine neue, von den gängigen Vorlagen abweichende Farbform der Seite 1 erstellt werden. B benötigt mehrere längere Telefonate und einen persönlichen Besuch in der Technik, um die Realisierungschancen zu erkunden. Schließlich verzichtet er doch auf die Farbe. Immerhin vergehen dann noch zwei Stunden, bis ein Grafiker eine Schwarz-Weiß-Vorlage erstellt hat.

Gegen 15 Uhr legen die Hierarchen die Themen für die Hintergrund-Seite fest. Ein Redakteur aus dem CvD-Ressort beginnt mit dem präzisen Layouten dieser Seite. Im regulativen Wechselspiel mit den dabei fixierten Vorgaben für Längen und Überschriften bearbeiten die Nachrichtenredakteure die Texte möglichst passend. Das hat später in der Technik eine schnellere, reibungslose Montage der Seite zur Folge.

Dann und wann läuft Chefstellvertreter B im Großraum herum und vergewissert sich bei den Ressorts, ob bestimmte Themen bearbeitet werden. Dabei kommentiert er bisweilen laut einzelne Entscheidungen, was den Eindruck von Reglementierung hinterläßt und seine Erwartung künftig anders zu handhabender Themenbearbeitung ausdrückt.

• Eine große Brauerei im Umland hatte ihren Bedarf nach einem größeren Trinkwasserreservoir angemeldet und beabsichtigte, einen entsprechenden See anzulegen. Naturschützer hatten gegen diesen "Bier-See" protestiert und sich in einer Bürgerinitiative organisiert. Das Regionale berichtete ausführlich über den Konflikt, der sich etwas außerhalb des xyz-Verbreitungsgebietes abspielte. Chefstellvertreter B erschien dies Thema langweilig und völlig überdimensioniert: "Die lassen sich auch den letzten Mist andrehen. Da kommt irgendeine Bürgerinitiative und die fallen darauf herein. Das wäre doch höchstens einen kleinen Zweispalter wert und nicht so einen großen Aufmacher!"

Der jüngere Chefstellvertreter mit Ambitionen auf die Chefredakteurs-Nachfolge ist allem Anschein nach noch auf der Suche nach dem eigenen Profil. Während er im Großraum herumgeht und einzelne Ressorts ansteuert, macht er bisweilen durch lautes Klatschen auf den Bauch, lautes Räuspern usw. auf sich aufmerksam. Aus der Berliner "tageszeitung" (taz) rezitierte er laut Briefe und Gedichte, die dort anläßlich des Altun-Freitodes abgedruckt waren, und machte sich über einige unglückliche Formulierungen lustig. Während der Konferenzen ist er flink beim Hereinreden und zeigt gern sein Besserwissen (über das er in der Tat hin und wieder verfügt).

Der CvD organisiert derzeit Bildmaterial. Für eine Glosse, die Chefstellvertreter A im Lauf des Nachmittags schreiben wird, sucht er ein passendes, gezeichnetes Motiv. Die Suche erstreckt sich über mehr als eine halbe Stunde, da die Lieferungen einer Karikaturen-Agentur zwar gesammelt, aber nicht systematisch geordnet werden. Angesichts des lediglich fünfstündigen Produktionsintervalls ist diese halbe Stunde eine beträchtlich lange Zeit und wirft den CvD hinsichtlich seiner ansonsten notwendigen Tätigkeiten zurück.

Anschließend telefoniert der CvD fast eine Viertelstunde mit einem Freien Mitarbeiter aus einer Lokalredaktion, der über einen einwöchigen Kongreß der Friedensbewegung berichten soll. Der Freie Mitarbeiter wird ziemlich genau "gebrieft": Einige Aspekte des Kongresses legt ihm der CvD besonders nahe, andere grenzt er aus. Ihm ist das Bemühen anzumerken, schließlich einen Bericht zu erhalten, der mehr den Erwartungen des Entscheidungszentrums als denen des Freien Mitarbeiters entspricht.

Obwohl alle Mitarbeiter der Nachrichtenredaktion einen festen Arbeitsplatz einnehmen, sieht man selten alle zugleich an ihrem Platz sitzen. Einige hält es keine Viertelstunde vor dem Terminal, dann springen sie auf, laufen ein paar Schritte herum, besorgen sich eine Tasse Kaffee, greifen nach einer herumliegenden Zeitung, tauschen ein paar Worte mit einem Kollegen aus usw. Diese kurzfristigen Tätigkeitswechsel und -unterbrechungen können als funktional notwendige Kompensationen der angespannten, intensiven Arbeit am Terminal interpretiert werden.

Phänomenal sind teilweise auch die Essgewohnheiten am Arbeitsplatz: Einige Redakteure bringen regelrecht Proviant mit: eine große Flasche Mineralwasser, einige Plastikbecher (500 ml) mit Milch-Frisch-Produkten, belegte Brote oder eine Thermoskanne Tee. Daß am Arbeitsplatz gegessen und getrunken werden muß, leuchtet angesichts der intensiven, kurzen Produktionszeit der xyz ein. Für längere Pausen in der Kantine ist allenfalls zu Arbeitsbeginn oder nach Redaktionsschluß Gelegenheit.

6.1.4 Zweite Konferenz (16-16.20 Uhr)

Zur zweiten Konferenz um 16 Uhr treffen sich lediglich die Mitglieder der Großraumressorts (Innen-, Außenpolitik, Region, Wirtschaft) und der Chefredaktion. Zumeist ist auch ein Repräsentant der Gründerfamilie anwesend, dessen publizistische Interessen neben den geschäftlichen noch Bestand haben. Er nimmt jedoch relativ passiv, rezeptiv teil.

Während dieser zweiten Konferenz wird noch einmal das Spektrum der Themen des Tages aufgefächert, um dann die Nachrichtenblöcke abschließend auf den politischen Seiten zu verteilen. Jetzt liegt auch das erforderliche aktuelle Bildmaterial vor, das der Chef vom Dienst vorstellt. In der Regel bestätigen sich die vor zwei Stunden absehbaren Themenkomplexe. Hin und wieder jedoch tauchen auch neue auf:

Erst nach 16 Uhr wird bekannt, daß in einer Großstadt des Verbreitungsgebietes ein sehr großes Wirtschaftsunternehmen schließen wird und Massenentlassungen bevorstehen. Für den kommenden Tag haben Belegschaft und

Gewerkschaften eine Großdemonstration angekündigt, an der auch der Oberbürgermeister der Stadt teilnehmen wird. Eine Großstadt in Aufruhr also, und in der Zentralredaktion ist davon bislang noch nichts bekannt. "Hätten wir dort so eine gute Lokalredaktion wie in x-Stadt, dann hätten wir längst jeden Tag davon etwas im Blatt, nicht nur im Lokalteil. Aber die Qualität der Kollegen in den Lokalredaktionen ist sehr, sehr unterschiedlich," beklagt sich der CvD. Die Konferenzteilnehmer kommen überein, das Thema mit Bild auf der Seite 1 Politik zu bringen.

Auch diese Konferenz steht zwar für alle Redaktionsmitglieder prinzipiell offen, doch wird sie (mehr noch als die Mittagskonferenz) von einigen Redakteuren regelrecht gemieden. Sie nutzen die 20 bis 30 Minuten, um ihre Seiten fertigzustellen, oder sie sind bereits in der Montage. Ein Redakteur äußerte die Vermutung, diese Konferenz älteren Stils (kleiner, exklusiverer Teilnehmerkreis mit Verlegerbeteiligung) sei mehr ein überkommenes Zugeständnis für eben jenen Gründer des Blattes. Ein funktionaler Nutzen des zweiten Treffens war tatsächlich kaum auszumachen, wenn man die Pausenfunktion einmal außer acht läßt.

Bis Redaktionsschluß sind nun noch etwa 1 1/2 Stunden Zeit. Die Chefredakteure verteilen drei Kommentarthemen unter sich, bisweilen auch unter Ressortleitern. Für die zweite Konferenz gilt noch mehr als für die Mittagskonferenz, daß Koordination und Disposition im Vordergrund stehen, inhaltliche Auseinandersetzung um Themenprioritäten so gut wie nicht stattfinden. Die Auffassungen der Chefredakteure haben sich längst (vornehmlich stillschweigend) als Norm des (Berichterstattungs-) Tages durchgesetzt.

6.1.5 Zweite Produktionsphase (16.20-18 Uhr)

Die Chefredakteure beginnen nach der zweiten Konferenz mit dem Schreiben ihrer Kommentare. Die thematische Struktur der Zeitungsausgabe liegt am späten Nachmittag soweit fest, daß nicht mehr ganz soviel Augenmerk auf die allgemeine Nachrichtenentwicklung und -selektion gelegt werden muß. Die Kommentatoren sind etwa eine halbe Stunde mit dem Formulieren beschäftigt, der Chefredakteur der xyz und Stellvertreter B schreiben ins Terminal, A an der Schreibmaschine.

Einer der Chefstellvertreter schreibt eine tägliche Glosse, der oft kleine, zum Teil skurrile Meldungen zu Grunde liegen. Der Autor ist dabei häufig genötigt, zu dem, was er zu dem Thema bereits weiß, weitere Informationsquellen heranzuziehen. Diese müssen schnell verfügbar sein. Durch diesen Zwang wird ein in der Redaktion vorhandenes großes Brockhaus-Lexikon zur beliebten Informationsquelle.

Die nicht als Manuskript vorliegenden Meinungsbeiträge werden anschließend ausgedruckt und am Papier gegengelesen und ggf. redigiert. Dies kann auch in Abhängigkeit von noch laufenden Entwicklungen geschehen. Als erst sehr spät am Nachmittag die Nachricht immer sicherer wird, daß der KAL-Jumbo von russischen Jägern abgeschossen worden ist, nimmt sich Chefstellvertreter B noch einmal seinen bereits fertig formulierten Kommentar vor und schreibt einige Passagen um.

Der Chef vom Dienst telefoniert in diesem Zeitraum häufig mit entlegenen Außenredaktionen, um sich zu vergewissern, daß angeforderte Bilder und Texte auch tatsächlich auf dem Weg sind.

• Anläßlich der Großdemonstration gegen die Unternehmensstillegung forderte er erst gegen 16.30 Uhr entsprechendes Material an und es schien ungewiß, ob die Außenredaktion zu einer solchen Lieferung in der Lage sein würde. Zur Sicherung der Produktion wurde deshalb auch das Wirtschaftsressort mit dem Thema beauftragt. Es war von den aktuellen Entwicklungen ebenfalls überrascht worden, was ein Chefredakteur frozzelnd kommentierte: "Jetzt wirbelt die Wirtschaft! Und das passiert uns als führender Zeitung der Region!" Der Ressortleiter Wirtschaft war denn auch während der letzten Stunde vor Redaktionsschluß vollauf damit beschäftigt, die erforderlichen Fakten telefonisch zu recherchieren und einen Bericht zu verfassen. Als schließlich das Bild- und Textmaterial der Lokalredaktion per Taxi angeliefert wird, legt die Zentralredaktion den Lokaltext beiseite und bevorzugt den selbst verfaßten.

Ein präzises Layout wird für die ersten beiden politischen Seiten nicht erstellt. Es haben sich im Lauf der Zeit ein paar Aufmachungsstandards herausgebildet, so daß der verantwortliche Chefstellvertreter (CvD) lediglich eine grobe Skizze der Seite 1 anfertigt. Nach dieser Skizze formulieren die Nachrichtenredakteure Überschriften samt Dach- und Unterzeilen und ggf. Zwischenzeilen. Zudem vervollständigen sie die Makro-Befehle, so daß die Berichte zur Belichtung freigegeben werden können. Die Seite 2 wird so gut wie gar nicht geplant. Hier liegen die Standards aufgrund fixer Plätze für zweispaltige Kommentare, Meldungsspalte, dreispaltige Glosse noch viel fester. Die Nachrichtenredakteure geben immer ein paar Meldungen mehr heraus, als sie vermutlich benötigen werden. Was dann übrig ist und nicht mehr auf die Seite paßt, wird weggelassen. Schriftarten und -größen sind standardisiert, so daß es genügt, beispielsweise einen dreispaltigen Aufmacher mit einer möglichst vollaufenden Überschrift zu versehen und den eineinhalbspaltigen Vorspann in größerer Schrift auf eine geradzahlige Zeilenzahl zu schreiben (die beiden Hälften sollen gleich hoch sein). Aus solchen Teilstücken läßt sich später eine Seite zusammenkleben.

Größere Pannen dürfen zwischen zweiter Konferenz und Redaktionsschluß nicht mehr passieren, sonst wäre die Zeitungsherstellung gefährdet.

So kam es fast einer Katastrophe gleich, als das System gerade in diesem Zeitraum mit der blinkenden Meldung ankündigte: "Achtung! Wir halten an!" Die Redakteure wissen, daß sie jene Texte, die sie jetzt noch in der Bearbeitung auf dem Bildschirm haben, sofort abspeichern müssen, um sie nicht gänzlich zu verlieren. Die Arbeit wurde vollkommen unterbrochen, in einem konkreten Fall für eine halbe Stunde, in einem anderen für zehn Minuten.

Engpässe treten bisweilen bei der Texteingabe in den Schreibpools auf. Der Chef vom Dienst wird mit solchen Störungen dann dringend befaßt, wenn Seiten bereits in der Technik montiert werden und noch ein einziger letzter Text fehlt. Dies hemmt den kontinuierlichen Arbeitsablauf.

Bearbeitungsengpässe gibt es jedoch auch innerhalb der Redaktion, wie eine aufschlußreiche Beobachtung deutlich machte:

• In der Nachrichtenredaktion arbeitete lediglich eine Sonntagsdienst-Besetzung (Chefstellvertreter und Redakteur). Auch der Chefstellvertreter übernahm an diesem Tag wesentlich mehr reine Bearbeitungsaufgaben am Terminal als üblich. Die Zeit wurde allmählich knapp und noch längst nicht waren alle Nachrichtenkomplexe bearbeitet. Der Nachrichtenredakteur (i.V.) wandte sich vom Terminal ab, sortierte eine knappes Dutzend Agenturdurchschläge heraus, machte mit dem Kugelschreiber ein paar Häkchen an die Absätze und kürzte einige Passagen. Dies dauerte für das knappe Dutzend 15- bis 30-zeiliger Meldungen keine fünf Minuten. Dieses Paket ließ er zu den Technischen Assistenten bringen mit der Bitte, sie mögen die notwendigen technischen Ausführungsarbeiten am Terminal übernehmen.

Wenig später erschien einer der standesbewußten ehemaligen Setzer beim Nachrichtenredakteur und protestierte gegen die zugemuteten berufsfremden Tätigkeiten: "Das hätte zumindest vorher angemeldet werden müssen!" Erst die Versicherung "ausnahmsweise heute" von Seiten der Redakteure ließ die rationalisierte redaktionelle Arbeitsweise durchgehen.

Dieser Vorfall ist ein deutlicher Beleg für die These, daß die elektronische Arbeitsweise mitnichten generell schneller und bequemer für die Redaktion ist als das alte Arbeiten am Manuskript. Hier konnte die Redaktion nur durch den Rückzug auf ehemalige Arbeitsweise mit Stift und Papier einen entscheidenden Zeitgewinn verbuchen.

6.1.6 Seitenmontage

Gegen 18 Uhr begeben sich der Chef vom Dienst und ein oder zwei Nachrichtenredakteure in die Technik im Erdgeschoß, um die Montage der beiden aktuellen politischen Seiten zu überwachen und zu unterstützen. Die Belichtungsmaschinen (Fotosatz) haben um diese Zeit fast alle Texte, Überschriften, Bildzeilen usw. ausgegeben. Da das System noch nicht umbrechen kann (z.B. Artikelumbruch), kommen Texte als einspaltige Endlosfahnen mit darüberstehenden Überschriften aus dem Belichter (bzw. Entwickler).

Mit Skalpell und Eisenlineal schneiden technische Mitarbeiter diese Stücke aus dem Fotopapier heraus, geben sie in eine Wachsmaschine und kleben sie schließich provisorisch auf ein Lichpult, das der jeweils zu bauenden Seite zugeordnet ist. Die Seiten werden üblicherweise von oben nach unten gebaut. Der Metteur klebt die Überschriften auf den Montagebogen, es folgen Unterzeile, Vorspann und der laufende Text. Um die "Beine" mehrspaltiger Berichte auf eine gleiche Höhe zu bringen, schneidet der Metteur ggf. Absätze auseinander und "schießt" (dies ist der entsprechende Begriff aus Blei-Zeiten) dadurch mehr Luft in eine Textspalte. Reicht dies nicht aus, so werden auch einzelne Zeilen voneinander getrennt und so quasi neue Absätze geschaffen. Dies hat mit inhaltlichen, am Textverständnis orientierten Überlegungen nichts mehr zu tun, sondern richtet sich ausschließlich nach der optisch passenden Stelle.

Nicht alle Fehlstellen lassen sich mit Hilfe des Skalpells berichtigen. Sollte sich eine Überschrift als zu lang, ein Text als entschieden zu kurz erweisen, dann übernehmen die Redakteure eine Berichtigung am Terminal: Sie rufen sich die Aussagen, die auch nach dem Belichten noch im Rechner gespeichert sind, auf den Schirm und korrigieren je nach Montage-Anforderung. Der neue Text erhält Belichtungspriorität und wird unmittelbar ausgegeben. (Er überspringt also die anstehenden Texte von Anzeigenblättern oder Fremdaufträgen, die vom Verlag parallel gefertigt werden.)

Da die Redaktion keinen präzisen Satzspiegel geplant hat, muß während der Montage sehr viel Feinarbeit geleistet werden. Das kann praktisch zum Weglassen ganzer Textabschnitte bei längeren Berichten führen: "Hier sind einem dann manche Sachen ziemlich egal, die man vorher am Terminal noch mit viel Mühe bearbeitet und zurechtgefeilt hat. Hier fällt einiges dann ganz unter den Tisch," bemerkte einer der Nachrichtenredakteure zur Montage, die im Hausjargon denn auch als "Schlachtfest" bezeichnet wird.

Formale und inhaltliche Bearbeitung gehen in dieser Phase Hand in Hand: Wenn etwa ein dreispaltig geplanter Bericht zu einem vierspaltigen Aufsetzer geändert wird, muß immerhin die Überschrift samt Dach- und Unterzeile bisweilen beträchtlich umformuliert werden. Und erst in den letzten Minuten vor Montageschluß wird über das Schicksal von Meldungen entschieden, für die kein Platz mehr bleibt. o So konkurrierten eine Genscher-Abrüstungsmeldung und eine wesentlich unwichtigere Landtagsmeldung gegeneinander um den letzten weißen Flecken auf der Seite 2. Daß die Landtagsmeldung bevorzugt wurde, lag an ihrer Herkunft: Sie war vom eigenen xyz-Büro in der Landeshauptstadt verfaßt worden und hatte in den Augen der Redakteure dadurch einen höheren Stellenwert als die Agenturmeldung.

Die Meldung, daß eine Friedensdemonstrantin den Abbruch ihres Hungerstreiks "erwäge", hatte keinen Bestand gegen die faktisch offenbar stärkere Meldung, Bundespräsident Carl Carstens habe einen Jugoslawien-Aufenthalt beendet.

Auch kleinere Pannen können die knapp einstündige Montagezeit stark beeinträchtigen. Als gegen 18.30 Uhr der Chef vom Dienst erfährt, daß entgegen der bisherigen Planung doch eine Anzeige auf Seite 1 geplant ist, muß er den unteren Teil der Seite umbauen und für die anzeigenfreien Ausgaben ein Füllbild besorgen. Dies geschieht innerhalb von ca. zehn Minuten und zweigt erhebliche Aufmerksamkeit für die Gestaltung der restlichen Seite(n) ab.

Von den montierten Seiten werden Fotokopien gezogen, die der CvD oder einer der Chefstellvertreter gegenliest und freigibt. Per Rohrpost und/oder Boten gelangen die Druckvorlagen in die Drukkerei(en). Die Post-Ausgabe der xyz ist fertig.

6.1.7 Aktualisierung Hauptausgabe

Gegen Ende der Montagephase ist es im Großraum zunehmend ruhiger geworden. Die produktbezogenen Aktivitäten sind stark zurückgegangen. Diejenigen Redakteure, die nicht mit der Seitenmontage befaßt sind, haben noch ein, zwei Texte bearbeitet und gesendet, im Agenturregister die letzten Meldungen gesichtet und sich schließlich erst einmal zurückgelehnt. Es ist zwischen 18.30 und 19 Uhr. Eine etwa fünfstündige intensive Arbeitsphase ist beendet. Der Fernseher wird eingeschaltet. Das regionale Abendmagazin bringt Berichte aus dem Land, für die Redakteure bisweilen Anlaß für kurze Gespräche.

• Anläßlich einer in der jüngsten xyz erschienenen Kritik an der nicht sehr hochgeschätzten TV-Abendsendung bezog der Nachrichtenchef im Gespräch mit einem Außenpolitik-Redakteur die erwähnten Qualitätskriterien auf das eigene Blatt: "Da können wir ja auch die ganze xyz wegwerfen!" In der einhelligen Ablehnung der kritischen Sichtweise fiel schließlich (auch mit einem Seitenblick auf den Beobachter) das Wort "Soziologenscheiß!".

In Einzelfällen dient die Fernsehberichterstattung als Maßstab für eigene Berichte. Die Nachrichtenredakteurin, die gegen 18.20 Uhr am Terminal einen Artikel über ein landespolitisches Ereignis redigierte, zeigte sich irritiert, daß die TV-Sendung einen wichtigen Aspekt unerwähnt ließ, den der xyz-Korrespondent längst gemeldet hatte. Für eine aufwenige Verifizierung blieb jedoch keine Zeit, so daß der Bericht auf gut Glück herausgegeben wurde.

Je nach Aktualisierungsdruck (Nachrichtenlage) beginnen die Redakteure zwischen den ZDF-"Heute"-Nachrichten und etwa 19.30 Uhr wieder mit der Arbeit. Artikel, die in der Post-Ausgabe schon erschienen sind, werden ggf. umgeschrieben, mit neuem Material angereichert. Dies kann mit wenigen Worten schon im Vorspann erledigt sein, erfordert aber manchmal eine völlige Neufassung des gesamten Textes. Bisweilen plaziert der CvD Berichte von Seite 1 auf die Seite 2, um so Platz für neuen Themen auf der 1 zu schaffen. Oder längere Berichte geraten zu kurzen Meldungen, um auf diese Weise Raum für ein wichtiges, spät eingehendes Bild freizuschlagen usw. Der eine oder andere Redakteur hat seinen Arbeitstag bereits beendet, die Aktualisierung der Hauptausgabe bewerkstelligt eine "kleine Besetzung". Wenn jedoch völlig neue Ereignisse bekannt werden, dann kann die gesamte Redaktion noch einmal kurzfristig stark gefordert sein.

• Vom Kulturredakteur einer Außenredaktion kommt gegen 19.30 Uhr telefonisch der Hinweis, daß der ehemalige Intendant des im xyz-Verbreitungsgebiet gelegenen, überregional anerkannten Schauspielhauses an seinem Ruhesitz in Hamburg gestorben sei. Noch keine Agentur hat dies gemeldet, und es besteht die Chance zu einer Exklusivmeldung. Die Information ist allerdings nicht gesichert und allzuviel Zeit hat die Redaktion nicht mehr bis zum Redaktionsschluß der Hauptausgabe. Die Redakteure haben kurzfristig drei Aufgaben zu bewältigen:

a) Sie müssen die Information vom Tod des Intendanten verifizieren
b) Sie müssen Texte für den politischen Teil (Nachricht/Bericht) und die Kulturseite (Nachruf/Würdigung) produzieren.
c) Sie müssen Bildmaterial beschaffen, mindestens ein Portrait des Verstorbe nen.

Der Nachrichtenchef informiert umgehend telefonisch einen noch anwesenden Kulturredakteur der Zentralredaktion. Dieser und ein CvD-Redakteur versuchen, über persönliche Kontakte nach Hamburg die Nachricht zu erhärten. Als dies nicht sofort gelingt, erwägt einer der Redakteure den Weg über Hamburger Zeitungsredaktionen. Der Vorschlag wird verworfen, da die Redakteure eine Kooperation mit den Springer-Zeitungen ablehnen.

Noch während die eigentliche Nachricht gar nicht gesichert ist laufen die anderen, produktiven Arbeiten an. Ein Nachrichtenredakteur nimmt sich den Großen Brockhaus vor. Er findet tatsächlich eine wenige Zeilen lange Notiz über den Intendanten. Auf der Grundlage dieser Informationen verfaßt er eine Zehn-Zeilen-Meldung für die Seite 1.

Der Chef vom Dienst kümmert sich derweil um ein Foto. Im Bild-Archiv der xyz findet sich keines. Erst im Zeitungsausschnitt-Archiv des Verlages stößt er auf einen viele Jahre alten Bericht, der auch ein Portrait des Verstorbenen enthält. Pikanterweise ist dieser Bericht nicht in der xyz erschienen, sondern in einer anderen Zeitung, die anläßlich ihres Auskaufes durch die xyz ein gut gepflegtes Archiv einbrachte. Der Bericht ist vergilbt, das gerasterte Bild würde beim erneuten Rastern an Qualität verlieren (Moiree-Bildung), und es ist zudem veraltet. Der CvD sucht weiter.

Derweil koordiniert der Nachrichtenchef telefonisch im schnellen Wechsel mit der Kulturredaktion (die an Verifizierung und Materialsuche arbeitet), mit der Technik (um die notwendigen personellen Kapazitäten für den Seitenumbau sicherzustellen) und mit der Außenredaktion (um der Quelle der Information auf die Spur zu kommen). Dies wird dadurch erschwert, daß der dortige Kulturredakteur einen freien Tag hat und nur privat zu erreichen ist. Die ohnehin nur noch schwach besetzte Lokalredaktion kann nicht weiterhelfen.

Schließlich gelingt es einem CvD-Redakteur über verwandtschaftliche (!) Kontakte nach Hamburg den Tod des Intendanten zu bestätigen. Es ist 20.25 Uhr, fast eine ganze Stunde hat die Aktion bis jetzt gedauert. Die wichtigsten Entscheidungen über Plazierung und Größe der Text-/Bildaussagen haben CvD, Nachrichtenchef und Kulturredakteur jetzt getroffen. Noch während der Nachrichtenredakteur an Text und Überschrift feilt, die Kultur eine 80 Zeilen lange Würdigung schreibt und der CvD eine (für die Reproduktion besser geeignete) Portraitzeichnung des verstorbenen Intendanten in einer alten Zeitung findet, beendet der Nachrichtenchef seine Arbeit.

Eine halbe Stunde später werden die Politik- und Kulturseiten in der Technik umgebaut. Die xyz berichtet (in ihrem Hauptverbreitungsgebiet) exklusiv. Die dafür aufzubringende Arbeitsleistung hatte eine Größe von etwa 5 Mann-Stunden, das ist mehr als ein halber Redakteurs-Arbeitstag.

6.1.8 Spätdienst/Nachtbereitschaft

In dem Maße, wie die Aktualisierungen abgeschlossen werden, nimmt auch die personelle Präsenz in der Nachrichtenredaktion ab. Schließlich halten sich nur noch ein oder zwei Nachrichtenredakteure im Großraum auf, wobei sie bis 22

Uhr auf die Unterstützung einer Sekretärin und eines Technischen Assistenten zurückgreifen können. Einen konstant zehn- bis zwölfstündigen Arbeitstag (bisweilen auch länger) haben der Chef vom Dienst und einer der Chefstellvertreter (ein Redakteur: "Der will ja auch Chefredakteur werden"). Sie überwachen die Ausführung der letzten Änderungen.

Nach 22 Uhr ist üblicherweise nur noch ein Redakteur im Großraum anwesend. Er sichtet weiterhin das Nachrichtenangebot der Agenturen, verfolgt die Fernsehnachrichten und schiebt dann und wann kleinere Meldungen nach. Die Änderungen sind jetzt nur noch marginal.

Einige Ereignisse, insbesondere aus dem Sport, sind ohnehin zeitlich kalkulierbar: Spielschluß abendlicher Fußballereignisse, das Ende einer UN-Sitzung usw. sind angekündigt, und bisweilen schreiben die Redakteure Meldungen schon einmal "kalt" vor, warten dann lediglich auf die Bestätigung des Ereignisses und senden den Text.

Die meisten Redakteure, die ihren Arbeitsplatz im Großraum haben, teilen sich den Spätdienst. Nach der Schätzung des Beobachters arbeiten sie durchweg länger als acht Stunden pro Arbeitstag, bzw. 40 Stunden pro Woche.

6.2 Regionales

Redakteur K und Ressortleiter L des Regionalen sind für täglich eine 1/1-Seite zuständig. Ihr Redaktionsschluß liegt etwa eine Stunde vor dem der aktuellen politischen Seiten, dies zwingt zu einem entsprechend vorgezogenen Arbeitsbeginn gegen 12 Uhr. Innerhalb der fünf Arbeitsstunden hat das Ressort folgende Leistungen zu erbringen:

- Die Agenturnachrichten werden hinsichtlich geeigneter bunter und regionaler Stoffe gesichtet. Zur Erleichterung der Arbeit lenkt ein Computerprogramm alle infrage kommenden Meldungen in ein Register "bunt". Aus diesen Stoffen ließe sich zwar eine Seite gestalten, aber der Anspruch der xyz als einer regional verankerten Zeitung fordert von den beiden Redakteuren zusätzliche Leistungen.
- Das Ressort nimmt eine clearing-Funktion für sämtliche (-zig !) Außenredaktionen der xyz wahr. Das bedeutet, daß Termine örtlicher Veranstaltungen registriert und auf ihren regionalen Berichterstattungswert überprüft werden müssen. Die Redakteure bestellen dann in den Außenredaktionen Texte und Bilder, was bisweilen aufwendige, zeit- und aufmerksamkeitsraubende telefonische Koordinationen erfordert.
- Weil auf die Lieferfähigkeit von Außenredaktionen nicht immer Verlaß ist und die Qualitätsunterschiede z.T. (so klagen die Redakteure) dramatisch seien,

greift das Ressort häufig auf die (drei) Reporter der Zentralredaktion zurück. Auch ein eigener Fotograf wird eingesetzt.

Während der Beobachtungstage in diesem Ressort gingen allerdings die vielfältigen, kurzen und häufig wechselnden Koordinationskontakte unter in einer alles dominierenden Tätigkeit dieses Ressorts: Von Arbeitsbeginn bis Redaktionsschluß sitzen die Redakteure am Terminal und bearbeiten Texte (vgl. 5.4). Nicht nur in Ausnahmefällen geben beide maschinenschriftliche Manuskripte von Reportern in das System ein. An Formulierungen ebenso wie an Überschriften feilen beide Mitarbeiter oft gemeinsam. Selbst kleine Zehn-Zeilen-Meldungen beanspruchen sie so bisweilen eine Viertelstunde. Agentur- und Korrespondentenberichte werden in diesem Ressort akribisch umgeschrieben und/oder korrigiert. Ein beträchtlicher Teil der Arbeitsleistung wird dabei für die korrekte Rechtschreibung der Texte verwandt.

Zwar unterliegt auch das Regionale dem zeitlichen Rahmenplan (samt Mittagskonferenz, an der zweiten Konferenz nimmt das Regionale nicht teil) des Nachrichtenressorts, aber die bei zwei Mitarbeitern nur ansatzweise mögliche Spezialisierung und die nicht minder große Fülle von Funktionen verwischen die Phasen des Produktionsablaufs: Telefonieren, Durchblättern von Agenturdurchschlägen, Redigieren am Terminal, Sprechen mit den Reportern usw. geschehen über den ganzen Tag verteilt in sehr raschem Wechsel und mit häufigen Unterbrechungen. Dies mag die Ursache für häufig registrierte Streßerscheinungen in diesem Ressort sein.

6.3 Welt/Vermischtes

Eine Existenz nicht nur am räumlichen Rande der Redaktion führt das Welt-Ressort. Der verantwortliche Alleinredakteur stellt aus den bunten Meldungen aus aller Welt und einigen Bildern seine Seite zusammen, wobei kaum Kooperationen mit anderen Ressorts notwendig sind. Auch für diese Seite gilt ein auf 17 Uhr vorgezogener Redaktionsschluß. Der Redakteur arbeitet ausschließlich mit Stift und Papier. An den Konferenzen nimmt er so gut wie nicht teil, seine Themen stellt der Regional-Ressortleiter vor.

Vom zeitlichen Produktionsschema der Nachrichtenredaktion ist dies Ressort deutlich gelöst. Einer ausgeprägten Orientierungsphase mit Zeitunglesen, Post und Vorlagen sichten (ca. 12-13 Uhr) folgt eine sehr kontinuierliche Phase, in der der Redakteur Agenturmeldungen liest und bearbeitet (ca. 13-15 Uhr), wobei nach 14 Uhr auch das inzwischen eingegangene und vom CvD-Redakteur verteilte Bildmaterial gesichtet wird. Gegen 15 Uhr beginnt der Welt-Redakteur mit dem Layouten seiner Seite. Bis Montagebeginn um 17 Uhr paßt er Texte,

Bilder, Überschriften und Bildzeilen in das Layout ein. Die erforderlichen technischen Ausführungsarbeiten übernimmt eine Sekretärin, die ganztägig in diesem Bereich des Großraums tätig ist.

6.4 Fernsehen

Das noch im Experimentalstadium befindliche Ressort Fernsehen muß zwei widersprüchlichen Erwartungen gerecht werden (vgl. 5.6): Eine Strömung unterstützt eine kritische publizistische Begleitung der Geschehnisse auf dem Mediensektor, eine andere bevorzugt eine möglichst bunte, schillernde Werbung für die Programmangebote. Die konzeptionelle Polarisierung reicht bis in die Chefredaktion, sie hat dort aufgrund unzureichender Vorabentscheidung vermutlich ihre Ursache. Zwischen den Fronten bildet die zuständige TV-Redakteurin bisweilen eine willkommene Zielscheibe. Ein Treffer landete beispielsweise während eines Wortwechsels in der Konferenz, als ein wohlmeinender Hierarch die Arbeit der Redakteurin flapsig in Beziehung zu einem Bericht des dju-organs "die feder" brachte: "Na, da wissen Sie ja, wo Sie stehen!" Für den vorlauten Chefstellvertreter B Anlaß zur Bemerkung: "Immer ein bißchen links von sich selbst!" So werden Standorte fixiert und Gruppen polarisiert.

Die TV-Redakteurin sichtet zu Beginn ihres Arbeitstages (gegen 13 Uhr) üblicherwiese die per Post eingegangenen Programm-Agenturen und einige Mediendienste. Um den wenigen Platz zu füllen, den sie zur Verfügung hat, reichen ein Foto, ein Bericht und einige Meldungen. Dies gibt der Redakteurin genügen Freiraum für eigene Aktivitäten: Sie besucht die Vorbereitungen für eine große Samstags-Fernsehshow ebenso wie sie den Programmchef der Landesrundfunkanstalt zum neuen Sendeschema interviewt. Größere Berichte dieser Art bringt sie auf den infrage kommenden Ressortseiten (Kultur/Regionales) nach Vorabsprache unter, ebenso wie TV-Kritiken, die regelmäßig auf der Kulturseite erscheinen. Der individuelle Entfaltungsfreiraum wird jedoch dadurch eingegrenzt, daß die Mitarbeiterin verpflichtet ist, den anderen Ressorts in diesem räumlichen Bereich (Welt und Regionales) zuzuarbeiten. Bei Abwesenheit des Welt-Alleinredakteurs übernimmt sie zusätzlich dessen Arbeit.

Da das Fernsehen noch kein anerkanntes Voll-Ressort ist, sind auch die Informationsströme im Großraum noch so unstrukturiert, daß sie strategisch im Sinne der Redaktionspolitik gesteuert werden können:

• "Report"-Moderator Franz Alt hatte gegen senderinterne Kritik an seinen Friedensaktivitäten protestiert und erklärt, er werden ggf. die Moderation niederlegen. Eine Agenturmeldung über den Konflikt lief schon am (Mon-) Tag vor der Sendung. Die TV-Redakteurin bekam diese jedoch nicht zu Gesicht und registrierte den Vorfall erst beim Sehen der Sendung Dienstag abend. Am Tag darauf verfaßte sie selbst einen Bericht, der erst Donnerstag erscheinen würde. Als sie erst während des Umbruchs darauf hingewiesen wird, daß dies schon vor zwei Tagen in einigen Zeitungen gelesen werden konnte, plaziert sie den Bericht an weniger prominenter Stelle weiter unten. Auf Nachfragen erfährt sie vom Nachrichtenchef i.V.: ja, ja, die Meldung habe man zwar gehabt und auch bringen wollen, sie sei dann aber unglücklicherweise beim Montieren wg. Platzmangels weggefallen. Man habe sie eigentlich davon benachrichtigen wollen, das aber bedauerlicherweise vergessen.

6.5 Wirtschaft

Ressortleiter O und die beiden Wirtschaftsredakteure P und Q im linken hinteren Teil des Großraums bearbeiten täglich etwa eine Seite. Einen in der Höhe feststehenden Streifen nehmen die Börsenkurse ein, so daß für die aktuelle Berichterstattung etwa eine 3/4-Seite zur Verfügung steht. Ein Arbeitstag des Wirtschaftsressorts sieht etwa so aus:

Redakteur P erscheint kurz nach 13 Uhr an seinem Arbeitsplatz. Er findet einen Artikelausriß aus der ZEIT vor, in dem die unternehmerischen Erfolge eines großen Möbelhauses analysiert werden. Das Unternehmen ist auch im xyz-Vertreitungsgebiet präsent und schaltet oft ganzseitige Anzeigen. Am Artikel befindet sich die handschriftliche Anmerkung eines Chefstellvertreters: "Das interessiert unsere Leser sicher auch." Der Redakteur kann diesen Hinweis nicht anders denn als Aufforderung zur Bearbeitung des Themas verstehen.

Sein Kollege Q greift sich nach kurzer Begrüßung den vorliegenden Stapel Agenturmeldungen (ausschließlich Wirtschaft) und sichtet das Nachrichtenangebot. Die Materialmenge ist zwar relativ groß, aber es mangelt an regionalbezogenen Themen. Sie werden von den Wirtschaftsredakteuren entweder selbst oder von Mitarbeitern beschafft.

Der Ressortleiter O kommt an diesem Tag von einer Amerika-Reise zurück. Gemeinsam mit einer Reihe bundesdeutscher Journalisten hat er diverse Computer-Unternehmen besucht. Einen ersten Bericht darüber wird er heute verfassen, kündigt er den beiden Redakteuren an. Die wissen, daß der Ressortchef ein "Langschreiber" ist und können hinsichtlich des noch verbleibenden Platzes auf der Seite entsprechend disponieren. Der Ressortleiter läßt sich die restlichen für diesen Tag anstehenden Themen kurz erläutern und nimmt dann (13.30 Uhr) an der Mittagskonferenz teil.

Eine Volontärin berichtet kurz darauf von einer Pressekonferenz vom Vormittag. Eine Brauerei hat den zusammenklappbaren Bierkasten vorgestellt, der bald schon in Umlauf kommen soll. Redakteur P, der das Ereignis mehr als Kuriosum denn als Wirtschaftsmeldung ansieht, bestellt bei der Volontärin, die ansonsten nichts mit dem Wirtschaftsressort zu tun hat, eine längere Meldung (30 Zeilen). Etwa eine Stunde später kann Redakteur Q den fertigen Text an seinem Terminal aufrufen und bearbeiten.

Ebenfalls zur Koordination kommt ein Reporter in das Wirtschaftsressort. Er soll eine Kaffeefahrt nach Dänemark mitmachen und über die Praktiken der Verkaufs-Veranstalter berichten. Kurze Zeit später wird bekannt, daß Werftarbeiter in Bremen einen großangelegten Streik planen. Der Reporter wird auf Veranlassung des Politikressorts kurzfristig dorthin geschickt. Schon am Abend geht ein erster Bericht von ihm ein.

Im Anschluß an die Mittagskonferenz spricht Ressortleiter O noch einmal über die Themen des Tages. Der Anruf von einer Wochenzeitung, für die der Ressortleiter häufig schreibt, kommt dazwischen: Er möge ein regionalwirtschaftliches Spezialthema behandeln. Die Absprache am Telefon dauert nur wenige Minuten, O hängt gleich ein recherchierendes Telefonat mit einem Wirtschaftsverband an. Nach fünf Minuten ist O auf dem laufenden. Er wird den Bericht abends zuhause schreiben.

In einer Vormittagssendung hatte der Hörfunk das Thema Schwarzarbeit ausführlich behandelt. Es war in der Konferenz aufgegriffen worden und gerät nun zum potentiellen Thema des Wirtschaftsressorts. Der Ressortleiter und ein Redakteur unterhalten sich darüber. Wegen der absehbaren Pleite der "Wienerwald"-Restaurantkette hatte sich Redakteur P schon zuvor eine Archivmappe bringen lassen. Er sichtet die Artikel der jüngeren Vergangenheit, um mehr über Hintergründe zu erfahren. Für beide Themen ist aber heute ohnehin kein Platz mehr auf der Seite frei, P hält sie für die kommenden Tage parat.

Während in der Stunde nach Konferenzende (ab 14 Uhr) die Nachrichtenredakteure schon gezwungen sind, Berichte satzfertig zu bearbeiten, nutzen die Wirtschaftsredakteure diese Zeit noch vollkommen für eine inhaltliche Orientierung: Sie sichten gründlich ihre Post, lesen in den (Archiv-) Vorlagen, unterhalten sich über (nicht nur aktuelle) Vorkommnisse in Politik und Wirtschaft, telefonieren mit Informanten oder Korrespondenten usw. Zwar liegt ihr Redaktionsschluß (=Montagebeginn) um eine Stunde vorgezogen bei 17 Uhr, doch läßt ihnen der geringe Umfang ihrer Seite genügend Luft für nicht ausgesprochen produktive Tätigkeiten.

Nicht alle Kollegen im Großraum bewerten dies positiv. Bisweilen wurde gegenüber dem Beobachter die Wirtschaft als unproduktiv, unsystematisch, chaotisch charakterisiert. Dies mag eine kompensierende Reaktion auf die den

Wirtschaftsredakteuren anzumerkende höhere Arbeitszufriedenheit sein. Der geringe tätigkeitsspezifische Spezialisierungsgrad, die Einheit von orientierenden, recherchierenden, formulierenden und verwaltenden Tätigkeiten bei allen drei Mitarbeitern im Wirtschaftsressort fördert die journalistische Identität sicher mehr als die stark spezialisierte Tätigkeit eines Nachrichtenredakteurs.

Um 15 Uhr, zwei Stunden vor Redaktionsschluß, ist die erste im engeren Sinne produktive Tätigkeit auszumachen: Redakteur Q, der einzige Wirtschaftsredakteur, der am Terminal arbeitet, ruft die Börsennotierungen auf und redigiert eine kurze Trendmeldung. Vor der Einführung Neuer Technik war die Redaktion nicht mit den Börsenkursen behelligt worden. Seit jedoch qualifiziertes technisches Personal diese Aufgabe nicht mehr quasi nebenbei erledigt, müssen die Redakteure die von Schreibkräften eingegebenen Angaben überprüfen - eine deutliche Mehrbelastung, die der "Bildschirm" mit sich gebracht hat.

Für das Diktat seines Amerika-Berichtes benötigt der Ressortleiter knappe 15 Minuten. Eine Sekretärin gibt den Text simultan in das System ein. O läßt den Bericht ausdrucken und redigiert am Papier. Nach weiteren fünf Minuten ist der Aufmacher so gut wie fertig. Der Ressorleiter wendet sich diversen Wirtschaftspressediensten zu, Redakteur P liest in Archivmaterial, Q Redigiert einzelne Meldungen am Terminal. Zum Teil übernimmt auch die Sekretärin solche Ausführungsarbeiten, sie ist jedoch nur zur Vertretung in diesem Ressort und hat Probleme mit den Systemkennungen: es dauert zehn Minuten, bis sie den richtigen Zugriffs-Code auf Wirtschaftsartikel findet, denn das persönliche Passwort ihrer kranken Kollegin ist ihr (wie auch den Redakteuren) nicht geläufig. In der zweiten Konferenz wird die Wirtschaft wiederum lediglich durch den Ressortleiter vertreten.

Um 15.30 Uhr entwirft Redakteur Q ein Layout der Wirtschaftsseite. Er definiert in Absprache mit P Artikel- und Überschriftengrößen. Jetzt beginnt die redaktionelle Feinarbeit: P formuliert an der Schreibmaschine Überschriften und Bildunterschriften, die Q ins System eingibt und in das Layout einträgt. Die Artikel werden daraufhin zur Belichtung gesendet. Diese Tätigkeiten intensivieren sich bis 17.20 Uhr. Ein Anruf aus der Technik mahnt die beiden Redakteure schließlich zur etwa halbstündigen Montage.

Nach einer Kantinenpause räumen die Redakteure auf, ordnen Jahresberichte, Bilanzen usw. in die Archivschränke, legen sich Anregungen für künftige Berichte, die sie der Post entnommmen haben, beiseite und beenden ihre Arbeit.

Von diesem Normalschema weichen Arbeitstage mit veränderter personeller Besetzung bisweilen gravierend ab. Da alle drei Redakteure häufig Termine wahrnehmen oder ganztägige/mehrtägige Reisen unternehmen, kommen solche Konstellationen häufig vor. Redaktionelle Eigenleistung kann dann kaum noch erbracht werden, da das Arbeitsvermögen völlig für die Produktion der Seite aufgewendet werden muß. Dabei verschwindet die längere Orientierungsphase so gut wie ganz:

P hat als Alleinredakteur die Seite zu füllen. Bei schwacher Nachrichtenlage beginnt er schon früh mit dem Layout der Seite, um präzise hinein zu produzieren. Einen Aufmacher beabsichtigt er aus Informationen zu verfassen, die er von einer Pressekonferenz vom Vortage mitgebracht hat. Nach wenigen Minuten an der Schreibmaschine wird ihm klar, daß dies nicht zu schaffen ist. Er bricht das Schreiben ab und spiegelt einen seit einigen Tagen herumliegenden Bericht sowie Stehsatzmeldungen ein. Auch eine vereinbarte TV-Kritik für die Kulturseite muß er absagen. Erst abends nach Montageschluß findet P Zeit, die Post systematisch zu sichten und sich etwas ausführlicher inhaltlich über anstehende Vorgänge zu informieren - für die aktuelle Berichterstattung viel zu spät.

Nicht immer liegt es allerdings an mangelnder Zeit, wenn eine Agenturmeldung, aus der eigentlich eine ausführlichere Geschichte gemacht werden sollte, länger liegenbleibt:

•Der Jahresbericht der Presse-Grossisten liegt in Form mehrerer Agenturmeldungen vor. Dem Redakteur kommt die Idee, aus diesem Anlaß ausführlicher über die Entwicklung auf dem Medienmarkt zu berichten. Die jüngst auf den Markt geworfenen Billig-Zeitschriften ließen Marktanteil-Verschiebungen erwarten, und dies würde letztlich auch den xyz-Verlag tangieren. Genau dies ist aber der Grund dafür, daß die Meldungen noch nach Tagen unbearbeitet auf dem Schreibtisch liegen. Der Redakteur erzählt schließlich von schlechten Erfahrungen: Vor Jahren hatte ein Mitarbeiter über die Beteiligungen der xyz-Gesellschafter an einem Versandhaus berichtet und so auf die Tatsache aufmerksam gemacht, daß entgegen den Beteuerung der Verleger von der publizistischen Priorität ihres Handelns letztlich die Ökonomie zählt - auf die xyz bezogen also ein Handel mit gedruckten Artikeln gleich neben dem Handel mit Versandhaus-Artikeln? Es habe damals einen "riesigen Knatsch" gegeben, der an kleinen sachlichen Fehlern festgemacht worden sei (die xyz war im Artikel mit den Gesellschaftern verwechselt worden). An solchen Printmedien-Meldungen könne man sich schnell die Finger verbrennen.

•In den Tagen zuvor hatte der Chef vom Dienst einen langen Bericht des Ressortleiters eigenmächtig umgeschrieben und mit seinem Namen als Autor gezeichnet. Es handelte sich um die ausführliche Würdigung eines bundesdeutschen Wirtschaftsführers anläßlich dessen 60. Geburtstages. Sie sollte in der nächsten Samstagsausgabe erscheinen. Ursprünglich war die Wirtschaft mit diesem Artikel beauftragt worden, der CvD befand den Text aber als zu trocken. Als der Wirtschafts-Ressortleiter dies nach seiem Amerika-Aufenthalt erfuhr, protestierte er heftig und bestand auf seiner Zuständigkeit. Er nahm sich den (im System gespeicherten) Artikel vor und änderte wiederum einige Passagen, nicht weil ihm der Text nicht gefiel, sondern aus "prinzipiellen Erwägungen", wie er sich äußerte. Nun stand wieder sein Name in der Autorenzeile. Durch das Kompetenzgerangel und die mehrmalige Bearbeitung des Textes schlich sich letztlich ein peinlicher Formulierungsfehler ein: Der Wirtschaftsmanager, der im Dienste der Unternehmerfamilie die Funktion eines "Hausmeiers" (=Haushaltsvorstand) eingenommen hatte, geriet auf der ihn ehrenden Seite zum "Hausmeister". Grund zum Lachen für die gesamte Redaktion und für den CvD, der sich gern als Autor gesehen hätte, eine Bestätigung seiner Vorbehalte gegen den Wirtschafts-Ressortchef.

Über die Leistungen der Wirtschaftsredaktion wacht jedoch auch einer der Chefstellvertreter:

• Während des Spätdienstes bemerkt er, daß die Wirtschaftsredakteure mit einem langen Bericht samt Illustration (Grafik) über den Wirtschaftskongreß der Grünen berichtet haben, den er selbst im politischen Teil lediglich mit einer wenige Zeilen langen Meldung registriert hatte. Ohne die Ressortmitarbeiter zu informieren, baut er den Text um und entfernt die Illustration. Die Vorstellungen der Grünen, die wirtschaftlich marode Monostruktur der Region mit Hilfe intensivierter Kleinwirtschaft zu überwinden, werden so in der xyz erheblich gestutzt. Die Wirtschaftsredakteure erfahren von diesem Eingriff in ihre Seite erst am kommenden Tag beim Aufschlagen der Zeitung.

In keinem anderen Mantelressort konnte eine so wenig stromlinienförmige, lineare Arbeitsweise und eine so inkonsistente inhaltliche Ausrichtung beobachtet werden wie in der Wirtschaft. Einer stark an (Groß-) Unternehmensinteressen orientierte Sichtweise des Ressortchefs stehen kompensierend die Intentionen für beispielsweise (bisweilen sozialrechtliche) Verbraucherinteressen auf Seiten der Redakteure gegenüber. Einer Dominanz durch den Ressortleiter entziehen sich die Redakteure mit Hilfe von Sachkompetenz, aber auch durch einen Vorsprung hinsichtlich professioneller, journalistischer Kompetenz. Die wenig zentralistische Struktur bringt zwar einen deutlich höheren Abstimmungsbedarf mit sich, der sich jedoch fördernd auf die journalistische Identität der Mitarbeiter auswirken dürfte.

7 Die Lokalredaktion

7.1 Aufbau

Die untersuchte Lokalredaktion ist eine von -zig Außenredaktionen der xyz und hat ihren Sitz in einer Großstadt mit etwa 400000 Einwohnern. Der hier produzierte Lokalteil umfaßt täglich etwa zwei Seiten für die allgemeine örtliche Berichterstattung, etwa eine 1/3 bis 1/2 Seite für die lokale Kultur und eine 1/2 bis 2/3 Seite für den Sport. Diese knapp drei Seiten sind im Vergleich zu anderen Ausgaben der Zeitung sehr wenig, zumal hier über Großstadtgeschehen berichtet wird.

Ein Blick auf den lokalen Zeitungsmarkt zeigt den Grund für die Spar-Ausgabe: Der Zeitungsverlag hat einen Marktanteil von etwa 90 Prozent, Konkurrenz ist also nicht mehr gegeben. Zusätzliche redaktionelle Seiten würden sich nur auf der Kostenseite niederschlagen. Der Lokalteil liegt in ca. 87.000 Exemplaren der Hauptzeitung des Verlages bei und in ca. 2.700 abonnierten Exemplaren in einem anderen Zeitungsmantel des Verlages. Die (echte Konkurrenzzeitung bringt es gegen diese 90.000 Exemplare im Stadtgebiet auf nicht einmal 8.000 Stück täglich. (Ein Jahr nach der Beobachtung wurde die hausgemachte publizistische Konkurrenz in dieser Stadt eigestellt.)

Zum Untersuchungsbeginn Anfang März 1984 war die Lokalredaktion seit knapp drei Monaten in neuen Redaktionsräumen (vgl. Abb. 7) in der City untergebracht. Sie war durch den Umzug zwar näher an den Stadtkern gerückt, mußte aber ihre räumlichen Arbeitsbedingungen (Quadratmeter) auf die Hälfte reduzieren. Als ein Amtsleiter der Stadtverwaltung anläßlich einer Telefon-Aktion in die Redaktion kam, merkte er zur räumlichen Enge sicher nicht nur spaßeshalber an: "Das ist ein Fall für die Gewerbeaufsicht."

In der Redaktion arbeiten insgesamt zwölf festangestellte Redakteure, eine Sekretärin sowie eine Schar Freier Mitarbeiter, die freilich nicht alle zur selben Zeit präsent sind. Vier Freie haben regelmäßige Arbeitstage in der Woche und übernehmen zum Teil Redakteursfunktionen sehr selbständig. Die relativ untypische Konstellation von zwei leitenden Lokalchefs erklärt sich historisch durch den Auskauf einer ehemals konkurrierenden Publizistischen Einheit und der damit verbundenen Einstellung der hiesigen Lokalredaktion.

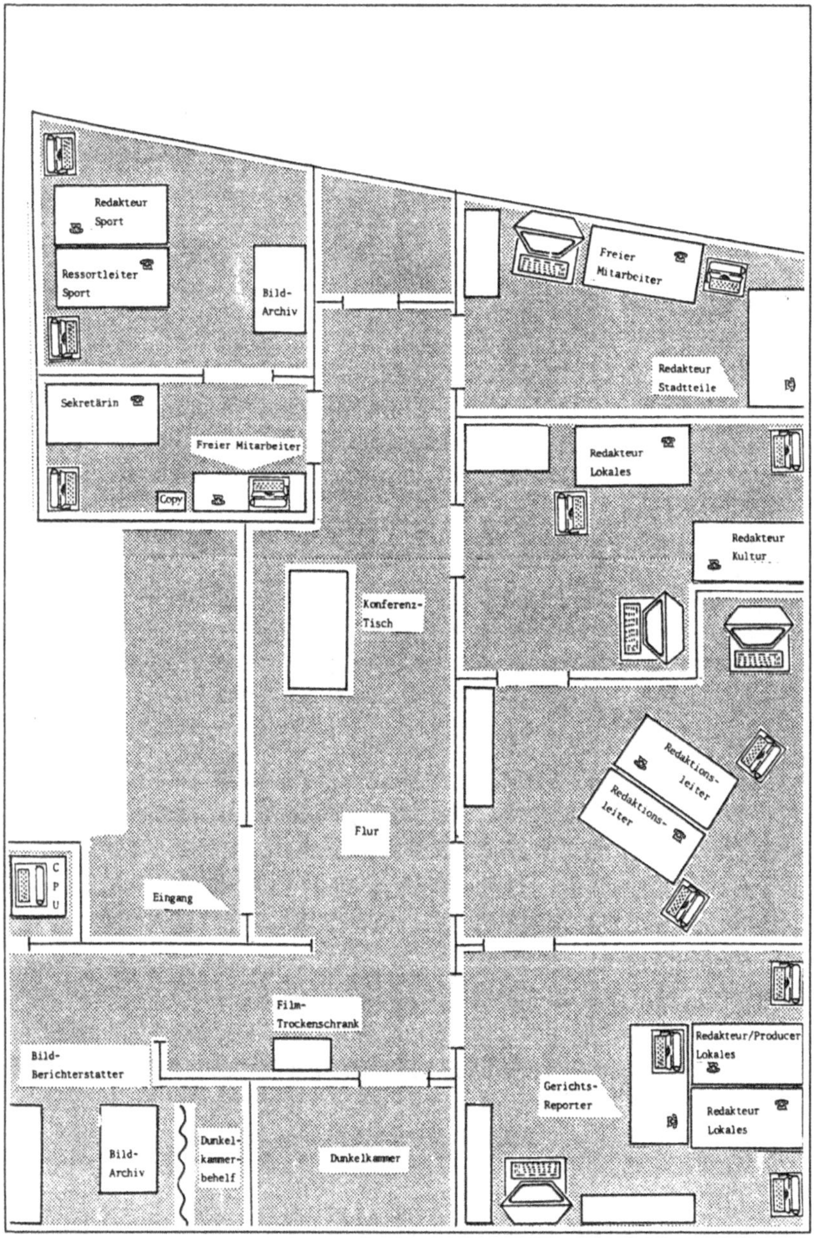

Abb. 7: Die Lokalredaktion

2	Redaktionsleiter
5	Lokalredakteure
2	Bildredakteure
2	Sportredakteure
1	Stadtteil-Redakteur
4	Feste Freie Mitarbeiter mit Redakteursfunktionen
1	Sekretärin

Tab. 2: Personal Lokalredaktion

Das elektronische Texterfassungs- und -bearbeitungssystem besteht aus einer kleinen Off-Line-Konfiguration mit Zentraleinheit (CPU=Central Processing Unit) und vier Terminals. Der Lokalsport ist nicht an das System angeschlossen: Nach dessen Installierung stand zwar dort auch ein Terminal, die Sportredakteure haben es jedoch schlichtweg ignoriert und ihre maschinenschriftlichen Manuskripte weiter wie bisher in den Schreibpool geschickt. Daraufhin ist das Terminal der Subredaktion Stadtteile zugewiesen worden, die damit regelmäßig produziert. Sie und der Sport arbeiten relativ autonom und haben mit dem Alltagsgeschehen der Lokalredakteure nicht allzuviel zu tun. Zugunsten einer intensiveren Untersuchung der Lokalredaktion wurden sie nicht systematisch beobachtet und bleiben im folgenden ausgespart.

Die Arbeit für den lokalen Teil verteilt sich auf die restlichen drei Räume (in denen offen beobachtet wurde) und die Arbeitsbereiche der Bildberichterstatter. Die beiden Redaktionsleiter teilen sich einen Raum, im angrenzenden kleineren sitzen der Kulturredakteur und ein Lokalredakteur, im größeren drei Redakteure mit den Funktionen Redakteur, Gerichtsreporter und Producer. Zugleich halten sich dort die festen Freien Mitarbeiter auf, so daß räumliche Engpässe programmiert sind. In jedem der drei (durch Türen verbundenen) Räume befindet sich ein Terminal, jeder Redakteur verfügt über eine eigene Schreibmaschine, es gibt fast soviele Telefonnebenstellen wie Redakteursarbeitsplätze.

Die räumliche Enge, eine unzureichende Schalldämmung (ein Teppichboden fehlt) und die zu geringe Zahl der Terminals sind Grund für Klagen der Redakteure. Die mangelhaften Arbeitsbedingungen provozieren in den produktionsintensiven Nachmittagsstunden regelmäßig folgende Szene: Ein Freier Mitarbeiter sitzt am Terminal und gibt den Polizeibericht ein; der Reporter kommt von Gerichtsterminen, will nun seine Berichte eingeben und beanspruchte das Terminal. Der vertriebene Freie muß sich ein anderes, freies Gerät suchen. Kurz darauf drängt es den Producer an das Gerät, denn er will die Längen der erfaßten Artikel abrufen, um präzise zu layouten. Er vertreibt den Gerichtsreporter. Wartezeiten der jeweils Vertriebenen sind die Folge.

Unzweckmäßige Arbeitsbedingungen finden sich auch bei den Fotografen: Nur eine der beiden Dunkelkammern entspricht dem heutigen Standard, die andere besteht lediglich aus einer Zimmernische, die durch einen Vorhang abgetrennt ist. Der Bildberichterstatter hat dauernde Probleme mit der Lichtabschirmung und kann manche Arbeiten nur in der Dunkelkammer seines Kollegen durchführen. Eine stabile Trennwand hat der Verlag (angeblich aus Kostengründen, denkbar ist aber auch die Furcht vor einem Präzedenzfall: Jedem Fotograf seine eigene Dunkelkammer?) abgelehnt. Auch die funktionsfähige Dunkelkammer beeinträchtigt aufgrund räumlicher Enge das Arbeiten, so daß ein Trockenschrank auf dem Flur plaziert werden mußte.

Die Zentraleinheit des Systems ist in einer separaten kleinen Kammer untergebracht. Hier befinden sich auch ein (sehr langsamer) Kontrolldrucker, ein Telefon und das Modem für die Datenfernübertragung (DFÜ, Remote). Die Kammertür ist zum Schallschutz mit Schaumstoff beklebt, denn das Gerät selbst (Floppy-Laufwerke) und ein Kühlventilator machen merkliche, störende Geräusche.

Die mangelhafte Schalldämmung in den Räumen führt dazu, daß bei Schreibmaschinengeklapper und lauten Telefonaten die Türen zwischen den Räumen geschlossen werden, was jedoch den vielfach notwendigen Koordinationskontakten entgegenwirkt. In Tagen personeller Unterbesetzung (mehr Ruhe) waren die Türen ausnahmslos geöffnet, an Tagen mit personellem Gedränge häufig geschlossen. Nur in wenigen Fällen waren inhaltliche Gründe für das Abschotten verantwortlich, etwa ein politisch brisanter Informationsbesuch beim Redaktionsleiter oder vertrauliche Telefonate.

7.2 Produktionsablauf

Die Lokalredakteure und die festen Freien Mitarbeiter beginnen ihren Arbeitstag gegen 10 Uhr. Die Redaktion kann zwar im Prinzip bis kurz vor 21 Uhr Berichte und Meldungen per Remote an den technischen Fertigungsbetrieb überspielen, als Redaktionsschlußzeit hat sich jedoch 18 Uhr eingebürgert. Um diese Zeit fährt der letzte Bote, so daß dies die deadline zumindest für Fotos und anderes "Material" darstellt. Nur Immaterielles kann noch später gesendet werden. Das etwa acht Stunden umfassende Produktionsintervall ist bei weitem nicht so stark durch Zwischentermine (Konferenzen etc.) strukturiert, wie das in der Zentralredaktion der Fall ist. Grobe Richtmarken lassen sich allenfalls wie folgt setzen:

10 Uhr	Arbeitsbeginn
10.15 - 11 Uhr	Konferenz
11 - 12 Uhr	Terminbesuch/Recherche
12 - 13 Uhr	Mittagspause
13 Uhr	Eingang des Anzeigenspiegels
13 - 16 Uhr	Seitenlayout/Terminbesuch/Recherche
16 Uhr	Erste aktuelle Bilder fertig
16 - 18 Uhr	Schreiben/Produzieren
18 - 19 Uhr	Produktion/Senden/Kontrolle
19 - 21 Uhr	Spätdienst/Bereitschaft + Abendtermine

Diese Zeitangaben sind nicht immer gültig. Je nach Personalstärke, Arbeitsaufwand, Terminlage usw. ergeben sich z.T. erhebliche Verschiebungen. Insbesondere konnte mehrmals beobachtet werden, daß der von der Anzeigenabteilung gegen 13 Uhr übermittelte Platz für die redaktionellen Seitenstücke im späteren Verlauf des Nachmittags revidiert wurde. In solchen Fällen wurde ein Teil der Redaktionsarbeit zunichte gemacht. Producer und Redakteure mußten die Seite(n) neu planen, neue Überschriften formulieren und dies alles am Terminal fertigungstechnisch realisieren.

Der Lokalchef ist in dieser Redaktion der einzige, der einen Überblick über das gesamte postalisch eingegangene Material hat: er sichtet zu Arbeitsbeginn die auf seinem Schreibtisch liegende Post innerhalb von zehn bis 20 Minuten und ruft die Anwesenden zur Konferenz zusammen. Sie findet an einem Tisch auf dem Flur statt, da nirgends sonst Platz für die (ca. acht bis zehn) Teilnehmer ist.

Anhand des Terminkalenders und einiger schriftlicher Unterlagen reißt der Lokalchef die Themen kurz an, registriert Vorschläge der Anwesenden und vergibt schließlich konkrete Aufträge. Wenn auch die Redakteure für gewisse Gebiete zuständig sind, so verschwinden angesichts der Dominanz des seit Jahrzehnten herrschenden (ersten) Lokalchefs bisweilen deren Zuständigkeiten.

Anläßlich eines kulturpolitischen Themas regt der Lokalchef den Kulturredakteur zur Bearbeitung an: "Hat Ihnen das denn nicht schon längst in den Fingern gejuckt?" Als dieser, der sein Subressort ansonsten sehr selbständig betreut, nicht sofort auf den Vorschlag eingeht, beendet der Lokalchef den kurze Wortwechsel: "Sie haben eine Haltung wie ein Gewerkschaftsfunktionär!"

Im Vergleich zu den Konferenzen der Mantelredaktion verlaufen die im Lokalen trotz der Dominanz des ersten Ressortleiters merklich lebhafter, z.T. kontroverser. Dem Lokalchef ist zwar anzumerken, daß er beim Durchsprechen der Terminvorlagen den Themen bereits eine gewisse Richtung geben möchte, doch entspinnen sich dabei Gespräche, die das Thema ab und an modifizieren. Dies geschieht am wirkungsvollsten, wenn persönliche Erfahrung oder der individuelle Augenschein (z.B. der viel in der Stadt herumfahrenden Fotografen) ein kräftigeres Argument hergeben.

Wirklich wichtige, brisante Themen allerdings haben gegen den Willen des Lokalchefs keine Chance: "Alles, was dazu gemacht wird, geht über meinen Tisch!" Diese Parole bezog sich auf eine umstrittene , Grünflächen verschlingende Gewerbeansiedlung, für die Rat und Stadtverwaltung Millionenbeträge bereitstellen wollten, gegen die jedoch Umweltschützer nachhaltigen Protest vorbrachten. Wie sich später herausstellt, hatte die Redaktionsleitung schon sehr frühzeitig Kenntnis von den Ansiedlungsplänen, dies jedoch mit Rücksicht auf die Grundstückskaufpläne der Kommune nicht veröffentlicht. Erst als die FAZ in einem Wirtschaftsbericht beiläufig auf das Projekt verweist, geht eine Freie Mitarbeiterin dem Thema intensiv nach. Arkanpolitik und Verwaltung hatten zu diesem Zeitpunkt bereits Fakten geschaffen und konnten kaum noch zurück. Erst auf der Grundlage der einsetzenden Berichterstattung konnte das Thema innerhalb der interessierten Öffentlichkeit diskutiert und kritisch untersucht werden. Der sich allmählich organisierende Widerstand gegen das Großprojekt zwang die Verantwortlichen, allmählich die wahren Kosten offenzulegen: Im Lauf einiger Wochen kam heraus, daß die Stadt dem Konsortium bis zu elf Millionen Mark spendieren wollte. Der breite Protest verhinderte vorerst das Projekt. Im Verlauf des Falles konnte beoachtet werden, daß die Bremsversuche innerhalb der Lokalredaktion zeitweise quasi subversive Arbeitsweisen auf Seiten von Bürgern, Freien Mitarbeitern und Lokalredakteuren provozierten, damit die wichtigsten Informationen des Falles gegen die Position der Redaktionsleitung veröffentlicht werden konnten.

Für das Gros der Freien Mitarbeiter entscheidet die Terminvergabe zugleich über ihre Verdienstmöglichkeiten. Da sie nach gedruckter Zeile bezahlt werden, sind die Anlässe für längere Texte (z.B Reportage "Streetworker") attraktiver als die für routinemäßig kurze (z.B. Termin "Modenschau"). Von den Freien Mitarbeitern wird ohnehin erwartet, daß sie selber mit Themenvorschlägen kommen und nicht auf den Terminkalender der Redaktion zurückgreifen.

Die Konferenz dauert unterschiedlich lange, während des Beobachtungszeitraums schwankte die Zeit zwischen 20 Minuten und mehr als einer Stunde. Bei Abwesenheit des ersten Redaktionsleiters wird bisweilen auf die formelle Zusammenkunft ganz verzichtet und die Themenabsprache im Stehen rund um die Schreibtische vorgenommen.

Ein durchschnittlicher Arbeitstag verläuft im Anschluß an die Konferenz etwa so:

In der Stunde vor der Mittagspause, die er zuhause verbringt, sichtet der erste Redaktionsleiter weiterhin den Stapel eingegangener Post. Etwa 80 Prozent des Materials landen im Papierkorb, da es sich um reine Werbezusendungen handelt bzw. räumlich mit dem Erscheinungsort nichts zu tun hat. Die restlichen 20 Prozent erhalten einen Terminvorlage-Vermerk, nach dem die Sekretärin die Einordnung vornimmt. Am Nachmittag wird der Redaktionsleiter das Richtfest des Kaufhaus-Neubaues in der City besuchen. Einen entsprechenden Bericht hat er während der Konferenz angekündigt. Der Fotograf weiß davon, er wird den Termin ebenfalls besuchen und eine Auswahl Fotos vorlegen.

Der zweite Redaktionsleiter hat sich im Lauf der letzten Jahre auf die Redaktionstechnik spezialisiert. Direkt neben seinem Arbeitsplatz steht ein Terminal, an dem er häufig den Zustand des Rechners und seiner Speicherlaufwerke kontrolliert. Wenn sich Pannen mit dem System häufen, dann initiiert er Maßnahmen.

Die Gerichtsreporterin hatte am Vortag einen Bericht zu etwa 3/4 fertig in das Terminal geschrieben, als plötzlich der Bildschirm "einfror" und das Gerät per Tastendruck nicht mehr reagierte. Ihr Text befand sich lediglich im Arbeitsspeicher der CPU und war noch nicht auf die Floppy-Laufwerke gespeichert. Um nicht den gesamten Text neu formulieren zu müssen, ließ sich die Reporterin ihren Text vom Bildschirm abdiktieren und tippte ihn, soweit vorhanden, in eine Schreibmaschine. Nachdem der zweite Redaktionsleiter das System neu gestartet hatte, funktionierte zwar das Terminal wieder, der Text war jedoch (erwartungsgemäß) verschwunden. Die Reporterin war zur Mehrarbeit genötigt: Sie schrieb ihren Text erneut (zum drittenmal!) in das System - entgegen den RTS-Vertragsbestimmungen, die lediglich die "erstmalige Niederschrift" (15/2) eines Textes vorsehen und technische Pannen samt Mehrarbeit nicht einkalkuliert haben. Der Vorfall warf die Reporterin etwa eine halbe Stunde zurück. Für den nächsten Tag forderte der Lokalchef einen Techniker an.

Der Lokalredakteur, der die Producerfunktion übernommen hat, ist von seinen traditionellen Aufgaben nicht befreit, d.h. er besucht weiterhin Termine, recherchiert, organisiert, schreibt usw. selbst. Während des Beobachtungszeitraumes wirkte sich das sowohl extensiv als auch intensiv aus: Der Producer hatte einen bisweilen mehr als zehnstündigen Arbeitstag, saß häufig als Letzter in der Redaktion, schrieb und kontrollierte in der Schlußphase der Produktion bis in den späten Abend. (An seinen Protokollbogen, der auf 8 1/2 Stunden veranschlagt war, mußte regelmäßig ein zusätzlicher Streifen anmontiert werden, um den Arbeitstag bis zum Ende quantitativ zu erfassen (vgl. Teil C).) Die Überfülle von Einzelaufgaben des Producer-Redakteurs führte oft zu Streßerscheinungen: Er suchte dann nervös nach verlegten Bildern und Manuskripten, vergaß die frisch angezündete Zigarette im Aschenbecher und fingerte sich eine neue aus der Packung, usw.

Einen Großteil seiner redaktionellen Tätigkeit verwandte der Producer (wie die gesamte Redaktion) während der Beobachtungszeit auf die Organisation einer Werbeaktion des Zeitungsverlages. Unter dem Titel "Ein Baum für unsere Stadt" waren xyz-Außenredaktionen gehalten, Gruppen aus der Bevölkerung zu mobilisieren, um möglichst täglich irgendwo in der City einen Baum zu pflanzen. Dies erforderte einen immens umfangreichen Organisationsaufwand, der auf den Schultern der Lokalredakteure abgeladen wurde. Der Producer-Redakteur verwandte insbesondere die frühen Stunden zwischen Konferenzschluß und Eingang des Anzeigenspiegels (ca. 13 Uhr) für die Koordination der Werbeaktion. Prizipiell aber gingen Anrufe dazu über den ganzen Tag verstreut ein und unterbrachen so häufig die Arbeit.

Die vier fast täglich mitarbeitenden Freien werden flexibel je nach zeitlichen/personellen Engpässen eingesetzt.

Während des Urlaubs der Sekretärin brachte ein Freier Mitarbeiter mehrere Tage mit dem Anstrich (Notierung der Artikelverfasserschaft zur Honorarberechnung) und mit dem Tippen von Honorarlisten zu. An eine flexible Verwendbarkeit seiner Arbeitskraft wurde der künftige Volontär vermutlich auch durch diese Aufgabe gewöhnt: Ein Autohaus hatte zur Wiedereröffnung eine große Anzeige auf einer "Verlags-Sonderseite" geschaltet. Um den Auftrag für den Kunden attraktiver zu machen, erhielt er über der Anzeige eine quasi-redaktionelle Würdigung, die vom Freien Mitarbeiter recherchiert und geschrieben wurde. Nicht klar als journalistisch-redaktioneller Beitrag zu erkennen und auch nicht als Anzeige gekennzeichnet. In diese kommerzielle Grauzone der Zeitung produzieren auch die anderen Redaktionen der xyz (gegen Extra-Entgelt) hinein.

Eine Freie Mitarbeiterin verfügt bereits über Volontariat und mehrjährige Berufserfahrung. Sie arbeitet als Quasi-Redakteurin selbständig und zu einem Großteil eigenverantwortlich, nimmt ein bis zwei (manchmal mehr) Termine täglich wahr, schreibt und formuliert Überschriften am Terminal usw. Sie wird für ihre Zuarbeit z.T. pauschal, z.T. pro Zeile bezahlt.

Ein jüngerer Freier Mitarbeiter hingegen kommt noch nicht auf seine Kosten. Er bringt zwar viele Stunden in der Redaktion zu, läßt sich von den anderen Freien einiges zeigen, aber es mangelt an sichtbarem (honorarentscheidendem) output. Das learning by doing vollzieht sich zuweilen über hohe Hindernisse: Als er zu einem Außentermin geschickt wurde, verbrachte er dort etwa vier Stunden und kam anschließend ohne Informationen zurück. Die Politikergruppe habe einen Spaziergang durch ein neues Pflanzgebiet gemacht, berichtet er, und dann ausgiebig gespeist. Vorgetragen habe niemand etwas.

Außerdem sei das Fernsehen dagewesen und habe die Aufmerksamkeit auf sich gezogen. Daß ein Journalist in solchen Fällen selbst nachfragt, muß der Freie noch lernen. An einigen seiner Arbeitstage verdiente der Freie zehn bis 20 Mark.

Über langjährige Erfahrung verfügt der vierte Freie Mitarbeiter. Er betreut selbständig einige Themenbereiche (Universität/Wissenschaft) und schlägt dazu Themen vor. Von seinem Arbeitsplatz in der Redaktion telefoniert er oft mit Rundfunkanstalten, denen er Berichte und Meldungen verkauft (Ein Redakteur: "Der geht hier nicht unter 300 Mark täglich raus."). Die Lokalredaktion dient ihm dabei bisweilen als kostenlose Informationsbörse: Was er in Konferenzen und Gesprächen der Redakteure aufschnappt, verkauft er klammheimlich weiter (so z.B. geschehen im Kontext einer überregional bedeutenden kulturpolitischen Angelegenheit. Dies provozierte heftigen Streit, denn den Redakteuren ist die (finanziell u.U. lukrative) Zuarbeit für andere Medien untersagt.)

Üblicherweise schwärmen die Redakteure und das Gros der Freien Mitarbeiter nach der Morgenkonferenz aus und besuchen Termine. Eine regelrechte Mittagspause wird nicht von allen Mitarbeitern eingelegt, oft stehen dem zeitliche Engpässe entgegen. Als Verpflegung genügen dann Kaffee und Kuchen, ein schneller Imbiß usw., der gemeinsam in den Redaktionsräumen eingenommen wird. Im Vergleich zur Zentralredaktion herrscht hier ein wesentlich entspannteres Klima, es wird mehr gescherzt und gelacht, die Mitarbeiter unterhalten sich mehr über Dinge, die nicht so einen engen Bezug zu den Themen des Tages haben.

An diesem Tag kommt gegen 12.45 Uhr der angeforderte Techniker. Er legt das gesamte System still. Mit Hilfe eines umfangreichen Testprogrammes überprüft er die Funktionen. Seine Diagnose: Die Tastatur eines Terminals ist defekt und muß ausgetauscht werden. In diesem Zusammenhang berichtet der Ingenieur von Häufungen des Defektes. Viele Tastaturen seien mittlerweile durch Zigarettenasche, Kaffee, Cola so verschmutzt, daß sie nach und nach generalüberholt werden müßten. Ein Problem dabei sei allerdings von den Verlagsmanagern übersehen worden: Wer ist für die Reinigung der Tastaturen zuständig? Er als qualifizierter, für Putzarbeiten überbezahlter Ingenieur?! Für den System-Check benötigt der Techniker etwa zwei Stunden. Die Redakteure können erst gegen 14.45 Uhr ihre Arbeit an den Terminals wieder aufnehmen.

Gegen 13.30 Uhr hat die Anzeigenabteilung den Platz übermittelt, den die Redaktion über den Anzeigen zu füllen hat. Anhand dieser Daten zeichnet der Producer das Layout, das er für alle Mitarbeiter einsehbar an das Schwarze Brett hängt. Die Längen für einzelne Beiträge liegen nun präzise fest.

Gegen 14 Uhr kommt die Gerichtsreporterin. Sie hat seit 9 Uhr morgens Verhandlungen vor dem Landgericht beigewohnt und Stoff für mehrere Beiträge gesammelt. Einzelne Fälle sind nicht für den Erscheinungsort, sondern für entlegenere xyz-Redaktionen interessant, denen die Reporterin nun telefonisch Texte anbietet. Diese tägliche Koordinierungsphase dauert etwa von 14 bis 15 Uhr. Dabei recherchiert die Reporterin zusätzlich Einzelheiten relevanter Fälle, sichtet in einem persönlichen Archiv (das sie so gründlich wie kein anderer Kollege der Lokalredaktion pflegt), blättert in schriftlichen Unterlagen, usw. Danach beginnt sie mit dem Schreiben. Bisweilen bespricht sie die Fälle mit Kollegen und fragt in Einzelfällen nach Rat:

Die Gerichtsreporterin hatte über einen Kriminalfall berichtet, in den auch Anwälte und Richter involviert waren, und hatte angesichts von Verhandlungsvorbereitung und -führung einen Hinweis auf Kumpanei der Standeskollegen eingeflochten. Daraufhin rät ihr der Lokalchef im Gespräch: "Seien Sie vorsichtig. Denken Sie daran, daß Sie später mit den Leuten weiter zusammenleben müssen!"

Zwischen 15 und 16 Uhr beginnen die Fotografen mit der Filmentwicklung. Sie sichten die Ausbeute und sprechen mit dem Producer die Formate ab. Von den Motiven des Tages ziehen sie eine Auswahl von je zwei bis drei Abzügen, um schließlich mit den zuständigen Redakteuren und dem Producer ein geeignetes Bild auszuwählen.

Als der Lokalchef vom Kaufhaus-Richtfest zurückkehrt, gerät die Planung der ersten Lokalseite ins Wanken: Er will das Thema mit einem überdurchschnittlich langen Text und zwei Bildern bringen. Gegen dämpfende Argumente des Producers und eines Fotografen besteht der Lokalchef auf der Umplanung der Seite. Der Producer muß einige Beiträge auf Seite 2 umheben.

Auch der Lokalchef gehört zu den relativ wenigen privilegierten xyz-Mitarbeitern, die nicht auf das Arbeiten mit dem System verpflichtet sind. Er schreibt seine Berichte an der Schreibmaschine und redigiert am Manuskript. Ab und an unterbrechen ihn Anrufe:

Der Chefredakteur ruft wegen eines überregional interessierenden Ereignisses an. Es geht dabei um Bleibeverhandlungen mit einer Kultur-Koryphäe am Erscheinungsort, zu der sich gar der Innenminister des Landes eingeschaltet haben soll. Vom Lokalchef möchte der Chefredakteur Einzelheiten erfahren, da er den Vorfall im politischen Teil kommentieren will. Daß dies der Chefredakteur persönlich übernimmt, erklärt ein Lokalredakteur so: Sein und seiner Frau Engagement für das kulturelle Leben im Land sei bekannt, und immerhin nehme der Chefredakteur bei Banketten regelmäßig den Platz neben dem Innenminister ein. (Im Kommentar schließlich sagt der Chefredakteur weniger als er hätte wissen müssen.)

Am nächsten Tag schlägt ein Redakteur die Zeitung auf und schüttelt wegen des übergroßen Kaufhaus-Aufmachers mit dem Kopf: "Die Leute lachen uns aus. Das ist das Thema nicht wert." (Was offensichtlich vom hierarchischen

Standpunkt abhängt, der in höheren Regionen u.U. den Maßstab für Nachrichtenwert auch an der Potenz von Anzeigenkunden ausrichtet.)

Die wiederholt registrierten Direktions- und Bremsversuche des Lokalchefs sind vermutlich in einen Zusammenhang zu bringen mit Demotivationssymptomen bei einzelnen Redakteuren. Begeisterungsfähigkeit für die Bearbeitung von Themen und eine hohe Leistungsbereitschaft waren eher bei denjenigen zu finden, die

a) noch nicht allzulange in der Redaktion tätig waren und

b) aufgrund eines sachlich abgegrenzten Kompetenzbereichs über gewisse Autonomiespielräume verfügten (z.B. Gerichtsreporterin).

In anderen Fällen äußerte der eine oder andere Mitarbeiter Unlust oder tat Dienst "nach Vorschrift", brachte also nur ein pflichtgemäßes kleineres Tagessoll. Diese partielle Demotivation führt dann dazu, daß Themen manchmal nicht so aufmerksam registriert werden, wie dies in vergleichbaren anderen Redaktionen beobachtet werden kann:

Die Wand eines mehrstöckigen Wohnhauses war eingestürzt (was auch in einer Großstadt nicht alle Tage passiert). Bewohner mit Kindern waren plötzlich obdachlos geworden und hausten vorübergehend in einer kalten Garage. Hier hätten Schicksale geschildert, die Dramatik des nicht alltäglichen lebensweltlichen Geschehens hätte dargestellt werden können. Mitsamt einem Bild wäre dies vermutlich auch ein relevantes Thema für die Regionalberichterstattung des Zeitungsmantels gewesen. Aber das Thema blieb liegen. Erst als abends ein Fotograf Bilder vom Unglücksort vorzeigte, wurde das Ausmaß des Geschehens klar. Für umfangreiche Recherchen blieb jedoch keine Zeit und so wurde ein kurzer nachrichtlicher Text lediglich auf der Grundlage der Polizeimeldung fabriziert.

Spät am Nachmittag geht ein Anruf der Anzeigenabteilung ein. Überraschend reklamiert sie von der ursprünglich ganzseitigen Kulturseite die Hälfte (1/2 Seite!), da noch eine unerwartete Anzeige untergebracht werden müsse. Der Producer protestiert und ruft den zuständigen Chefstellvertreter der xyz-Zentrale an. Vergeblich. Der Redakteur muß Teile der Seite umbauen. Wegen der Mehrarbeit werden andere Tätigkeiten verschleppt.

Als die Freie Mitarbeiterin von Außenterminen zurückkehrt, findet sie ein Dutzend großformatiger Reportage-Fotos vor, die ein Fotograf inzwischen abgezogen hat. Allenfalls zwei oder drei kann sie neben dem Text unterbringen. Die Auswahl fällt allerdings nicht nur aufgrund der durchweg guten Bildqualität schwer, sondern ist zuerst ein praktisches Problem: Nirgends ist Platz, um die Bilder auszubreiten und nebeneinander zu betrachten. So bleibt letztlich nur der (leicht angeschmutzte) Linoleum-Fußboden, um die Motive aus der Distanz simultan zu vergleichen.

Die Freie sucht sich ein freies Terminal. Vom Nachmittagstermin bei einer Modenschau verfaßt sie einen kurzen Bericht. Für Text und Überschrift benötigt sie etwa eine halbe Stunde. Am Abend wird sie die Konferenz der "Arbeitsgemeinschaft sozialdemokratischer Frauen" besuchen, um Material für die nächste Ausgabe zu sammeln. Wenn solche größeren Ereignisse auch für andere Verbreitungsgebiete der xyz-Zeitungen interessant werden, dann liefern die Mitarbeiter schon einmal quer durch mehrere Publizistische Einheiten: Eine Zweitfassung des Artikels wird der offiziell als "publizistische Konkurrenz" firmierenden Schwesterzeitung des Verlags zugesendet. Dies Vorgehen lohnt sich für die Verfasser finanziell aufgrund des Mehrfachumschlags.

Gegen 18 Uhr haben fast alle Redakteure ihre Texte fertig ins System geschrieben oder als Manuskript vorliegen. Nach Absprachen mit dem Producer haben sie Überschriften, Bildzeilen usw. formuliert und können ihren Arbeitstag beenden. Der Producer diktiert der Sekretärin eine Materialübersicht, verpackt sie mit Manuskripten, Layout und Bildern in einer Mappe, die ein Bote abholt. Dann füllt er die letzten Lücken auf den Seiten, kontrolliert alle Einzelbeiträge am Bildschirm und überspielt sie in das "Senderegister".

Aus diesem Senderegister überspielt der Producer (oder der auf Technik spezialisierte Lokalchef) schließlich per Remote den Inhalt in das entlegene Druckzentrum des Verlages. Dies kann bei einer Kapazität von zwei bis drei Zeitungsseiten fünf bis zehn Minuten dauern, bisweilen auch länger. Der Sendevorgang ist sehr störanfällig und muß anschließend noch einmal anhand des Stichworte-Inhaltsverzeichnisses überprüft werden. Da auch dies manchmal nicht zuverlässig funktioniert (ein Stichwort ist zwar angekommen, nicht jedoch der zugehörige Text) muß mit Rückfragen aus der Technik bis zum Ende der Seitenmontage (die die Lokalredakteure nicht selbst überwachen) gegen 21.15 Uhr gerechnet werden. Der Sendevorgang wird dann wiederholt. Aus diesem Grund, sowie zum Nachschieben relevanter Meldungen, bleibt üblicherweise der zweite Lokalchef bis zu diesem Zeitpunkt in der Redaktion erreichbar. Er beginnt seinen Arbeitstag zum Ausgleich eine Stunde später als die Kollegen.

In den Beobachtungszeitraum (März/April 1984) fielen auch einige Tage des IG-Druck-Streiks um die 35-Stunden-Woche. Das Redaktionspersonal brach den Arbeitstag jeweils in den Mittagsstunden ab, wenn erkennbar wurde, daß die Zeitung nicht erscheinen würde. Nur eine kleine Besetzung hielt dann noch Stallwache. An einigen Tagen wurden der Lokalredaktion nur kleine Seitenstücke zur Verfügung gestellt, die dann kurzfristig fertiggestellt wurden.

Teil C

Analyse und Systematik

8 Die synchronische Dimension

8.1 Journalistisches Rollenverständnis

Bisher ist innerhalb der Kommunikationswissenschaft nicht gesichert festgestellt worden, welchen Einfluß die Vorstellungen der Journalisten hinsichtlich ihrer 'Aufgabe' auf ihr konkretes Handeln haben. Dennoch hat die Erforschung dieser Kategorie (vermutlich aufgrund der forschungspraktischen, methodischen Vorteile) breiten Raum eingenommen. Die Ergebnisse lassen widersprüchliche Deutungen zu: nur allzu gern sind Journalisten auf der Basis von Einstellungsmessungen und internationalen Vergleichen als mehr oder weniger verhinderte Politiker identifiziert (Donsbach) und ihr Handeln als kongruent vorausgesetzt worden, um aus solchen Rohlingen letztlich politische Waffen schmieden zu lassen. Aber auch eine Selbstdeutung als anwaltschaftlich dem Leser zugetaner oder als distanzierter, objektiver Informator sagt nur wenig über das konkrete Rollenspiel.

Immerhin aber zeigen solchen subjektiven Selbstdeutungen Tendenzen auf. Für die Erforschung des journalistischen Orientierungspotentials und der Hereinnahme breitbandig synchronisierter Themen dürften Nähe, bzw. Distanz der Redaktion zur gesellschaftlich verantwortlichen Kommunikation relevante Indikatoren sein. Was also wollen die Journalisten?

8.1.1 Rollenverständnis: Informationsvermittlung

"Journalisten sollten sachlich und objektiv informieren": Dieser Aussage haben fast alle Befragten voll und ganz zugestimmt (vgl. Abb. 8). Das Item erreichte den höchsten Zustimmungswert innerhalb der Kategorie Rollenverständnis. Einige Redakteure nahmen allerdings Anstoß am Begriff der Objektivität und schränkten ein, dies sei prinzipiell unmöglich. Schon der Zwang, Themen auswählen zu müssen und andere dadurch zu vernachlässigen, verstoße gegen das Gebot einer 'objektiven' Berichterstattung. Aber die Leser und somit die

```
Aufgaben der         Ablehnung                      Zustimmung
Journalisten
------------------   1----+----2----+----3----+----4----+----5

sachlich und objektiv
informieren                                                r o

gründliche Analysen
liefern                                            r   lf    c

neutral
berichterstatten               c r       f  l

ausgewogen
kommentieren                 r           f  o

sich auf Nach-       o  r         f
richtenvermittlung
beschränken
------------------   1----+----2----+----3----+----4----+----5
c: Chefredakteure   (N= 3)        l: Ressortleiter      (N= 7)
r: Redakteure       (N=13)        f: Freie Mitarbeiter  (N= 4)
o: identische Gruppenwerte         (jeweils Mittelwerte)
```

Abb. 8: Rollenverständnis (Informationsvermittlung)

Gesellschaft möglichst sachlich über die relevanten Vorgänge zu informieren, diese Aufgabe gehöre durchaus zu den prominenten Aufgaben der Journalisten.

Mit einer bloßen Weitergabe von Fakten scheint es aber dabei nicht getan, wie aus den Angaben der Befragten weiter hervorgeht. Die Aussage "die Journalisten sollten sich auf die Nachrichtenvermittlung beschränken" wurde deutlich abgelehnt, wobei hier die Freien Mitarbeiter (f) merklich von den viel entschiedener ablehnenden Redaktionsangehörigen (o,r) abweichen. Und auch eine ausgesprochene Neutralität in der Berichterstattung streben die Redakteure ebensowenig an: Chefredakteure (c) und Redakteure (r) sind sich relativ einig und lehnen eine 'neutrale' Wiedergabe des Geschehens deutlich ab, Ressortleiter (l) und Freie Mitarbeiter sind hier eher unentschieden.

Zu den journalistischen Leistungen könnten "gründliche Analysen" gehören, die das Geschehen erst transparent machen. Die Chefredakteure streben dies jedenfalls uneingeschränkt an. Redakteure sind hingegen etwas skeptischer und stimmen hier nicht ganz so ausgeprägt zu. Die auffällige Differenz könnte darin begründet liegen, daß das soziale Funktionsverständis von Chefredakteuren sehr viel stärker in Richtung Politik geht als beim Gros der Redakteure, eine Vermutung, die sich bei den Antworten zur politischen Kontrollfunktion der Journalisten bestätigen wird.

Die xyz ist für ihre liberale, grundsätzlich ausgewogene Haltung bekannt und über ihre häufigen Sowohl-Als-Auch-Kommentare macht mancher Redakteur gern Witze. So erklärt sich wohl auch die sehr große Differenz bei der Bewertung ausgewogener Argumentation in Kommentaren. Chefredakteure, Ressortleiter und die Freien Mitarbeiter sind sich einig in ihrer Unentschiedenheit, Redakteure hingegen hätten manchen Kommentar offensichtlich gern etwas entschiedener, Stellung beziehender. Daß in diesem Fall Chefredakteure und Ressortleiter einig sind, hat vermutlich funktionale Gründe: Es sind diese beiden Gruppen, die Kommentare verfassen, Sollen und Tun haben sich vermutlich längst einander angepaßt. Sehr viel seltener, etwa bei Abwesenheit ihrer Ressortchefs, schreiben Redakteure Kommentare und urteilen somit noch unbelasteter.

Freie Mitarbeiter und Ressortleiter sind sich auffallend einig in ihren Vorstellungen von der journalistischen Informator-Rolle. Dieses unerwartete Ergebnis wird plausibel, wenn man die Struktur der beiden Gruppen näher betrachtet. Die Freien sind in der Lokalredaktion tätig, und drei der sieben befragten Ressortleiter (Lokales, Sport) arbeiten in eben diesem Ressort. Konsonanz ist hier offensichtlich das Ergebnis eines Anpassungs- und Orientierungsprozesses von Berufseinsteigern und materiell Ungesicherten, die 'ihre' wichtigste Bezugsgruppe in den Ressortchefs gefunden haben. Diese entscheiden sowohl über Art und Umfang der Themen, die die Freien zu bearbeiten haben, über ihren Einsatz im Tagesgeschäft generell, sowie über die Verteilung des Mitarbeiter-Etats. Das Wohlwollen der Ressortchefs wird somit funktionaler Bestandteil der Rolle eines Freien Mitarbeiters und eine entsprechende Angleichung an Werte und Einstellungen letztlich nicht mehr so erstaunlich.

Zusammenfassend wollen also die Befragten ihre Leser sachlich, 'objektiv' informieren und die Sachverhalte dabei analytisch durchleuchten. Dies bedeutet nicht, daß die Berichterstattung 'neutral', mit Hilfe der bloß weitergereichten Fakten betrieben würde. Ein gewisses Engagement für gesellschaftliche Belange scheint durchaus vorhanden zu sein. Die folgenden Ergebnisse zeigen dessen Reichweite.

8.1.2 Rollenverständnis: Soziales Engagement

Der Grad anwaltschaftlicher Rollenselbstdeutung, also des mehr oder minder starken sozialen Engagements der Journalisten qua Berufstätigkeit, wurde mit den folgenden vier Items gemessen (vgl. Abb.9). Dabei erhielt die Aussage "Journalisten sollten gegen soziale Ungerechtigkeit kämpfen" die höchste Zustimmung. Chefredakteure und Ressortleiter bejahten dies uneingeschränkt, etwas zurückhaltender äußerten sich die Freien Mitarbeiter und die Redakteure. "Für die gesellschaftlich Schwachen Partei ergreifen" wollten die Befragten nicht mehr ganz so engagiert, die Tendenz der Antworten bleibt aber noch immer stark zustimmend. Im Mittelwert aller Antworten geht die Zustimmung zur Journalisten-Rolle als "Anwalt für Minderheiten" noch etwas weiter zurück,

```
Aufgaben der         Ablehnung                     Zustimmung
Journalisten
-------------------  1----+----2----+----3----+----4----+----5

gegen soziale Unge-
rechtigkeit kämpfen                                     r  f o

für die gesellsch. Schwachen
Partei ergreifen                                      fr cl

Anwälte für
Minderheiten sein                                  o     cl

Leser mehr                                     o   f  l
beteiligen
-------------------  1----+----2----+----3----+----4----+----5
c: Chefredakteure   (N= 3)        l: Ressortleiter      (N= 7)
r: Redakteure       (N=13)        f: Freie Mitarbeiter  (N= 4)
o: Gruppen identisch               (jeweils Mittelwerte)
```

Abb. 9: Rollenverständnis (Soziales Engagement)

was aber auf eine Polarisierung zurückzuführen ist: Als "Anwalt", der gar noch "Partei" ergreift, wollen sich Redakteure und Freie Mitarbeiter nicht in dem Maße verstehen, wie das deklamatorisch von Chefredakteuren und Ressortleitern geäußert wird. Dennoch wird auch der Anwaltsfunktion von allen Befragten stark zugestimmt.

Die Betroffenen, die Leser, könnten in diesem Sinne mehr an der Aussagenentstehung beteiligt werden, wie die Antworten zeigen. Die Ressortleiter stimmten der Aussage "die Leser sollten an der Aussagenentstehung mehr beteiligt werden" am stärksten zu, Chefredakteure und Redakteure bewerteten sie bei grundsätzlicher Zustimmung etwas zurückhaltender. Subjektiv scheint also einer intensivierten Hereinnahme von ungesteuerten Umweltinformationen kaum etwas im Wege zu stehen. Innerhalb der Kategorie soziales Engagement zeigt sich zusammenfassend nach den Antworten der Journalisten eine deutlich zustimmende Tendenz: Das Eintreten für die sozial Schwachen, das anwaltschaftliche Engagement gegen Ungerechtigkeit ist hier ganz offensichtlich Bestandteil der Berufsauffassung. Im Vergleich zur Informationsfunktion zeigen hier Chefredakteure und Ressortleiter - insgesamt stärker zustimmend - auf der einen Seite, Redakteure und Freie Mitarbeiter - etwas schwächer zustimmend - auf der anderen Seite starke Affinität.

Unter Umständen gehören solche idealistischen Äußerungen längst zum Repertoire öffentlicher Erklärungen der Redaktionshierarchen, was aber über die faktische Umsetzung noch nicht viel aussagen muß. Hier könnten Redakteure und Freie Mitarbeiter bei entsprechendem tatsächlichen Engagement bereits weniger ermutigende Erfahrungen gemacht haben, was ihre zurückhaltenden Äußerungen verständlich machte. Dennoch: insgesamt bekennen sich alle Journalisten ausdrücklich zu einem anwaltschaftlichen, sozialen Engagement innerhalb ihrer Tätigkeit.

8.1.3 Rollenverständnis: Politische Kontrolle

In den Bereich des politischen Geschehens wollen sich die Journalisten unterschiedlich stark einmischen (vgl. Abb.10). Zwar bekennen sie sich dazu, "Mißstände aufdecken" zu wollen, aber dies soll offenbar nicht unbedingt durch explizit politische Einflußnahme erreicht werden.

"Den Einfluß der Mächtigen begrenzen" wollen die Chefredakteure vor allen anderen Befragten. Redakteure, Ressortleiter und erst recht die Freien Mitarbeiter sehen dies nicht so sehr als ihre Aufgabe an. Diese Tendenz wird bei der Aussage "Journalisten sollten den politischen Entscheidungsprozeß beeinflussen" noch deutlicher. Zwischen den Chefredakteuren und allen anderen Journalisten gehen hier die Auffassungen offenbar weit auseinander. Auch diese Aussage polarisiert die Befragten in eine Zwei-Drittel-Mehrheit, die zustimmt und eine immerhin acht Journalisten umfassende Gruppe, die explizit politisches (Ein-) Wirken ablehnt (zu der kein Chefredakteur gehört).

```
Aufgaben der         Ablehnung                      Zustimmung
Journalisten
-------------------  1----+----2----+----3----+----4----+----5

Mißstände
aufdecken                                                  c ro

den Einfluß der
Mächtigen begrenzen                            f     r l   c

den politischen Entschei-               f  l  r            c
dungsprozeß beinnflussen
-------------------  1----+----2----+----3----+----4----+----5
c: Chefredakteure   (N= 3)        l: Ressortleiter      (N= 7)
r: Redakteure       (N=13)        f: Freie Mitarbeiter  (N= 4)
o: Gruppen identisch                (jeweils Mittelwerte)
```

Abb. 10: Rollenverständnis (Politische Kontrolle)

Dies läßt aber Zweifel an der Annahme aufkommen, Journalisten seien in der Regel Personen mit einem ausgeprägten politischen Impetus, den sie - ihre Macht mißbrauchend - in ihrem öffentlichkeitswirksamen Beruf praktisch umsetzten. Eine im engeren Sinne politisch wirkende Funktion schreiben sich nur die obersten Redaktionshierarchen zu, wobei zu beachten ist, daß sie ja auch diejenigen sind, die mit politischen Stellungnahmen in Form von Kommentaren an die Öffentlichkeit treten. Auch der bisweilen registrierte persönliche, in Einzelfällen sogar freundschaftliche Umgang dieser redaktionellen Spitzengruppe mit hochrangigen Politikern scheint ein eigenes politisches Selbstverständnis - als durchaus funktional zur eigenen Rolle zugehörig - zu provozieren.

8.1.4 Rollenverständnis: Soziusfunktionen

Als Indikator für die redaktionellen Soziusfunktionen dienten die folgenden beiden Aussagen (vgl. Abb.11). "Journalisten sollten die kulturellen Interessen der Menschen wecken" und "Journalismus soll der Unterhaltung und Entspannung dienen". Kulturelle Interessen der Menschen zu wecken und einem, hier nicht näher problematisierten, Unterhaltungsbedürfnis nachzukommen, akzeptieren die Befragten generell.

```
Aufgaben der          Ablehnung                        Zustimmung
Journalisten
------------------    1----+----2----+----3----+----4----+----5

die kulturellen Interes-
sen der Menschen wecken                             r   o   l

Unterhalten                                      r      o   c
------------------    1----+----2----+----3----+----4----+----5
c: Chefredakteure     (N= 3)      l: Ressortleiter      (N= 7)
r: Redakteure         (N=13)      f: Freie Mitarbeiter  (N= 4)
o: Gruppen identisch               (jeweils Mittelwerte)
```

Abb. 11: Rollenverständnis (Soziusfunktionen)

Wieder stimmten die Chefredakteure und die Ressortleiter stärker zu als die Redakteure, die entschieden weniger durch ihre Arbeit unterhalten wollen. Auch in dieser Kategorie besteht zwischen den Ressortleitern und den Freien Mitarbeitern wieder eine hohe Affinität.

8.1.5 Rollenverständnis: Soll-Ist-Differenzen

Das Phänomen ist unter dem Begriff "Sontagsreden" bekannt: Äußerungen zu Einstellungen und Verhaltensabsichten, und seien sie noch so nachhaltig und überzeugend vorgebracht, sind nicht immer identisch mit den faktischen Vollzügen. Die xyz-Journalisten wurden deshalb gebeten, die Soll-Aussagen zum Rollenverständnis auf ihre tatsächliche Anwendung in der Tagespraxis zu beziehen und zu bewerten, ob die Ist-Werte von den Soll-Werten abweichen.

Wie das Schaubild zeigt (vgl. Abb.12), ist das Rollenverständnis nur in einem einzigen Fall mit dem (subjektiv antizipierten) praktischen Handeln der Befragten identisch (Unterhaltungsfunktion). Bei allen anderen Items handeln die Journalisten anders, als es ihren eigenen Soll-Aussagen entspräche. Das heißt nun nicht, daß subjektive Ursachen für dieses Scheitern an Ansprüchen verantwortlich wären, im Gegenteil: Die Befragten haben immer wieder darauf aufmerksam gemacht, daß gewisse informative, soziale, politische Funktionen, die sie dem Journalismus generell zuschreiben, innerhalb der eigenen Arbeitsrolle gar keinen Platz haben.

```
Aufgaben der         Ablehnung                     Zustimmung
Journalisten
-------------------  1----+----2----+----3----+----4----+----5

sachlich und objektiv
informieren                                               i s

gründliche Analysen
liefern                                           i   s

neutral berichterstatten           i s

ausgewogen kommentieren             s i

sich auf die Nachrichten-
vermittlung beschränken  s  i

gegen soziale Unge-
rechtigkeit kämpfen                                  i    s

für die gesellschaftlich
Schwachen Partei ergreifen                         i    s

Anwälte für
Minderheiten sein                                    is

die Leser mehr
beteiligen                                    i   s

Mißstände aufdecken                                    i    s

den Einfluß der
Mächtigen begrenzen                            i    s

den politischen Ent-
scheidungsprozeß                           i s
beeinflussen

die kulturellen Inter-
essen der Menschen wecken                   i        s

unterhalten                                        o

-------------------  1----+----2----+----3----+----4----+----5
```

Abb. 12: Rollenverständnis (Soll-Ist-Differenzen)

Wie soll beispielsweise ein Redakteur, der aus Agentur- und Korrespondentenberichten täglich eine Regionalseite zusammenstellt, zu dessen primären Aufgaben also die Materialsichtung, der Umgang mit dem Redaktionsrechner, das Layouten und Auszählen von Überschriften gehören, für die gesellschaftlich Schwachen Partei ergreifen, Mißstände aufdecken und die Leser mehr beteiligen? Diese Aufgaben verhalten sich in einem so hohen Maße dysfunktional zur Redakteursrolle, daß sie per se nicht zu integrieren sind. Gründliche Analysen zu liefern mag gewünscht und von den Journalisten prinzipiell befürwortet werden, aber Nachrichtenredakteure, die mehr als die Hälfte ihres Arbeitstages damit beschäftigt sind, Meldungen am Terminal zu sichten und zu bearbeiten, werden gründliche Analysen allenfalls sporadisch (und dann vermutlich eher kompensierend) verfassen.

Auf die vier Gruppen bezogen, zeigen die Chefredakteure das höchste Maß an Übereinstimmung von Soll- und Ist-Werten. Ihr Bild von Journalismus findet in ihrem täglichen Tun eine reale Entsprechung. Ressortleiter, Redakteure und Freie Mitarbeiter müssen damit leben, daß sie ihre Vorstellungen vom Beruf in der täglichen Arbeit nur bedingt realisieren können

Die teilweise krassen Soll-Ist-Differenzen zwischen den Ansprüchen der Journalisten an ihre Rolle und ihrem faktischen Rollenspiel zeigt einmal mehr die Notwendigkeit auf, die konkrete Tagesarbeit in der Zeitungsredaktion präzise zu erfassen.

8.2 Vorstellungen von der Gesellschaft

8.2.1 Regelverstöße

Die Vorstellungen der Journalisten von der Gesellschaft, in der sie leben und über die sie berichten, könnten sich fördernd oder hemmend auf ihr berufliches Thematisierungsverhalten auswirken. Ob Sachverhalte als berichtenswerte Themen anerkannt werden oder nicht, könnte mit den jeweiligen Prädispositionen der Medienarbeiter zusammenhängen - vorerst einmal abgesehen von den konkreten Realisierungschancen. Insbesondere läßt sich vermuten, daß aktuelle soziale Konflikte dann die Nachrichtenbarriere der Redaktionen überwinden, wenn die interne Aufnahmefähigkeit und -bereitschaft relativ größer ist.

Während des Untersuchungszeitraumes boten sich Hausbesetzungen und Friedensdemonstrationen als konfliktreiche, nichtkonsentierte, u.U. polarisierende Themen an. In ihren Kontexten hatte es gezielte Regelverstöße gegeben: Faktisch verstießen Hausbesetzungen gegen juristische Normen wie etwa das Eigentumsrecht und Sitzblockaden gegen den Strafrechtsparagraphen der Nötigung - nach dieser Auslegung jedenfalls wurden (erst nach dem Erhebungszeitraum) Regelverletzer wie der Rhetorikprofessor Walter Jens strafrechtlich belangt.

```
Aussagen zur           Ablehnung                              Zustimmung
Gesellschaft
-------------------    1----+----2----+----3----+----4----+----5

Sitzblockaden (z.B. vor
Raketensilos) sind bei
Friedensdemonstrationen                     c           l         fr
gerechtfertigt

Hausbesetzungen sind eine
legitime Reaktion auf                        o     f     r
unsoziale Bodensppekulation
-------------------    1----+----2----+----3----+----4----+----5
c: Chefredakteure     (N= 3)        l: Ressortleiter       (N= 7)
r: Redakteure         (N=13)        f: Freie Mitarbeiter   (N= 4)
o: Gruppen identisch                 (jeweils Mittelwerte)
```

Abb. 13: Gesellschaftsbild (Regelverstöße)

Die befragten Journalisten waren sich der Problematik der Normverstöße bewußt und wogen bei ihren Antworten sichtlich sorgfältig ab. Dazu mag eine gewisse Unsicherheit bezüglich der Verwertungszusammenhänge dieser Studie beigetragen haben. Letzte Sicherheit über einen Mißbrauch der Daten hatten die Respondenten nicht. Trotz dieser Vorbehalte, von denen möglicherweise nivellierende Einflüsse auf die Deutlichkeit der Antworten ausgegangen sind, lassen sich klare Schlüsse ziehen (vgl. Abb.13).

Im rechnerischen Durchschnitt halten die xyz-Journalisten "Sitzblockaden (z.B. vor Raketensilos) bei Friedensdemonstrationen" für "gerechtfertigt". Der Mittelwert von 4.4 liegt nah bei voller Zustimmung zu diesem Item. Die Differenzierung der Antworten nach Hierarchiegruppen zeigt allerdings eine kräftige Polarisierung: Während Redakteure (4.9) und Freie Mitarbeiter (4.8) Sitzblockaden vor Raketensilos entschieden befürworten, lehnen die Chefredakteure dies, wenn auch schwach (2.7), ab. Von den Einstellungen ihrer Mitarbeiter sind sie weit entfernt. Nur ein einziges anderes Item (vgl. Ökonomische Dynamik) hat die Befragten so stark polarisiert (Differenz 2.2) wie dieses.

Einschränkend muß hier angemerkt werden, daß in jeder Hierarchiegruppe prinzipiell Zustimmung und Ablehnung, wenn auch nur vereinzelt, vorkommen. Für die drei Chefredakteure bedeutet das, daß ein durchweg liberaler antwortender Respondent zwei eher konservativer wertenden Kollegen gegenübersteht. Aus Gründen der Übersichtlichkeit und Anschaulichkeit wurden hier aber die jeweiligen Mittelwerte als Vergleichsbasis beibehalten, da die grundsätzlichen Tendenzen erhalten geblieben sind.

Die gleiche Tendenz zeigt sich mit geringerer Deutlichkeit beim Thema Hausbesetzungen. Wieder lehnen Chefredakteure (hier gemeinsam mit den Ressortleitern) es schwach ab, Hausbesetzungen als eine "legitime Reaktion auf unsoziale Bodenspekulation" zu bezeichnen. Die Gruppe der 13 Redakteure distanziert sich, etwas schwächer auch die Freien Mitarbeiter, von den Redaktionsspitzen und hält diese Art von Regelverstoß für legitim.

Damit konstituiert sich eine rechnerisch starke Mehrheit in der xyz-Redaktion, die für Virulenzen des sozialen Wandels subjektiv durchaus aufgeschlossen erscheint. Noch ist aber damit nichts über eine entsprechende Berichterstattung ausgesagt, denn bis jetzt bleibt offen, in welchem Maß sich diese progressive Gruppe gegen die weisungsbefugten Redaktionshierarchen durchsetzen kann, die sichtlich konservativer eingestellt sind und die ausgewählten gültigen Rechtsnormen einen höheren Stellenwert zuweisen.

8.2.2 Politische Dynamik

Die Parteispenden-Affaire hat die enge Verbundenheit des rechtsetzenden Politischen Systems mit wirtschaftlichen Interessensgruppierungen dokumentiert. In den Diskussionen um die "gekaufte Republik"[355] wurde wiederholt gefragt, ob denn die Wahrnehmung anderer als Kapitalinteressen, etwa die Belange der einfachen Bürger, angesichts der intransparenten Finanzierung gewährleistet sei. Eine zunehmende Distanz zwischen Bürgerinteressen und dem Politisch-Administrativen-System war bereits während der 70er Jahre von der Bürgerinitiativbewegung auf die öffentliche Tagesordnung gesetzt worden.

Den pauschalen Vorwurf "die Politiker nehmen die Interessen ihrer Wähler nicht (mehr) wahr" (vgl. Abb.14) machen sich nur wenige Befragte zu eigen. Die große Mehrheit stimmt zwar dieser Aussage prinzipiell zu, jedoch mit nur schwacher Ausprägung. Nur die Chefredakteure distanzieren sich wieder deutlich und halten dies für teilweise unzutreffend, was wieder die Vermutung stützt, sie pflegten ein akzentuiert politisches Selbstverständnis. So sind sie es auch,

355) Vgl. Kilz/Preuss 1983.

die in Wahlkampfzeiten einen "politischen Druck" auf die Redaktionen am ehesten wahrnehmen: Während Redakteure, Freie Mitarbeiter und auch Ressortleiter mehrheitlich keine oder nur geringe Einflußversuche der Parteien erkennen, bestätigen die Redaktionshierarchen dies ausdrücklich. In Einzelfällen erinnerten sich jedoch sowohl Redakteure als auch Ressortleiter an Vorfälle politischer Pression ebenso, wie andere behaupteten, so etwas komme so gut wie nicht vor.

```
Aussagen zur         Ablehnung                      Zustimmung
Gesellschaft
------------------   1----+----2----+----3----+----4----+----5
Der politische Druck auf
die Redaktion nimmt in
Wahlkampfzeiten spürbar zu              l   o      c

Die Politiker nehmen die
Interessen ihrer Wähler        c        l     fr
nicht (mehr) wahr

Der technische Fortschritt  c  f    rl
läßt sich nicht steuern
------------------   1----+----2----+----3----+----4----+----5
c: Chefredakteure   (N= 3)        l: Ressortleiter      (N= 7)
r: Redakteure       (N=13)        f: Freie Mitarbeiter  (N= 4)
o: Gruppen identisch               (jeweils Mittelwerte)
```

Abb. 14: Gesellschaftsbild (Politische Dynamik)

Gibt es nun Versuche von außen, politischen Druck auf die Redaktion auszuüben oder nicht? Die Entschiedenheit, mit der dies in einzelnen Fällen bestätigt wird, scheint für ihre Existenz zu sprechen. Warum aber nehmen soviele xyz-Journalisten sie nicht oder nur am Rande wahr? Gegen die Vermutung mangelnder Sensibilität spricht die überwiegende Aufgeschlossenheit der Befragten hinsichtlich gesellschaftlicher Regelverstöße während der Konfliktaustragung. So bleibt lediglich die Vermutung übrig, daß eine große Zahl der Stellen, an denen die Journalisten ihre Arbeit tun, für politische Einflußnahmen grundsätzlich irrelevant sind und somit entsprechende Versuche gar nicht vorkommen.

An eine Gestaltbarkeit der Zukunft und insbesondere an die Steuerbarkeit des "technischen Fortschritts" glauben die xyz-Journalisten mehrheitlich. Redakteure und Ressortleiter sind sich einig und lehnen die Aussage "der technische Fortschritt läßt sich nicht steuern" schwach ab, Freie Mitarbeiter und erst recht die Chefredakteure halten diese Aussage für teilweise nicht zutreffend.

Zusammenfassend kann gesagt werden, daß die Befragten die Funktionsweise des politischen Systems nicht generell als ausgesprochen problematisch wahrnehmen, daß aber die Chefredakteure sowie in wenigen Einzelfällen andere xyz-Journalisten sich selbst in ein exponiertes Verhältnis zur Politik setzen.

8.2.3 Ökonomische Dynamik

Seit die Arbeitslosenzahlen in den 70er Jahren über die Millionengrenze geklettert sind und sich auf einem stabilen Sockel von 2 Millionen halten, hat es eine rege Nachfrage nach wirtschaftlichen Erfolgsrezepten gegeben, um den Arbeitsmarkt wieder gesunden zu lassen. Zwei Strategien können dabei im Grundsatz unterschieden werden: Man ermuntere zuerst die Unternehmer zu Investitionen, die dann als Motor die Volkswirtschaft so in Schwung bringen, daß letztlich der Arbeitsmarkt leergefegt und die Verbraucher nachfragefähig werden. Diese unternehmenszentrierte Wirtschafts- und Finanzpolitik sieht die Stärkung des "Angebots" als Hebel zur Veränderung.

Eine "nachfrageorientierte" Politik will hingegen zuerst die Konsumentenkaufkraft stärken, denn erst wenn die Käufer zum Geldausgeben bereit sind, werden die Unternehmen mehr produzieren und entsprechend investieren. Also sollten zunächst die Konsumenten auf breiter Front von Steuer- und Abgabelasten befreit werden. Die jeweilige Politik muß sich für ihre Klientel klar entscheiden: Primäre Entlastung für die besser bis sehr gut, oder für die wenig bis schlecht Verdienenden? Die Affinität zu politisch eher rechts oder links eingeordneten Standorten ist bekannt.

Der hier benutzte Indikator (vgl. Abb.15) hat die xyz-Journalisten so stark wie kein anderer zu gegensätzlichen Antworten herausgefordert: "Nur wenn die Unternehmen gut verdienen, geht die Arbeitslosigkeit zurück", dieser Strategie stimmen die Chefredakteure klar zu, die Redakteure lehnen sie noch klarer ab. Ressortleiter tendieren zu den Chefredakteuren, Freie Mitarbeiter zu den Redakteuren. Die Redaktionspitzen äußern sich also durchaus im Sinne von unternehmerischen Interessen und tendieren zu einer konservativeren Wirtschafts- und Finanzpolitik. In der täglichen Redaktionsarbeit sollten so große Bewertungsunterschiede gesamtpolitischer Strategie eigentlich Auseinandersetzungen provozieren. Während der Feldarbeit konnte dies nicht beobachtet werden.

```
Aussagen zur            Ablehnung                              Zustimmung
Gesellschaft
-------------------  1----+----2----+----3----+----4----+----5
Die wirtschaftlich Mächtigen
haben zuviel politischen
Einfluß                                                 lc  r    f

Nur wenn die Unternehmen
gut verdienen, geht die       r     f            l   c
Arbeitslosigkeit zurück

Privater Runkfunk führt
zu besseren Programmen           cr     l     f

In der Wirtschaft sollte
demokratische Mitbestimmung              c        l   f   r
verwirklicht werden
-------------------  1----+----2----+----3----+----4----+----5
c: Chefredakteure   (N= 3)       l: Ressortleiter      (N= 7)
r: Redakteure    (N=13)       f: Freie Mitarbeiter  (N= 4)
o: Gruppen identisch               (jeweils Mittelwerte)
```

Abb. 15: Gesellschaftsbild (Ökonomische Dynamik)

Eine ähnlich verständnisvolle Haltung der Chefredakteure bezüglich wirtschaftlicher, unternehmerischer Interessen zeigt sich bei der Frage nach mehr Mitbestimmung: Die Aussage "in der Wirtschaft sollte demokratische Mitbestimmung verwirklicht werden" fand bei den Redakteuren volle Zustimmung, bei den Chefredakteuren nur ein Unentschieden. Alle Befragten räumen allerdings ein, daß die "wirtschaftlich Mächtigen zuviel politischen Einfluß" haben.

Überraschen mag die überwiegende Skepsis hinsichtlich privater Rundfunkprogramme, von denen weder Redakteure noch Chefredakteure eine Qualitätssteigerung erwarten. Die Aussage "privater Rundfunk führt zu besseren Programmen" wurde nur vereinzelt, insgesamt von keiner der befragten Journalistengruppen mehrheitlich für zutreffend befunden. Immerhin gehört das Unternehmen, in dem sie arbeiten, zu den Größten der Branche, die einen nennenswerten Beitrag zu neuen privatwirtschaftlichen Vollprogrammen leisten werden. Die xyz-Journalisten stimmen also (Ende 1983/Anfang 1984) nicht mit ein in den Chor der Privatrundfunk-Protagonisten, die in den vervielfältigten Programmangeboten zugleich einen Gewinn publizistischer Vielfalt ausmachen.

8.3 Informationsverhalten

8.3.1 Motivation

Wenn Journalisten tatsächlich die Gesellschaft mit den jeweils neuesten und wichtigsten Informationen versorgen sollen, dann spielt ihre Motivation, sich selbst zu informieren und Quellen zu erschließen, eine wichtige Rolle. Die xyz-Journalisten wurden deshalb danach gefragt, ob sie ihren Informantenkreis für ausreichend groß halten und wie sie ihn nutzen (vgl. Abb.16).

```
Aussagen zum          Ablehnung                        Zustimmung
Informationsverhalten
------------------   1----+----2----+----3----+----4----+----5

Mein Informantenkreis
ist ausreichend groß              r    f        o

Für Hintergrundgespräche und
Informantenpflege habe ich            f         rl     c
zuwenig Zeit

Zu jedem Thema finde ich
schnell einen passenden                r f c l
Informanten

------------------   1----+----2----+----3----+----4----+----5
c: Chefredakteure    (N= 3)       l: Ressortleiter      (N= 7)
r: Redakteure        (N=13)       f: Freie Mitarbeiter  (N= 4)
o: Gruppen identisch               (jeweils Mittelwerte)
```

Abb. 16: Informationsverhalten (Motivation)

Chefredakteure und Ressortleiter sind demnach mit der Anzahl ihrer Informanten im großen und ganzen zufrieden. Sie bejahen die Aussage "mein Informantenkreis ist ausreichend groß" rundweg. Völlig anders hingegen sehen dies die Redakteure und die Freien Mitarbeiter: Mit der Reichweite ihrer Informantenkontakte sind sie noch lange nicht zufrieden und lehnen eine entsprechende Aussage klar ab. Ein Redakteur bekräftigte, ein Informantenkreis könne gar nicht groß genug sein.

Die relative Zufriedenheit der Redaktionshierarchen mit ihren Informantenkontakten könnte mit der längeren Berufstätigkeit und einer dadurch bedingten tatsächlichen höheren Informantenzahl zusammenhängen. Andererseits sind Chefredakteure und Ressortleiter längst nicht in dem Maße mit den Reportertätigkeiten Informationssammlung und -erschließung befaßt, wie ein Teil der Redakteure und der Freien Mitarbeiter. Ihnen werden Lücken im Informantenkreis vermutlich häufiger und auch schmerzlicher bewußt, wenn unvorhersehbare Themen schnell und präzise recherchiert und bearbeitet werden müssen - Situationen, die im redaktionellen Alltag durchaus vorkommen. Falsche Fakten in der Berichterstattung ziehen allemal größere Irritationen nach sich als eine falsch begründete Meinung im Kommentar eines Chefredakteurs, so daß das subjektiv registrierte Defizit im Informantenkreis funktional, von den Arbeitsrollenakzenten verursacht, erklärt werden kann. Zu einem neuen Thema die richtige Informationsquelle zu finden, ist aber offenbar für keinen der befragten Journalisten ein Problem. Sie sind sich überwiegend einig und bestätigen tendenziell schwach, "zu jedem Thema schnell einen passenden Informanten zu finden". Dies ist vermutlich ein beruflicher Standard.

Überwiegend sehr starke Zustimmung fand die Aussage "für Hintergrundgespräche und Informantenpflege habe ich zuwenig Zeit". Selbst die Chefredakteure, die doch eigentlich mit ihren Informationsquellen relativ zufrieden sind, würden sich gern gründlicher und intensiver über Sachverhalte und Vorkommnisse informieren. Fast alle Befragten stimmten hier überein. Warum nehmen sie sich nicht mehr Zeit?

8.3.2 Focus

Wenn Journalisten prinzipiell ein gewisses Informationsdefizit beklagen und sich gern umfassender informieren wollen, dann sagt dies noch nichts über die Richtung, in der gern weiterrecherchiert würde. Angesichts des häufig vorgebrachten Vorwurfes einer Eliten- und Oberschichtorientierung wäre es wichtig zu erfahren, wen die Themenproduzenten als Informationsquellen fokussieren.

Bei einem Teil der Befragten handelt es sich dabei in der Tat um die "Eliten in Wirtschaft und Politik" (vgl. Abb.17), die die "wichtigsten Gesprächspartner der Journalisten" seien. Allerdings: Es sind überwiegend die Redaktionshierarchen, Chefredakteure und Ressortleiter, die sich von Informanten aus höheren sozialen Rängen eine effektive, relevante inhaltliche Ausbeute versprechen. Die Gruppe der zahlenmäßig überwiegenden Redakteure und die Freien Mitarbeiter sehen dies ganz anders und lehnen eine Elitenorientierung beim Einholen wichtiger Informationen weitgehend (sehr stark) ab. Ein Drittel aller Mitarbeiter lehnte die Aussage völlig ab.

```
Aussagen zum         Ablehnung                      Zustimmung
Informationsverhalten
-------------------  1----+----2----+----3----+----4----+----5

Die Eliten in Wirtschaft und
Politik sind die wichtigsten   r  f             c   1
Gesprächspartner der Journalisten

Die Mitarbeiter von Presse-
stellen wissen meist nichts              o     rl
oder dürfen nichts sagen

Gute Informationen bekommt
man nur von den Experten                 f       r    o
im Hintergrund

Kollegen weisen mich oft                    1 frc
auf interessante Themen hin
-------------------  1----+----2----+----3----+----4----+----5
c: Chefredakteure    (N= 3)       l: Ressortleiter      (N= 7)
r: Redakteure        (N=13)       f: Freie Mitarbeiter  (N= 4)
o: Gruppen identisch                (jeweils Mittelwerte)
```

Abb. 17: Informationsverhalten (Focus)

Die von Manfred Rühl befragten Redakteure haben zur Effizienz von Pressestellen ein überwiegend negatives Bild gemalt. Ein Redakteur sagte 1967: "Pressestellen (...) wissen nie etwas oder sie dürfen nichts sagen"[356]. Seither sind bald zwei Jahrzehnte vergangen, in denen die informationelle Institutionalisierung weiter vorangeschritten ist, der Prozess der Informationsverbreitung zumindest größerer Organisationen professionell solchen Instanzen übertragen worden ist. Welche Erfahrung machen Journalisten heute mit Pressestellen, sind sie die neuen Informatoren, wenn schon den Eliten nicht mehr (auf breiter Front) getraut wird? "Die Mitarbeiter von Pressestellen wissen meist nichts oder dürfen nichts sagen": Dieser Aussage stimmt der überwiegende Teil der Befragten ganz oder teilweise zu, entschieden abgelehnt wird sie von keinem einzigen. Ein

356) Rühl 1969:113.

positionsspezifische Differenzierung weist aus, daß Chefredakteure sich wieder (mit den Freien) vom Gros ihrer Mitarbeiter entfernen und die Arbeit dieser Stellen etwas positiver einschätzen. Redakteure hingegen (und Ressortleiter) sehen einen Nutzen von Pressestellenarbeit durchweg negativ.

Eine sehr viel stärkere Zuversicht ist beim Informationsgewinn durch die "Experten im Hintergrund" auszumachen: Mehr als zwei Drittel der Befragten setzen auf die Effektivität von Experteninformationen, wobei Chefredakteure und Ressortleiter noch etwas optimistischer sind als die Redakteure. Freie Mitarbeiter können hingegen mit solchen Expertenaussagen offensichtlich nicht allzuviel anfangen.

Dieses Ergebnis legt den Schluß nahe, daß die professionellen Gatekeeper der Gesellschaft sich wenigstens teilweise von den Anstrengungen von PR-Strategen emanzipieren (wollen, können?) und beim Einholen relevanter Informationen dort ansetzen, wo ein faktisches Wissenspotential vorhanden zu sein scheint. Allerdings ist die Sonderposition der entscheidenden Chefredakteure zu berücksichtigen, die insgesamt stärkeres Vertrauen in die etablierten, im faktischen Machtgefüge verankerten Informationsquellen äußern.

Ein Teil neuer, interessanter Themen wird offensichtlich von den Kollegen innerhalb der Redaktion angeregt: Bei kaum erkennbarer positionsspezifischer Differenzierung bestätigen zwei Drittel der Befragten die Vermutung: "Kollegen weisen mich oft auf interessante Themen hin", weniger als ein Drittel behauptet, dies komme nicht oder kaum vor. Dies kann zum einen ein Indiz für eine intakte, intraredaktionelle Kommunikation sein, birgt allerdings auch die Möglichkeit der thematischen Einflußnahme durch die Redaktionshierarchen. Dieser Frage wird beim Erfassen der Redaktionsstrukturen (Positions-Autonomie) weiter nachgegangen.

8.4 Zeitungslektüre

"Welche Zeitungen und Zeitschriften lesen Sie regelmäßig?" war die Frage an die xyz-Journalisten, mit der das Ausmaß dieser Orientierungsmöglichkeit bezüglich gesellschaftlichen Geschehens erfaßt werden sollte. Zwar führt die wechselseitige Rezeption etablierter Printmedien zum kritisch bewerteten "publizistischen Recycling", doch ist dies in zweierlei Hinsicht zu relativieren:

a) Zum einen erbringen einzelne Medien über die tägliche Nachrichten(durchschnitts)ware hinaus bisweilen bemerkenswerte Einzelleistungen, die so relevant sind, daß die Gesellschaft ein Interesse an einer breiten Übernahme durch die anderen Informationsmedien haben dürfte. Die Darstellungsform des exklusiven Interviews hat sich in dieser Hinsicht profiliert.

b) Zum anderen hängt es von der Art der rezipierten Medien ab, ob dabei eine potentielle Vervielfältigung des Gleichen oder eine wichtige Ergänzung des vorhandenen Informationsmaterials ansteht. Aus diesem Grund kommt den regelmäßig rezipierten Printmedien durchaus Relevanz zu.

Alle Befragten lasen nach eigenem Bekunden mindestens die Zeitungen des Verbreitungsgebietes, die hier zwecks Anonymisierung nicht aufgeführt werden. Darüberhinaus gehören auch die großen überregionalen Zeitungen und Zeitschriften zur "regelmäßigen" Lektüre. (Vgl. Tab. 3)

Rang	Titel	Nennungen (N=27)
1	Spiegel	(23)
2	Stern	(13)
	Zeit	(13)
	FR	(13)
3	Welt	(11)
4	FAZ	(10)
5	Regionale Konkurrenzztg.	(9)
6	SZ	(8)
7	Bild	(6)
8	Journalist	(4)
9	taz	(3)
	WamS	(3)
10	Vorwärts	(2)
	Handelsblatt	(2)
	Neue ZZ	(2)
	Hör Zu	(2)

*) Es werden nur Titel mit mindestens zweifacher Nennung aufgeführt

Tab. 3: Rangfolge der regelmäßig gelesenen Zeitungen und Zeitschriften *)

Fast alle xyz-Journalisten lesen den Spiegel, offensichtlich die unerläßliche Lektüre zu Wochenbeginn. Im Anschluß daran verteilen sich die Nennungen sehr unterschiedlich, wobei die üblicherweise als "liberal" bezeichneten Produkte einen leichten Vorsprung haben: Zeit, Stern, Frankfurter Rundschau nehmen den zweiten Rang ein, werden jeweils von etwa der Hälfte der Befragten gelesen. Es folgen, leicht abgeschlagen auf dem dritten und vierten Rang die Welt und die Frankfurter Allgemeine Zeitung. Etwa ein Drittel der Befragten gibt an, die regionale Konkurrenzzeitung sowie die Süddeutsche Zeitung zu lesen. Überraschen mag der (erklärtermaßen) relativ geringe Umfang der Bild-Lektüre, da dieses Blatt von den Chefredakteuren (in Konferenzen und in schriftlicher Form) wiederholt als ernstzunehmende Marktkonkurrenz bezeichnet worden ist.

Die wenigen Nennungen auf den restlichen Rängen sind nur noch als marginal zu bezeichnen: Das Fachorgan Journalist, die überregionalen Blätter Tageszeitung (Berlin) und Welt am Sonntag, sowie die (mit lediglich zwei Nennungen erwähnten) Bild am Sonntag, Vorwärts, Handelsblatt, Hör Zu und Neue Zürcher Zeitung werden nur vereinzelt wahrgenommen.

Die Mitarbeiter der Mantelredaktion finden diese Erzeugnisse sämtlich an ihrem Arbeitsplatz zum Teil in mehrfacher Ausgabe vor, in der Lokalredaktion liegen kostenlos lediglich die lokale Konkurrenz sowie ominöserweise das Hamburger Abendblatt, dessen Berichterstattung das lokale Verbreitungsgebiet nicht einmal am Rande streift.

Bemerkenswert ist über diesen im Grunde publizistischen Durchschnitt hinaus die Tatsache, daß eine Mehrheit aller Mitarbeiter eine Reihe von Fachzeitschriften bezieht wie etwa die Medical Tribune, Die Bank, Foreign Affairs usw. Auch fachlich orientierte Blätter wie Wirtschaftswoche, Parlament, Art, Geo, Bild der Wissenschaft, Der Hausarzt wurden vereinzelt genannt. In diesem Zusammenhang verwiesen einige Redakteure auf Spezialthemen, für die sie sich persönlich interessierten und über die sie sich fortlaufend informierten. (Dieses Ergebnis bestätigte die Vermutung, daß es innerhalb der Redaktion eine Art Expertenwissen gibt, dessen Ausmaß festgestellt werden müsse. Vgl. Kap. 9.3: Redaktionelles Expertenwissen)

8.5 Journalismus-Bücher

Als Indikator für die nicht nur tagespraktische Beschäftigung mit dem Beruf sondern für seine theoretisch-wissenschaftlichen Bestimmungen wurde nach der Kenntnis von Journalismus-Literatur gefragt (vgl. Tab. 4). Nicht ganz die Hälfte der Befragten konnte mindestens einen konkreten Titel erwähnen.

Die skalare Differenzierung zeigt, daß Kenntnis und Unkenntnis in den Gruppen der Festangestellten zu etwa gleichen Teilen vorkommen. Ein Chefredakteur nannte aus dem Stehgreif eine ganze Reihe von Fachtiteln (z.B. Löffler/Ricker, Rühl, Weischenberg). Die ausnahmslos über Universitäten kommenden vier Freien Mitarbeiter bilden eine recht homogene Gruppe der in dieser Hinsicht Kenntnisreichen.

	Chefred.	Ressortl.	Redakteure	Freie	Summe
Ja	1	3	6	4	12
Nein	2	4	7	-	15
Summe	3	7	13	4	27

Tab. 4: Kenntnis von Journalismus-Büchern

Ein Blick auf die genannten Autoren zeigt, daß auch die Redakteure und Ressortleiter durchaus mit neuerer Fachliteratur zu tun hatten. Namentlich und/oder qua Buchtitel wurden erwähnt:

Koszyk	Zeuner	Prokop
Tern	"Stamm"	Rühl
Aufermann	Löffler/Ricker	Noelle-Neumann
Weischenberg	Prott	"Publizistik"

Neben diesen jüngeren Fach-Autoren wurden auch Dovifat und Hagemann genannt. Ferner kennt ein Teil der Befragten Titel und Autoren aus dem Lehrbuch- und Praxisbereich:

Wallraff	Kisch	Spoo
Schneider (G+J)	LaRoche	Martini (Jahrbuch)
Projektteam (ABC)	Freytag	Warren (ABC)
Habe		

Zumindest für einen Teil der befragten xyz-Journalisten muß aufgrund dieser Kenntnisse der alte Vorwurf von der Unkenntnis reflektierender Konzepte relativiert werden. Damit ist allerdings nichts über den konkreten Nutzen und die Verwendung dieses Wissens in der Alltagspraxis gesagt.

9 Adaptive Dimension

9.1 Systematik der Arbeitsweise

Bei der Bereitstellung und Bearbeitung von Themen bedienen sich Journalisten bestimmter Instrumente und Arbeitstechniken. Die Art dieser "Artefakte" und der Umfang bzw. Stellenwert ihrer Nutzung läßt Rückschlüsse auf die inhaltlichen Bezüge zu. So wird etwa ein Redakteur, der den Tag am Terminal verbringt (und dieses folglich als "unentbehrlich" bezeichnet) keine Zeit für Terminbesuche vor Ort haben und folglich keine originären Informationen sammeln. Anders beim Reporter, der u.U. sein eigenes Archiv pflegt, Unterlagen aus Zeitschriften und Zeitungen sammelt usw.: Seine Bewertung dieser Utensilien wird vermutlich ganz anders ausfallen.

Den Journalisten wurde deshalb eine Liste mit 33 Arbeitsinstrumenten bzw. -spezifika vorgelegt, deren Relevanz beurteilt werden sollte. Bei der Auswertung wurde differenziert (vgl. Tab. 5; Abb. 18-21) nach alltäglichen Utensilien, deren Gebrauch allgemein weit verbreitet ist, nach Hilfsmitteln, die auf gezielte aktuelle Informationsgewinnung schließen lassen, nach berufsspezifischen Utensilien, die für die journalistische Produktion benötigt werden sowie nach Instrumenten, die auf eine intensive, systematische Themensuche schließen lassen.

9.1.1 Alltagsutensilien

Wie die Übersicht zeigt (vgl. Tab. 5), besitzen Telefon, Terminkalender und Uhr die höchste Priorität. Alle Befragten sind auf schnelle Kommunikation und Information angewiesen, die innerhalb fest vorgeschriebener zeitlicher Grenzen stattfinden müssen. Auf den nächsten Rängen folgen Rundfunknachrichten, Archive und die Konkurrenzzeitungen, die offensichtlich eine möglichst schnelle Orientierung über die Themen des Tages ermöglichen. Das Terminal samt Kommando-Liste (Makros) und die zur Seitenplanung wichtigen Layoutbögen und Typometer werden nicht mehr von der Gesamtheit der Befragten als sehr wichtig bezeichnet, hier deuten sich Differenzierungen an. Die Arbeit mit einem eigenen Archiv, eigener Themenmappe, Fachbüchern und -zeitschriften schließlich ist nicht mehr Sache der Mehrheit, sondern wird nur noch vereinzelt als unerläßlich bewertet.

Rang	Alltags-Utensil.	Hilfsmittel m. Inhaltsbezug	Berufspezif. Utensilien	Instrumente f systematische Themensuche	(x)
1	Telefon				5.00
2	Terminkalender				4.52
3	(Armb.) Uhr				4.37
4		HörfunkNachricht.			4.26
5	Stift+Papier	Redakt. Archiv			4.22
7			Terminal		4.19
8		Zeitungsbände	Aufzeichnungen		4.15
10		KonkurrenzZtg.			3.85
11		Bildarchiv			3.81
12		Fernsehnachr.			3.70
13			Makro-Liste		3.41
14				Privat-Archiv	3.33
15				Themenmappe	3.22
16	Auto/Pkw				3.15
17			Layoutbogen		3.07
18				Ztgs.Ausschn.	3.00
19			Typometer	Fachbücher	2.85
21			Schr.Masch.	Adreßbuch	2.81
23				FachZeitschr.	2.63
24	Duden				2.55
25				Jahresbericht	2.48
26			Schere+Klebst.		2.44
27				Statist.Jahrb.	2.07
28			Rechenscheibe		1.96
29	Taschenrechner		Journ.Lehrb.	Karteikasten	1.66
32		BTX-Inform.	Umbruchterminal		1.07

(x)=Mittelwerte, N=27)

Tab. 5: Redaktionelle Arbeitsinstrumente und ihre Nutzung (Rangliste)

Die summarische Auflistung weist darauf hin, daß die gezielte Themensuche offensichtlich nicht zu den wichtigsten Tätigkeiten in der Redaktion gehört. Je größer die Entfernung von tagesaktuellen Vorgängen wird und sich die Journalisten nicht nur ad hoc darin zurechtfinden müssen, desto geringer bewerten sie die Hilfsmittel für die Registrierung des bislang unbekannten Faktischen. Die skalare Differenzierung ist freilich stellenweise höchst aufschlußreich (vgl. bes. Kap. 9.1.2 bis 9.1.4).

```
Nutzung von:         Bedeutungslos               Unentbehrlich
-------------------  1----+----2----+----3----+----4----+----5

Telefon                                                      o

Terminkalendeer                                        r lcf

(Armband) Uhr                                      l  f   r  c

Stift und Papier                                   co        f

Auto                                         o         f

Duden                             l f o

Taschenrechner          f   o  c
-------------------  1----+----2----+----3----+----4----+----5
c: Chefredakteur   (N= 3)         l: Ressortleiter      (N= 7)
r: Redakteure      (N=13)         f: Freie Mitarbeiter  (N= 4)
o: Gruppen identisch               (jeweils Mittelwerte)
```

Abb. 18: Arbeitsinstrumente (Alltagsutensilien)

Die Freien Mitarbeiter bewerten Stift und Papier sowie den Pkw als wesentlich unentbehrlicher (vgl. Abb.18), als dies die anderen Journalisten tun. Dies hängt vermutlich mit ihrem Reporter-Profil zusammen: alle Freien sind sehr recherchierfreudig und besuchen häufig Ortstermine, was beim Gros der Festangestellten nicht in dem Maße vorkommt.

9.1.2 Arbeitsinstrumente: Inhaltsspezifika

Die Differenzierung nach Hierarchiegruppen bei der Bewertung von Spezifika mit aktuellem Inhaltsbezug zeigt deutliche Gruppenunterschiede (vgl Abb. 19): Es sind die Chefredakteure, die Hörfunk- und Fernsehnachrichten, Konkurrenzeitungen und Redaktions-Archiv durchweg für unentbehrlicher halten, als dies die anderen Mitarbeiter tun. Zeitungsbände und Bild-Archiv (die mehr mit Verifizierung und Tagesproduktion zu tun haben) sind den Chefredakteuren hingegen nicht so wichtig. Der Zwang, sich einen schnellen Überblick über die Themen des Tages zu verschaffen, scheint also bei den Hierarchen an prominenter Stelle zu stehen. Das wird plausibel angesichts ihrer ausschließlichen Entscheidungskompetenz, die die qualitative Beobachtung gezeigt hatte.

```
Nutzung von:         Bedeutungslos               Unentbehrlich
-------------------  1----+----2----+----3----+----4----+----5

Hörfunknachrichten                                   ro   c

Redaktions-Archiv                        f            rl     c

Zeitungsbände                         c          f    l r

Konkurrenzzeitungen                    f       l   r         c

Bild-Archiv                                 o  r          l

Fernsehnachrichten                        l   f  r        c

Btx (kein Anschluß)  ol f
-------------------  1----+----2----+----3----+----4----+----5
c: Chefredakteur   (N= 3)         l: Ressortleiter      (N= 7)
r: Redakteure      (N=13)         f: Freie Mitarbeiter  (N= 4)
o: Gruppen identisch               (jeweils Mittelwerte)
```

Abb. 19: Arbeitsinstrumente mit Inhaltsbezug

Ressortleiter und Redakteure sind sich zum großen Teil einig in der etwas zurückhaltenderen, aber immer noch sehr hohen Bewertung dieser Hilfmittel mit Inhaltsbezug. Weit weniger relevant sind sie hingegen für die Freien Mitarbeiter, wobei hier freilich ein Fehlschluß vermieden werden muß: Im Lokalen, in dem die Freien arbeiten, existieren weder ein funktionsfähiges Redaktions-Archiv noch eine ernstzunehmende Konkurrenzzeitung, und auch die Fernsehnachrichten betreiben keine lokale Berichterstattung, so daß in diesen Fällen die zurückhaltende Bewertung durch objektive Faktoren erklärt werden kann. Unerklärlich ist die nicht als völlig bedeutungslos bewertete Informationsgewinnung durch Btx, da das Medium weder in der Zentrale noch im Lokalen genutzt wird.

9.1.3 Arbeitsinstrumente: Produktionsspezifika

Eine sehr große gruppenspezifische Streuung der Antworten zeigt sich bei den Arbeitsinstrumenten, die für die im engeren Sinne zeitungsproduktiven Tätigkeiten verwendet werden. Das Terminal und die dazugehörige Kommando-Liste, der Layout-Bogen, das Typometer, Schere und Klebstoff sowie die Rechenscheibe (zur Berechnung von Bildgrößen und Textlängen) ist den Ressortleitern weitaus wichtiger als den anderen Journalisten (vgl. Abb. 20). Bemerkenswert weit davon entfernt sind die Chefredakteure und die Freien Mitarbeiter, die Redakteure liegen im Mittelfeld.

```
Nutzung von:         Bedeutungslos               Unentbehrlich
-------------------  1----+----2----+----3----+----4----+----5
Terminal                                        f  c r l

Persönl. Aufzeichnungen                         c l  r       f

Makro-Liste          c                       r   f    l

Layout-Bogen              f           c r                l

Typometer               o                 r        l

Schreibmaschine                   r      c  l f

Schere und Klebstoff c    f         r          l

Rechenscheibe        c  f     r         l

Journalismus-Lehrbüch.  cl   r f

Umbruchterminal      o r
-------------------  1----+----2----+----3----+----4----+----5
c: Chefredakteur   (N= 3)         l: Ressortleiter      (N= 7)
r: Redakteure      (N=13)         f: Freie Mitarbeiter  (N= 4)
```

Abb. 20: Produktionsspezifische Arbeitsinstrumente

Ganz offensichtlich sind die Ressortleiter überwiegend mit der Planung, Gestaltung und Realisation des Seitenaufbaues befaßt. Sie plazieren die Beiträge samt Illustration und bestimmen so Themenwertschätzung und das Erscheinungsbild 'ihrer' Seite(n). Das zeigt aber andererseits, in welch hohem Maße diese (nach den Chefredakteuren) zweitwichtigste Hierarchiegruppe mit produktiven, praktischen Ausführungsarbeiten beauftragt worden ist - die den Chefredakteuren nicht mehr und den Freien wohl noch nicht zugemutet (zugetraut) werden.

Die Relevanz "persönlicher Aufzeichnungen" auf Seiten der Freien ist ein weiterer Beleg für deren informationssammelnde, recherchierende Tätigkeit, mit der sie sich von anderen abheben.

Für das "Umbruchterminal" trifft das oben für Btx gesagte zu: Es gehört nicht zur Arbeitsplatzausstattung der xyz-Mitarbeiter.

```
Nutzung von:         Bedeutungslos               Unentbehrlich
-------------------  1----+----2----+----3----+----4----+----5

Privat-Archiv                   l        c       r f

Themenmappe                             r l c         f

Zeitungsausschnitte            c  l         r      f

Fachbücher                     c      l r     f

Adreßbuch               c         l        r     f

Fachzeitschriften         f    c  l         r

Jahresberichte (Pol+Wi)       l   c  r      f

Statistische Jahrbücher      r o         f

Karteikasten            o r       l

-------------------  1----+----2----+----3----+----4----+----5
c: Chefredakteur   (N= 3)         l: Ressortleiter      (N= 7)
r: Redakteure      (N=13)         f: Freie Mitarbeiter  (N= 4)
o: Gruppen identisch               (jeweils Mittelwerte)
```

Abb. 21: Arbeitsinstrumente für systematische Themensuche

9.1.4 Arbeitsinstrumente: Systematische Themensuche

Insbesondere Freie Mitarbeiter und ein Teil der Redakteure pflegen einen "unentbehrlichen" Umgang mit Instrumenten, die eine systematische Themensuche und -verwaltung erleichtern (vgl. Abb.21). Ein eigenes Archiv, die Themen(vorrats)mappe, gesammelte Zeitungsausschnitte, ein Adreßbuch sowie Bücher und Jahresberichte werden vor allem von den Freien hoch bewertet. Einen Einbruch erleben sie lediglich bei "Fachzeitschriften", die für die lokale Berichterstattung wohl als nicht sehr wichtig eingeschätzt, jedoch von diversen Redakteuren intensiv genutzt werden.

Chefredakteure und Ressortleiter schätzen diese Hilfsmittel eher als bedeutungslos ein. Das Sondieren in bislang nicht ans Tageslicht geförderten Themen, der Umgang mit Fakten, die noch nicht für die aktuelle Verwendung bestimmt sind, ist offensichtlich nicht relevanter Teil ihrer Arbeitsrolle.

9.2 Archivnutzung

Den Mitarbeitern der Zentralredaktion steht ein Zeitungsausschnittarchiv zur Verfügung, das insbesondere die (bereits veröffentlichten und nicht immer fehlerfreien) Texte der Konzernzeitungen enthält. Vor allem im Ressort Außenpolitik konnte mehrfach beobachtet werden, daß sich ein Redakteur länder- oder themenspezifische Informationen hat zukommen lassen, wenn ein ausführlicherer Beitrag dazu geplant wurde. Etwa bei bevorstehenden Wahlen, plötzlichen politischen Umbrüchen etc. Die Häufigkeit im Umgang mit diesem thematischen Hilfsmittel könnte ein Indiz für die Thematisierungsfähigkeit der Redaktion sein.

"Archiv" bedeutet in der Lokalredaktion vor allem die abgelegten, bereits erschienen Berichte in Form der sog. Zeitungsbände. In ihnen blätterten einige Mitarbeiter, wenn sie sich zu laufenden Themen kundig machen wollten.

Wie die Angaben der Befragten zeigen (vgl. Tab. 6), werden Archivmappen und Zeitungsbände durchaus genutzt. Gut die Hälfte der Mitarbeiter gibt an, auf dieses Redaktionsarchiv "mehrmals wöchentlich" zurückzugreifen, einzelne gar täglich. Ein Drittel immerhin nutzt es noch mehrmals pro Monat. Zur Gruppe der intensivsten Nutzer gehören geschlossen die drei Chefredakteure und auch eine Mehrheit der Ressortleiter. Weniger einheitlich zeigen sich die Redakteure und erst recht die Freien Mitarbeiter. Zu erinnern ist an dieser Stelle an die qualitativen Beobachtungen: Archivmappen wurden gemeinhin erst dann angefordert und Zeitungsbände üblicherweise erst dann durchgeblättert, wenn das zu bearbeitende Thema so gut wie fest stand. Das heißt, sie tragen zur Berichterstattungstiefe bei, nicht zur Optimierung der thematischen Bandbreite.

Archiv und Zeitungsbände werden genutzt	Chefred.	Ressortltr.	Redakt.	Freie	Summe
mehrmals täglich	-	-	-	1	1
täglich	-	1	1	-	2
mehrmals wöchentl.	3	4	6	1	14
1-4 mal monatl.	-	2	6	1	9
"ganz selten"	-	-	-	1	1
Summe	3	7	13	4	27

Tab. 6: Nutzung des Redaktionsarchivs

Priv. Archiv wird genutzt:	Chefred.	Ressortltr.	Redakt.	Freie	Summe
täglich	-	-	3	-	3
mehrmals wöchentl.	1	3	4	-	8
1-4 mal monatl.	-	1	3	2	6
kein eigenes Archiv vorhanden	2	3	3	2	10
Summe	3	7	13	4	27

Tab. 7: Nutzung eines persönlichen Archivs

Dies könnte bei einem selbst angelegten, eigenen kleinen Archiv anders sein. In Einzelfällen konnte bei Reportern ein durchaus gut gepflegtes, privates

Archiv ausgemacht werden, auf das die Betreffenden täglich zurückgriffen. Diesen einzelnen stehen einige andere gegenüber, die zwar von einem eigenen Archiv berichteten, bei Nachfragen aber nur auf einen Karton oder eine Mappe mit einen Stapel relativ ungeordneter Materialien verwiesen.

Die Angaben zu diesem "eigenen Archiv" (vgl. Tab. 7) zeigen, daß solche Unterlagen im Durchschnitt eine geringere Rolle spielen als die zentralen Redaktionsarchive. Ein gutes Drittel aller Befragten (darunter zwei der drei Chefredakteure) gab an, kein eigenes Archiv zu unterhalten, weitere sechs nutzten es lediglich mehrmals monatlich. Nur etwa ein gutes Drittel der Mitarbeiter nutzt ein eigenes Archiv relativ intensiv, mehrmals wöchentlich oder gar täglich. Zur Gruppe der intensiven Nutzer zählt etwa die Hälfte der Redakteure und Ressortleiter, zu deren Tätigkeitsprofil der regelmäßige Umgang mit selbstrecherchierten Themen gehört. Chefredakteure und Freie Mitarbeiter meistern ihren Berufsalltag offensichtlich auch ohne solche Informationshilfen.

9.3 Redaktionelles Expertenwissen

Bis auf wenige Ausnahmen gaben die Mitarbeiter an, sich in einigen oder mehreren Sachgebieten "besonders gut" auszukennen. In der Mehrheit der Aussagen bezogen sich die Fachgebiete auf das eigene Ressort, Wirtschaftredakteure gaben beispielsweise Verbraucherfragen, Arbeitsmarkt oder Betriebsverfassung an, Lokalredakteure gaben Kommunalpolitik, Verkehrsplanung etc. an. In einem bemerkenswerten Umfang jedoch wurden auch Themenbereiche genannt, die nicht dem jeweiligen Ressort oder der zeitungstypischen Themenorganisation zuzuordnen waren. Auch handelte es sich nicht um reine Hobbythemen. Zu fragen wäre demnach, ob dieses redaktionell prinzipiell vorhandene (Experten-) Wissen Eingang finden kann in den Prozess der organisierten Themenverwaltung und -bearbeitung.

Insgesamt nannten die 27 Mitarbeiter 102 Spezialthemen, bei denen sie sich besonders gut auskennen. 60 Prozent dieser Themen werden von den Betroffenen regelmäßig (häufig) bearbeitet, so daß dieses Wissenspotential auch zum Tragen kommt (vgl. Tab. 8). 40 Prozent des redaktionellen Expertenwissens liegen allerdings mehr oder weniger brach: 30 Prozent werden nur "sporadisch" und 11 Prozent "nie" redaktionell genutzt. Dazu gehören immerhin Themen wie Justiz, Sozialpolitik, Philosophie, Sexualwissenschaften, also keine ausgesprochenen "Exoten", sondern in der gesellschaftlichen Diskussion geläufige, aktuelle Themen.

Spezialwissen zu 102 Themen wird redaktionell genutzt:	regelmäßig (oft)	sporadisch	nie
	61	30 *)	11 **)

*) z.B.:	Medien
Landwirtschaft	Umwelt
Messen	Kultur
Mode	Film
Verbraucher	Medizin
Soziales	Musik
Arbeitsmarkt	Biologie
Betriebsverfassung	Ausländer
UdSSR	Gewerkschaften
Ostblock	Zeitgeschichte
**) Sport	Sozialpolitik
Innenpolitik	Philosophie
Außenpolitik	Sexualwissenschaften
Kommunalpolitik	Billard
Justiz	Aquaristik

Tab. 8: Redaktionelles Expertenwissen

Der Sachverhalt des ungenutzten Expertenwissens deutet auf strukturelle Defekte der redaktionellen Arbeitsorganisation hin. Offensichtlich mangelt es an Durchlässigkeit.

9.4 Intraredaktionelle Durchlässigkeit

Um die formale intraredaktionelle Transparenz festzustellen, wurden die xyz-Mitarbeiter danach gefragt, wie häufig sie für andere als die eigenen Ressortseiten tätig würden, das heißt, dort Themen vorschlagen und plazieren könnten.

Etwa ein Drittel (vgl. Tab. 9) gibt an, "regelmäßig (oft)" für andere Seiten zu arbeiten, das Gros tut dies nur "gelegentlich" (16) oder "selten" (3). Die Freien und die Redakteure sind dabei offensichtlich etwas weniger flexibel als Ressortleiter und Chefredakteure. Die Hierarchen werden häufiger ressortübergreifend tätig - das können auch durchaus "Übergriffe" sein.

Tätig für andere als die eigene Ressort-Seite(n)	regelmäßig (oft) (=1)	gelegentlich (=2)	selten (=3)
	8	16	3

Mittelwerte nach Hierarchiegruppen:	Chefred.	Ressortltr.	Redakt.	Freie
	1.7	1.7	1.9	2.0

Tab. 9: Intraredaktionelle Durchlässigkeit

9.5 Redaktionelle Strukturen

9.5.1 Fremdkontrolle

Das Ausmaß und die Verbindlichkeit vertikaler Stratifikation innerhalb des sozialen Systems Redaktion ist ein aussagekräftiger Indikator für die potentiellen Handlungsvariationen von Stelleninhabern. Eine große Autonomie könnte die Chance dafür erhöhen, auf großer Breite gesellschaftich neue, relevante Themen aufzufinden und in den Prozeß der Aussagenproduktion hineinzunehmen. Wie die folgenden Ausführungen zeigen werden, hat das Thema Kontrolle durch Vorgesetzte innerhalb der untersuchten Redaktion durchaus deutliche Konturen, denn es wird subjektiv je nach Position sehr unterschiedlich bewertet (vgl. Abb.22). Extreme Antworten kommen überwiegend von der Gruppe der Chefredakteure: Sie bestimmen in höchstem Maße selbst, welche Themen sie bearbeiten und wo diese Beiträge plaziert werden. Sie meinen, völlige Freiheit in der Erledigung ihrer Arbeit zu haben, zumal ihre Arbeit nicht von anderen kontrolliert werde und auch in Streitfällen kein Vorgesetzter eingreifen könne. Aus ihrer Warte gestehen sie, daß die Redaktion streng hierarchisch gegliedert sei, machen aber dennoch ein bemerkenswertes Maß an "Teamgeist" aus. Das Team bezieht sich aber vornehmlich auf die Berufssphäre, denn in der Freizeit haben die xyz-Mitarbeiter so gut wie nichts miteinander zu tun.

```
Aussagen zur        Ablehnung                     Zustimmung
Sozialen Kontrolle
------------------  1----+----2----+----3----+----4----+----5

Ich bestimme selbst, welche                (r+f)       (c+l)
Themen ich bearbeite                         o           o

Ich habe völlige Freiheit
in der Erledigung meiner Arbeit            r f           l  c

Die Redaktion ist streng
hierarchisch gegliedert                    o     r       c

In strittigen Fragen
entscheidet ein Vorgesetzter     c   l          f      r

Ich bestimme die Plazierung
meiner Artikel selbst            f           r       l      c

In der Redaktion herrscht
ein echter Teamgeist            r    f   l           c

Die Hierarchie der Red.
ist nicht zu spüren      f         r    c   l

Meine Arbeit wird von
anderen kontrolliert        c    l     r   f

In der Freizeit treffe     cfo
ich mich oft mit Kollegen

------------------  1----+----2----+----3----+----4----+----5
c: Chefredakteure (N= 3)         l: Ressortleiter      (N= 7)
r: Redakteure     (N=13)         f: Freie Mitarbeiter  (N= 4)
o: Gruppen identisch            (jeweils Mittelwerte)
```

Abb. 22: Redaktionsstruktur (Fremdkontrolle)

Die Antworten der Gruppe der Ressortleiter ähneln bis zu einem gewissen Grad denen der Chefs. Auch sie bestimmen die zu bearbeitenden Themen und deren Plazierung überwiegend selbst. Dabei werden sie (vermutlich von den Chefredakteuren) bisweilen kontrolliert, so daß die "Freiheit" in der Erledigung der Arbeit etwas geringer als bei den Hierarchen eingeschätzt wird. Im Vergleich zu Redakteuren und Freien Mitarbeitern tendieren sie mehr zur Redaktionsspitze als zur Basis. Bemerkenswert abweichend zu den Vorgesetzten nehmen die Ressortleiter die hierarchische Gliederung der Redaktion weniger wahr. Die beiden Gruppen an der Redaktionsspitze weisen sich selbst ein relativ hohes Maß an Autonomie zu.

Beinahe polarisierend setzen sich die Redakteure von ihren Vorgesetzten ab. Sie bestimmen längst nicht so autonom, welche Themen sie bearbeiten und an welcher Stelle diese erscheinen. Entsprechend geringer wird die subjektive Freiheit in der Erledigung der Tagesarbeit gesehen. In strittigen Fällen entscheiden sehr wohl die Vorgesetzten, so daß die Redakteure sich subjektiv mehrheitlich unter fremder Kontrolle arbeiten sehen. Das Gefühl von "Teamgeist" machen die Redakteure konsequenterweise kaum aus, ganz im Gegensatz zu den Redaktionsspitzen.

Ähnlich ergeht es den Freien Mitarbeitern. Sie registrieren stark die hierarchische Ordnung der Redaktion, üben wenig Selbstbestimmung bei Themenwahl und -plazierung.

Angesichts dieser subjektiven Einschätzungen läßt sich von einer offensichtlich stringenten und verbindlichen vertikalen sozialen Ordnung der Redaktion sprechen. Das Gros der redaktionellen Mitarbeiter wird unter Kontrolle gehalten und kann Handlungsvariationen vermutlich nicht in aller Breite ausspielen. Über eine große Autonomie verfügen lediglich die höchsten Positionen, so daß davon auszugehen ist, daß sich deren Programme (Programmkomponenten) im Prozeß der Aussagenproduktion durchsetzen.

9.5.2 Dynamik

Die dynamischen Zwänge während des Arbeitsprozesses könnten sich hemmend oder fördernd auf das Thematisierungsvermögen der Rollenträger auswirken. Auf die Art der positionsspezifischen Differenzierung käme es dann an, welche inhaltlichen Tendenzen (in Form von Programmkomponenten) sich durchsetzen (vgl. Abb. 23).

Zunächst zeigt sich im Vergleich zum vorigen Kapitel, daß die Antworten der Befragten längst nicht mehr so stark streuen. Die Dynamik der täglichen Arbeit tangiert offensichtlich alle Beschäftigten fast gleichermaßen. Sie klagen über zu knappen Platz in der Zeitung und registrieren Hektik und Streß gegen Redaktionsschluß.

```
Aussagen zum        Ablehnung                      Zustimmung
Arbeitsprozeß
------------------  1----+----2----+----3----+----4----+----5

Für das große Nachrichten-
angebot haben wir zuwenig                    f             oc
Platz im Blatt

Gegen Redaktionsschluß
kommen Hektik und Streß auf                    lo c

Ich würde gern gründlicher
recherchieren                                fl     r    c

Ich lasse meine Berichte
immer gegenlesen                        l r       f         c

Journalistische Arbeit
entzieht sich der             c      r   l   f
Systematisierung

Ich habe eine geregelte
Arbeitszeit                      fr l      c

Das viele Nachr. material
belastet stark       c        r    f        l

Mit den anderen Ressorts
habe ich nichts zu tun    l  r  o

------------------  1----+----2----+----3----+----4----+----5
c: Chefredakteure  (N=3)          l: Ressortleiter       (N= 7)
r: Redakteure      (=13)          f: Freie Mitarbeiter   (N= 4)
o: Gruppen identisch              (jeweils Mittelwerte)
```

Abb. 23: Redaktionsstruktur (dynamische Zwänge)

Eine geregelte Arbeitszeit haben allenfalls Chefredakteure, nicht hingegen Ressortleiter, Redakteure und Freie Mitarbeiter. Daneben zeigen sich charakteristische Unterschiede:

Die Chefredakteure sind mehrheitlich der Ansicht, daß journalistische Arbeit systematisch verrichtet werden kann, wobei dann auch ihre Feststellung einer relativ geregelten Arbeitszeit verständlich wird. Die Fülle des Agentur-(Nachrichten-)materials belastet sie nicht, denn damit sind andere befaßt. Ihre

Berichte (sie dürften hier an Kommentare gedacht haben) lassen die Redaktionsspitzen fast immer gegenlesen und würden darüberhinaus gern intensiver recherchieren. Dieser Befund bestätigt frühere. Die starke Orientierung der Chefredakteure an inhaltlicher Arbeit wird hier gefördert durch die äußeren, günstigeren Arbeitsbedingungen.

Dies läßt sich bei den anderen Redaktionsangehörigen nicht ohne weiteres behaupten. Sie sprechen viel weniger von einer "geregelten Arbeitszeit" und davon, daß sich ihre Arbeit systematisieren ließe. Redakteure und Ressortleiter lassen ihre Beiträge nicht immer gegenlesen und haben keinen so ausgeprägten Hang zu intensiverer Recherche wie die Chefredakteure. Dies mag damit zu tun haben, daß sie ihre Arbeit ziehmlich auslastet. Zumindest die Gruppe der Ressortleiter nimmt Belastungen durch die Nachrichtenfülle deutlich wahr.

9.5.3 Reflexion

Inwiefern reflektieren die Positionsinhaber das was sie tun? Haben neue gesellschaftliche Entwicklungen evtl. eine Chance aufgegriffen zu werden, wenn sich redaktionelle Innovationen auf das Produkt auswirken?

```
Aussagen zu         Ablehnung                      Zustimmung
Reflexion/Innovation
------------------  1----+----2----+----3----+----4----+----5

An unserem Blatt muß noch
einiges verbessert werden                             f  o c

Die Konferenzen sind
unergiebig                         f o       r

In der Redaktion wird
regelmäßig über die Quali-      r     f    l              c
tät der Arbeit diskutiert
------------------  1----+----2----+----3----+----4----+----5
c: Chefredakteure (N= 3)         l: Ressortleiter      (N= 7)
r: Redakteure     (N=13)         f: Freie Mitarbeiter  (N= 4)
o: Gruppen identisch            (jeweils Mittelwerte)
```

Abb. 24: Redaktionsstruktur (Reflexion/Innovation)

Fast alle Befragten sind uneingeschränkt der Auffassung, daß am "Blatt noch einiges verbessert werden" müsse. In einer anschliessenden offenen Frage wurden die konkreten Maßnahmen erhoben. Insbesondere wünschen sich die xyz-Journalisten mehr Raum für ihre Berichterstattung, die auch noch aktueller werden müsse, eine effektivere Arbeitsweise bzw. Zusammenarbeit mit anderen Ressorts, stärkere Berücksichtigung von Minderheiten, moderneres Layout, mehr Kommentare (z.B. im Lokalen von Redakteuren gefordert), bessere Planung, effektivere Redaktionsleitung usw. Die häufig engagiert beschriebenen Vorstellungen deuten darauf hin, daß sich viele Befragte mit ihrem Produkt identifizieren und gegenüber Neuerungen durchaus aufgeschlossen sind.

Die täglichen Redaktionskonferenzen scheinen allderdings nicht das entsprechende Gremium zu sein, wo Innovationen und Abstimmungen effizient vorgenommen werden. Das Gros der Redakteure meinte immerhin schwach zustimmend, "die Konferenzen sind unergiebig". Chefredakteure und Ressortleiter sind entgegengesetzter Meinung, die Freien noch etwas stärker (immerhin wird hier über ihre Tageseinkünfte entschieden).

Ebenso widersprüchlich werten die Befragten redaktionsinterne Diskussionen über die "Qualität der Arbeit": Die Chefredakteure denken übereinstimmend, in der Redaktion werde regelmäßig über die Qualität der Arbeit diskutiert, Ressortleiter (und Freie) sind eher unentschieden, die meisten Redakteure verneinen diese Frage. Obwohl doch alle Befragten innerhalb eines sozialen Arbeitszusammenhangs tätig sind, geben sie nach einer deutlichen Frage nach überprüfbarem, faktischem Geschehen so differierende Auskünfte. Zu vermuten ist, daß die Beteiligen divergierende Qualitätsbegriffe verwenden, die auf unterschiedliche Ansprüche an das eigene Handeln zurückzuführen sein könnten.

10 Prozessuale Dimension

Ob und in welchem Ausmaß die synchronischen und adaptiven Programmkomponenten redaktionellen Handelns jemals aufgerufen werden, ist bis zu dieser Stelle relativ ungewiß. Bislang wissen wir lediglich etwas über subjektive Vorstellungen, die innerhalb der binnenredaktionellen Differenzierung sehr unterschiedlich verteilt, zum Teil auch widersprüchlich sind. Erst aus der Registrierung faktischen Handelns lassen sich u.U. Aussagen über die tatsächlichen Thematisierungsprozesse formulieren. Dazu wurden die Stelleninhaber einer detaillierten Beobachtung unterzogen: Alle Tätigkeiten während des Arbeitstages wurden (soweit dies forschungspraktisch möglich war) registriert und für jede Position so ein charakteristisches Profil erstellt. Die Tätigkeiten wurden nach dem Maß der Themenrealisation klassifiziert. Eine forschungsnotwendige Restkategorie zeigt Tab. 10: Über einige Beobachtungsintervalle war nicht einwandfrei zu ermitteln, welche Tätigkeiten die Beobachteten ausgeführt hatten, so daß sie als "unbeobachtbar/abwesend" registriert wurden. Auch die Zeitanteile, während derer die Journalisten mit dem Beobachter kommunizierten, wurden gesondert registriert.

	Chefred.	Ressortltr.	Redakt.	Freier Mitarb.
Nachrichten	17.56	3.24	8.35	-
Regionales	-	0.90	-	-
Wirtschaft	-	1.33	2.60	-
Lokales	-	6.87	8.91	10.03

Tab. 10: Abwesenheit/Unbeobachtbarkeit (3.94%)

10.1 Arbeitsvoraussetzungen schaffen

Eine Reihe von Tätigkeiten hat nicht-produktiven Charakter: Die xyz-Mitarbeiter sind zunächst einmal präsent, reden über allgemeine Dinge, die sich noch nicht auf zu bearbeitende Themen beziehen (z.B. Begrüßung), scherzen oder streiten miteinander, essen und trinken am Arbeitsplatz usw. Trotz oder gerade wegen ihres mangelnden Produktionsbezuges sind diese basalen Tätigkeiten integraler Bestandteil des Arbeitstages. Sie nehmen etwa zehn Prozent der Tagesarbeitszeit ein, wobei ein sechs- bis siebenstündiges Arbeitsintervall in der Zentralredaktion und ein acht- bis neunstündiges Intervall systematischer, quantitativer Beobachtung in der Lokalredaktion zugrunde liegt. Positions- und ressortspezifisch zeigen sich gravierende Abweichungen von den Durchschnittswerten.

10.1.1 Allgemeines Gespräch mit den Kollegen

Fast fünf Prozent des Arbeitstages entfallen auf allgemeine Gespräche mit den Kollegen (vgl.Tab.11). Damit wird vermutlich der soziale Zusammenhalt der Organisation stabilisiert, werden Normen gefestigt und die Grenzen zwischen Person und Rolle gezogen. Die Lokalredaktion liegt dabei weit über dem Durchschnitt, die Ressortleiter und die Freien Mitarbeiter verwenden fast neun Prozent ihrer Arbeitszeit auf diese informelle Kommunikation. Bemerkenswerte Abweichungen nach unten gibt es im Ressort Regionales, was auf die Arbeitsorganisation zurückzuführen sein dürfte: Hier bearbeiten drei Mitarbeiter (quasi als Alleinredakteure) jeweils eigene Seitenstücke, der arbeitsorganisatorische Zusammenhalt ist per se geringer als in den anderen Ressorts. Trotz ihrer räumlichen Nähe unterliegen sie offensichtlich weniger dem Druck eines basalen kommunikativen Ausgleichs. Die individuellen Werte: Fünf bis mehr als zehn Prozent des Tages reden die lokalen Mitarbeiter über Allgemeines, das sich noch nicht auf die Tagesarbeit bezieht. Bis auf einen einzigen Mitarbeiter nehmen die Zugehörigen aller Ressorts an diesen allgemeinen Gesprächskontakten teil.

10.1.2 Präsenz mit undefinierter Tätigkeit

Bisweilen sieht man Mitarbeiter einfach herumsitzen oder -laufen, sie sind präsent und halten sich bereit für die Übernahme konkreter Arbeiten. Wie Tab. 14 zeigt, betrifft dies insbesondere die lokalen Freien Mitarbeiter mit fast acht Prozent ihrer Tagesarbeitszeit, alle anderen Journalisten liegen um oder weit unter dem Durchschnitt von etwa zweieinhalb Prozent. Im Regionalressort und bei den Chefredakteuren gibt es die undefinierte Präsenz so gut wie nicht, bei Lokalchefs erstaunlicherweise mehr als bei Lokalredakteuren. Es deutet sich hier bereits die Sonderrolle der Freien Mitarbeiter ab, die ganz offensichtlich nicht in einen stringenten Produktionszusammenhang eingespannt sind, sondern über ein beachtliches flexibilisierbares Regelungsmuster verfügen. Ein Drittel aller Mitarbeiter (aller Ressorts) kennt dies so gut wie nicht, ein weiteres Drittel lediglich marginal (ca. ein bis zwei Prozent der Arbeitszeit). In einigen Fällen waren die Journalisten zu Arbeitspausen gezwungen, weil technische Pannen (blinkende, zum vorzeitigen Abspeichern auffordernde Meldung auf dem Bildschirm: "Achtung !! Wir halten an!") behoben und abgewartet werden mußten.

10.1.3 Betreuung Freier Mitarbeiter

Nicht alle Freien Mitarbeiter und Praktikanten wissen und können bereits soviel, daß sie alle anfallenden Arbeiten übernehmen können. Sowohl in der Zentralredaktion als auch im Lokalen konnte vereinzelt beobachtet werden, daß die Newcomer in neue Arbeiten eingewiesen wurden. Die kumulierten Zeitwerte (vgl. Tab. 12) zeigen allerdings den marginalen Charakter dieser Tätigkeit: Lediglich im Wirtschaftsressort kam es vor, daß der Praktikant in der Zentrale über einen meßbaren Zeitraum (2/3 Prozent der Redakteursarbeitszeit) von einem Redakteur betreut wurde. Etwas intensiver kümmerten sich Ressortleiter und Redakteure im Lokalen (1/3 bis 2/3 Prozent der Arbeitszeit) um die Freien. Am häufigsten jedoch betreuten die Freien Mitarbeiter sich quasi selbst: Sie saßen oft zu zweit vor dem Terminal, formulierten gemeinsam oder erklärten sich gegenseitig die technischen Funktionen. Die äußerst geringen Werte belegen die Vermutung, daß Einweisung und Betreuung der Berufsanfänger während der Arbeitszeit nur am Rande vorkommen.

10.1.4 Sonstige (Arbeitsvoraussetzungen)

Ein kurzer Besuch der Kantine, Abwesenheit, um an der Parkuhr vor dem Haus nachzuzahlen usw. wurden in einer Restkategorie (vgl. Tab. 15) aufgenommen. Die überdurchschnittlich hohen Werte der Regional- und Nachrichtenredaktion sind insbesondere auf Essen und Trinken in der Hauskantine, sowie auf Dienstplanungen zurückzuführen. Eine auffällige Umkehrung der Werte zur undefinierten Präsenz (vgl. Tab. 14) gibt es im Verhältnis von Zentral- und Lokalredaktion: Die bürokratisierte Atmosphäre des Großraums mag ein untätiges Herumsitzen viel weniger zulassen als die relativ lockere, manchmal fast familiäre Stimmung in den kleinen, abgegrenzten Räumen der Lokalredaktion.

	Chefred.	Ressortltr.	Redakt.	Freier Mitarb.
Nachrichten	2.67	3.04	3.86	-
Regionales	-	1.12	4.41	-
Wirtschaft	-	1.99	4.92	3.80
Lokales	-	8.60	4.69	8.94

Tab. 11: Allgemeines Gespräch mit Kollegen (4.80%)

	Chefred.	Ressortltr.	Redakt.	Freier Mitarb.
Nachrichten	-	-	-	-
Regionales	-	-	-	-
Wirtschaft	-	-	0.60	-
Lokales	-	0.63	0.36	1.65

Tab. 12: Betreuung freier Mitarbeiter (0.42%)

	Chefred.	Ressortltr.	Redakt.	Freier Mitarb.
Nachrichten	0.85	0.53	0.43	-
Regionales	-	-	1.08	-
Wirtschaft	-	-	0.60	-
Lokales	-	1.40	1.19	0.44

Tab. 13: Verwaltung/Briefe schreiben/Aufräumen (0.62%)

	Chefred.	Ressortltr.	Redakt.	Freier Mitarb.
Nachrichten	0.64	1.02	2.95	-
Regionales	-	0.56	-	-
Wirtschaft	-	1.99	0.98	2.53
Lokales	-	2.06	0.97	7.71

Tab. 14: Undefinierte Präsenz am Arbeitsplatz (2.44%)

Aufräumen, Briefe schreiben und Leseranrufe beantworten sind Tätigkeiten, die nicht einmal ein Prozent der Arbeitszeit beanspruchen (vgl. Tab. 13). Bemerkenswert überdurchschnittlich sind hier die Chefredakteure und die Lokalchefs tätig. Die Tätigkeiten können als repräsentative Außenwirkung spezifiziert werden, wobei die Ansiedlung bei den Redaktionshierarchen nur logisch ist.

10.2 Inhaltliche Orientierung

Mit besonderem Augenmerk wurden alle diejenigen Tätigkeiten registriert, die einen im weitesten Sinne orientierenden Chrakter haben: Die Mitarbeiter tun mehr als präsent zu sein und Arbeitsvoraussetzungen zu schaffen, sie sind aber noch nicht mit einem konkreten Thema oder gar mit produktiven Tätigkeiten befaßt. In diese Kategorie fallen das Sichten eingehender Post, das Lesen schriftlicher Vorlagen (keine Agenturmeldungen), Zeitunglesen, Material ordnen und Notizen machen, Kontaktgespräche mit Informanten führen, Leseranrufe beantworten sowie Kollegengespräche, die ein potentielles Thema zum Inhalt haben.

10.2.1 Post sichten

Es mag erstaunen, aber nicht alle xyz-Mitarbeiter erhalten regelmäßig Post, manche so gut wie nie. (vgl. Tab. 16) Insbesondere die Freien, aber auch Ressortleiter und Redakteure gehören zu jenem Drittel der Mitarbeiter, die die eingehende Post nicht zu Gesicht bekommen. Zur Spitzengruppe der Postadressaten gehören (mit fünf bis sieben Prozent der Arbeitszeit) die beiden Lokalchefs, die in ihrem Ressort die zentrale Schleusenstelle für eingehende schriftliche Informationen besetzt halten. Im Wirtschaftsressort geht diese Kompentenz über auf die Redakteure, die damit gegenüber ihrem Ressortleiter einen Informationsvorsprung erreichen können. Im Mittelfeld der Postadressaten liegen Redakteure und Ressortleiter der Zentralressorts, die mit dem Sichten etwa ein bis drei Prozent ihrer Arbeitszeit verbringen.

Zwei Modelle können dabei unterschieden werden:

Der Postadressat als Gatekeeper. Das gesamte eingehende Material wird geöffnet, gesichtet, aussortiert und zur weiteren Bearbeitung weitergereicht. Diesem Modell unterliegen die Lokalchefs, die etwa 80 Prozent (Werbemate-

	Chefred.	Ressortltr.	Redakt.	Freier Mitarb.
Nachrichten	2.28	4.13	4.40	-
Regionales	-	3.62	3.68	-
Wirtschaft	-	-	3.10	-
Lokales	-	0.92	0.40	0.53

Tab. 15: Sonstige Sockeltätigkeiten (2.18%)

	Chefred.	Ressortltr.	Redakt.	Freier Mitarb.
Nachrichten	0.72	1.13	1.13	-
Regionales	-	1.13	2.21	-
Wirtschaft	-	1.99	4.31	-
Lokales	-	6.21	1.78	-

Tab. 16: Post sichten (1.71%)

	Chefred.	Ressortltr.	Redakt.	Freier Mitarb.
Nachrichten	0.44	1.69	0.49	-
Regionales	-	1.47	9.56	-
Wirtschaft	-	4.64	4.27	17.72
Lokales	-	2.07	1.13	3.28

Tab. 17: Vorlagen lesen (2.98%)

	Chefred.	Ressortltr.	Redakt.	Freier Mitarb.
Nachrichten	0.68	2.19	3.90	-
Regionales	-	2.81	5.15	-
Wirtschaft	-	15.23	1.33	26.58
Lokales	-	0.41	1.48	6.90

Tab. 18: Zeitungen/Zeitschriften lesen (4.49%)

rial, Pressemitteilungen, Terminankündigungen etc.) in den Papierkorb werfen und den Rest an Mitarbeiter verteilen, bzw. bedeutendere Dinge für sich zurückhalten. Hier konnte mehrmals beobachtet werden, daß die Ressortspitze ihren Informationsvorsprung gegen andere Mitarbeiter des Lokalen ausnutzte, um "lenkend" die Tendenz der Berichterstattung zu beeinflussen.

Der Postadressat als Bearbeiter. Das eingehende Material wird von ihm nicht mehr weitergereicht, sondern für zu bearbeitende Themen bereitgehalten oder verwendet. Dies trifft beispielsweise auf den politischen Reporter zu, der (zuvor selektiertes) Material für seine Termine vor Ort oder sein persönliches Archiv verwendet.

Es ist ganz offensichtlich ein Privileg, mit eingehender Post befaßt zu sein. Die geringen Werte der Chefredakteure sind allerdings zu relativieren, da sie über separate Büros mit Sekretärin verfügen, wo ihre eigenen postalischen Angelegenheiten abgewickelt werden. Dies konnte nicht systematisch/quantitativ beobachtet werden.

10.2.2 Vorlagen lesen

Im Zusammenhang mit dem Sichten der Post oder im Anschluß daran befassen sich die Mitarbeiter mit dem mehr oder weniger gründlichen Lesen der Vorlagen. Auch inaktuelles Material dient bisweilen als Grundlage für eine erste Orientierung über anstehende Vorgänge. So kommt es vor, daß sich Redakteure auf angekündigte Pressekonferenzen beispielsweise anhand von Jahresbilanzen von Unternehmen vorbereiten usw. Wie die Daten zeigen (vgl. Tab. 17), ist die Leseintensität sehr ungleich über die xyz-Journalisten verteilt. Überdurchschnittlich leseintensiv ist das Wirtschaftsressort, wobei alle Hierarchieebenen gleichermaßen beteiligt sind, sowie ein Alleinredakteur aus dem Regionalen, in diesem Fall die Betreuerin der Fernsehseite. Sie verwendet fast zehn Prozent der Arbeitszeit auf das Lesen von Vorlagen, d.h. Programmankündigungen, Kritiken, Medieninterna usw. Bei den Angehörigen des innenpolitischen Nachrichtenressorts hat das Lesen von Vorlagen (etwa ein halbes Prozent der Arbeitszeit) kaum Bedeutung.

10.2.3 Zeitung lesen

Auf Warren Breeds Beobachtung, Journalisten seien große Zeitungsleser, ist schon mehrfach bezug genommen worden. Diese Zeiten scheinen allerdings

	Chefred.	Ressortltr.	Redakt.	Freier Mitarb.
Nachrichten	-	0.23	0.74	-
Regionales	-	0.56	0.74	-
Wirtschaft	-	0.66	-	2.53
Lokales	-	0.23	0.54	1.41

Tab. 19: Archivieren/Notizen machen (0.65%)

	Chefred.	Ressortltr.	Redakt.	Freier Mitarb.
Nachrichten	-	-	0.85	-
Regionales	-	-	-	-
Wirtschaft	-	0.66	0.91	-
Lokales	-	-	-	-

Tab. 20: Informanten-Kontakte pflegen (0.21%)

	Chefred.	Ressortltr.	Redakt.	Freier Mitarb.
Nachrichten	-	-	5.83	-
Regionales	-	-	9.56	-
Wirtschaft	-	10.60	4.82	-
Lokales	-	10.63	21.95	15.09

Tab. 21: Termine vor Ort wahrnehmen (8.12%)

	Chefred.	Ressortltr.	Redakt.	Freier Mitarb.
Nachrichten	1.82	0.61	3.45	-
Regionales	-	0.35	6.62	-
Wirtschaft	-	6.62	0.72	-
Lokales	-	5.80	4.99	2.87

Tab. 22: Telefonische Recherche (2.88%)

längst vorbei: so gut wie nie lehnte sich ein Mitarbeiter zurück, legte die Füße auf den Schreibtisch und vertiefte sich in eine Tageszeitung. Wie die Datenverteilung zeigt, wurde etwa ein Drittel aller Journalisten so gut wie nie beim Zeitunglesen beobachtet. Die Minderheit verwandte etwa 2.5 bis 5 Prozent darauf, nur Ausreißer (davon zwei aus dem Wirtschaftsressort!) hatten genügend Handlungsspielraum, um 15 und mehr Prozent ihrer Arbeitszeit mit dem Lesen der Zeitungen zuzubringen. Nun mag durchaus sein, daß mancher Mitarbeiter bereits zuhause eine oder mehrere Zeitungen gründlich sichtet, daß besonders die Chefredakteure informiert ihren Dienst antreten. Aber auch dies wäre symptomatisch: Wer orientierungsintensive Tätigkeiten aus dem regulären Arbeitstag auslagern muß, verfügt nicht über entsprechende ordentliche Variationsmöglichkeiten. Die Präsenzzeit am Arbeitsplatz wird hinsichtlich der inhaltlichen Orientierungschancen entwertet. Für die Mitarbeiter der Nachrichtenredaktion wird dieser Befund noch dramatischer, da bei ihnen auch die Tätigkeit 'TV-Nachrichten sehen' in dieser Kategorie rubriziert wurde.

10.2.4 Archivieren und Notizen machen

Das persönliche Archiv mit Zeitungsausschnitten, Pressemitteilungen, eigenen Notizen usw. könnte der Orientierung hinsichtlich neuer Themen durchaus förderlich sein. Solche griffbereiten Unterlagen sind für Journalisten gewissermaßen eine Zukunftsinvestition, eine informationelle Vorsorgemaßnahme. Mehr als die Hälfte der xyz-Journalisten hat daran aber kein Interesse (vgl. Tab. 19): Lediglich ein knappes Drittel der Beobachteten verbrachte einen nennenswerten Arbeitszeitanteil von ein bis drei Prozent mit dem Archivieren und Notieren von Informationen. Ressortspezifische Besonderheiten gibt es dabei nicht, sondern positionsspezifische: Es sind die Freien Mitarbeiter und die Redakteure mit Reporterfunktion, das redaktionelle Fußvolk also, die informationelle Vorsorgemaßnahmen treffen.

10.2.5 Informanten-Pflege

Lerne täglich drei neue Leute kennen, hieß einst eine geläufige Lehrbuchweisheit für Journalisten (Warren). Sehr wichtig sei ein gut gepflegter Informantenkreis, dessen "schlafende" Mitglieder (Pätzold) beizeiten erweckt werden könnten. Angesichts des Verhaltens der xyz-Journalisten (vgl. Tab. 20) sind auch dies Relikte vergangener Journalisten-Herrlichkeit: Das pflegende (telefonische) Kontaktgespräch mit potentiellen Informanten konnte nur bei drei

	Chefred.	Ressortltr.	Redakt.	Freier Mitarb.
Nachrichten	0.20	-	-	-
Regionales	-	0.35	0.74	-
Wirtschaft	-	-	0.87	-
Lokales	-	-	0.36	0.48

Tab. 23: Archivmaterial durcharbeiten/lesen (0.27%)

	Chefred.	Ressortltr.	Redakt.	Freier Mitarb.
Nachrichten	11.50	11.87	10.19	-
Regionales	-	6.48	4.41	-
Wirtschaft	-	9.93	3.48	-
Lokales	-	4.60	1.79	3.69

Tab. 24: Konferenzteilnahme (6.37%)

	Chefred.	Ressortltr.	Redakt.	Freier Mitarb.
Nachrichten	8.17	0.44	0.82	-
Regionales	-	1.59	0.74	-
Wirtschaft	-	2.65	4.09	-
Lokales	-	-	-	0.08

Tab. 25: Agenturmaterial (Papier) lesen (1.47%)

	Chefred.	Ressortltr.	Redakt.	Freier Mitarb.
Nachrichten	0.96	3.23	5.83	-
Regionales	-	-	-	-
Wirtschaft	-	-	0.26	-
Lokales	-	-	-	-

Tab. 26: Agenturmaterial am Terminal lesen (1.24%)

Mitarbeitern registriert werden, wobei auch hier die Wirtschaft mit zwei Aktiven wieder einmal führt.

10.2.6 Gespräche mit Inhaltsbezug

Zur Kategorie der orientierenden Tätigkeiten wurden auch Gespräche der Mitarbeiter gezählt, bei denen es um potentielle Berichterstattungsthemen ging, also beispielsweise Gespräche mit politischem Inhalt usw. (vgl. Tab. 28). Insgesamt redeteten die Beobachteten rund drei Prozent der Arbeitszeit über solche Dinge, wobei allerdings die Chefredakteure (mit etwa sieben Prozent) und die Ressortleiter aus Wirtschaft (rund sechs) und Lokalredaktion (rund vier Prozent) überdurchschnittlich gesprächig waren. Zu diesen gesprächsaktiven und inhaltlich orientierten Hierarchiespitzen gesellten sich aus der Gruppe der Redakteure lediglich die Wirtschaftsredakteure mit ebenfalls knapp sechs Prozent hinzu, was ein weiteres Indiz für die Sonderrolle dieses Ressorts ist. Kennzeichnend ist die äußerst geringe Gesprächsaktivität im Regionalen: nicht einmal ein Prozent wird hier auf inhaltliche Gesrpäche verwendet, was angesichts der drei quasi-Alleinredakteure verständlich wird.

10.3 Inhalte erschließen

In dieser Kategorie redaktioneller Arbeit wurden alle Tätigkeiten erfaßt, bei denen Inhalte erschlossen, d.h. Informationen über Faktisches recherchiert werden. Dies geschieht bei Terminbesuchen vor Ort, durch telefonische Recherche und durch Informationssammlung im Archivmaterial. Abgrenzungskriterium ist hier: den Tätigkeiten liegt ein konkretes Thema bereits zugrunde, es wird lediglich mehr oder weniger intensiv informationell angereichert. Diese Recherchetätigkeiten nehmen durchschnittlich etwa elf Prozent der gesamten redaktionellen Arbeitszeit ein, wobei sie allerdings wiederum höchst unterschiedlich auf die Rollenträger verteilt sind.

10.3.1 Terminbesuch

Der Besuch von Terminen vor Ort kann mathematisch als Sprungfunktion dargestellt werden: entweder ein Mitarbeiter recherchiert überhaupt nicht oder er recherchiert generell, dann gleich in einem Maß von zehn bis 20 Prozent seiner gesamten Arbeitszeit, Ausreißer (z.B. der Gerichtsreporter) sogar bis zu

	Chefred.	Ressortltr.	Redakt.	Freier Mitarb.
Nachrichten	0.24	20.49	-	-
Regionales	-	1.69	1.47	-
Wirtschaft	-	-	4.22	-
Lokales	-	-	1.76	-

Tab. 27: Agenturmaterial lesen und ordnen (3.35%)

	Chefred.	Ressortltr.	Redakt.	Freier Mitarb.
Nachrichten	6.97	1.66	1.58	-
Regionales	-	3.06	0.74	-
Wirtschaft	-	5.96	5.75	1.27
Lokales	-	3.92	2.22	1.32

Tab. 28: Themenbezogene Gespräche (agenda) (2.88%)

	Chefred.	Ressortltr.	Redakt.	Freier Mitarb.
Nachrichten	8.50	6.98	1.35	-
Regionales	-	2.50	0.74	-
Wirtschaft	-	3.97	4.81	-
Lokales	-	4.89	3.64	2.27

Tab. 29: Produktionsbezogenes Gespräch (3.79%)

	Chefred.	Ressortltr.	Redakt.	Freier Mitarb.
Nachrichten	3.47	1.79	0.57	-
Regionales	-	1.72	-	-
Wirtschaft	-	4.64	1.51	-
Lokales	-	3.76	3.37	1.51

Tab. 30: Telefonische Organisation (2.03%)

etwa 45 Prozent. Solche Rechercheleistungen erbringen insbesondere die Redakteure (22 Prozent), die Freien Mitarbeiter (15 Prozent) und die Ressortleiter (zehn Prozent) des Lokalen (vgl. Tab. 21). Für die Lokalredaktion ist der originäre Terminbesuch ein prominenter Verhaltenstypus. Er gehört auch zum festen Verhaltensrepertoire der Wirtschaftsredakteure (fünf Prozent) und ihres Ressortleiters (zehn Prozent), sowie eines der Alleinredakteure im Regionalen (Fernsehen: zehn Prozent). Auch der politische Reporter der Nachrichtenredaktion erfüllt diese Funktionen (mit knapp sechs Prozent). Chefredakteure und einige Ressortleiter (Nachrichten/Innenpolitik und Regionales) nehmen so gut wie keine Termine selbst wahr (Ausnahmen außerhalb des Beobachtungszeitraums bestätigen in diesen Fällen sicher die Regel). Bemerkenswert aber ist: Etwa die Hälfte aller Beobachteten, fast alle seitenbetreuenden Mitarbeiter der Zentralredaktion verbringen ihren gesamten Arbeitstag am Schreibtisch in der Redaktion (bzw. in der Montage). Authentische Informationen lassen sie allenfalls über die hauseigenen drei Reporter einholen, die zu relevanten Ereignissen hinausgeschickt werden. Die Zentralredaktion (insbesondere die innenpolitische Nachrichtenredaktion) als wichtige Entscheidungsinstanz konstruiert somit ihr Wirklichkeitsbild überwiegend aus zweiter Hand und verzichtet im Gegensatz zur Wirtschaft auf intensivierte informationelle Eigenleistung.

10.3.2 Telefonische Recherche

Nun könnte man annehmen, die Zentralredakteure beschafften sich ihre Informationen auf telefonischem Wege, da sich ihr Betreuungsgebiet regional bzw. bundesweit und noch weiter ausdehnt. Die Daten zeigen, daß dies nicht so ist (vgl. Tab. 22): Wieder dominiert das Lokale rundweg beim Einholen von Informationen, gefolgt vom Wirtschaftsressort (Ressortleiter) und den beiden einsamen Rechercheuren der Fernsehseite und der Innenpolitik. Unterhalb dieser charakteristischen Größen nehmen nun allerdings auch die anderen Redaktionsmitglieder, besonders die Chefredakteure, an der Informationssuche teil. Es lassen sich drei Gruppen bilden:

Eine Spitzengruppe, die um die sieben Prozent ihres Arbeitstages mit telefonischer Recherche verbringt, rekrutiert sich aus allen Ressorts - dies sind wohl die wirklichen Informationsbeschaffer der xyz. Eine zweite Gruppe verwendet noch um die drei Prozent auf telefonische Informationssuche und die Restgruppe, die von den Mitarbeitern der Nachrichtenredaktion dominiert wird, zeigt kaum noch telefonische Rechercheaktivitäten. Technisch vermittelte und Vor-Ort-Informationssammlung korrelieren in einem so hohen Maße, daß sie nicht als komplementäre, sondern als kumulative, kohäsive Tätigkeiten bezeichnet werden müssen: Wenn das Besorgen von Informationen zum Funktionsprofil gehört, dann uneingeschränkt und unabhängig von konkreten Arbeitsformen.

10.3.3 Archivmaterial lesen

Angesichts der dominierenden Recherchetätigkeiten verschwindet das Lesen von Archivmaterial mit einem durchschnittlichen Arbeitszeitanteil von etwa 0.27 Prozent in der Bedeutungslosigkeit. Wenn auch eine beachtliche Anzahl der Journalisten von der relativ regen Nutzung der Archive berichtet hatte, so schlägt sich diese Tätigkeit in der Tagesarbeitszeit kaum nieder (vgl. Tab. 23). Sie wird zwar marginal in allen Ressorts und auf allen Hierarchieebenen praktiziert, doch konstant ist sie nur in der Gruppe der Redakteure wiederzufinden. Dies könnte darauf hinweisen, daß insbesondere von dieser Gruppe adaptive Funktionen wahrgenommen werden - wenn da nicht der minimale Zeitanteil von unter einem halben Prozent wäre.

Zwischen der proklamierten und der beobachteten faktischen Nutzung von Archivmaterial klafft bei den xyz-Mitarbeitern eine beträchtliche Lücke. Nun mag sich mancher Redakteur seine Archivmappen mit nach Hause nehmen und dort bearbeiten, wie es in einem Fall tatsächlich registriert wurde. Genau dies aber wäre wieder symptomatisch für die inhaltliche Entwertung des redaktionellen Arbeitstages, der für die Informationsbeschaffung ganz offensichtlich nur noch das Nötigste aufgewendet sehen will.

10.4 Konferenz

Der prozentuale Arbeitszeitanteil, den die Journalisten in Konferenzen verbringen (durchschnittlich sechs Prozent), ist in den Zentralressorts (vier bis elf Prozent) generell höher als in der Lokalredaktion (um drei Prozent). (Vgl. Tab. 24) Dabei zeigt sich eine deutliche hierarchische Differenzierung: Je höher ein Redaktionsangehöriger in der Hierarchie angesiedelt ist, desto mehr Zeit verbringt er in Konferenzen, Chefredakteure fast zwölf Prozent, Ressortleiter 8.5 Prozent, Redakteure um fünf Prozent, Freie Mitarbeiter knapp vier Prozent. Dieser Befund paßt in das Bild der bürokratisierten Struktur der Organisation. Die Tendenz der Datenverteilung wird bestimmt vom Verhalten der Nachrichtenredakteure, für die der Konferenzbesuch (zehn bis zwölf Prozent der Arbeitszeit) durchweg Pflicht ist. Die Konferenzteilnahme gehört lediglich bei Freien Mitarbeiter und Lokalredakteuren nicht zum Pflichtpensum. Es handelt sich dabei um Freie, die noch nicht als vollwertige Kräfte akzeptiert worden sind und um Lokalredakteure, die wegen späten Bereitschaftsdienstes ihren Arbeitstag erst nach der morgendlichen Konferenz begannen.

10.5 Themenverwaltung

Alle Zeitungsressorts unterliegen in unterschiedlichem Maße dem Zwang, aus einer übergroßen Themenfülle auswählen zu müssen. Dazu muß zunächst einmal der gesamte potentielle Themenbestand verwaltet, d.h. registriert und sortiert werden. Diese Tätigkeiten beziehen sich in den Mantelressorts naturgemäß stark auf das einlaufende Agenturmaterial, das anhand von Papierausdrucken sowie immateriell am Bildschirm gesichtet und anhand der Ausdrucke sortiert wird. Handschriftliche kurze Themenlisten erleichtern den Überblick.

10.5.1 Agenturfahnen lesen

In allen Mantelressorts werden eingehende Meldungen (noch) per Ausdruck registriert. Während diese traditionelle Arbeitsweise (ohne Terminal) aber offensichtlich zum Privileg der Chefredakteure in der Nachrichtenredaktion gerät (acht Prozent ihrer Arbeitszeit), üben in der Wirtschaft auch die Redakteure noch den traditionellen Umgang mit Nachrichtenmaterial (vier Prozent). (Vgl. Tab. 25) Bemerkenswert ist, daß im Durchschnitt sowohl Nachrichten/Innenpolitik als auch Wirtschaft einen etwa gleich hohen Arbeitszeitanteil (von um zweieinhalb Prozent) auf das Registrieren von Meldungen am Blatt verwenden.

10.5.2 Meldungen am Terminal lesen

Für das Registrieren von Meldungen am Terminal verwenden die Journalisten im Durchschnitt weniger Zeit als auf das Lesen der entsprechenden Ausdrucke (vgl. Tab. 26). Es wird ohnehin meßbar nur in der Nachrichtenredaktion praktiziert, dort insbesondere von denjenigen, die nicht die Ausdrucke nutzen (Ressortleiter drei und Redakteure um sechs Prozent der Arbeitszeit). Diese beiden Arbeitsformen sind also offensichtich komplementär, wobei das Sichten am Terminal die rationalisierte, weil zeitsparende Arbeitsform zu sein scheint. Inhaltliche Konsequenzen können hier vermutet werden.

10.5.3 Agenturmaterial sichten und ordnen

In allen Ressorts werden die Nachrichten nach einem bestimmten Programm geordnet (vgl. Tab. 27). Diese Tätigkeit übernimmt in der Nachrichtenredaktion der Nachrichtenchef (bzw. bei Abwesenheit ein Vertreter), der mehr als 30 Prozent (!) seiner Arbeitszeit damit beschäftigt ist. In den anderen Ressorts ist der Nachrichtenanfall längst nicht so groß, so daß in der Wirtschaft und im Regionalen sehr viel geringere Werte zustande kommen. Auffällig ist wieder die Enthierarchisierung dieser Funktion im Wirtschaftsressort. Hier entscheiden die Redakteure und nicht der Ressortleiter zum Teil über die Verwendbarkeit der Meldungen. Zu dieser Kategorie wurde auch das Erstellen einer Themenübersicht gezählt, so daß auch im Lokalen ein meßbarer Wert registriert werden konnte.

10.6 Koordination

Neben der möglichst umfassenden und gründlichen Themenverwaltung stellt sich den Journalisten schon früh das Problem der produktbezogenen Koordination: Texte und Bilder müssen zu Seitenstücken zusammengefügt werden, wobei Entscheidungen für bestimmte Produktteile Konsequenzen gegen andere Teile nach sich ziehen, d.h. es entsteht ein hoher Regelungsbedarf. Er äußert sich (noch) über verbale Kommunikationen.

10.6.1 Produktionsbezogenes Gespräch

Die Plazierung und die Größen von Texten und Bildern werden mehrmals täglich unter den jeweiligen Ressortzugehörigen abgestimmt. Insgesamt verwenden die Journalisten darauf einen Zeitanteil von etwa sieben Prozent. Überdurchschnittlich kommunikativ sind die Hierarchen (Chefredakteure 8.5 Prozent, Ressortleiter knapp fünf Prozent). Weniger beteiligt an der Abstimmung über die thematischen Stellenwerte sind die Redakteure (knapp drei Prozent) und die Freien (gut zwei Prozent) (vgl. Tab. 29). Die drei Alleinredakteure Regionales/Welt/Fernsehen kommunizieren (mit knapp zwei Prozent) weit unterdurchschnittlich, da sie zu gegenseitigen Rücksichtnahmen aufgrund ihrer relativen Autonomie kaum genötigt sind. Entgegen dem streng hierarchischen Muster der Ressorts kehrt sich in der Wirtschaft der Trend um: Die Wirtschaftsredakteure überflügeln ihren Ressortleiter und regeln den Aufbau ihrer Seite(n) offensichtlich zu einem gewissen Teil unter sich.

10.6.2 Telefonische Organisation/Terminkoordination

Einer konsequenten Hierarchisierung unterliegen die Telefongespräche, bei denen es um Organisationsfragen im weiteren Sinne geht (vgl. Tab. 30): Beiträge bei Korrespondenten zu bestellen, die Außenbüros in den Hauptstädten auf Themen zu verpflichten oder im Lokalen Politikergruppen zu einer Baumpflanz-Aktion zu animieren - das sind überwiegend in der Redaktionsspitze angesiedelte Tätigkeiten. Den durchschnittlichen Zeitanteil von zwei Prozent lassen Chefredakteure (3.5 Prozent) und Ressortleiter (2.6 Prozent) hinter sich, Redakteure (1.6 Prozent) und Freie (1.5 Prozent) liegen deutlich darunter. Die Spitzenwerte um fünf Prozent liegen im Lokalen, was auf eine ausgesprochen organisationsintensive Werbe-Aktion während des Beobachtungszeitraums zurückzuführen ist.

Das Abstimmen terminlicher Angelegenheiten verteilt sich etwas gleichmäßiger auf Ressortleiter und Redakteure, die Chefredakteure sind damit entschieden weniger befaßt. Einen Termin mit Informanten auszumachen ist ja ohnehin eine ausführende, keine entscheidende Tätigkeit, da die Grundsatzentscheidung über das Thema bereits zuvor getroffen wurde.

10.7 Aussagenproduktion (Formulieren)

Die nun folgende Kategorie nimmt in den Ressorts einen Löwenanteil ein. Die Mitarbeiter formulieren ihre Aussagen, wobei diese Tätigkeit immer verbunden ist mit produktiven Komponenten: Schreiben an der Schreibmaschine sowie Redigieren von Agenturausdrucken erzeugt bearbeitungsfähige Manuskripte, Schreiben und Bearbeiten am Terminal erzeugt Impulse für die Setzmaschine. Das Bearbeiten vorgefertigter Texte am Terminal ist die dominierende Tätigkeit.

10.7.1 Schreiben an der Schreibmaschine

Während die Arbeit der innenpolitischen Nachrichtenredaktion so gut wie vollcomputerisiert verrichtet wird, schreibt ihr Chefredakteur als einziger seine (fast ausnahmslos kommentierenden) Beiträge an der Schreibmaschine, wozu er etwa 18 Prozent (!) seines Arbeitstages verwendet (vgl. Tab. 32). Im Regionalen/Welt/Fernsehen ist diese Arbeitsweise kaum anzutreffen. Ganz anders hingegen in der Wirtschaftsredaktion, wo sich alle Hierarchiegruppen hin und wieder an die Schreibmaschine setzen. Die hohen Zeitanteile konventioneller

	Chefred.	Ressortltr.	Redakt.	Freier Mitarb.
Nachrichten	0.20	-	0.28	-
Regionales	-	-	1.47	-
Wirtschaft	-	3.31	1.74	-
Lokales	-	2.01	1.41	0.62

Tab. 31: Termin-Koordination (0.84%)

	Chefred.	Ressortltr.	Redakt.	Freier Mitarb.
Nachrichten	9.77	-	-	-
Regionales	-	-	1.47	-
Wirtschaft	-	9.94	5.73	2.53
Lokales	-	8.18	1.50	6.68

Tab. 32: Schreiben an der Schreibmaschine (3.85%)

	Chefred.	Ressortltr.	Redakt.	Freier Mitarb.
Nachrichten	7.94	2.85	4.13	-
Regionales	-	2.40	5.15	-
Wirtschaft	-	-	-	11.40
Lokales	-	8.03	15.64	15.60

Tab. 33: Schreiben am Terminal (7.65%)

	Chefred.	Ressortltr.	Redakt.	Freier Mitarb.
Nachrichten	3.56	0.94	0.79	-
Regionales	-	15.17	11.03	-
Wirtschaft	-	9.27	8.64	2.53
Lokales	-	2.55	0.43	0.94

Tab. 34: Manuskript redigieren (3.87%)

Arbeitsweise in der Lokalredaktion basieren einerseits auf der Tatsache, daß ein Ressortleiter konsequent das Terminal mied, andererseits die Terminals häufig nicht ausreichten, so daß die Freien Mitarbeiter an eine Maschine auswichen.

10.7.2 Schreiben am Terminal

Aus den individuellen Werten geht hervor, daß entschieden mehr xyz-Mitarbeiter ihre Texte am Terminal als an der Schreibmaschine schreiben. Sie sitzen auch durchweg länger vor den elektronischen Geräten. Dabei führen (vgl. Tab. 33) die Freien Mitarbeiter, die teilweise ein Viertel bis ein Fünftel ihres Arbeitstages mit dem Schreiben zubringen. Das schreibintensivste Ressort ist naturgemäß das Lokale.

Im Vergleich zur traditionellen Arbeitsweise verkehrt sich beim Schreiben am Terminal die Verteilung bei Redakteuren und Ressortleitern: Redakteure sind enger an den Rechner gebunden als Ressortleiter, ein Indiz dafür, daß die neue Technik auf breiter Basis ein Arbeitsgerät des redaktionellen Fußvolkes ist. Aber: etwa ein Drittel der Mitarbeiter hat sich noch nicht auf das Schreiben am Bildschirm eingelassen.

Originäres Schreiben (Formulieren) nimmt in Durchschnitt aller Ressorts einen Anteil von knapp zwölf Prozent der Arbeitszeit ein. In den Mantelressorts ist Schreiben überwiegend ein Privileg der Redaktionsspitzen, Ressortleiter und Redakteure schreiben nur marginal (z.B. Umschreiben von Vorspännen/Bildunterschriften usw.). Von diesem Muster weicht die Wirtschaft mit einem überdurchschnittlich großen Eigentextanteil ab.

10.7.3 Textbearbeitung am Terminal

Die generell umfangreichste Tätigkeit ist mit durchschnittlich etwa zwölf Prozent das Textbearbeiten am Terminal (vgl. Tab. 35). Es dominiert die Arbeitstage in der Nachrichtenredaktion (zu einem Fünftel) und im Regionalen (zu einem Viertel), wobei individuelle Spitzenwerte bis 50 Prozent (!) vorkommen. Die Nachrichtenredakteure verbringen etwa ein Drittel ihrer Gesamtarbeitszeit mit der Textbearbeitung am Bildschirm. Angesichts einer vergleichbaren apparativen Ausstattung im Regionalen und in der Wirtschaft geben die relativ geringen Werte im Wirtschaftsressort zu denken: sowohl beim rechnerunterstützten Formulieren als nun auch beim elektronischen Bearbeiten

	Chefred.	Ressortltr.	Redakt.	Freier Mitarb.
Nachrichten	1.69	18.66	31.22	-
Regionales	-	28.94	16.18	-
Wirtschaft	-	3.31	6.65	10.13
Lokales	-	2.76	2.89	5.47

Tab. 35: Textbearbeitung am Terminal (12.08%)

	Chefred.	Ressortltr.	Redakt.	Freier Mitarb.
Nachrichten	3.42	-	-	-
Regionales	-	-	-	-
Wirtschaft	-	-	0.53	-
Lokales	-	0.23	1.49	0.08

Tab. 36: Gegenlesen (0.55%)

	Chefred.	Ressortltr.	Redakt.	Freier Mitarb.
Nachrichten	-	2.87	-	-
Regionales	-	8.36	1.47	-
Wirtschaft	-	0.66	1.86	-
Lokales	-	1.06	2.49	0.25

Tab. 37: Bilder bearbeiten/berechnen (1.74%)

	Chefred.	Ressortltr.	Redakt.	Freier Mitarb.
Nachrichten	0.72	1.91	-	-
Regionales	-	5.43	1.47	-
Wirtschaft	-	-	4.51	-
Lokales	-	4.59	9.59	0.28

Tab. 38: Layouten (2.82%)

halten sich die Ressortzugehörigen stark zurück und bevorzugen konventionelle Arbeitsweise.

Wie die Verteilung der Daten zeigt, reduziert sich die Zahl der 'Verweigerer' von Terminalarbeit auf einen sehr kleinen, harten Kern von einem (noch nicht eingearbeiteten) Freien Mitarbeiter und vier Redaktionsmitgliedern (zwei aus der Redaktionsspitze). Bei allen anderen gehört der Umgang mit dem Rechner zum Arbeitsalltag.

10.7.4 Manuskript redigieren

Der Rückgang konventioneller Arbeitsweise wird auch daran deutlich, daß die Hälfte der beobachteten Journalisten so gut wie niemals ein Papiermanuskript redigierte. Dies betrifft insbesondere Lokal- und Nachrichtenredakteure (vgl. Tab. 34). Überdurchschnittliche Abweichungen zeigen sich im Regionalen bei zwei Mitgliedern, die ihre Seitenstücke mit Hilfe von Papierausdrucken und TV-Pressemitteilungen fertigstellen. Und wieder einmal mehr in der Wirtschaft, in der alle Mitarbeiter am Papier arbeiten. Dies ist nur logisch, denn die Wirtschaftler schreiben relativ viel an der Schreibmaschine.

10.7.5 Gegenlesen

Das Gegenlesen fremder Artikel ist eine Domäne der Chefredakteure. Sie sind verpflichtet, sämtliche Meinungsbeiträge zu kontrollieren und verwenden zwischen drei und vier Prozent ihrer Arbeitszeit darauf (vgl. Tab. 36). Im Lokalressort heißt Gegenlesen insbesondere die Kontrolle der Freien Mitarbeiter, befugt sind hierzu auch Redakteure. Mehr als ein Drittel aller Mitarbeiter liest so gut wie nie gegen, d.h. üblicherweise werden die Beiträge von Kollegen nicht gegengecheckt und u.U. besprochen und kritisiert. Das typische "lies 'mal drüber" scheint in der modernen Zeitungsredaktion erheblich an Stellenwert verloren zu haben. Es ist ja auch umständlicher geworden. Früher reichte man sich ein paar Blätter über den Schreibtisch, heute ist ein aufwendiges Stühlerücken vor dem Terminal nötig (wie vereinzelt im Lokalen beobachtet).

	Chefred.	Ressortltr.	Redakt.	Freier Mitarb.
Nachrichten	-	0.96	0.99	-
Regionales	-	-	-	-
Wirtschaft	-	-	2.05	3.80
Lokales	-	4.13	2.73	0.68

Tab. 39: Kontrolle am Terminal (1.37%)

	Chefred.	Ressortltr.	Redakt.	Freier Mitarb.
Nachrichten	3.98	6.72	5.58	-
Regionales	-	9.85	9.56	-
Wirtschaft	-	0.66	13.20	15.19
Lokales	-	0.69	-	-

Tab. 40: Überwachung der Montage (4.90%)

10.8 Präsentation

Layouten, Bilder bearbeiten, Kontrollarbeiten am Terminal und die Überwachung der Montage sind Tätigkeiten, die sich auf die Präsentation des Produkts Zeitung beziehen. Sie nehmen insgesamt etwa elf Prozent der Arbeitszeit ein.

10.8.1 Bilder bearbeiten

In der Zentrale sind es eher die Ressortleiter als die Redakteure, die mit Bildmaterial umgehen (Ausnahme Wirtschaft), im Lokalen sind die Redakteure mehr damit befaßt (vgl. Tab. 37). Das könnte bedeuten, daß dem optischen Erscheinungsbild durch den Blickfang Foto ein relativ hoher Stellenwert eingeräumt wird und dessen Gestaltung nicht den Vorstellungen der Redaktionsbasis überlassen wird.

10.8.2 *Layouten*

Das Konstruieren eines Seitenspiegels (vgl. Tab. 38) mit den Angaben über Plazierung und Länge der Beiträge ist ebenfalls eine Tätigkeit, die in den Politik- und Regionalressorts mehr von Ressortleitern als von Redakteuren, im Wirtschafts- und Lokalressort mehr von Redakteuren als von ihren Vorgesetzten praktiziert wird. Damit verringern sich in einigen Ressorts die Einflußmöglichkeiten der redaktionellen Basis auf das Erscheinungsbild des Produkts und somit die Präsentation von Themen. Mitarbeiter, die mit dem Layouten befaßt sind, verwenden etwa zwischen fünf und 15 Prozent ihrer Arbeitszeit darauf.

10.8.3 *Kontrolle am Terminal*

Nachdem im Layout die Spezifika der Einzelbeiträge präzise fixiert wurden, müssen die Beiträge noch einmal kontrolliert und ggf. korrigiert werden (vgl. Tab. 39). Dies geschieht zweckmäßigerweise am Terminal, da dort die ausgeschlossenen (=spaltenbreiten) Endfassungen der Texte aufrufbar sind. Während dieses Arbeitsgangs wird insbesondere die präzise Länge der Beiträge zurechtgefeilt. Im Regionalen konnte dieser Arbeitsgang nicht separiert werden, da er während des äußerst gründlichen Redigierens stattfand. Größeren Umfang nahm die Kontrolle in der Wirtschaft und im Lokalen ein, wobei nur hier die Ressortspitzen beteiligt waren, also die Chance inhaltlicher Kontrolle bestand. Üblicherweise handelt es sich bei dieser Tätigkeit um eine technische Kontrolle.

10.8.4 *Überwachung der Montage/Seitenfreigabe*

Die Mitarbeiter der Mantelredaktion haben die Technik im Hause, so daß sie die Montage ihrer Seiten persönlich überwachen können (vgl. Tab. 40). Dies ist zwar sachlich nicht unbedingt notwendig, wird aber wohl so praktiziert, um die Journalisten angesichts kommender redaktioneller Ganzseitensysteme nicht vom Umbruch zu entwöhnen. Da die Möglichkeit genutzt wird, sind andere Arbeitsschritte darauf abgestimmt: Die Nachrichtenredakteure planen ihre Seiten so unpräzise, daß die Feinkontrolle erst während des letzten Arbeitsgangs erledigt wird. Die hochsensiblen politischen Seiten werden von allen Hierarchiestufen bis zum Schluß betreut, die Chefredakteure übernehmen insbesondere Schlußkorrektur und Seitenfreigabe. Bemerkenswert an der Montage ist wiederum, daß Nachrichten- und Regionalressorts von den Ressortspitzen, die Wirtschaft aber von den Redakteuren betreut wird - wieder ein Indiz für die relativ größere Autonomie der Redakteure gegenüber ihrem Ressortleiter. Der Marginalwert der Lokalredaktion, die räumlich vom Druckzentrum weit entfernt ist, kommt durch ein einmaliges (telefonisches) Nachschieben einer Meldung während des Spätdienstes zustande.

10.9 Tageszeitlicher Regelungsverlauf

Die Ressortspezifika der Regelungsdaten haben neben der hierarchischen auch eine zeitliche Komponente. Dies wird deutlich bei der Darstellungen der verrichteten Tätigkeiten im Tagesverlauf. Hierzu wurden die Daten der zehn häufigsten Tätigkeiten im Viertelstundenabstand kumuliert (unterschiedliche N je Ressort).

10.9.1 Lokalredaktion

Insbesondere während der Mittagsstunden zwischen 13 und 15 Uhr waren die Lokalmitarbeiter oft nicht zu beobachten. In eingen Fällen konnten Tätigkeiten der Nicht-Arbeit ermittelt werden, wie Mittagspause, private Einkäufe, Stadtbummel etc. Daß dennoch der Redaktionsbetrieb weiter ging, zeigt die Grafik. (Vgl. Abb. 25) Über den gesamten Arbeitstag zeigt sich ein Sockel aus allgemeinen Gesprächen unter den Kollegen, die zu Arbeitsbeginn relativ mehr und zwischenzeitlich etwas weniger Raum einnehmen. Erst gegen Redaktionsschluß um 18 Uhr erstirbt dieses Kollegengespräch, da die nahende deadline die produktiven Tätigkeiten maximiert. Gleich im Anschluß daran ist es wieder zu registrieren.

Ebenfalls über den gesamten Abeitstag verteilt sind die Präsenzzeiten ohne definierte Tätigkeiten. In der ersten Tageshälfte sind sie etwas rarer und steigen im Lauf des Nachmittags bis zum Redaktionsschluß an. Minima gibt es um die Mittagsstunden (vermutlich Austausch mit Abwesenheit) und um 16 Uhr (anläßlich intensivierter Kollegengespräche). Da es insbesondere die Freien Mitarbeiter sind, die sich über den Tag präsent halten und nicht pro Arbeitszeit, sondern pro Zeile bezahlt werden, verfügt die Redaktion damit über eine beachtliche Arbeitskraftreserve, die flexibel abgerufen werden kann. Wie ein Keil schiebt sich von links nach rechts der Terminbesuch vor Ort in die Grafik. Vom Morgen bis in die Nachmittagsstunden sind Redaktionsmitarbeiter vor Ort präsent, um Informationen einzuholen. Die Tageswerte zwischen 20 bis 30 Prozent reduzieren sich während der letzten zwei Stunden vor Redaktionsschluß auf zehn bis schließlich null, da sie durch produktive Tätigkeiten verdrängt

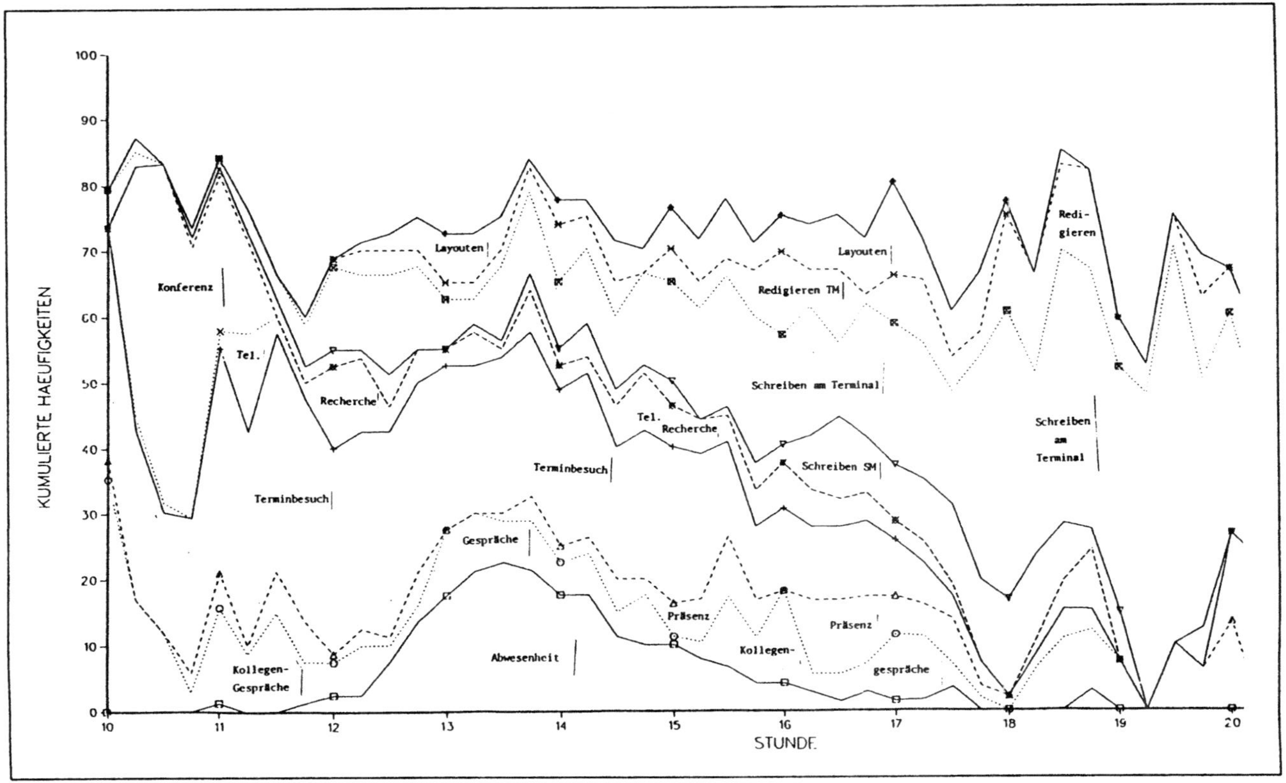

Abb. 25: Tageszeitlicher Regelungsverlauf - Lokalredaktion

werden. Einen ganz ähnlichen Verlauf nimmt die Kurve der telefonischen Recherche, die Maxima zwischen Konferenzende und Mittagspause zeigt und dann bei einem kontinuierlichen Tageswert von um fünf Prozent bleibt.

In der Stunde nach Arbeitsbeginn dominiert die Konferenz. Während dieser Zeit kommen noch so gut wie keine produktiven Tätigkeiten vor, sie nehmen allerdings sofort nach Konferenzende kontinuierlich zu: Es wird dann an der Schreibmaschine und am Terminal geschrieben, bis sie gegen Redaktionsschluß bald 30 bis 40 Prozent einnehmen. Nach Redaktionsschluß nimmt ihr Wert noch rapide zu und erreicht 50 Prozent, nun sind aber nur noch zwei bis drei Mitarbeiter in den Redaktionsräumen. Das Schreiben am Terminal wird kontinuierlich begleitet vom Redigieren am Bildschirm, das ebenfalls nach dem Redaktionsschluß noch zunimmt: jetzt sichtet der Producer die vorhandenen Artikel und unternimmt letzte Korrekturen.

Eine Stunde vor Schluß hat das Layouten einen Maximalwert erreicht. Es hat bis dahin den gesamten Arbeitstag begleitet, vor etwa 14 Uhr als Grobplanung, danach - nach Eingang der Anzeigengrößen - als Feinlayout.

Generell zeigt die Grafik: Das Einholen von Informationen und das Formulieren dominieren den lokalen Redaktionsalltag. Die Informationssammlung wird im Tagesverlauf quantitativ verdrängt durch die fertigungsbezogenen Tätigkeiten. Ein Sockel von Präsenz und Kollegengesprächen stabilisiert den Tag und hält flexibel Arbeitsreserven bereit. Zu den zehn häufigsten Tätigkeiten im Lokalen gehört keine einzige der orientierenden Tätigkeiten wie Zeitungen und Vorlagen lesen, Archivarbeit etc.

10.9.2 Nachrichtenredaktion

Einen sehr viel schmaleren Sockel hat die Arbeit der Nachrichtenredaktion. Lediglich kurz nach Konferenzende nehmen Kollegengespräche und Arbeitsvorbereitung (Kantinenbesuch/Proviantbeschaffung) einen nennenswerten Zeitanteil ein. Ab 14.30 Uhr bis Redaktionsschluß wird konsequent produziert, bis nach der produktionsintensiven Phase wieder miteinander über allgemeine Dinge geredet werden kann. (Vgl. Abb. 26)

Der kompresse, etwa sechsstünde Produktionstag wird durch zwei Konferenzen unterbrochen, die fast sämtliche anderen Tätigkeiten verdrängen. Ansonsten werden Agenturmeldungen am Terminal gesichtet, Meldungen geordnet und produktionsbezogene Gespräche geführt. Diese Themenverwaltung und Koordination nehmen tendenziell gegen Redaktionsschluß fast bis auf null ab.

Eine kontinuierliche, nach der zweiten Konferenz rapide Zunahme erlebt das Redigieren am Terminal. Es beherrscht die Stunde vor Redaktionsschluß

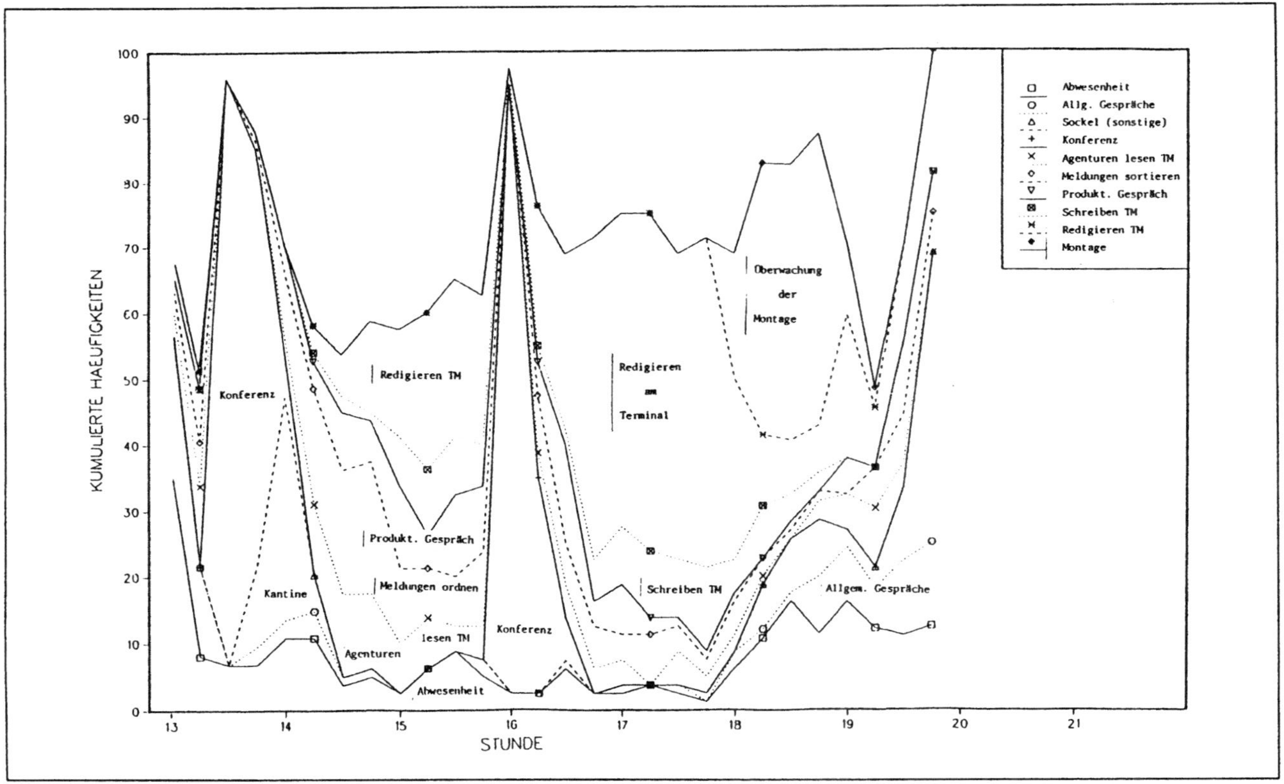

Abb. 26: Tageszeitlicher Regelungsverlauf - Nachrichtenredaktion

zeitweise mit über 50 Prozent aller Ressorttätigkeiten und wird von einer leichten Zunahme auch des Schreibens am Terminal unterstützt. Zwischen 18 und 19 Uhr löst die Montage das Redigieren ab, das kurz vor der Seitenfreigabe um 19 Uhr noch einen Anstieg zeigt.

Auch in der Nachrichtenredaktion gehört die Orientierung nicht zu den zehn dominierenden Tätigkeiten. Auf einem unwesentlichen Sockel von Kollegengesprächen, der kaum Flexibilitätsreserven offen läßt, wird in Konferenzen geplant, werden Nachrichten verwaltet, bearbeitet und präsentiert.

10.9.3 Wirtschaft

Die vier Mitarbeiter der Wirtschaft haben sich vom strikten Arbeitsschema der Zentrale merklich gelöst. Die Einschnitte der Konferenzen sind längst nicht so schroff wie in der Nachrichtenredaktion, es gibt keine Einzeltätigkeiten, die die Tagesabschnitte so rigide dominieren wie etwa das Redigieren in der Nachrichtenredaktion. Konsequenz: andere Tätigkeiten werden nicht im gleichen Maße verdrängt. Und dies scheint auch dazu zu führen, daß in diesem Ressort die Orientierungstätigkeiten so stark ansteigen, daß sie unter den zehn häufigsten Tätigkeiten zu finden sind (vgl. Abb. 27). Das Lesen von Vorlagen und Zeitungen sowie die inhaltsbezogenen Gespräche gehören im Wirtschaftsressort zum regulären Tagesgeschäft.

Dadurch erhält der Sockel dieses Ressorts eine neue Qualität: Über den ganzen Tag unterhalten sich die Mitarbeiter immer wieder über allgemeine Dinge, während die orientierenden Tätigkeiten Vorlagen und Zeitungen lesen den Tag begleiten und sich nur vorübergehend um 16 Uhr auf null reduzieren. Auf diesem breiten Sockel wird recherchiert, an der Schreibmaschine geschrieben, wird manuell und am Terminal redigiert und schließlich die Montage überwacht.

Generell sind im Wirtschaftsressort die Tätigkeiten nicht so stringent auf den Redaktionsschluß hin ausgerichtet, erstaunlich ist, daß auch relativ 'unproduktive' Dinge über den ganzen Arbeitstag verteilt sind.

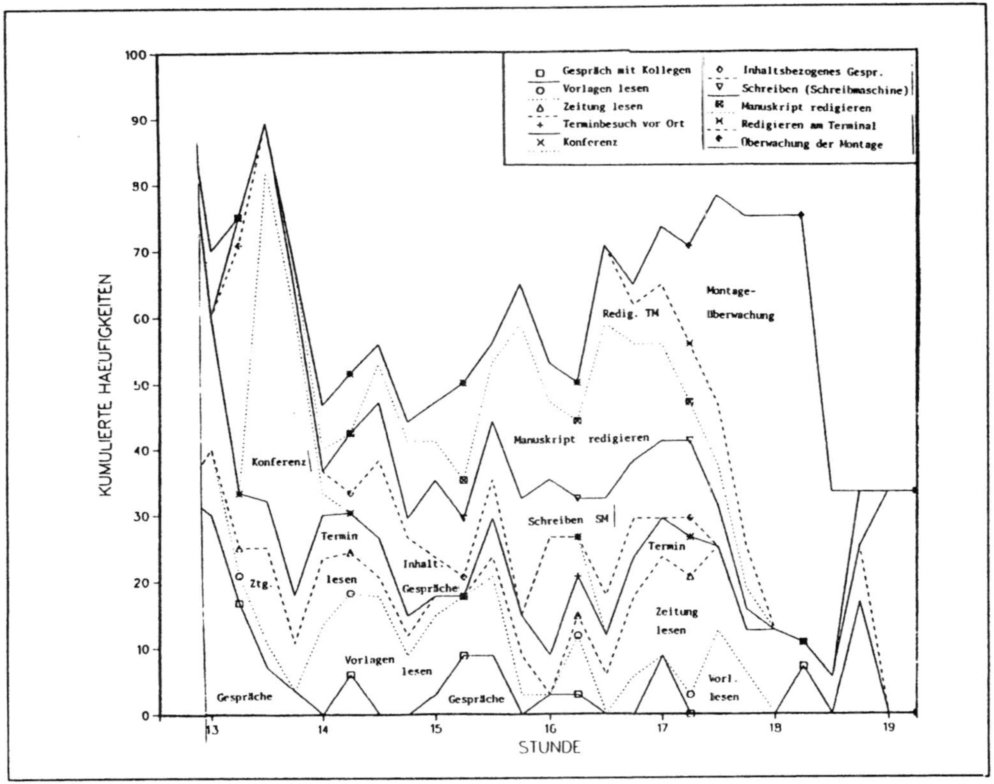

Abb. 27: Tageszeitlicher Regelungsverlauf - Wirtschaft

10.9.4 Regionales/Welt/Fernsehen

Die drei Mitarbeiter im (hier künstlich zusammengefügten) Komplex Regionales arbeiten als Quasi-Alleinredakteure äußerst unterschiedlich. Der Betreuer der Welt stellt in rein konventioneller Arbeitsweise seine Seite aus Vorprodukten zusammen; der Betreuer der Region stellt seine Seite ebenfalls auf der Basis vom Fremdbeiträgen zusammen, er realisiert dies jedoch zur Gänze am Rechner; und der Fernsehteil wird von seinem Betreuer z.T. in Eigenrecherche, z.T. mit Hilfe vom Fertigmaterial realisiert. (Vgl. Abb. 28)

Da diese drei Mitarbeiter anders als alle anderen ihre Arbeit nicht auf ein gemeinsamens Ressortprodukt beziehen, ist das kumulierte Ressortprofil nur bedingt aussagekräftig. Immerhin: zu den zehn häufigsten Tätigkeiten gehört auch das Lesen von Vorlagen, ein inhaltsorientierende Tätigkeit.

Im Vergleich zu allen anderen Ressorts zeigen sich die Schwerpunkte darüberhinaus verschoben: Präsentation (Bildbearbeitung/Layouten/Montage) nimmt hier einen beachtlichen Arbeitszeitanteil ein, der über einen Großteil des Arbeitstages verteilt ist, basale und koordinative Kommunikation ist kaum vorhanden. Von einem flexibilisierbaren Sockel kann nicht die Rede sein. Alleinredakteure haben offensichtlich alle Hände voll zu tun und kaum Variationsfreiraum bzw. Anlaß für Kollegengespräche.

Die Tatsache, daß die Orientierungstätigkeiten in jenen Ressorts verschwunden sind, in denen einzelne Tätigkeiten sich prominent in den Vordergrund drängen (Lokal: Termine+Schreiben, Nachrichten: Konferenzen+Redigieren), führt nun zu folgender Vermutung: Die Akzentuierung von Tätigkeitsprofilen provoziert einen Verlust an Tätigkeitsvielfalt, der primär zu Lasten der Orientierungstätigkeiten gehen muß: Sie sind nur bedingt funktional für das Organisationsziel, ihr Schwund vorerst folgenlos. Nun wäre zu überprüfen, ob hier eine neue Arbeitsteilung entsteht, oder ob die Tätigkeiten generell, über alle Positionen gleichermaßen, wegfallen.

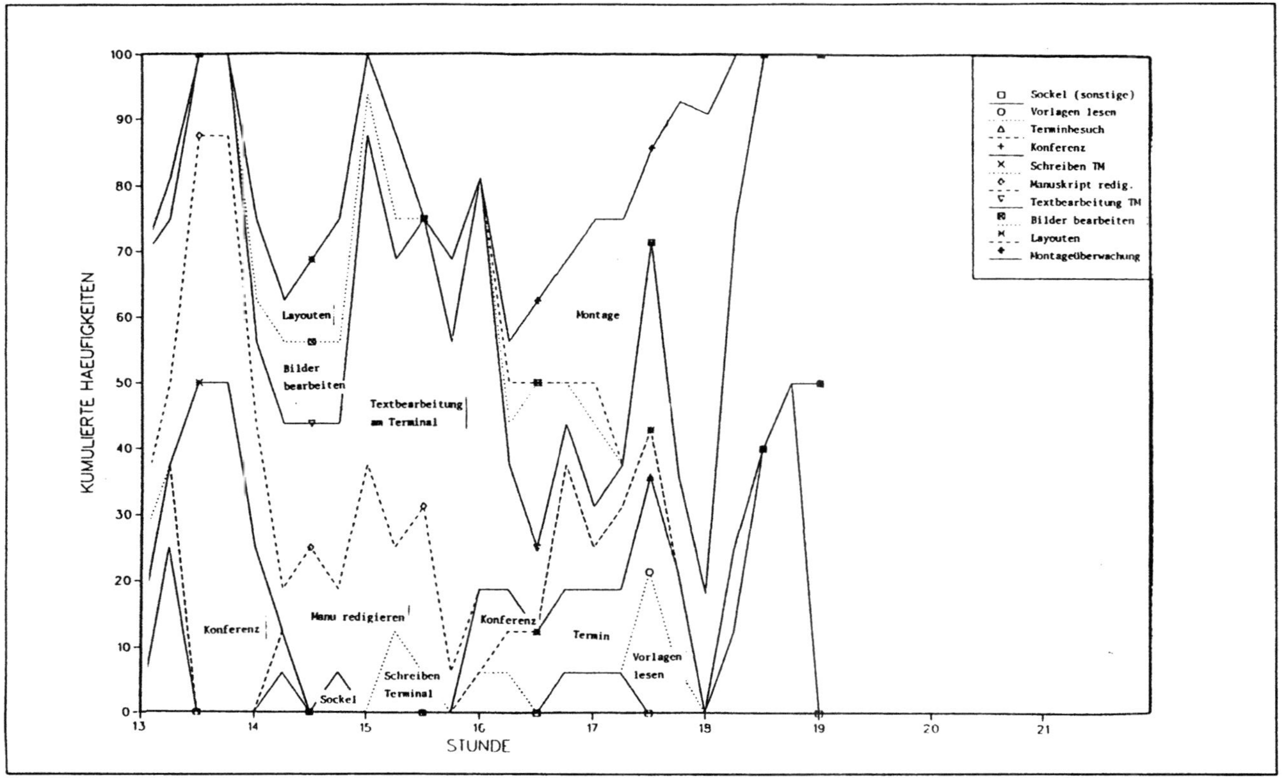

Abb. 28: Tageszeitlicher Regelungsverlauf - Regionales/Welt/Fernsehen

11 Redaktionelle Kybernetisierung und ihre Effekte

In den Kapiteln 8 bis 10.9 sind die vielfältigen subjektiven und objektiven Variablen sehr ausführlich dargestellt und interpretiert worden, da solche Daten aus dem Innenleben von Medienbetrieben bislang nur selten (bzw. noch gar nicht) erhoben worden sind. Die grobe Differenzierung nach Zweit- und Drittvariablen (Ressort und Hierarchie) hat zwar wichtige Einblicke in die Zusammenhänge ermöglicht, wünschenswert wäre aber eine viel weitergehende Verkoppelung mittels eines multivariaten Analysemodells. Insbesondere über die quantitative Wirkung von subjektiven auf objektive Variablen ist derzeit so gut wie nichts bekannt.

Für einen Teil der xyz-Mitarbeiter (N=17) liegen sowohl Befragungs- als auch Beobachtungsdaten vor (vgl. Tab. 41). Vergleiche der Mittelwerte und der bivariaten Korrelationen zeigen, daß es sich dabei noch um eine recht gute Ziehung aus der Grundgesamtheit der erforschten Ressorts und Regelstellen handelt. Auf der Grundlage dieser Datenbasis werden im folgenden die vermaschten Wirkungen über Pfadmodelle[357] analysiert.

Ressort	Hierarchische Position C	L	R	F	Fehlstellen	Beob.Tage im Ressort
Innenpolitik	2	1	3	-	1L	31
Reg./Wlt./TV	-	2	1	-	1R	8
Wirtschaft	-	-	2	-	1L	11
Lokales	-	2	2	2	3R + 2F	33
Summen	2	5	8	2	8	83

C=stellv. Chefred. L=Ressortltr. R=Redakteur F=Fr. Mitarb.

Tab.41: Datengrundlage der multivariaten Analyse (N=17)

357) Vgl. insbes. Opp/Schmidt 1976.

Bis auf die Lokalredaktion sind die Ressorts gut repräsentiert. Einer Kritik an den geringen Fallzahlen kann entgegengehalten werden, daß eben dies zur Medienwirklichkeit gehört: Mantelseiten für hunderttausende Leser werden oft genug von einer Handvoll Redakteure zusammengestellt.

11.1 Pfadanalyse als multivariates Modell

Das statistische Modell[358] der Pfadanalyse[359] ist eine Form der Kovarianzanalyse und ermöglicht die Verknüpfung einer beliebig großen Anzahl von Variablen, sofern bestimmte Bedingungen eingehalten werden. Diese nachstehend erläuterten Bedingungen entsprechen den bislang entwickelten Hypothesen und der Datenqualität, so daß diese Art der Mehrvariablenanalyse hier angemessen erscheint.

Bedingung 1: Formalisierung des Modells. Die Pfadanalyse zwingt zu einer sehr präzisen Formulierung der vermuteten Variablenzusammenhänge (=Hypothesen) in Form eines logischen oder mathematischen Kalküls[360]. Im Gegenzug ermöglicht sie genaue quantitative Aussagen über direkte und indirekte Effekte zwischen Variablen unter Berücksichtigung verdeckter Einflüsse. Ein erster grober Formalisierungsversuch wurde in Kap.4 unternommen, er müßte noch weiter differenziert werden.

Bedingung 2: Daten auf nominalem und intervallskaliertem Niveau. Pfadanalysen als Kovarianzanalysen erfordern Variablen auf nominalem oder intervallskaliertem Niveau. Wenn auch bisweilen für die Verwendung ordinaler Daten plädiert wird (mit dem Argument, die Gewinnung schlüssiger Hypothesen habe Vorrang vor absoluter statistischer Präzision,[361] so soll hier doch an der 'harten', statistisch verläßlichen Datenqualität festgehalten werden. Die Voraussetzungen sind in unserem Fall gegeben, da sich rangskalierte subjektive Daten nachträglich ohne großen Informationsverlust dichotomisieren, bzw. ohne Informationsverlust in Dummy-Variablen transformieren lassen.

---

358) Vgl. Kriz 1983:23ff.
359) Vgl. Opp/ Schmidt 1976.
360) Vgl. u.a. Prewo/Ritsert/Stracke 1973.
361) vgl. u.a. Duncan 1975.

Bedingung 3: Begrenzte Multikollinearität. Die Vermehrung der unabhängigen (bzw. intervenierenden) Variablen findet dort ihre Grenze, wo ihre Multikollinearität einen bestimmten Wert überschreitet. Üblicherweise wird der von Opp und Schmidt vorgeschlagene Wert von .60[362] als Grenzwert akzeptiert.[363] Um den Einfluß möglichst vieler Faktoren zu ermitteln, d.h. die abhängigen Variablen so vollständig wie möglich zu erklären (Kriterium: erklärte Varianz R2), werden wir uns bei der Kombination der unabhängigen Variablen so nah wie möglich an diesen Grenzwert herantasten, in einem Fall mit .63 ihn geringfügig überschreiten).

Die Grundlagen und Möglichkeiten der Pfadanalyse können hier nicht weiter dargestellt werden. Erwähnt sei lediglich, daß in den folgenden Modellen

a) intervallskalierte,
b) dichotomisierte,
c) Interaktions- und
d) Dummy-Variablen

verwendet werden. Ihre Definitionen und Operationalisierungen werden im Zuge der Ergebnispräsentation dargestellt. Von großem Interesse ist weiter die Art des Zusammenhangs zwischen den Variablen. In den folgenden Modellen werden

a) lineare
b) exponentielle und
c) nichtrekursive (=wechselseitige)

Effekte zwischen Variablen nachgewiesen. Die pfadanalytische Vorgehensweise kann anhand folgender Arbeitsschritte grob skizziert werden:

1. Zunächst werden die vermuteten Variablenzusammenhänge mittels graphischer Darstellung oder mathematischer Strukturgleichungen präzise formalisiert.

2. Dann werden die bivariaten Korrelationen sämtlicher beteiligter Variablen errechnet. Für intervallskalierte Daten ist das die Produkt-Moment-Korrelation, für nominale Daten der phi-Koeffizient, für Kombinationen der beiden der biseriale, bzw. punktbiseriale Korrelationskoeffizient. Diese Korrelationsmatrix ist die Datengrundlage aller weiteren Berechnungen.

---

362) Vgl. Opp/Schmidt 1976:171.
363) Vgl. Schönbach 1984:81; Merten 1985:763.

3. Sodann werden für jede endogene (=jew. abhängige) Variable die sog. r-Gleichungen formuliert. Das kann anhand der Strukturgleichungen oder nach dem Grundtheorem der Pfadanalyse geschehen[364] und hat zum Ergebnis, daß die Pfadkoeffizienten der Variablenkombinationen in einem System von n Gleichungen mit n Unbekannten zu finden sind.

4. Nach der Berechnung der Pfadkoeffizienten können die Effekte zerlegt werden. Man erkennt dann direkte, indirekte und verdeckte Effekte und somit Schwachstellen des Modells, denn ein richtig konstruiertes Pfadmodell weist sich aus durch

a) möglichst hohe direkte Effekte,
b) möglichst hohe erklärte Varianz (R^2) und
c) plausible (z.B. zeitlich-kausale) Variablenkombination.

Ein einfaches Beispiel soll die Vorgehensweise veranschaulichen. Wir werden die (hier nicht weiter begründete, dennoch plausible) Hypothese "mit dem Aufstieg in der Redaktionshierarchie steigt die Berufszufriedenheit" testen. Zur Messung der Zufriedenheit konnten die Befragten auf einer Skala von 0 bis 100 Prozent das Ausmaß ihrer Zufriedenheit angeben. Im Durchschnitt sind die xyz-Mitarbeiter zu 82 Prozent zufrieden - bei einer Schwankungsbreite von 60 bis 100 und einer Standardabweichung von etwa 13 Prozent. (Von den komplizierten Meßproblemen soll hier einmal abgesehen werden. Tatsächlich wurden ja nur die jew. Äußerungen der Respondenten bezüglich ihrer Berufszufriedenheit gemessen, wobei die Übereinstimmung von empirischem und numerischem Relativ[365] nicht nachgewiesen wurde.

Der numerische Zusammenhang zwischen den Rangvariablen (Dummy) und der Zufriedenheit bestätigt unsere Hypothese lediglich für die höchste zu erreichende hierarchische Position (vgl. Abb. 28).

Die Schwankungen der Variablen Berufszufriedenheit werden also durch die Eigenschaft, Redakteur zu sein, so gut wie nicht erklärt, Ressortleiter hingegen zeigen einen negativen Zusammenhang, Chefredakteure einen deutlich positiven. Die Varianz der Zufriedenheit wird durch die Rangvariablen zu immerhin 30 Prozent (.30) erklärt.

---

364) vgl. Opp/Schmidt 1976:166ff.
365) Vgl. Kriz 1983:26-30.

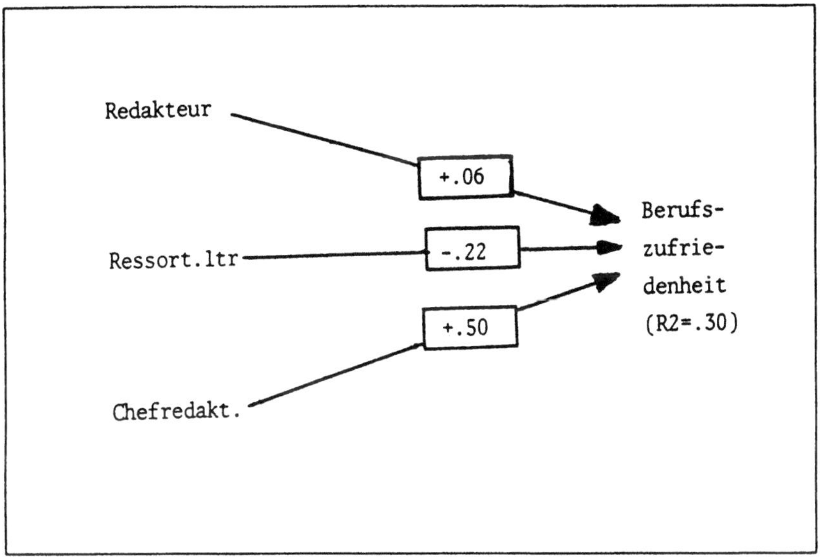

Abb. 28: Hierarchischer Rang und Berufszufriedenheit

Da unsere Hypothese nicht bestätigt wurde, soll sie modifiziert werden. Die Vermutung liegt nahe, daß Berufs- bzw. Arbeitszufriedenheit nicht nur ein Ergebnis der formalen Karrierestufe ist, sondern auch von der Art der täglich zu verrichtenden Arbeiten abhängt. Qualitative Beobachtungen in der Redaktion führen zu der Annahme, daß die presserechtliche Verantwortung der Ressortleiter zu großer Sorgfalt und Präzision bei der inhaltlichen, insbesondere aber auch bei der fertigungstechnischen Bearbeitung (Producing) ihrer (Teil-) Produkte zwingt. Daß ferner der dafür notwendige hohe Aufmerksamkeitsbedarf zu Lasten journalistischer, identitätstiftender Tätigkeiten (Recherche, Schreiben) geht und auf diesem indirekten Wege Unzufriedenheit hervorruft.

Das Producing[366] wirkt nun als intervenierende Variable zu der Beziehung Rang-Zufriedenheit (vgl. Abb. 29). Die direkten Effekte zwischen Rang und Zufriedenheit haben sich bei den Redakteuren so gut wie nicht (.06/.05) und bei den Chefredakteuren nur wenig verändert (.50/.41). Starke Effekt-Änderungen hingegen zeigen die Ressortleiter - und zwar im Sinne unserer Hypothese: Nicht weil sie den Rang Ressortleiter einnehmen sind sie weniger zufrieden (-.22/-.06!), sondern weil dieser Rang stark mit Producertätigkeiten zusammenhängt (-.48, die wiederum generell negativ (p=-.34) mit der Zufriedenheit zusammen-

366) Summe aller Präsentationstätigkeiten (Layouten, Bildbearbeitung, Kontrolle, Montage etc.)

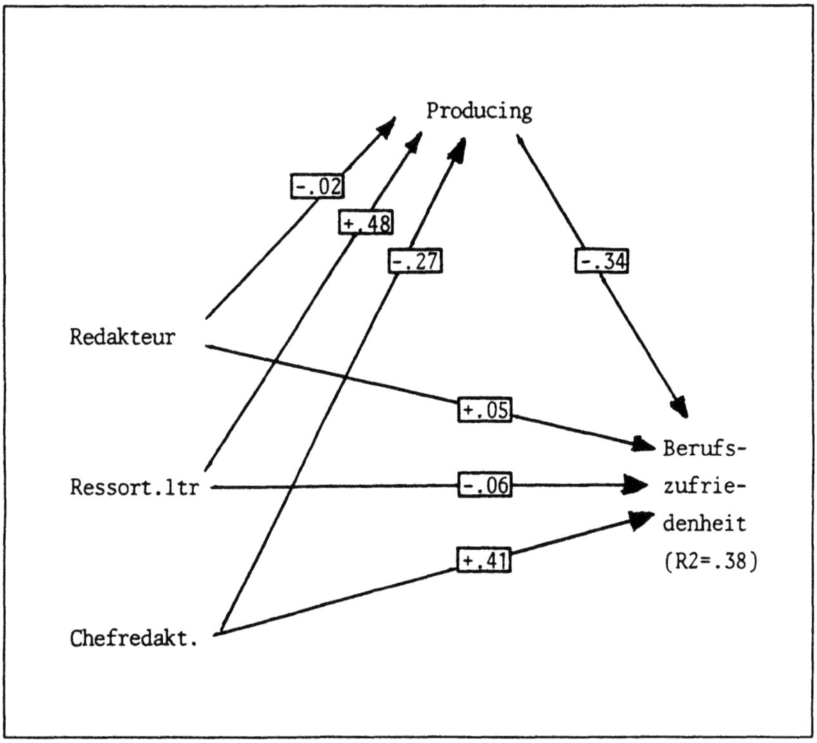

Abb. 29: Hierarchischer Rang und Berufszufriedenheit mit intervenierender Variable 'Producing'

hängen. Die Einführung der Variablen Producing hat das Modell um 8 Prozent erklärungsstärker gemacht.

Nach diesem hier kurz durchgespielten Muster lassen sich nun die diversen Zusammenhänge analysieren. Je richtiger die Variablen ausgewählt und verknüpft werden, desto höher steigt die erklärte Varianz und desto besser entspricht das Modell den tatsächlichen Zusammenhängen (wenn valide und reliabel gemessen wurde). Das wird zunächst an den Kybernetisierungsvariablen praktiziert.[367]

---

367) Die Rechenarbeit leistete ein handelsüblicher PC (64k, CP/M), für den zwei Programme (Korrelationsmatrix und Lösen von n Gleichungen mit n Unbekannten) angepaßt wurden. Testläufe wurden mit den bei Opp/Schmidt (1976) angegebenen Werten und Modellen (229-310) durchgeführt.

11.2 Die Kybernetisierungs-Variablen

Redaktionelle Kybernetisierung war verbal zunächst als "Verpflichtung auf Regelzwänge" definiert worden und sollte mit den Indikatoren Funktionsakzentuierung (also Regelungsintensität) und Tätigkeitsvielfalt ermittelt werden. In welchem Maß existieren diese Größen überhaupt und wie sind sie ggf. zu erklären?

Eine Sichtung der ausgedruckten Tätigkeitsprofile zeigt sehr große, teilweise frappierende Unterschiede (vgl. Abb. 30-34):

Abb. 30 veranschaulicht das Regelungsprofil eines seitenverantwortlichen Alleinredakteurs (Ressortleiter) in der Zentralredaktion. Seine durchschnittlichen Werte werden absolut dominiert vom Textbearbeiten am Terminal, womit er die Hälfte seiner Gesamtarbeitszeit zubringt. Je zehn Prozent entfallen auf Konferenzteilnahme und Montageüberwachung, der Rest schwankt bei Werten um fünf bis acht und darunter. Das Profil weist einen starken 'peak' auf, wie er in dieser Intensität bei keiner anderen Position beobachtet wurde, und umfaßt lediglich 14 verschiedene Einzelhandlungen.

Auch in der Lokalredaktion kommen derart einfarbige, monchrom akzentuierte Profile vor, wie Abb. 31 (Gerichtsreporter) und Abb. 32 (routinierte Freie Mitarbeiterin) zeigen: Terminbesuch und Schreiben am Terminal dominieren absolut und lassen die anderen 14 bzw. 19 Tätigkeiten weit hinter sich. Die peaks sind sehr ausgeprägt, eine hinzugedachte Hüllkurve wäre extrem steil. Sowohl beim Alleinredakteur als auch beim Gerichtsreporter kommen Orientierungstätigkeiten wie Post sichten, Zeitung lesen, Vorlagen lesen, inhaltliche (agenda) Gespräche führen nur am Rande vor.

Bei einer ganzen Reihe von Positionen ergibt sich ein völlig anderes Profil: Peaks sind entschieden weniger ausgeprägt oder fehlen ganz und die Regelleistungen verteilen sich auf mehr Einzeltätigkeiten. Dadurch wird die Hüllkurve flacher und breiter, was hier ein Qualitätsindiz darstellt. Mit der Hüllkurven-Abflachung nehmen nämlich die orientierenden, informationstransferierenden Tätigkeiten rapide zu, wie die Abbildungen 33 und 34 exemplarisch zeigen. Zwischen den hier gezeigten Extremen gibt es relativ kontinuierliche Übergänge. Es empfiehlt sich eine numerische analytische Behandlung.

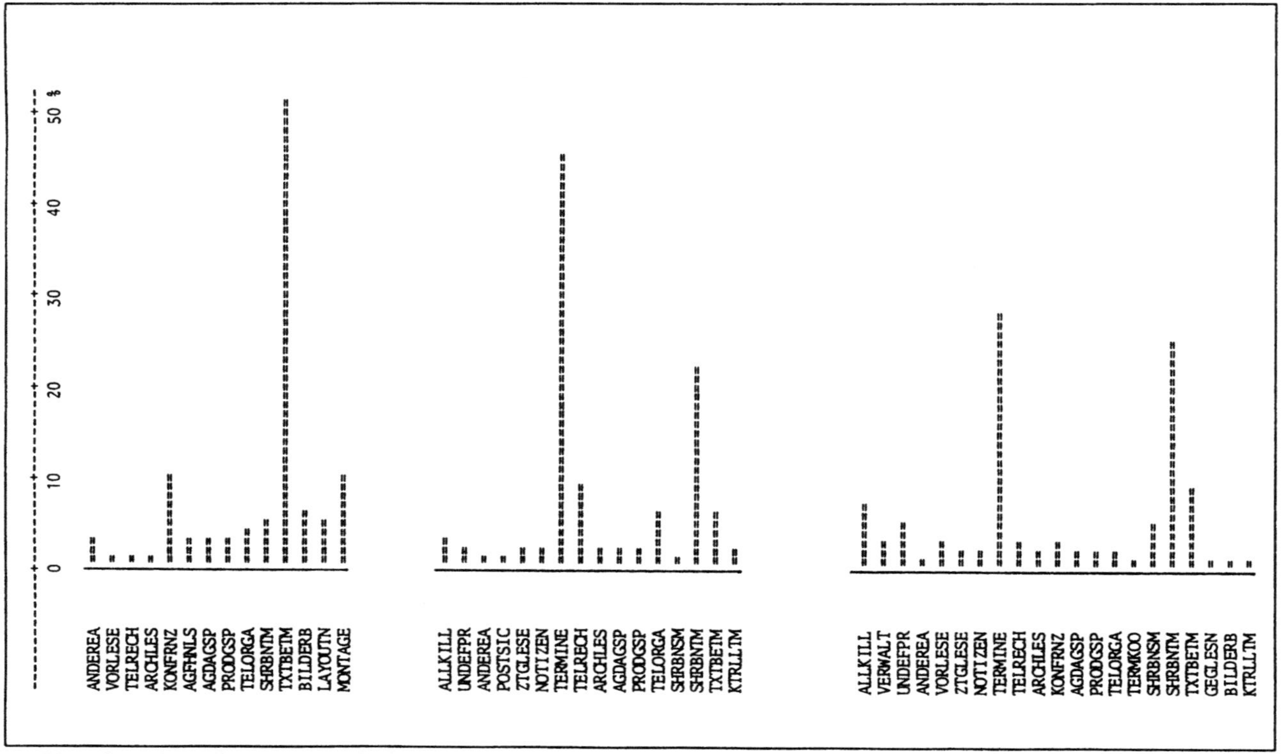

Abb. 30-32 (von links nach rechts): Monochromisierte Tätigkeitsprofile mit starken Peaks und schwach ausgeprägten Orientierungs-/Informations-Transferprofil

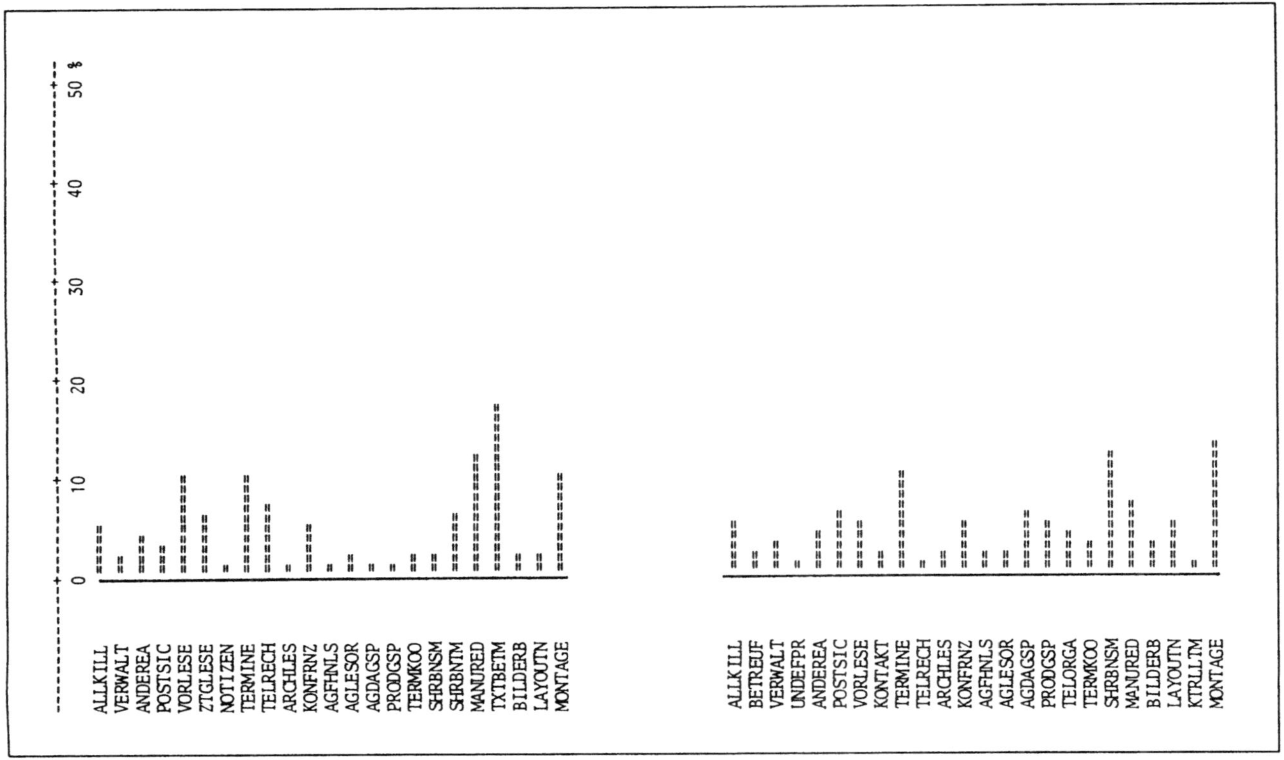

Abb. 33 u. 34: Tätigkeitsprofile mit flachen Hüllkurven und vermehrter Orientierungs-/Informations-Transferleistung

Variable	Mittel	St.abw.	Min	Max
Intensität	24.66	11.5	12.1	50
Vielfalt	20	3	14	25

Tab. 42: Regelungsintensität und -vielfalt

Über die Zentral- und Streuwerte gibt Tab. 42 Auskunft. Intensität ist in Kurvenform vorstellbar als Amplitude (=Höhe), Vielfalt als Breite des Regelungsprofils. Während die Redakteure im Durchschnitt etwa maximal ein Viertel ihrer Tagesarbeitszeit mit einer einzigen Tätigkeit (=Regelungshandlung) zubringen, steigen die Regelungserfordernisse in Einzelfällen bis auf die Hälfte des Arbeitstages an, bzw. können im anderen Extrem auf etwa ein Achtel sinken. Die Amplitude der Regelungsprofile schwankt also in weiten Grenzen.

Ebenso verhält es sich mit der Tätigkeitsvielfalt: während die Redakteure im Durchschnitt etwa 20 verschiedene Tätigkeiten täglich verrichten, beschränken sich einige Positionen (=Regelstellen) bis auf 14, andere verrichten bis zu 25 verschiedene Einzelhandlungen.

Beide Kybernetisierungs-Variablen stehen in einem stark negativen Zusammenhang. Die bivariate Korrelation zwischen Intensität und Vielfalt beträgt -.82 - damit wird die Vermutung bestärkt, daß beide Indikatoren dasselbe messen, der eine positiv, der andere negativ. Daß dies tatsächlich so ist, wird am Vergleich der bivariaten Korrelationen beider Variablen mit sämtlichen anderen Variablen klar: fast ausnahmslos zeigen sie dabei einen Vorzeichenwechsel. Bedeutsam ist das für die spätere Kombination der zwei Variablen zu einem Kybernetisierungsfaktor, denn mit einem r=-.82 zwischen unabhängigen Variablen ließe sich aufgrund überhöhter Multikollinearität nicht weiterrechnen. Die formalisierte Hypothese aus Kap. 4 postuliert einen Zusammenhang zwischen ökonomischer Rationalisierung und redaktioneller Kybernetisierung. Da Rationalisierungsmaßnahmen der letzten Jahre insbesondere über die Technisierung der Redaktionen erfolgten, wurde die 'Gesamtarbeitszeit am technischen Gerät' als Indikator für ökonomische Rationalisierung verwendet. Die Variable 'Rationalisierung' wird also wie folgt definiert:

Variable	Mittel	St.abw.	Min	Max
Rationali-sierung	23.94	15.87	0	54.8

Definition: Gesamtarbeitszeit am Terminal

Operationalisierung: Addition der Zeitanteile von
- Agenturmeldungen am Terminal lesen
- Texte am Terminal schreiben (=formulieren)
- Texte am Terminal bearbeiten (=redigieren)
- Kontrolltätigkeiten am Terminal (z.B. producing)
- sonstige Tätigkeiten am Terminal

Tab. 43: Rationalisierung (Verteilung und Definition)

Bei Annahme von Linearität zwischen Rationalisierungsfaktor und Kybernetisierungsvariablen zeigen sich Effekte der vermuteten Richtung (vgl. Pfadmodell 1):

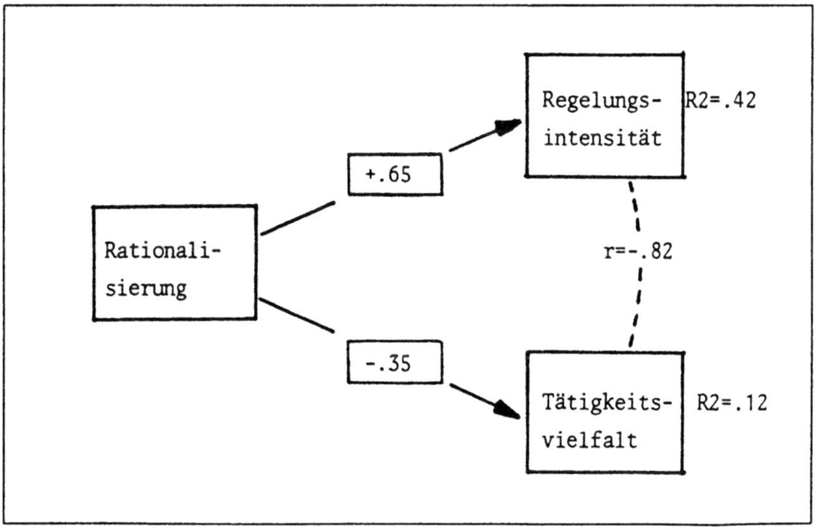

Pfadmodell 1: Rationalisierung und Kybernetisierung (bei Annahme linearer Beziehungen)

Während die Intensität durch einen Pfadkoeffizienten von +.65 sehr gut erklärt wird, ist der Effekt auf die Tätigkeitsvielfalt relativ schwach, wie die geringe erklärte Varianz (.12) zeigt. Ein Linearitätstest mit Hilfe der Polynomregression zeigt denn auch, daß die Beziehungen zwischen Rationalisierung und Kybernetisierung neben linearen auch exponentielle Komponenten aufweisen (die linearisierten Rationalisierungsdaten bestehen also aus der Form x+x*x). Die Berücksichtigung der exponentiellen (=quadratischen) Komponente macht das Modell erklärungsstärker (vgl. Pfadmodell 2):

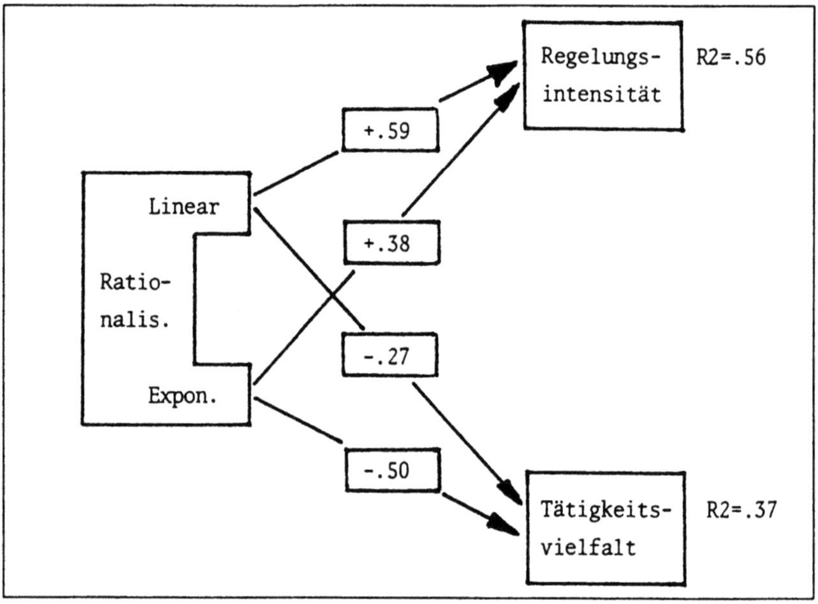

Pfadmodell 2: Lineare und exponentielle Effekte von Terminalarbeitszeit (=Rationalisierung) auf die Regelungsprofile (=Kybernetisierung)

Die erklärten Varianzen sind deutlich höher geworden, d.h. nach den Regeln der Pfadanalyse entspricht dieses Modell besser als die lineare Version den tatsächlichen Zusammenhängen. Allerdings ist der Zuwachs von R^2 bei Intensität sehr viel geringer als bei Vielfalt, auf die der Faktor Rationalisierung viel stärker exponentiell als linear wirkt.

Die enorme Korrelation zwischen Intensität und Vielfalt (-.82) wirft die Frage auf, ob hier ein einseitiger (rekursiver) oder ein wechselseitiger (nichtrekursiver) Effekt vorliegt. Damit das Modell rechnerisch identifizierbar bleibt, sollen auf die Kybernetisierungsvariablen nur noch die jeweils stärkeren Rationalisierungskomponenten wirken. Technisch gesehen handelt es sich um ein gerade identifiziertes nichtrekursives Modell, für dessen quantitative Behandlung die Methode der Instrumentalvariablen (IV), bzw. die Methode der indirekten kleinsten Quadrate (ILS=Indirect Least Squares) adäquat ist. Die Ermittlung der Pfadkoeffizienten zeigt dann folgendes Bild (vgl. Pfadmodell 3):

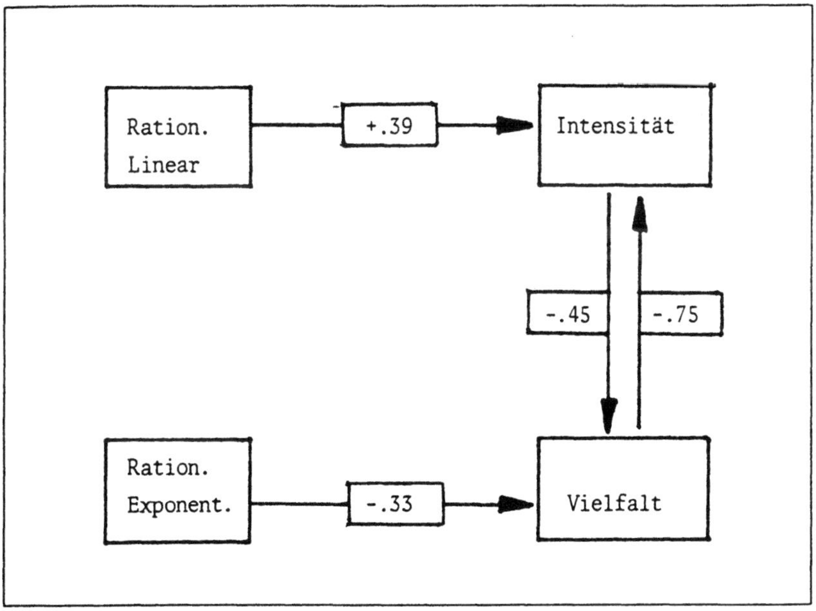

Pfadmodell 3: Die nichtrekursive Beziehung zwischen den Kybernetisierungsvariablen (Regelungs-) Intensität und (Tätigkeits-) Vielfalt (ILS-Methode)

Die Koeffizienten machen deutlich, daß die Kybernetisierungsvariablen sich wechselseitig (!) stark negativ beeinflussen (wäre dies nicht der Fall, hätte sich einer der Koeffizienten nahe Null nähern müssen). Das bedeutet, daß bei zunehmender Verpflichtung auf die Produktionstechnik die Tätigkeitsprofile sich zusätzlich selbst noch weiter zusammenziehen und den Mitarbeiter - bildlich gesprochen - quasi immer mehr einschnüren. Damit gehen u.a. Gestaltungsfreiräume verloren, wie später gezeigt wird.

Gegen die bisherigen Analyseschritte und ihre Annahmen ließe sich einwenden, die Ergebnisse seien Artefakte - etwa, weil die individuellen Tätigkeitsprofile zwar vom Umgang mit dem Terminal abhängig seien, aber die eigentlichen unabhängigen Variablen die jeweilige Arbeitsrolle (Reporter, Redakteur usw.)

sein könnte, die wiederum unterschiedlich stark mit der Terminalarbeitszeit zusammenhängt, bzw. Ressortspezifika aufweist. Wir werden das prüfen, indem wir drei Arbeitsrollen als intervenierende Variablen zur Beziehung Rationalisierung - Kybernetisierung wirken lassen (und später auch die Ressortvariable Lokal-/Mantalredaktion einbauen).

Als Variablen werden Interaktionsterme verwendet, die aus den objektiven Daten die Arbeitsrollen synthetisieren. Das hat gegenüber subjektiven Selbstzuweisungen (Fragebogen) den Vorteil, tatsächlich zu messen, ob die Beteiligten Reporter- oder Redakteursfunktionen ausüben, bzw. in welchem Mischungsverhältnis sie innerhalb einer Rolle zu finden sind. Die meisten Beobachteten lassen sich einer der folgenden drei Tätigkeitskombinationen und somit Arbeitsrollen zuordnen:

Arbeitsrolle	Tätigkeitskombination	Interaktionsterm
Reporter	Recherchieren und Formulieren	(Informationssuche + Termin vor Ort) * - Formulieren SM+TM)
Bearbeiter/Producer	Redigieren und Präsentieren	Redigieren * Präsentieren
Layouter/ Producer	Koordinieren und Präsentieren	Sprachl. Koordination * Präsentieren

Tab. 44: Definition der Arbeitsrollen (Interaktionsterme)

Die Koeffizienten zeigen (vgl. Pfadmodell 4), daß der Einfluß des Rationalisierungsfaktors (in dem jetzt lineare und exponentielle Komponenten vereint sind) die Wirkungen der Arbeitsrollen weit übersteigt:

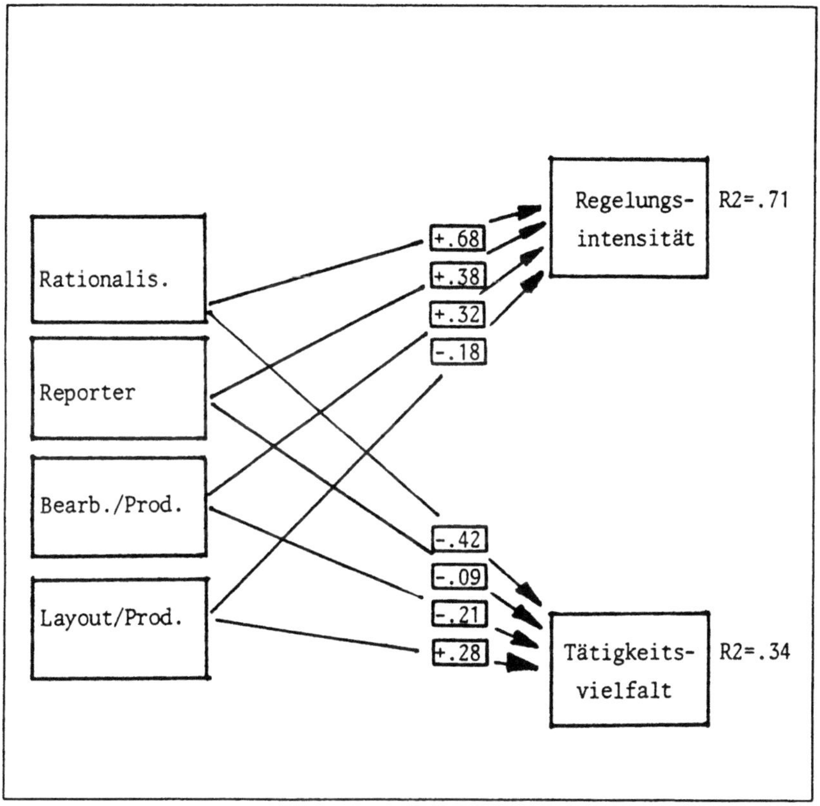

Pfadmodell 4: Auswirkungen der Arbeitsrollendifferenzierung

Auch in dieser Variablenkonfiguration gehen die stärksten Einflüsse von der redaktionellen Rationalisierung/Technisierung aus, die Wirkungen der Arbeitsrollen sind wesentlich schwächer. Ob eine Mitarbeiter ein relativ buntes oder aber ein eingeschränktes Tätigkeitsprofil aufweist, wird also nicht über seine Arbeitsrolle (zumindest nicht durch diese drei) gesteuert, sondern ist entschieden stärker Ergebnis vom erzwungenen Umgang mit der Produktionstechnik. Bemerkenswert ist, daß Reporter- und Bearbeiter/Producer-Rollen gleichermaßen intensiviert werden gegenüber Layouter/Producern, deren Vorzeichenwechsel eine Sonderrolle vermuten läßt. In der Tat handelt es sich hier um eine kleine privilegierte Gruppe, die sehr viel weniger in das Routinegeschehen eingebunden ist, vielmehr flexibel und tätigkeitsvielfältig in koordinierenden und damit in Entscheidungspositionen arbeitet.

Es gehört zum Wesen der Pfadanalyse, daß Modellkonstruktion und Wirkungsanalysen quasi endlos weitergeführt werden können. Hier sollen die Berechnungen zum Bereich Rationaliserung-Kybernetisierung vorerst abgebrochen werden, da die ermittelten erklärten Varianzen über dem Standard mancher sozialwissenschaftlicher Studien liegen. [368] Die hier getesteten Modelle sind ausreichend erklärungsstark.

Die späteren Berechnungen machen es noch nötig, aus beiden Kybernetisierungsvariablen (wegen zu hoher Multikollinearität) einen Faktor zu bilden. Er soll mit einem Zahlenwert den Kybernetisierungsgrad ausdrücken. Dafür gibt es verschiedene Möglichkeiten, die realisiert und berechnet wurden. Gleichermaßen geeignet sind

- die Standardabweichung (s) innerhalb der Profile, die nicht nur auf einen peak reagiert, sondern sämtliche Mittelwertsabweichungen berücksichtigt. Der Wert s steigt bei Kybernetisierung (=Profilverengung) an und sinkt bei großer Vielfalt und schwacher Intensität;
- der Quotient Intensität dividiert durch Vielfalt (I/V). Sein Wert steigt ebenfalls mit zunehmender Kybernetisierung an.

Mit beiden Indikatoren kommt man zu fast identischen Ergebnissen. Im folgenden wird mit dem Quotienten (I/V) gerechnet, da er von den später einzuführenden Variablen etwas unabhängiger ist und somit geringere Multikollinearität verursacht. Der Kybernetisierungsgrad hat bei einem Mittelwert von 1.33 eine Standardabweichung von 0.87 (Min=0.48, Max=3.33). Wie die sehr hohen bivariaten Korrelationen zeigen, repräsentiert I/V beide Kybernetisierungsvariablen sehr gut (vgl. Pfadmodell 5).

Folgende Zwischenergebnisse lassen sich festhalten:

1. Das Phänomen Kybernetisierung läßt sich empirisch nachweisen, es ist meßbar: Die Stelleninhaber in der untersuchten Redaktion kommen ihren Regelungsverpflichtungen in sehr unterschiedlichen Formen nach. Ihre Regelungsprofile (Hüllkurven) sind in den Extremen entweder sehr breit und flach (=tätigkeitsvielfältig/multichromatisch/extensiviert) oder sehr schmal und steil (=vielfaltsarm/intensiviert/kybernetisiert).

2. Kybernetisierte Regelungsprofile sind die Folge vermehrter und nicht zu entgehender Verpflichtung auf den Umgang mit Technik. Dieser Zusammenhang ist exponentiell (!).

---

368) Wo man sich mit Werten um .30 zufrieden gibt; vgl Opp/Schmidt 1976:241.

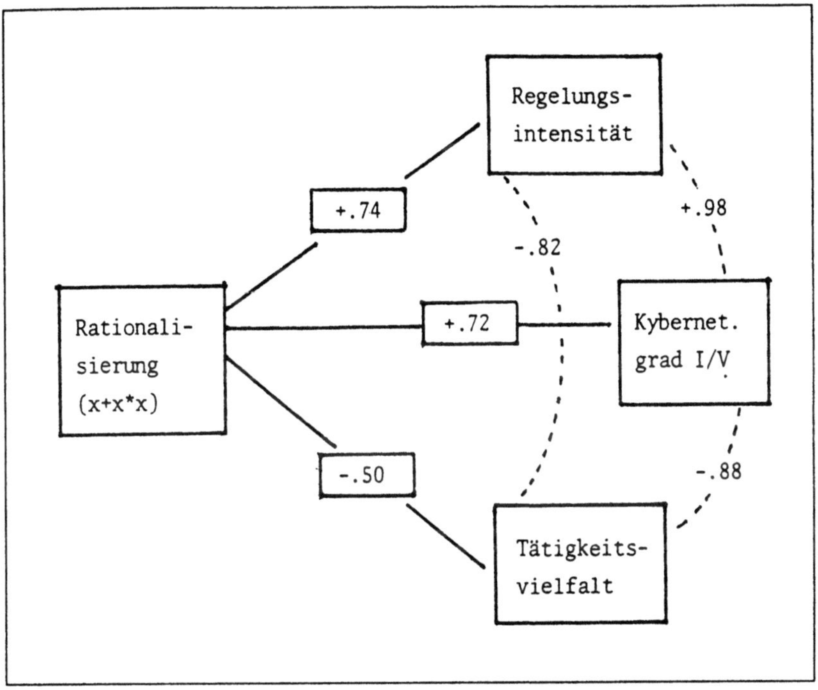

Pfadmodell 5: Zusammenfassung der Kybernetisierungsvariablen zu einem Kybernetisierungsfaktor (Quotient I/V)

3. Die Charakteristik der individuellen Regelungsprofile unterliegt einem nichtrekursiven Zusammenhang zwischen den Kybernetisierungsvariablen, die eine umgekehrt proportionale Eigendynamik entwickeln. Das kann bedeuten, daß schon relativ geringe Rationalisierungs- bzw. Technisierungsschübe in der Redaktion relativ größere Auswirkungen auf den Kybernetisierungsgrad der Profile haben. Die Konsequenzen werden weiter unten ermittelt sein.

11.3 Die subjektiven Variablen

Kommunikatorstudien zur subjektiven Dimension haben wiederholt einen Zusammenhang zwischen politischen Werthaltungen und journalistischer Rollenselbstdeutung postuliert.[369] Die subjektive Rollenauffassung hat sich dabei als ein schwer zu tranchierendes Konglomerat aus mehreren und z.T. widersprüchlichen Komponenten erwiesen, was schließlich zu der Einsicht geführt hat, Journalisten setzten auf der Basis eines vorrangigen Informator- und Vermittlerverständnisses politische, anwaltschaftliche, partizipatorische oder erzieherische Akzente[370]. Dennoch werden diese Akzente in diversen Studien als handlungsleitend interpretiert. Als Endpunkte eines Kontinuums wird dabei üblicherweise der Journalist mit politischen Wirkungsabsichten einerseits und der an neutraler Informationsvermittlung orientierte Redakteur andererseits vorgestellt. Der Zusammenhang mit der politischen Grundhaltung ist dabei nicht aufgegeben worden.

Andererseits kursiert in einigen Studien die Behauptung, die Journalisten konstituierten eine überwiegend homogene Wertegemeinschaft[371], so daß eigentlich nur marginale vertikale Differenzierungen auszumachen sein müßten.

Wir werden diese Thesen testen. Die vermuteten Zusammenhänge lassen sich wie folgt formalisieren:

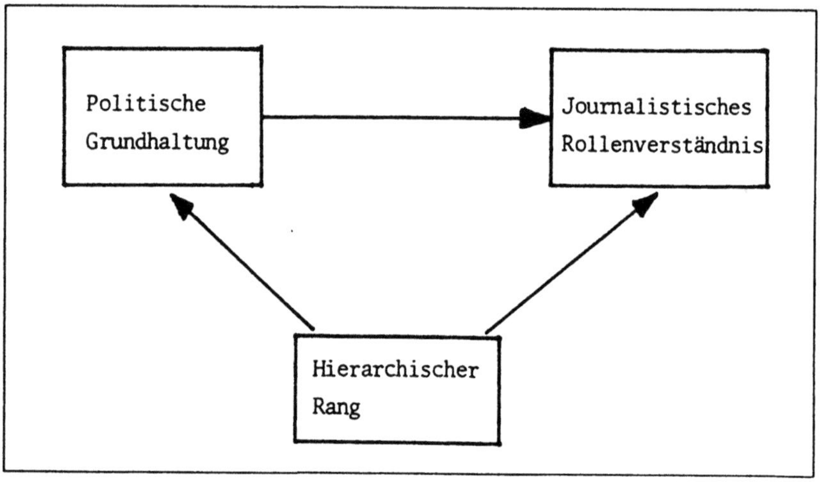

Abb. 35: Postulierte Zusammenhänge zwischen den Variablen

369) vgl. u.a. Köcher 1985.
370) vgl. ebd. 86ff.
371) Donsbach 1981.

Variable	Operationalisierung
Liberale politische Grundhaltung	Schwache oder starke Zustimmung zur Aussage: "Hausbesetzungen sind eine legitime Reaktion auf unsoziale Bodenspekulation"
Rollendeutung Neutral	Schwache oder starke Zustimmung zur Aussage: "Journalisten sollten völlig neutral berichten"
Rollendeutung Politisch	Schwache oder starke Zustimmung zur Aussage: "Journalisten sollten den politischen Entscheidungsprozeß beeinflussen"

Tab. 45: Die subjcktiven Variablen (dichotomisierte Ordinaldaten)

Das journalistische Rollenverständnis stünde demnach in einem engen Zusammenhang mit der politischen Grundhaltung, wobei der hierarchische Rang des Positionsinhabers als intervenierende Variable wirkt.

Die hier verwendeten Variablen (vgl. Tab. 45) wurden danach ausgewählt, ob sie die Befragten möglichst weit in Zustimmende und Ablehnende polarisiert haben. Zur Messung der politischen Grundhaltung war zum Befragungszeitpunkt wohl kaum ein besserer Indikator zu finden, als die Frage nach der Zulässigkeit von Hausbesetzungen, also nach der Legitimität von Verstößen gegen bestehendes (Eigentums-) Recht. Zustimmung zu dieser Frage soll als Indikator für eine (links-)liberale politische Grundhaltung gewertet werden.

Für die Akzente der journalistischen Rollendeutung wurden Indikatoren zur Neutralität und zur politischen Einflußnahme gewählt. Auch sie haben die Befragten in jeweils fast gleichgroße Gruppen von Zustimmenden und Ablehnenden polarisiert.

Die Differenzierung nach dem hierarchischen Rang war schon bei der bivariaten Analyse in den Kap. 8+9 ergiebig. Die Pfadanalyse bestätigt noch einmal die entdeckten Differenzierungen. Wie zunächst zu sehen ist, kann wohl kaum von einer Homogenität der politischen Grundhaltung in der xyz-Redaktion gesprochen werden (vgl. Pfadmodell 6).

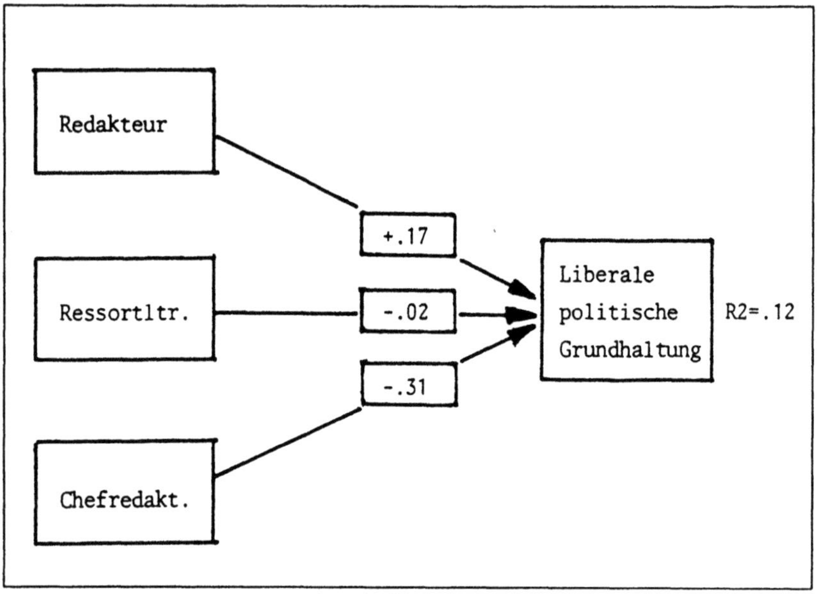

Pfadmodell 6: Hierarchischer Rang und politische Grundhaltung

Zwischen Redakteuren und den (stellv.) Chefredakteuren gibt es große Unterschiede in der Beurteilung von Hausbesetzungen, die Ressortleiter zeigen sich in ihrer Gesamtheit indifferent. Die beiden in der Stichprobe verbliebenen stellv. Chefredakteure tendieren eher zu einer konservativeren Bewertung, Redakteure zeigen sich tendenziell aufgeschlossen.

Gemäß der formalisierten Hypothese werden nun die Auswirkungen auf die Rollendeutungsmuster ermittelt. Die Wirkungen der hierarchischen Ränge werden nun zusätzlich durch ihre politische Grundhaltung kontrolliert (vgl. Pfadmodell 7).

Erstmals tauchen jetzt in einem Modell neben den direkten kausalen Effekten auch indirekte kausale Effekte auf (über die Variable Liberalität), deren Addition den sog. totalen kausalen Effekt ergibt. Neben diesen beiden Effekten wirken in Pfadmodellen indirekt korrelierte sowie Effekte über Drittvariablen (z.B. wenn das Modell den realen Zusammenhängen schlecht angepaßt wurde). Ihre addierten Werte ergeben sich aus der Differenz zwischen bivariater Korrelation (r) und dem totalen kausalen Effekt. Somit lassen sich die Effekte wie folgt zerlegen (vgl. Tab. 46):

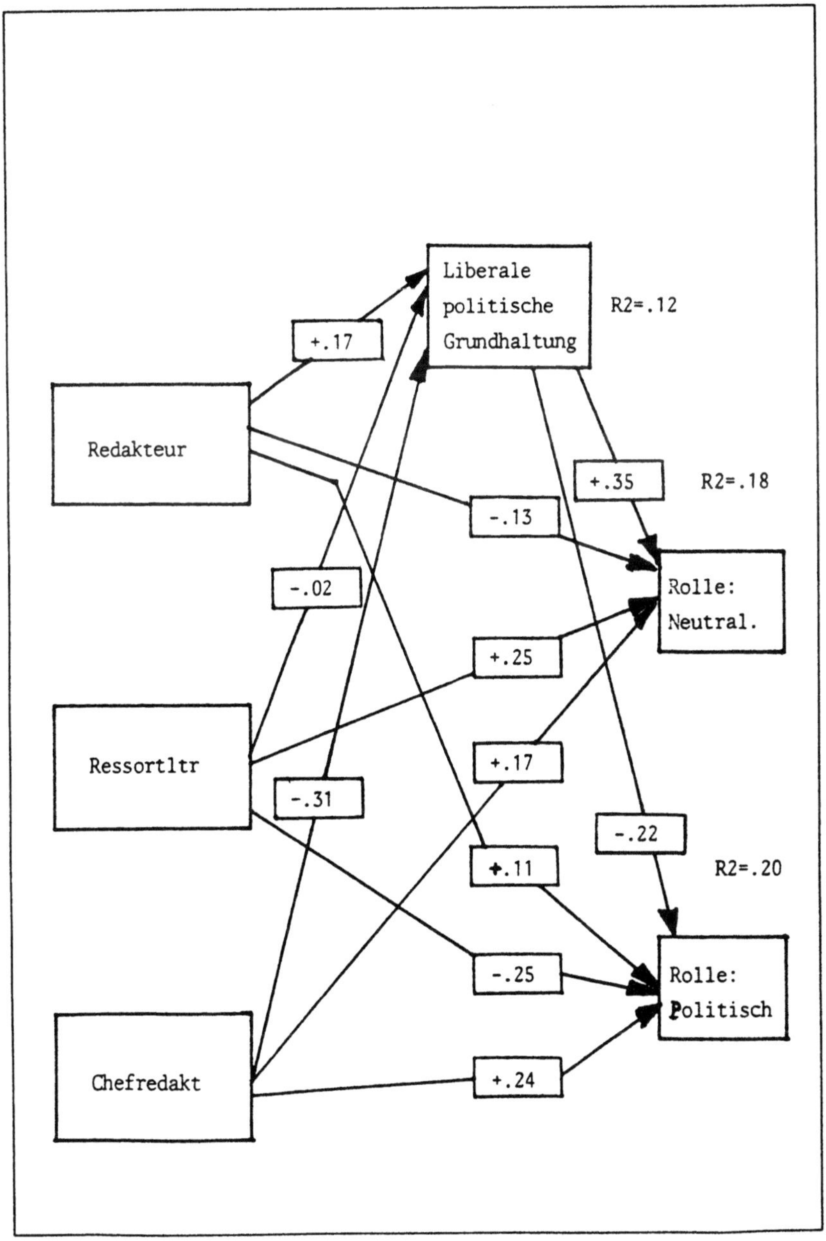

Pfadmodell 7: Hierarchie und journalistische Rollenselbstdeutung

Abhängige Variable	Kausal v. Variable	Direkter kausaler	Indir. Effekt	Total. Effekt	sonst. Effekt	biv. Korr
Neutrale Rolle	Redakteur	-.13	+.06	-.07	-	-.07
	Ressltr.	+.25	-.01	+.24	+.01	+.25
	Chefred.	+.17	-.11	+.06	+.01	+.07
	Liberal	+.35	-	+.35	-.08	+.27
Politische Rolle	Redakteur	+.11	-.04	+.07	-	+.07
	Ressltr.	-.25	-	-.25	-	-.25
	Chefred.	+.24	+.07	+.31	-	+.31
	Liberal	-.22	-	-.22	-.05	-.27

Tab. 46: Journalistische Rollendeutung: Zerlegung der Effekte

Die stärksten Effekte als Erklärungsmöglichkeit neutraler Rollenselbstdeutung sind demnach eine (links-) liberale politische Grundhaltung (p=.35) und/oder die Zugehörigkeit zur Gruppe der Ressortleiter (p=.25), bei denen die intervenierende Variable Liberalität keine Wirkung ausübt. Interessant sind hingegen die Vorzeichenwechsel von direkten und indirekten Effekten bei Redakteuren und Chefredakteuren: Die politische Grundhaltung differenziert in diesen hierarchischen Rängen und kompensiert sich letztlich wechselseitig.

Journalist zu sein und zugleich politischen Einfluß zu nehmen, das beanspruchen lediglich die Chefredakteure (totaler kausaler Effekt=+.31). Redakteure und Ressortleiter sowie die Eigenschaft, politisch liberal zu denken, korrelieren kaum oder negativ. (Links-) Liberalität geht hier also nicht einher mit einer politisch aktiven Kommunikatorrolle, sondern hängt ganz im Gegenteil mit einer neutralen Vermittlerrolle positiv zusammen.

Die Zusammenhänge sind mit erklärten Varianzen von .12 bis .20 allerdings relativ schwach - was auch naheliegend ist: eine bestimmte politische Haltung und ein akzentuiertes journalistisches Selbstdeutungsmuster kann sicher nicht vorrangig bzw. ausschließlich aus der Rangzugehörigkeit abgelesen werden. Aber die Nuancierungen sind aufschlußreich genug. Die Berücksichtigung der Variablen 'politische Grundhaltung' hat sich insofern gelohnt, als sich dadurch die Erklärungsstärke von 'Rolle:Neutral' von .07 auf .18 mehr als verdoppelt hat. Der Zuwachs bei 'Rolle:Politisch' von .16 auf .20 brachte hingegen keinen gravierenden Erklärungsgewinn.

Abhängige Variable	Kausal v. Variable	Direkter kausaler	Indir. Effekt	Total. Effekt	sonst. Effekt	biv. Korr
Liberali-	Redakteur	+.10	-	+.10	+.07	+.17
tät	Ressltr.	+.01	-	+.01	-.03	-.02
(R2=.24)	Chefred.	-.31	-	-.31	-	-.31
	Lokal/Mant.	-.35	-	-.35	-.02	-.37
Neutrale	Redakteur	-.22	+.01	-.21	+.14	-.07
Rolle	Ressltr.	+.29	-	+.29	-.04	+.25
(R2=.52)	Chefred.	+.10	-.03	+.07	-	+.07
	Liberal	+.11	-	+.11	+.16	+.27
	Lokal/Mant.	-.64	-.04	-.68	+.06	-.62
Politische	Redakteur	+.12	-.02	+.10	-.03	+.07
Rolle	Ressltr.	-.26	-	-.26	+.01	-.25
(R2=.21)	Chefred.	+.25	+.06	+.31	-	+.31
	Liberal	-.19	-	-.19	-.08	-.27
	Lokal/Mant.	+.09	+.07	+.16	-.04	+.12

Tab. 47: Journalistische Rollendeutung: Zerlegung der Effekte (Berücksichtigung der Ressortvariablen Lokalred.)

Die räumlich große Distanz zwischen Mantalressorts und der untersuchten Lokalredaktion (und damit u.U. eine Entkoppelung vom Meinungsklima innderhalb der Zentralredaktion) könnte ebenfalls als erklärende Variable dienen. Der Test (vgl. Tab. 47) bestätigt dies jedenfalls für die Variable 'Rolle:Neutral', die dadurch einen rasanten Erklärungsgewinn (von .18 auf .52) verbucht. Die Mitarbeiter der Lokalredaktion haben offensichtlich ein gänzlich anderes Verständnis, bzw. Verhältnis zu einer neutralen Rollenauffassung. Zudem sind sie politisch konservativer als die Kollegen in der Mantelredaktion: Zwischen den Variablen 'Lokalredaktion' und '(Links-) Liberalität' besteht eine Beziehung von -.35, wodurch sich die erklärte Varianz von Liberalität von .12 auf .24 verdoppelt. Wegen der doch deutlichen Wirkung der Ressortdifferenzierung Lokal/Mantel bei den subjektiven Variablen sollte diese Variable bei späteren Modellen berücksichtigt werden.

Auch die subjektiven Variablen ließen sich durch weitere Variablenkonfigurationen noch optimaler erklären, auch hier sind der Modellkonstruktion kaum Grenzen gesetzt. Wir brechen ab, weil die in Frage stehenden Zusammenhänge geklärt sind und werden nun objektive und subjektive Variablen in einem angemessenen Modell koppeln.

Die Analyse der subjektiven Variablen hat folgende Zwischenergebnisse gebracht:

1. Die Chefredakteure tendieren gegen eine (links-) liberale politische Grundhaltung, beanspruchen aber zugleich eine politisch aktive Kommunikatorrolle unter Beibehaltung des Rollenakzents neutraler Vermittlung.

2. Die Ressortleiter bilden eine politisch profillose Gruppe zwischen Redakteuren und Chefredakteuren, zeigen aber bei ihrer Rollenauffassung deutlich Flagge: Sie verstehen sich und ihre Funktion betont neutral-vermittelnd und lehnen eine politische Kommunikatorrolle ab.

3. Die Redakteure tendieren (schwach) zu einer (links-) liberalen politischen Haltung und vertreten (ebenfalls schwach ausgeprägt) eine politisch aktive und weniger neutrale Rollenauffassung.

4. Politische (Links-) Liberalität geht einher mit dem Rollenakzent neutraler Vermittlung und korreliert negativ mit politischen Wirkungsabsichten der Journalisten.

11.4 Subjektive und objektive Variablen im Zusammenhang

Die zentrale Forschungsfrage dieser Arbeit hat die publizistischen Effekte redaktioneller Kybernetisierung im Visier. Welche dies im einzelnen sein würden, konnte aufgrund fehlender Vorinformationen bislang nicht präzise angegeben werden. Die endogene Variable 'publizistische Effekte' wurde jedoch schon insofern eingegrenzt, als damit die Innen-Außen-Beziehung zwischen Redaktion und Umwelt gemeint war, also die Fähigkeit des (Sub-) Systems Redaktion, an möglichst vielfältige, ungesteuerte Informationen zu gelangen und adaptive Bezüge zum Publikum, zur Gesellschaft herzustellen.

Die quantitative Analyse zeigt, daß die vermuteten negativen Zusammenhänge bei drei Regelungskomplexen empirisch bestätigt werden können. Dies sind

a) Recherchetätigkeiten (Kap. 11.4.1)
b) Sprachliche Verständigung (Kap. 11.4.2)
c) Sockelreserven (11.4.3)

11.4.1 Kybernetisierung reduziert Recherchetätigkeiten

Der redaktionelle Regelungskomplex 'Recherche/Informationssuche' dürfte als publizistisch relevante Variable besonders plausibel sein. Sie entspricht noch am ehesten der traditionellen Vorstellung vom informationshungrigen Reporter, der telefonierend, am Ort des Geschehens oder durch sonstige Suchstrategien den Dingen nachgeht. Dazu gehören auch der Umgang mit Archivmaterial, die Informantenpflege, das Sichten und die Bearbeitung postalisch eingehender Informationen usw.

Aufgrund meßtechnisch bedingter unterschiedlicher Datenqualität werden die Variablen 'Termin vor Ort' und 'Recherche/Informationssuche' im folgenden getrennt behandelt: Während 'Termin vor Ort' im Grunde nicht detailliert 'beobachtet' sondern als Pauschalkategorie 'Abwesenheit mit vermutetem (und sehr wahrscheinlichem) Terminbesuch' vom Beobachter in der Redaktion registriert werden konnte, sind sämtliche Recherchetätigkeiten am Redaktionsschreibtisch differenziert erfaßt worden. Die abhängige Variable wird also wie folgt definiert und hat folgende Zentral- und Streuwerte (vgl. Tab. 48):

Variable	Mittel	St.abw.	Min	Max
Recherche/ Infosuche	10.51	5.99	2.07	25.75

Definition: Informationssuchende und adaptive Tätigkeiten (ohne Termine vor Ort)

Operationalisierung: Addition der Zeitanteile von
- telefonischer Recherche
- schriftl. Vorlagen lesen
- Archivamterial lesen
- Terminkoordination
- Kontaktgespräche (mit potentiellen Informanten) führen
- Post sichten
- Zeitung lesen
- sonstige (marginal)

Tab. 48: Recherche/Informationssuche

Es handelt sich bei den Recherchetätigkeiten also um ein Zeitbudget von durchschnittlich etwa 10 Prozent der Gesamtarbeitszeit, das in relativ weiten Grenzen schwankt.

Im Pfadmodell (vgl. Tab. 49; Pfadmodell 8) wirken jetzt objektive und subjektive Variablen gemeinsam, zunächst direkt. Es sind dies

- der Kybernetisierungsfaktor (KYB)
- die drei Rangvariablen
  'Redakteur' (R)
  'Ressortleiter' (L)
  'Chefredakt.(C)
- sowie die drei subjektiven Variablen
  'Politische Grundhaltung (Links-) Liberal' (LIB),
  'Rollenselbstdeutung: Neutral' (NEU) und
  'Rollenselbstdeutung: Politisch' (POL).

Ihre multiplen Korrelationen erreichen den höchsten Wert bei

$R_{KYB.R\ L\ C\ NEU\ POL\ LIB}=.58$.

Zudem wirken die unabhängigen Variablen teilweise indirekt, da die Pfadzerlegung unterschiedliche Effekte gezeigt hatte. Zum einen gab es unterschiedliche Effekte der politischen Grundhaltung über die Rollenvariablen. Zum anderen ist es möglich, daß subjektive Dispositionen einen merklichen Effekt auf das Tätigkeitsprofil ausüben. Wir kalkulieren deshalb einen Zusammenhang zwischen den Rollenauffassungen (NEU und POL) und dem Kybernetisierungsfaktor (KYB) ein. Er wird zusätzlich durch die Ressortvariable 'Lokalredaktion' (LOK) kontrolliert.

Die Koeffizienten zeigen, daß sich diese Variablenkombination bezahlt macht: Sie bestätigt erneut den alles andere dominierenden starken Einfluß des Rationalisierungsfaktors (RAT=x+x*x/p=.62). Zusätzlich gibt es nennenswerte Zusammenhänge zwischen dem Regelungsprofil (KYB) und LOK (p=.28) sowie den subjektiven Rollenvariablen NEU (p=.36) und POL (p=.-23). Über diese Pfade werden sich vermutlich indirekte Effekte einstellen. Der Kybernetisierungsfaktor wird durch diese Kombination zu 64 Prozent (!) bemerkenswert hoch erklärt. Schwache Verzerrungen der Koeffizienten sind nicht auszuschließen, da die multiple Korrelation

$R_{LOK.RAT\ NEU\ POL}=.63$

leicht über dem empfohlenen Grenzwert liegt. Die Zusammenschaltung der Variablen zeigt folgende Effekte.

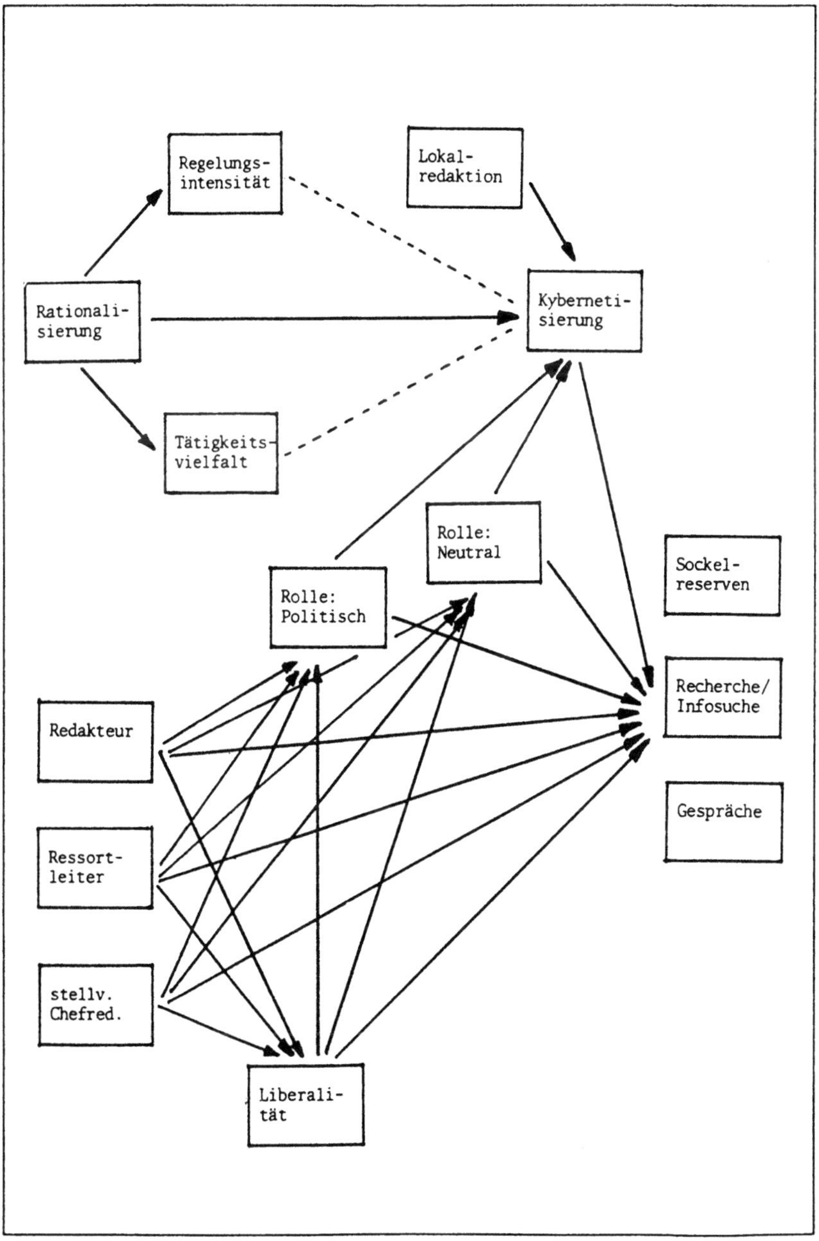

Pfadmodell 8: Subjektive und objektive Variablen im Zusammenhang

Abhängige Variable : Recherche/Informationssuche
Erklärte Varianz : .56
Residual-Pfadkoeff.: .66

Kausal vorausg. Variable	Direkt. kausal. Effekt	Indir. kaus. Effekte über die Variablen KYB	LIB	NEU	POL	Totaler kausal. Effekt	Sonst. Ef-fekte	Biv. Korr (r)
KYB.-Faktor	-.52	-	-	-	-	-.52	+.14	-.38
Redakteur	+.39	-	-	-	-	+.39	-.08	+.31
Ressortltr	+.02	-	-	-	-	+.02	-.02	+.01
Chefredakt	-.45	-	-	-	-	-.45	+.06	-.39
NEUtral	-.01	-.19	-	-	-	-.20	-.06	-.26
POLitisch	-.30	+.12	-	-	-	-.18	+.05	-.13
LIBeral	-.20	-	-	-	+.07	-.13	-	-.14

Tab. 49: Recherche/Informationssuche: Zerlegung der Effekte

Hypothesenbestätigung I: Rechercheverlust und seine Ursachen (vgl. Tab. 49)

Die Variable 'Recherche' wird mit .56 beachtlich stark erklärt. Verursacht wird das insbesondere durch den hohen negativen Effekt des Kybernetisierungsfaktors (-.52) und durch die hohen Effekte zweier Rangvariablen (Redakt: +.39, Chefredakt.: -.45). Ob ein Journalist viel oder wenig (vom Schreibtisch aus) recherchiert, hängt also zunächst vom Kybernetisierungsgrad seines Tätigkeitsprofils und dann von seinem hierarchischem Rang ab. Recherchearbeit wird insbesondere von der Gruppe der Redakteure geleistet.

Die subjektiven Variablen üben nur schwache Wirkungen auf das faktische Recherchieren aus: Weder ein neutral-vermittelndes, noch ein politisch-aktives journalistisches Berufsverständnis führen zu intensivierter Recherche oder Informationssuche - ganz im Gegenteil korrelieren subjektive Rollendeutungsakzente (ebenso wie die politische Variable LIB) schwach negativ mit tatsächlicher Rechercheleistung.

Kybernetisierung übt den stärksten negativen Effekt auf Recherchetätigkeiten aus. Verengte Rollenprofile reduzieren demnach den (Frei-) Raum für die Informationssuche und die adaptiven Bezüge zur Gesellschaft.

11.4.2 Kybernetisierung entsprachlicht die Redaktionsarbeit

Kybernetisierte Tätigkeitsprofile reduzieren offensichtlich auch die verbale Interaktion: Während das Redaktionspersonal durchschnittlich etwa 7.5 Prozent mit Gesprächen allgemeiner oder bereits auf Tagesthemen bezogener Natur verbringt, so kann dieser Anteil im Extrem bis auf 2.7 Prozent sinken (vgl. Tab. 50).

Variable	Mittel	St.abw.	Min	Max
Verbale Kommunikation	7.54	3.38	2.74	14.68

Definition: Allgemeine und auf potentielle Themen bezogene Gespräche unter Kollegen

Operationalisierung: Addition der Zeitanteile von
- Allgemeine Gespräche unter Kollegen
- Agenda-Gespräche unter Kollegen

Tab. 50: Verbale intraredaktionelle Kommunikation

Diese Entsprachlichung redaktioneller Tätigkeit kann dazu führen, daß derzeit noch vorhandene Kontrollen ('gates') noch mehr verschwinden und zunehmend fremdgesteuerte Informationen ihren Weg ungehindert in die Medien finden. Zudem können Effekte auf die Arbeitszufriedenheit vermutet werden. Andererseits stiege mit einem erhöhten Kommunikationsanteil das Risiko, das Produktionssoll nicht zu erreichen. Jeder Insider kennt die Aversion von Redakteuren gegen lange 'unproduktive' Diskussionen, wenn die Zeit knapp wird. Bei steigendem Kybernetisierungsgrad wird diese Tendenz wohl zunehmen.

Abhängige Variable : Dir. verbale Kommunikation
Erklärte Varianz : .42
Residual-Pfadkoeff.: .76

Kausal vorausg. Variable	Direkt. kausal. Effekt	Indir. kaus. Effekte über die Variablen KYB	LIB	NEU	POL	Totaler kausal. Effekt	Sonst. Effekte	Biv. Korr (r)
KYB.-Faktor	-.43	-	-	-	-	-.44	-.09	-.53
Redakteur	-.26	-	-.02	+.02	-	-.25	-.03	-.28
Ressortltr	+.10	-	-	-.05	+.01	+.06	-.07	-.01
Chefredakt	+.15	-	+.03	-.03	-.01	+.14	+.09	+.23
NEUtral	-.19	-.16	-	-	-	-.35	+.06	-.28
POLitisch	-.04	+.10	-	-	-	+.06	+.12	+.18
LIBeral	-.09	-	-	-.07	+.01	-.15	-.26	-.40

Tab. 51: Direkte verbale Kommunikation: Zerlegung der Effekte

Hypothesenbestätigung II: Ursachen für die Entsprachlichung der Redaktionsarbeit (vgl. Tab. 51):

Wieder ist es der Kybernetisierungsfaktor, der den stärksten negativen Einfluß auf allgemeine, 'unproduktive' Gespräche unter Kollegen ausübt. Kybernetisierung entsprachlicht redaktionelle Arbeitsabläufe. Dies trifft mehrheitlich die Gruppe der Redakteure, nicht jedoch Ressortleiter und Chefredakteure, die offensichtlich einen höheren Kommunikationsbedarf haben. Journalisten mit neutralem Rollenakzent und/oder liberaler Grundhaltung haben sich offensichtlich nicht viel mitzuteilen, was bei Kollegen mit politischen Wirkungsabsichten tendenziell anders ist. Bemerkenswert sind die hohen indirekten Effekte über den Kybernetisierungsfaktor, was darauf hinweist, daß objektives tun (müssen) und subjektive Prädispositionen nicht völlig unabhängig voneinander sind.

11.4.3 Kybernetisierung reduziert Sockelreserven

Der beobachtete redaktionelle Arbeitsprozeß ist durch ein Zeitbudget gepuffert, in dem die Beteiligten zunächst präsent sind, ohne gleich konkrete Tätigkeiten auszuüben, essen und trinken, aufräumen usw. Diese Sockelreserven gehören bei den Freien Mitarbeitern sogar funktional zur Rolle, da deren relativ beliebige Verfügbarkeit (für so gut wie alle Tätigkeiten) den Produktionsalltag risikoärmer gestaltet. Aber auch bei allen anderen Journalisten gibt es ein solches Belastungspuffer. Redakteure laufen dann und wann durch die Räumlichkeiten, legen die Füße auf den Tisch und schauen aus dem Fenster (was in Spielfilmen mit journalistischen Akteuren allerdings wesentlich häufiger als in der Realität vorkommt). Auch war der eine oder andere bisweilen genötigt, zum Auto vor der Parkuhr zu laufen und ein paar Groschen nachzuwerfen usw.

Variable	Mittel	St.abw.	Min	Max
Sockel-reserven	6.72	3.44	2.17	17.88

Definition: Präsenz ohne produktive Effekte (ohne Gespräche)

Operationalisierung: Addition der Zeitanteile von
- Präsenz ohne definierbare Tätigkeit
- Essen/Trinken am Arbeitsplatz
- Technische Pannen abwarten/beheben
- Aufräumen
- Dienstplanung
- Verwaltungstätigkeiten (Anstrich/Briefe)
- Betreuung Freier Mitarbeiter
- sonstige Arbeitsvoraussetzungen schaffen/

Tab. 52: Sockelreserven (Definition und Verteilung)

Wie Tab. 52 zu entnehmen ist, beansprucht dieser Sockel durchschnittlich 6.7 Prozent des Arbeitstages und schwankt in weiten Grenzen.

Abhängige Variable : Sockelreserven/undef. Präsenz
Erklärte Varianz : .31
Residual-Pfadkoeff.: .83

Kausal vorausg. Variable	Direkt. kausal. Effekt	Indir. kaus. Effekte über die Variablen KYB	LIB	NEU	POL	Totaler kausal. Effekt	Sonst. Effekte	Biv. Korr (r)
KYB.-Faktor	-.53	-	-	-	-	-.53	+.19	-.34
Redakteur	-.14	-	+.02	+.01	-.04	-.16	-.01	-.17
Ressortltr	-.08	-	-	-.01	+.09	-	-.09	-.09
Chefredakt	-.14	-	-.03	-.01	-.09	-.27	+.07	-.20
NEUtral	-.05	-.19	-	-	-	-.24	+.05	-.18
POLitisch	-.37	+.12	-	-	-	-.25	+.05	-.19
LIBeral	+.10	-	-	-.02	+.08	+.16	-.18	-.02

Tab. 53: Sockelreserven/undef. Präsenz: Zerlegung der Effekte

Hypothesenbestätigung III: Der Schwund der Sockelreserven und seine Ursachen

Die Schwankungen der Variablen 'Sockelreserven' sind, wie Tab. 53 deutlich macht, primär eine Funktion des Kybernetisierungsfaktors (p=-.53): Je enger das indiviuelle Regelungsprofil eines Mitarbeiters ist, desto weniger 'Luft' verbleibt ihm beispielsweise zur Reaktion auf unvorhersehbare Ereignisse. Konkrete Beispiele dafür wurden in Teil B geschildert, z.B. a) Abbruch beim Verfassen eines Artikels, weil die Zeit nur noch zur Seitenproduktion reicht oder b) außerplanmäßige Verlängerung des Arbeitstages, um eine Fernsehkritik zu schreiben. Auch die hierarchischen Rangvariablen zeigen negative Effekte. (Das Vorzeichen wechselt nur bei den (hier wegen rechentechnischer Gründe nicht aufgenommenen) Freien ins Positive.) Chefredakteuren verbleibt noch weniger verfügungsfreie Zeit als Redakteuren und Ressortleitern.

Sowohl neutral als auch politisch akzentuierte Rollenauffassungen wirken negativ. Das kann bedeuten, daß subjektive Akzentsetzung immerhin eine objektive Auswirkung hinsichtlich konkreter Aktivitäten bewirkt und dadurch die Sockelreserven noch weiter reduziert. Die Stärke dieses Effekts bleibt aber weit hinter dem objektiven Kybernetisierungsfaktor zurück. Lediglich eine liberale politische Grundhaltung weist einen leicht positiven Zusammenhang mit den Sockelreserven auf.

Die Variable Sockel/Präsenz wird durch die kombinierten Variablen mit 31 Prozent nocht recht gut erklärt, wobei der Kybernetisierungsfaktor daran etwa einen 2/3-Anteil hat.

11.5 Zusammenfassung der Analyseergebnisse

Die abhängige Variable 'publizistisches Funktionsprofil des Mediums' aus der zentralen Forschungsfrage (vgl. Kap. 1.4) konnte im Zuge der Empirie konkretisiert werden für drei reale Regelungskomplexe, die einen nennenswerten zeitlichen Umfang in der Tagesarbeit einer Zeitungsredaktion einnehmen. Die hier als publizistisch relevant identifizierten Komplexe

a) Recherchieren/Informationen suchen (t=10.5%)
b) Gespräche mit Kollegen führen (t=7.5%)
c) Sockelreserven/undef. Präsenz (t=6.7%)

bilden zusammengenommen ein Arbeitszeitbudget von 24.7 Prozent der Gesamtarbeitszeit, das im Gefolge zunehmender ökonomischer Rationalisierung zur Disposition steht. Daß dies tatsächlich so ist, hat die multivariate Analyse gezeigt:

1. Rationalisierung bzw. Technisierung der Redaktionsarbeit verengt die Tätigkeitsprofile der Mitarbeiter. Sie werden in ein Korsett von z.T. technisch vermittelten Erwartungen geschnürt, das sie einengt und ihre konkrete Tagesarbeit vielfaltsarm und intensiver, d.h. kybernetisierter, gestaltet. Dieses Phänomen ist meßbar.

2. Die Zusammenhänge sind exponentiell und wechselseitig. Das kann bedeuten, daß kleine Ursachen große Wirkungen haben, also geringe Technisierungsschübe große Effekte auf die Regelungsstruktur der Redaktion haben. Damit würden sich fast schlagartig Arbeitsorganisation und intraredaktionelle Koordinations- und Kommunikationszusammenhänge verändern. Rollenakzente könnten damit (bis zum völligen Verschwinden) verschoben werden. Eine Zeitung würde dann zwar noch immer produziert - fraglich wäre aber ihr publizistischer Wert.

12 Zusammenfassung und Konsequenzen

Wie stehen nun also die Chancen, daß das gesellschaftliche Geschehen in seiner ganzen Breite thematisiert wird und auch seine innovativen Elemente in den Massenmedien Niederschlag finden? Wie stehen die Chancen, daß die moderne Gesellschaft mit Informationen versorgt wird, die sie zur Selbstbestimmung befähigen?

Auf den ersten Blick stehen die Chancen durchaus gut: Die ermittelten synchronischen Programmkomponenten journalistischen Handelns lassen vermuten, daß die Tageszeitungsredaktion gesellschaftlich wichtige Themen umfassend entdeckt, aufgreift und bereitstellt. Subjektiv sind die Beteiligten bereit, möglichst vollständig zu informieren und darüber hinaus einen gewissermaßen aktiven Part in der vermittelten Kommunikation zu übernehmen. Einhellig proklamieren sie ihre Bereitschaft zum sozialen Engagement (Anwaltsrolle) und teilweise zur Funktion der politischen Kontrolle. In ihren Vorstellungen von der Gesellschaft haben auch Konflikte und nichtkonsentierte Handlungsmuster (z.B. Blockaden/Hausbesetzungen) einen legitimen Platz. Sowohl das politische als auch das ökonomische System erscheinen kritik- und reformbedürftig und eröffnen im Verständnis der Befragten journalistische Tätigkeitsfelder.

Eine skalare Differenzierung zeigt allerdings stellenweise kräftige Polarisierungen. Sehr viel weniger innovationsfreudig und offen für Nichtkonsentiertes sind die Redaktionshierarchen, Chefredakteure und Ressortleiter, die aber zugleich eine aktivere, politischere Kommunikatorrolle beanspruchen. Zudem zeichnen sich bereits hier Soll-Ist-Differenzen ab, wie sie die Betreffenden subjektiv selbst wahrnehmen. Viele Befragte sind sich darüber im klaren, daß ihre Vorstellungen vom Beruf keinesfalls einen garantieren Widerhall in der Redaktionsarbeit finden müssen. Dennoch: Angesichts der subjektiven Einschätzungen bei Rollenverständnis, Gesellschafts- und Informantenbildern ist die Hoffnung auf universelle Thematisierung zunächst berechtigt.

Der zweite Blick weckt allerdings schon Skepsis. Die adaptiven Programmkomponenten zeigen eine so starke Differenzierung, daß nun nur noch von einer redaktionellen Teilgruppe radikale Thematisierungsaktivitäten zu erwarten sind. Die Arbeitsorganisation tendiert dahin, daß Chefredakteure einen Informationsvorsprung gewinnen und halten, Ressortleiter primär unter Entscheidungsvorbehalt ihre Produktteile komponieren, während Redakteure und Freie Mitarbeiter ausführende produktive Arbeiten übernehmen und nur marginal eine gezielte Themensuche betreiben. Diese Schlüsse legen jedenfalls die Nutzungsdaten des Arbeitsinstrumentariums nahe. Das hieße aber, daß eben jene (in der Mehrzahl Redakteure) Mitarbeiter, die noch am ehesten dem sozialen Wandel und seinen Konsequenzen aufgeschlossen gegenüber stehen, ihre Intentionen am schlechtesten durchsetzen können.

Die krasse Hierarchisierung wird von den Befragten selbst deutlich registriert. Das Gros der redaktionelen Mitarbeiter wird unter Kontrolle gehalten, und es ist somit zweifelhaft, ob vorhandene synchronische Komponenten überhaupt zum Tragen kommen. Als hemmende Faktoren nennen die Befragten auch dynamische Zwänge wie Zeitknappheit (zu Lasten der Recherche), Streß und Platzbeschränkungen. Wiedersprüchlich bewerten die Redaktionszugehörigen das Maß an Selbstreflexion und -kritik innerhalb der Redaktion, Chefredakteure haben hier ein positiv-stimmiges Bild der Wirklichkeit, Redakteure ein mehr distanziert-kritisches.

Angesichts der skalaren Stratifikation gewinnen die Unterschiede im Wissenspotential an Bedeutung. Immerhin leistet es sich die untersuchte Redaktion, einen Teil ihres Expertenwissens mehr oder weniger brachliegen zu lassen. Zudem könnte die intraredaktionelle Transparenz erhöht werden, so daß Neues schneller und in größerer Themenbreite zirkulieren kann.

Ein (dritter) Blick auf die prozessualen Komponenten provoziert schließlich stärkste Vorbehalte gegen die vorherrschende redaktionelle Binnenorganisation und die damit verbundenen Arbeitsweisen. Klar kommt die Dominanz produktiver, fertigungsbezogener Tätigkeiten unter strikter hierarchischer Kontrolle zum Ausdruck, von der sich Redaktionszugehörige nur in Ausnahmen befreien können. Wenn der durchschnittliche Mitarbeiter mit Themen umgeht, dann haben zuvor andere und nicht er über dieses Thema (und seine 'Faktendimensionierung' (Arnold) in Form inhaltlicher Anreicherung) entschieden. Im Zuge der Kybernetisierung redaktioneller Arbeitspositionen wird der journalistische Arbeitsalltag inhaltlich entwertet und zudem weiter hierarchisiert. Fremdkontrolle ist offensichtlich ein konstituierendes Moment der Instanzen massenmedialer Aussagenproduktion.

Zu diesem Schluß führt die Analyse ressortspezifischer Binnenorganisationen. Mit der Ablösung konventioneller Arbeitsweise und der Zunahme rechnergesteuerter Bearbeitungstätigkeiten verändern sich die konkreten Programmabläufe unter folgenden Prämissen:

1. Deflexibilisierung

Die journalistische Arbeit im rechnergesteuerten Tageszeitungsressort wird deflexibilisiert. Besonders deutlich zeigt sich diese Tendenz im Vergleich von Lokal- und Wirtschaftsressort einerseits und Nachrichten-/Politikredaktion andererseits. Aber auch Alleinredakteurspositionen zeigen hier überdeutliche Unterschiede. Die kybernetisierten Ressorts (bzw. Arbeitsrollen) werden u.a. ihrer Sockelreserven beraubt und sind kaum noch in der Lage, variantenreich auf nichtstandardisierte Regelungsansprüche zu reagieren, bzw. flexibel zu agieren. Ob und wie dieser, für die publizistische Qualität redaktioneller Arbeit bedenklichen, Tendenz innerredaktionell begegnet wird, konnte bislang nicht registriert werden.

2. Monochromisierung

Zunehmende Kybernetisierung spiegelt sich positionsspezifisch in bi- und monochromen Regelungsprofilen wider. Das heißt konkret: Ein Teil (insbesondere, aber nicht ausschließlich) rechnerabhängiger Profile ist auf Einzeltätigkeiten fixiert und verwendet das Arbeitszeitbudget nur noch marginal anderweitig. Das ist ein Ausdruck intensivierter, stellenweise sogar extremisierter Regelungszwänge, denen die Redaktionszugehörigen ausgesetzt sind. Naturgemäß reduziert eine solche Akzentuierung Breite und Ausmaß anderer Tätigkeiten.

3. Orientierungsverlust

Nicht zu leugnen ist konsequenterweise der Zusammenhang zwischen der Intensivierung der Arbeit und dem Verlust inhaltlich orientierender Tätigkeiten. Sie sind in den kybernetisierten Positionen für erfolgreiches Handeln nicht mehr notwendig und werden so fast zwangsläufig von einer Reihe von Mitarbeitern abgestoßen. Damit zurren die Beteiligten ihre Rollen selbst noch weiter fest und unterstützen die Kybernetisierungstendenz.

4. Hierarchisierung

Alle Anhaltspunkte sprechen dafür, daß die vertikale Stratifikation der eigentliche Nutznießer intensivierter, monochromisierter Regelungsprozese ist. Die Inhaber redaktioneller Spitzenpositionen häufen Umweltkenntnisse und Entscheidungswissen in einem ungleich höheren Maße an als die weisungsgebundenen Mitarbeiter und verwenden ihren Informationsvorsprung gegen die

Mehrheit. Die konstatierten publizistischen Defizite finden also hier eine Erklärung.

Erfolgreiche Thematisierungsprozesse erscheinen gegen dieses 'Regel' geschehen wie Kompensationen. Immerhin gibt es aber auch empirische Hinweise auf die entlastenden Variablen: Die Orientierungsaktivität der Redaktion steigt bei dehierarchisierter Arbeitsorganisation und bei multichromer Arbeitsweise. Der Idealtypus läßt sich beschreiben als 'thematisch verantwortlicher Subressort(Allein-)redakteur unter reduziertem Arbeitsdruck bei multichromer Fertigungsorganisation'.

Demnach wären folgende Vorschläge auf ihre Praktikabilität zu erproben:

1. Enthierarchiserung der Redaktionsarbeit

Auf Ressortebene wäre ein Modell der geteilten (Gruppen-) Verantwortlichkeit denkbar. Damit dieses System arbeitsfähig bleibt, könnten eigenverantwortliche thematische Subressorts gebildet werden, die aber in einem einheitlichen Arbeits- und Produktionszusammenhang stehen sollten.

Das Modell der geteilten Verantwortlichkeit könnte auch bei den Redaktionshierarchen eingeführt werden. Rotation der Stelleninhaber und Verpflichtung auf redaktionelle Mehrheitsvoten könnten die Transparenz bei Entscheidungsfindung und -durchsetzung erhöhen.

2. Multichromisierung der Arbeitsrollen

Der tätigkeitsspezifische Vielfaltsverlust sollte reduziert werden, weil dann auch die Orientierungsfunktionen stärker hervortreten. Das heißt konkret: keine weitere Spezialisierung, ganzheitlicher Bezug des Redaktionszugehörigen auf möglichst viele Arbeitsschritte. Zugleich sollten auch die Rollenakzente ('peaks') geschwächt werden.

3. Flexibilisierung des Arbeitsverlaufs

Die strenge Ausrichtung der Mitarbeiter auf fertigungstechnisch-produktive Regelungszwänge sollte zurückgenommen, der Arbeitsverlauf besser gepuffert und damit flexibilisiert werden. Das bedeutet nicht eine erhöhte Austauschbarkeit der Stelleninhaber, die thematische Subressortleiter werden sollten, sondern erzwänge eine personelle Aufstockung in den Ressorts.

* * *

An dieser Stelle folgen üblicherweise die Appelle an Medienpolitik, Berufsorganisationen und professionelle Verantwortlichkeit der Stelleninhaber. Diese Aufrufe sollen hier nicht wiederholt werden, da die medienpolitische Historie wenig Anlaß für optimistische Erwartungen bietet. Eher ist Pessimismus angebracht.

Tatsache ist, daß die faktisch schwächsten Glieder der Medienorganisation dem rapidisierten Wandel der Produktfertigung am krassesten ausgesetzt sind. Leute, die sich heute noch Journalisten nennen, sind zum Teil nichts weiter als Bediener einer sie steuernden rationalisierten Fertigungstechnik ohne Entscheidungsbefugnis und weitgehend ohne publizistische Einflußnahme - aber offensichtlich noch immer mit einer ganz anderen Identität versehen, die an breitester Information und Kommunikation der Gesellschaft orientiert ist.

Genau dieser Befund gibt nun zur letzten Hoffnung Anlaß, daß die publizistische Leistungsfähigkeit der Großmedien im Sinne einer sozialen Verantwortung ausgebaut werden könnte. Bislang ist das realitätsferne Selbstverständnis der Journalisten gern belächelt und kritisiert worden. Die Differenz zu faktischer, bürokratisch organisierter Fremdkontrolle war denn auch zu groß.

Angesichts der dramatischen arbeitsprozessualen Konsequenzen, wie sie am Beispiel der xyz ermittelt wurden, gewinnt die journalistische Bewußtseins-Schieflage aber eine ganz neue Qualität: Sie bewahrt immerhin einen letzten Rest publizistischen Anspruchs, der an anderen als unternehmerischen Effizienzkriterien festgemacht ist. Wenn also gegen allen berechtigten Pessimismus noch ein optimistisches Motiv im Sinne sozial verantwortlicher, journalistisch-professioneller Kommunikationshilfe konturiert werden kann, dann wohl nur auf der Grundlage dieser zwar schon lange nicht mehr zeitgemäßen, trotz allem aber tief verankerten journalistischen, publizistischen Identität.

Literatur

AfK (1977), Synopse Journalismus als Beruf, München (Masch.schr.)

AfK (Hrsg.) (1977b), Jahrbuch zur Medienstatistik und Kommunikationspolitik 1973/74, Berlin

AfK (1983), Die Tageszeitung im Prozeß der Elektronisierung (Schlußbericht), München

Ashby, W. Ross (1964), An Introduction to Cybernetics, London (1:1956)

Ashby, W. Ross (1985), Einführung in die Kybernetik (= dtsche Übers. v. Ashby 1964), Frankfurt a.M. (1:1974)

Aufermann, Jörg./H. Bohrmann/R. Sülzer (Hrsg.) (1973), Gesellschaftliche Kommunikation und Information, Frankfurt a.M. (2 Bde)

Badura, Bernhard/Klaus Gloy (Hrsg.) (1972), Soziologie der Kommunikation. Eine Textauswahl zur Einführung, Stuttgart

Bailey, George A./Lawrence W. Lichty (1972), Rough justice on a Saigon street. A gatekeeper study of NBC's Tet execution film, in: Journalism Quarterly 49/72:213-229

Bar-Hillel, Yehoshua (1971), Wesen und Bedeutung der Informations- theorie, in: Ditfurth (1971:9-31)

BDZV (Hrsg.) (o.J.), Die deutschen Zeitungen in Zahlen und Daten, Bonn

Beckenbach, Niels (1984), Human Relations, in: Kerber/Schmieder 1984:227ff.

Becker, Barbara v. (1980), Berufssituation der Journalistin, München

Becker, Lee B. et al. (1987), The Training and Hiring of Journalists, Norwood (N.J.)

Berg, Klaus/Marie-Luise Kiefer (Hrsg.) (1987), Massenkommunikation III. Eine Langzeitstudie zur Mediennutzung und Medienbewertung 1964-1985, Frankfurt a.M.

Bertalanffy, Ludwig v. (1968), General System Theory - A Critical Review, in: Buckley 1968:11-30

Boventer, Hermann (1984), Ethik und System im Journalismus, in: Publizistik 1/84:34-48

Branahl, Udo (1981), Öffentliche Aufgabe, in: Koszyk/Pruys 1981:211-214

Branahl, Udo/Wolfgang Hoffmann-Riehm (1975), Redaktionsstatute in der Bewährung. Eine empirische Untersuchung über Redaktionsstatute in dtsch. Tageszeitungen ..., Baden-Baden

Breed, Warren (1955), Social Control in the Newsroom. A Functional Analysis, in: Social Forces 1955:326-335

Breed, Warren (1955a), Newspaper 'Opinion Leaders' and Processes of Standardisation, in: Journalism Quarterly 32/1955:277-284
Breed, Warren (1973), Soziale Kontrolle in der Redaktion: eine funktionale Analyse, in: Aufermann 1973:356-378
Brockhaus (1968), Naturwissenschaft und Technik, Leipzig (10:1968)
Buckley, W. (ed.) (1968), Modern Systems Research for the Behavioral Scientist, Chicago
Burgoon, Judee K. et al. (1982), The World of the Working Journalist, New York
Burgoon, Judee K. et al. (1987), Communication Practices of Journalists: Interaction with Public, Other Journalists, in: Journalism Quarterly 1987:125-132+275)
Carey, James W. (1969), The Communications Revolution and the Professional Communicator, in: Halmos 1969:23-38
Charnley, Michell V. (1975), Reporting, New York/Chicago/etc.
Cube, Felix v. (1975), Was ist Kybernetik? Grundbegriffe, Methoden, Anwendungen., München (1:1967 Bremen; 3:1975)
Dahrendorf, Ralf (1968), Gesellschaft und Demokratie in Deutschland, München (zit. nach TB 1971)
Davis, Elmer (1963), The Press in Perspective (zit.nach Charnley 1975:36)
DD (N.N.) (1984), Zuwachsrate der Investitionen in Redaktions- und Produktionssysteme steigt weiter, in: DD 4/2.2.84:16+21
Deutsch, Karl W. (1973), Politische Kybernetik. Modelle und Perspektiven (= dtsche Übers. v.: The Nerves of Government: Models of Political Communication and Control, New York 1963), Freiburg i. Breisgau (3:1973, 1:1969)
Ditfurth, Hoimar v. (1971), Informationen über Information. Probleme der Kybernetik, Frankfurt a. M. (Hamburg 1:1969)
druck+papier (N.N.) (1978), Redakteure der "NRZ" berichten über ihre Erfahrungen mit der "Neuen Technik", in: druck+papier3/78:8f.
Donohew, Lewis (1967), Newspaper Gatekeepers and Forces in the News Channel, in: Public Opinion Quarterly 31/67:61-68
Donohew, Lewis (1972), Determinanten im Nachrichtenkanal von Tageszeitungen, in: Badura/Gloy 1972:109-118
Donohue, George A./Clarice Olien/Phillip Tichenor (1985), Reporting Conflict by Pluralism, Newspaper Type and Ownership, in: Journalism Quarterly 1985:489-499+507)
Donsbach, Wolfgang (1981), Journalisten zwischen Publikum und Kollegen. Forschungsergebnisse zum Publikumsbild und zum in-group-Verhalten, in: Rundfunk und Fernsehen 2-3/81:168-184

Donsbach, Wolfgang (1982), Legitimationsprobleme des Journalismus. Gesellschaftliche Rolle der Massenmedien und berufliche Einstellungen von Journalisten, Freiburg/München
Dreitzel, Hans Peter (1980), Die gesellschaftlichen Leiden und das Leiden an der Gesellschaft. Vorstudien zu einer Pathologie des Rollenverhaltens, Stuttgart (3:1980)
Duncan, Otis D. (1975), Introduction to Structural Equation Models, New York
Dygutsch-Lorenz, Ilse (1971), Die Rundfunkanstalt als Organisationsproblem, Düsseldorf
Etzioni, Amitai (1967), Soziologie der Organisation,München (=dtsch. Übers. v. Modern Organizations)
Fabris, Hans Heinz (1971), Das Selbstbild von Redakteuren bei Tageszeitungen, Salzburg
Fabris, Hans Heinz (1979), Journalismus und bürgernahe Medienarbeit. Formen und Bedingungen der Teilhabe an gesellschaftlicher Kommunikation, Salzburg
Fabris, Hans Heinz (1981), Medienjournalismus und Bürgerkommunikation. Tendenzen und Alternativen der journalistischen Arbeit, in: Rundfunk und Fernsehen 2-3/81:200-210
Feddersen, Jens (1978), Miteinander, nicht gegeneinander! in: Die Zeitung 1/84:4f.
Fischer, Heinz-Dietrich (1975), Entwicklungsphasen der Presse-Nachrichtenversorgung. Etappen der Evolution aktueller Information als Ware, in: Straßner 1975:27-50
Flechtner, Hans-Joachim (1984), Grundbegriffe der Kybernetik. Eine Einführung, München (1:1966;5:1970 Stuttgart)
Formatt (1985), Wer, wo, was? Die Anbieter der Neuen Medien, Dortmund
Frank, Helmar (Hrsg.) (1964), Kybernetik, Frankfurt a.M.
French, W.L. (1977)/C.H. Bell jr., Organisationsentwicklung. Sozialwissenschaftliche Strategien zur Organisationsveränderung, Bern/Stuttgart
Friedman, Milton (1976), Kapitalismus und Freiheit, München (1:1962 Chicago)
Friedrichs, Jürgen (1976), Methoden empirischer Sozialforschung, Reinbek bei Hamburg 1973 (4:1976)
Friedrichs, Jürgen/Eberhard Sens (1976), Systemtheorie und Theorie der Gesellschaft. Zur gegenwärtigen Kybernetik-Rezeption in den Sozialwissenschaften, in: Kölner Zeitschrift f. Soziologie und Sozialpsychologie 28/1976:27-47

Fritz, Erich (1984), "Imprinta 84" - Trendbericht. Mikrocomputer, Fremddatenkonverter und Laser-Drucker geben der Satzherstellung innoative Impulse, in:DD 8/8.3.84:VIf.
Fromm, Erich (1980), Haben oder Sein. Die seelischen Grundlagen einer neuen Gesellschaft, München 6:1980 (1976)
Fürstenberg, Friedrich (1978), Soziologie: Hauptfragen und Grundbegriffe, Berlin/New York (3. Auflage)
Geißler, Rainer (1973), Massenmedien, Basiskommunikation und Demokratie. Ansätze zu einer normativ-empirischen Theorie, Tübingen
Geißler, Rainer (1979), Partizipatorisch-pluralistische Demokratie und Medieninhalte, in: Publizistik 2/79:171-187
Gieber, Walter (1956), Across the Desk. A Study of 16 Telegraph Editors, in: Journalism Quarterly 33/56:423-432
Gieber, Walter (1976), Eine Nachricht ist das, was Zeitungsleute aus ihr machen, in: Prokop 1976:221-228
Gottschlich, Maximilian (1980), Journalismus und Orientierungsverlust, Wien/Köln/Graz
Groth, Otto (1948), Die Geschichte der Deutschen Zeitungswissenschaft. Probleme und Methoden, München
Grube, Annette (1979), Kybernetik in der Kommunikationswissenschaft, München (unv. Magisterarbeit)
Gruber, Thomas (1975), Die Übernahme der journalistischen Berufsrolle. Eine sozialwissenschaftliche Analyse, Nürnberg
Habermas, Jürgen (1962), Strukturwandel der Öffentlichkeit, Darmstadt/Neuwied 10:1979
Habermas, Jürgen (1981a+b), Theorie des kommunikativen Handelns, Frankfurt a.M. (2 Bde)
Hall, A.D./R.E. Fagen (1968), Definition of System, in: Buckley 1968:81-92
Haller, Michael (1983), Recherchieren. Ein Handbuch für Journalisten, München (=Reihe prakt. Journal. Bd.7)
Halmos, Paul (ed.) (1969), The Sociology of Mass-Media Communicators, Keele
Haug, W.F. (Hrsg.) (1976), Massen, Medien, Politik (= Argument-Sonderband 10), Karlsruhe
Hienzsch, Ulrich (1981), Leseraktionen und Journalistenbewußtsein, Dortmund (unv. Dipl.-Arbeit)
Hill, Wilhelm (1976)/R. Fehlbaum/P. Ulrich, Organisationslehre (I+II). Ziele, Instrumente und Bedingungen der Organisation sozialer Systeme, Bern/Stuttgart (= 2. verb. Auflage)

Hoffmann, Alexander von (1983), Was tun, wenn sich der Leitstern als Irrlicht erweist?, in: FR v.7.4.83:14

Hopf, Christel (1972), Zur Struktur und Zielen privatwirtschaftlich organisierter Zeitungsverlage, in: Prokop 1972:193-211

Hoppmann, Johann (1984), Kybernetik, in: Kerber/Schmieder 1984:323-327

Huber, Joseph (1980), Wer soll das alles ändern?, Berlin

Jacobi, Ursula (1977) u.a., Manager der Kommunikation, Berlin

Jansen, Ulrich (1983), Strukturveränderungen des journalistischen Arbeitsprozesses und deren Auswirkungen auf das beruflich vermittelte Bewußtsein, Frankfurt

Jarren, Otfried (Hrsg.) (1980a), Stadtteilzeitung und lokale Kommunikation, München (=Dortmunder Beiträge ... Bd.32)

Jarren, Otfried (1980b), Printmedien in der Kommune, in: medium 12/80:7-13

Joas, Hans (1975), Die gegenwärtige Lage der soziologischen Rollentheorie, Frankfurt a.M. 1973 (2:1975)

Johnstone, John W. (1976)/Edward Slawski & William Bowman, The News People. A Sociological Portrait of American Journalists and their Work, Urbana/Chicago/London

Kämmerer, Wilhelm (1974), Einführung in mathematische Methoden der Kybernetik, Berlin (2:1974)

Kaiser, Lothar (1982), Querschnitte. Ergebnisse der MTV-Umfrage bei Redaktionen an Tageszeitungen (Erhebung Nov./Dez. 1981), in: journalist 11/82:35-45

Kepplinger, Hans Mathias (1979), Angepaßte Außenseiter. Was Journalisten denken und wie sie arbeiten, München

Kerber, H./A. Schmieder (Hrsg.) (1984), Handbuch Soziologie. Zur Theorie und Praxis sozialer Beziehungen, Reinbek bei Hamburg

Kiefer, Marie-Luise (1987), Massenkommunikation 1964 bis 1985. Trendanalyse zur Mediennutzung und Medienbewertung, in: Media Perspektiven 3/1987:137-148

Kisch, Egon Erwin (1923), Klassischer Journalismus, Berlin (hier zit. nach München o.J.)

Kiss, Gabor (1977), Einführung in die soziologischen Theorien II, Opladen 1973 (3:1977)

Klaus, Georg (1963), Kybernetik in philosophischer Sicht, Berlin (1:1961;3:1963)

Klaus, Georg (1973), Kybernetik und Gesellschaft, Berlin (1:1964;3:1973)

Klaus, Georg/Manfred Buhr (Hrsg.) (1973), Marxistisch-Leninistisches Wörterbuch der Philosophie, Reinbek bei Hamburg (1:1964 Leipzig)

Kolbe, Herbert (1983), Praktische Erfahrungen mit Agenturanschluß und Ganzseitenumbruch, in: Zeitungstechnik 3/83:21f.
Kopf, Jürgen (1977), Kybernetische Wirtschaftspolitik. Zur Anwendung kybernetischer Methoden (...) (= Diss. Würzburg), Meisenheim a. Glan
Koszyk, Kurt (1966), Deutsche Presse im 19. Jahrhundert (Geschichte der Deutschen Presse, Teil II), Berlin
Koszyk, Kurt (1972), Vorläufer der Massenpresse. Ökonomie und Publizistik zwischen Reformation und Französischer Revolution, München
Koszyk, Kurt/Karl Hugo Pruys (1981), Handbuch der Massenkommunikation, München
Köcher, Renate (1985), Spürhund und Missionar. Eine vergleichende Untersuchung über Berufsethik und Aufgabenverständnis britischer und deutscher Journalisten, Allensbach (=Diss. München)
Köhler, Sönke H. (1985), Überleben mit moderner Bürotechnik, in: journalist 3/85:45f.
Krämer, Annett (1986), Ökologie und politische Öffentlichkeit. Zum Verhältnis von Massenmedien und Umweltproblematik, München (=Diss. München)
Kriz, Jürgen (1983), Statistik in den Sozialwissenschaften. Einführung und kritische Diskussion, Opladen 4:1983 (1973)
Lacy, Stephen (1987), The Effects of Intracity Competition On Daily Newspaper Content, in: Journalism Quarterly 1987:281-290)
Lacy, Stephen (1988), The Impact of Intercity Competition On Daily Newspaper Content, in: Journalism Quarterly 1988:399-406
La Roche, Walter von (1976), Einführung in den praktischen Journalismus, München 1975 (2:1976)
Langenbucher, Wolfgang R. (Hrsg.) (1979), Politik und Kommunikation. Über die öffentliche Meinungsbildung, München
Langenbucher, Wolfgang R. (Hrsg.) (1980), Journalismus und Journalismus. Plädoyers für Recherche und Zivilcourage, München
Lenk, Klaus (1979), Partizipationsfördernde Technologien?, in: Langenbucher 1979:235-248
Luhmann, Niklas (1979), Öffentliche Meinung, in: Langenbucher 1979:29-61
Mast, Claudia (1984), Der Redakteur am Bildschirm. Auswirkungen moderner Technologien auf Arbeit und Berufsbild des Journalisten, Konstanz
Mayntz, Renate (1963), Soziologie der Organisation, Reinbek bei Hamburg
Merten, Klaus (1985), Re-Rekonstruktion von Wirklichkeit durch Zuschauer von Fernsehnachrichten, in: Media Perspektiven 10/85:753-763

N.N. (1981), Statt Umstellung: Einstellung. Bericht über Planung, Ablauf und Abbruch eines Redaktionsforschungsprojektes, Dortmund/Münster, März 1981 (unveröffentl. Manuskript/Projektleitung: Siegfried Weischenberg)
Neuwirth, Kurt et al. (1988), The Effect of 'Electronic' News Sources On Selection and Editing of News, in: Journalis Quarterly 1988:85-94)
Neverla, Irene (1979), Arbeitszufriedenheit von Journalisten, München
Opp, Karl-Dieter (1970), Kybernetik und Soziologie, Neuwied
Opp, Karl-Dieter/Peter Schmidt (1976), Einführung in die Mehrvariablenanalyse. Grundlagen der Formulierung und Prüfung komplexer sozialwissenschaftlicher Aussagen, Reinbek bei Hamburg
Osterland, Martin (1984), Beruf, in: Kerber/Schmieder 1984:64-66
Parsons, Talcott (1966), The Social System, New York/London 1966 (1951)
Pestalozzi, Hans A. (1982), Nach uns die Zukunft, München 12:1982 (Bern 1979)
Presse- und Informationsamt (1978) der Bundesregierung, Kommunikationspolitische und kommunikationswissenschaftliche Forschungsprojekte der Bundesregierung (1974-1978), Bonn
Prewo, Rainer/Jürgen Ritsert/Elmar Stracke (1973), Systemtheoretische Ansätze in der Soziologie. Eine kritische Analyse, Reinbek bei Hamburg
Prokop, Dieter (Hrsg.) (1972), Massenkommunikationforschung (Bd.1), Frankfurt a.M. (zit.nach 1976)
Prott, Jürgen (1976), Bewußtsein von Journalisten. Standesdenken oder gewerkschaftliche Solidarisierung?, Frankfurt/Köln
Prott, Jürgen (1983) u.a., Berufsbild der Journalisten im Wandel?, Frankfurt
Prott, Jürgen (1984), Die Elektronik entzaubert den Journalismus. Technik dominiert den Arbeitsalltag von Zeitungsredakteuren, in: Media Perspektiven 2/84:114-119
Pätzold, Ulrich (1980), Hofberichterstattung oder Recherchejournalismus - Zur Philosophie journalistischer Arbeit, in: Langenbucher 1980:21-33
Pätzold, Ulrich (1981), Recherche, in: Koszyk/Pruys 1981:275-279
Pätzold, Ulrich/Bernd-Peter Lange (Auftragnehmer) (1983), Medienatlas Nordrhein-Westfalen. Grundlagen der Kommunikation, Bochum
Pätzold, Ulrich/Hendrik Schmidt (Hrsg.) (1973), Solidarität gegen Abhängigkeit. Auf dem Weg zur Mediengewerkschaft, Darmstadt/Neuwied
Rager, Günther (1982), Publizistische Vielfalt im Lokalen. Eine empirische Analyse, Tübingen
Robinson, Gertrude Joch (1970), Foreign News Selection is Nonlinear in Yugoslavia's Tanjug Agency, in: Journalism Quarterly 47/70:340-357
Robinson, Gertrude Joch (1973), 25 Jahre "Gatekeeper"-Forschung. Eine kritische Rückschau und Bewertung, in: Aufermann u.a. 1973:344-355

Rohr, Robert (1979), Auf Abruf bereit. Lokaljournalisten bei der Arbeit, in: Kepplinger 1979:76-96
Rolshausen, Claus (1984), Schicht, in: Kerber/Schmieder 1984:491-495
Rosenblueth, A. (1943)/N. Wiener/J. Bigelow, Behavior, Purpose, and Teleology, in: Philosophy of Science 10/43:18-24
Rust, Holger (1982), Geteilte Öffentlichkeit: Alltagskommunikation und Massenpublizistik, in: Publizistik 4/82:505-529
Röper, Horst (1985), Einstieg in ein neues Radiozeitalter. Privater Hörfunk in der Bundesrepublik Deutschland, in: Media Perspektiven 7/85:521-534
Rückel, Roland (1975), Lokalredakteure. Eine vergleichende Rollenanalyse, Opladen
Rühl, Manfred (1969), Die Zeitungsredaktion als organisiertes soziales System, Bielefeld (2:verb.u.erw.:Fribourg 1979)
Rühl, Manfred (1980), Journalismus und Gesellschaft. Bestandsaufnahme und Theorieentwurf, Mainz
Rühl, Manfred/Saxer, Ulrich (1981), 25 Jahre Deutscher Presserat. Ein Anlaß für Überlegungen zu einer kommunikationswissenschaftlich fundierten Ethik ..., in: Publizistik 4/81:
Saxer, Ulrich/Michael Schanne (1981), Journalismus als Beruf. Eine Untersuchung der Arbeitssituation von Journalisten in den Kantonen Zürich und Waadt, Bern
Schneider, Knut (1984), Der Bildschirm in der modernen Redaktion, in: Zeitungstechnik Nov./84:36-40 (Atex-Einführung beim Hamburger Abendblatt)
Schulz, Winfried (1976), Die Konstruktion von Realität in den Nachrichtenmedien, München
Schumm-Garling, Ursula (1973), Organisationssoziologische Überlegungen zur Medienanalyse, in: Aufermann/Bohrmann/Sülzer 1973:402-420
Schäfers, Bernhard (1976), Sozialstruktur und Wandel der Bundesrepublik Deutschland, Stuttgart
Schönbach, Klaus (1978), Die isolierte Welt des Lokalen. Tageszeitungen und ihre Berichterstattung über Mannheim, in: Rundfunk und Fernsehen 3/78:260-277
Schönbach, Klaus (1984), Das unterschätzte Medium, München/New York
Schönbach, Klaus/Siegfried Weischenberg (1987), Inter- und Intra-Transaktionen im Medienwirkungsprozeß, Hannover/Münster (2 Bde., unveröff. Ms./unter Mitarbeit von Susanne v. Bassewitz und Wolfgang Eichhorn)
Schütt, Bernd (1981), Vom Tagesschriftsteller zum technischen Redakteur?, Frankfurt

Shannon, Claude E./W. Weaver (1949), The Mathematical Theorie of Communication, Urbana (Ill.)

Skriver, Ansgar (1970), Schreiben und Schreiben lassen. Innere Pressefreiheit und Redaktionsstatute, Karlsruhe

Sloterdijk, Peter (1983), Kritik der zynischen Vernunft,Frankfurt (2 Bde)

Snider, Paul (1967), Mr. Gates Revisited. A 1966 Version, in: Journalism Quarterly 44/67:419-427

Steinbuch, Karl (1961), Automat und Mensch. Über menschliche und maschinelle Intelligenz, Berlin/Göttingen/Heidelberg

Stempel, Guido (1964), How Newspapers Use the Associated Press Afternoon A-Wire, in: Journalism Quarterly 41/64:380-384

Straßner, Erich (Hrsg.) (1975), Nachrichten. Entwicklungen-Analysen- Erfahrungen, München

Strutz, Hans (1976), Wandel industriebetrieblicher Organisationsformen, Stuttgart

Thorbrietz, Petra (1986), Vernetztes Denken im Journalismus. Journalistische Vermittlungsdefizite am Beispiel Ökologie und Umweltschutz, Tübingen

Traube, Klaus (1979), Wachstum oder Askese? Kritik der Industrialisierung von Bedürfnissen, Reinbek bei Hamburg

Unger, Cornelie (1976), Journalisten und Gewerkschft. Materielle Bedingungen und Bewußtseinsstrukturen im Pressebereich, in Haug 1976:234- 275

Vester, Frederic (1980), Neuland des Denkens. Vom technokratischen zum kybernetischen Zeitalter (bes.: 50-91), Stuttgart

Weaver, David (1983), Videotex Journalism. Teletext, Viewdata, and the News, Hillsdale/London

Weaver, David/Swanzy Nimley Elliott (1985), Who Sets the Agenda for the Media? A Study of Local Agenda-Building, in: Journalism Quarterly 1985:87-94)

Weaver, David H./G. Cleveland Wilhoit (1986), The American Journalist. A Portrait of U.S. News People and Their Work, Bloomington (Indiana)

Weischenberg, Siegfried (1976), Die Außenseiter der Redaktion. Struktur, Funktion und Bedingungen des Sportjournalismus, Bochum

Weischenberg, Siegfried (1978), Die elektronische Redaktion, München/ New York

Weischenberg, Siegfried (1981), Zwischen Taylorisierung und professioneller Orientierung, in: Rundfunk und Fernsehen 2-3/81:151-167

Weischenberg, Siegfried (1982), Journalismus in der Computergesellschaft, München/New York

Weischenberg, Siegfried (1984), Technologie-Report der Deutschen Tagespresse, in: Media Perspektiven 2/84:107-113 u. 132-139 (mit Röper)

Weischenberg, Siegfried (1985)/Peter Herrig, Handbuch des Bildschirmjournalismus. Elektronische Redaktionssysteme. Grundlagen/Funktionsweisen/Konsequenzen, München

Weischenberg, Siegfried (1988) (unter Mitarbeit von Klaus-Dieter Altmeppen und Thomas Kochhan), Neue Technik in Redaktionen von Tageszeitungen, in: journalist 3/88:41-48 (=DJV-Dokumantation)

Weischenberg, Siegfried (1989), Der enttarnte Elefant. Journalismus in der Bundesrepublik - und die Forschung, die sich ihm widmet, in: Media Perspektiven 7/89:227-239

Weiß, Hans-Jürgen (1977), Kommunikatorforschung in der Bundesrepublik Deutschland, in: AfK 1977b:513-548

Weiß, Hans-Jürgen (1978), Journalismus als Beruf. Forschungssynopse, in: Presse- und Informationsamt 1978:109-139

White, David Manning (1950), The Gatekeeper. A Case Study in the Selection of News, in: Journalism Quarterly 27/50:383-390

Wiener, Norbert (1963), Kybernetik. Regelung und Nachrichtenübertragung im Lebewesen und in der Maschine (1. dtsch Übers., nach d. 2. amerikan. Aufl.), Düsseldorf/Wien

Wiesand, Andreas Johannes (1977), Journalisten-Bericht. Berufssituation - Mobilität - Publizistische 'Vielfalt', Berlin

Wolferman, Eric (1987), Elektronischer Ganzseitenumbruch - eine Bestandsaufnahme für Nordamerika, in: zeitungstechnik Juni 1987:4-8

Zaks, Rodnay (1981), Mein erster Computer, Düsseldorf

Zeiß, Michael (1981), Bewußtsein von Tageszeitungsredakteuren, Berlin

Zeuner, Bodo (1972), Veto gegen Augstein. Der Kampf in der "Spiegel"-Redaktion um Mitbestimmung, Hamburg

Zeuner, Bodo (1973), Zur Standesideologie der Journalisten, in: Pätzold/Schmidt 1973:13-36

Zimpel, Gisela (1972), Selbstbestimmung oder Akklamation?, Stuttgart

GPSR Compliance

The European Union's (EU) General Product Safety Regulation (GPSR) is a set of rules that requires consumer products to be safe and our obligations to ensure this.

If you have any concerns about our products, you can contact us on ProductSafety@springernature.com

In case Publisher is established outside the EU, the EU authorized representative is:

Springer Nature Customer Service Center GmbH
Europaplatz 3
69115 Heidelberg, Germany

Batch number: 10815964

Printed by Printforce, the Netherlands